书法非常道

五千年书法名流轶事

王世国　编著

嶺南美術出版社
中国·广州

图书在版编目（C I P）数据

书法非常道：五千年书法名流轶事 / 王世国编著 . — 广州 ：岭南美术出版社，2017.4（2020.6重印）

ISBN 978-7-5362-6165-5

Ⅰ . ①书… Ⅱ . ①王… Ⅲ . ①书法家—生平事迹—中国—现代 Ⅳ . ① K825.72

中国版本图书馆 CIP 数据核字（2017）第 047135 号

责任编辑： 刘向上
助理编辑： 黄　敏
责任技编： 罗文轩

书法非常道：五千年书法名流轶事
SHAFA FEICHANGDAO：WUQIANNIAN SHUFA MINGLIU YISHI

出版、总发行： 岭南美术出版社 （网址：www.lnysw.net）
（广州市文德北路 170 号 3 楼 邮编：510045）
经　　销： 全国新华书店
印　　刷： 天津奥丰特印刷有限公司
版　　次： 2017 年 4 月第 1 版
2020 年 6 月第 2 次印刷
开　　本： 787mm×1092mm 1/16
印　　张： 20.5
字　　数： 450千字
印　　数： 2001—42,000 册
ISBN 978-7-5362-6165-5

定　　价： 58.00 元

王世国简介

王世国，1957年出生于安徽省寿县，故自号“八公山人”。1983年毕业于安徽师范大学中文系，1986年研究生毕业于华南师范大学中文系文艺学美学专业，获硕士学位。曾在华南师范大学、中国书画函授大学广州分校、广州业余文艺大学等多所院校教授书法、书法史、书学理论和书法美学等课程。

现任广东省书法评论家协会主席、广州美术学院客座教授、中国书法家协会会员、中国书法家协会软笔书法等级考试考官、广东省珠江书画院名誉院长。

著作有《中国历代书法家评述》，1991年广东教育出版社出版，1994年获广东省第四次优秀社会科学研究成果奖，2008年修订再版，曾多次印刷；此外，与人合著《青年美学向导》；在全国报刊发表文艺学美学和书法论文数十篇，数十万字；出版《八公山人——王世国书法艺术》，并在《新快报》《信息时报》开设书法评论专栏，发表评论文章百余篇。

自幼习书，擅长草书、行书、榜书，作品曾多次参加全国和省级书法展览。

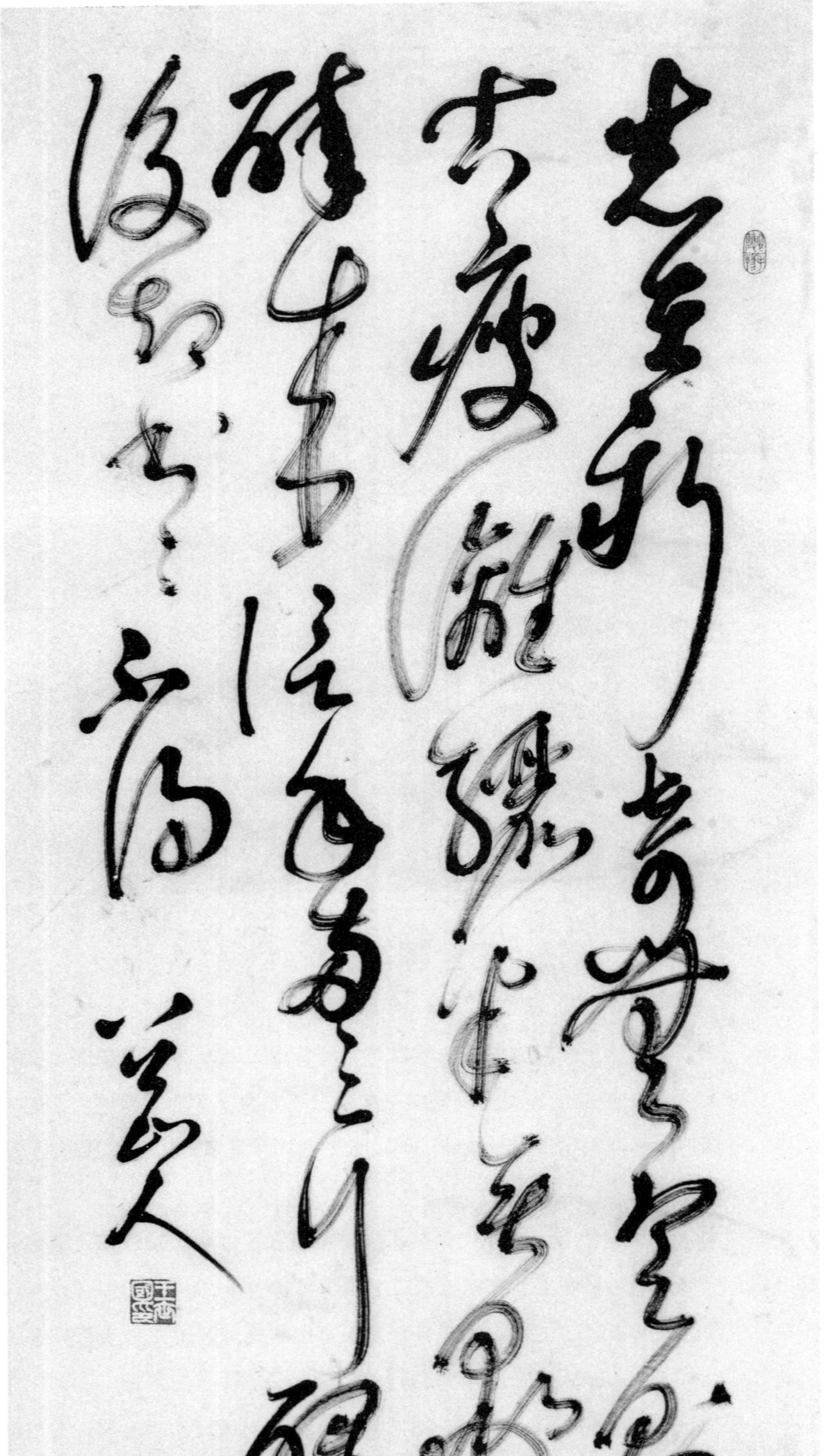

王世国《题怀素上人草书》（许瑶）：志在新奇无定则，古瘦漓骊半无墨。醉来信手两三行，醒后却书书不得。

自序

● 王世国

中国在7000年至10000年前就已经有了具有文字性质的龟骨契刻符号，大约4000年至7000年前就有了陶文，3600年前就有了较为成熟的文字——商朝甲骨文。有文字便有文字的书写，而这种书写需要使用工具和按照一定的规则方法进行，这就有了书法。中国书法与文字相伴而生，历史久远绵长。

20世纪80年代末，我撰写了《中国历代书法家评述》一书，2008年我对拙著进行了修订又重新再版发行。在对书法史学研究的过程中，我深感书法艺术发展史首先是书法家的历史。当我们面对青史留名的数千位书法家的时候，总不免以今天的眼光和见识去选择取舍，结果是挂一漏万，甚至有可能在某些方面歪曲了历史，或者说不能全面还原当年真实的历史状况。

后来，在阅读典籍和查看史料的过程中，我发现历代具有极大影响力的帝王将相以及文人墨客，他们当年的书法活动有着无限丰富的复杂性和多样性，有的鲜为人知，有的妙趣横生，有的发人深省，有的惊天动地，有的可歌可泣……而其中绝大多数都是被今天的书法史学遗忘或舍弃的记忆，而恰恰正是这些鲜活的看似书家逸事史迹，是今天人们能够较为全面、客观地了解当年书法艺术发展和书法家其人其书的宝贵材料。所以，从某种程度上说，拙著为读者描绘了一个别样的中国书法发展的历史。

中国书法曾经经历过无比辉煌灿烂的时代，而且这个书法盛世长达两千多年。从秦汉直到20世纪初，但凡读书识字之人都会写也必须写毛笔字，如果总括这段时间中书写毛笔字的人数，那将以数十亿计。希望写一笔好字，甚至成为一位书法家，曾经是无数文化人的梦想。尽管日常书写的群体如此巨大，然而，最终能够实现梦想的人却寥若晨星。从先秦到民国，今天能够青史留名的书法家也不到3000人。

老子说："道可道，非常道；名可名，非常名。"历史上的这些书法名家当然都是那时的名士，而且名士总免不了要有点逸闻趣事，才显得与众不同，被人津津乐道，就像是今天人们喜欢谈论明星八卦新闻一样。的确，有时候，这些书法名士的行为和为人似乎不可理喻，甚至不守寻常"礼法"。这恰恰表现了他们的豁达高迈，不可衡诸常人常情。从古至今，对一位书法家评价都是综合性的，不仅是看他的书法艺术水平，而且还要看他的品行、修养、阅历、影响等，即有所谓“苟非其人，虽工不贵”。也就是说，他们若是芸芸众生，言行和精神没有一点超凡脱俗之处，其书大概也不会“工”，即使谓“工”，也是匠人之“工”，亦不足贵，他们也就不可能从数千年的历史和数十亿人的浩荡洪流中涌现出来。的确，只有非常之人，才有非常之事，能成非常之道。今天，我们可以从中得到许多启迪和教益。

书法在法，其妙在人，而人物之美，最为难得。所以，本书披沙拣金，史海钩沉，撷取从先秦直到民国时期书法名士的奇闻逸事三百余篇，并且加以阐述评说，配以图片，使其文图并茂。要知道，无论是作为一位书法家或书法爱好者，还是作为一个中国人，这些都是我们不能够忘记的历史文化记忆，都是那时候真实历史的再现。阅读拙著，您可以在很短的时间内，“穿越”时空，观其事，知其人，赏其书，明其艺，解其道，实现与历史上书法名家在精神上的往返交流。

本书上下五千年，涉及千百人，书家史料的收集和求证、作品图片的搜寻和拍摄，不仅工程浩大，而且十分琐细，我差不多用了三年时间撰写而成。在这段时间里，我还应《新快报》和《信息时报》之约，先后在报纸上开设了“书法辣评”和“经典解密”专栏。这样一来，为专栏撰写书法评论文章便是我经常要做的功课。因此，不停地写作，并把临池挥毫作为一种消遣和调剂，就成了我的基本生活状态。

在本书完稿付梓之际，我要感谢老友童志雄先生，他不仅是广东省艺坛书画院院长、深圳市书法家协会副主席、著名书法家，而且还是一位平面设计的高手。他在百忙之中特为本书装帧设计、排版，让读者赏心悦目。我还要感谢我书法的启蒙老师、五叔——安徽著名书法家王家琰先生，他为拙著封面挥毫题签，笔力雄健，老辣浑厚，小小尺幅却有千里之势。这些都为拙著添光增辉。最后，非常感谢岭南出版社刘向上先生对书稿认真审阅、校勘、拾遗补缺；当然还要感谢我的太太杨俊华，她在我艰难时刻给予了大力支持，并且作为拙著的第一位忠实而又严厉的读者，指正其中的疏漏之处。

作　者

2017 年 3 月于羊城双畅斋

目 录

第五章　宋　代

第六章　元　代

第七章　明　代

第八章　清　代

第九章　民　国

战国　《人物御龙图》

第一章　先秦

商 甲骨文

仓颉造字

三皇以前，尚无文字，人们用结绳来记事。黄帝统一华夏后，感到这种方法满足不了要求又容易出错，就命史官仓颉想办法。仓颉回到故乡白水，在一个高台上造屋住下，整天苦思冥想，但很长时间也无良策。一天，他正在思考，一只凤凰飞来，嘴里掉下一件东西，正好落在他的面前。他拾起来一看，见上面有一个蹄印，却不知是哪种野兽？这时正巧走来一个猎人，他就上前询问，猎人看了看说：“这是貔貅的蹄印，与别的兽类的蹄印不同。”仓颉听罢茅塞顿开，他想：万物都有它的特征，如能将它的特征画出图像来，大家就可以认识它了。从此，他便注意仔细观察自然万物的特征，按照其形状画出图形。一字一形，一个个有固定形状的“字”就这样诞生了。他把造的文字献给了黄帝，举国欢腾，感动上苍，这时天上下粟如雨，晚上鬼哭魂嚎。从此，仓颉成为华夏文字的始祖。

【八公山人语】

仓颉时的文字是篆书的初始形态，其后便有了夏后氏的夏篆、商朝甲骨文、西周金文，直至秦朝小篆。篆书书体的沿革发展一脉相承，小篆直接取自金文大篆，其中大多数字的写法几乎一样；可以推断，甲骨文也是取自前人创造的文字，多数文字的写法应该是与夏后氏、仓颉时使用的文字相去不远。总之，华夏民族有了文字，可以用它来传达心意和记载事情，汉字成为维系这个多民族国家长期生存发展的血脉，成为民族历史文化的“遗传密码”。如果没有汉字，那么中华文明可能就像古埃及、古巴比伦、古印度和古希腊文明那样，早就烟消云散了。从广义上讲，书法就是汉字书写的方法。汉字与书法密不可分，没有汉字或者说不书写汉字，也就没有或不能称之为“书法”。所以，可以说黄帝的史官仓颉是中国书法史上第一位书法家。

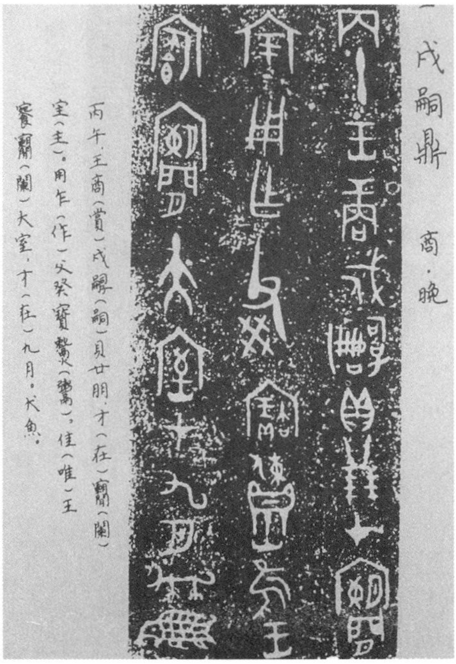

商晚期 戍嗣鼎

史佚鱼书

尹佚（尹逸）是西周初年的太史，故称之为史佚。他博学多闻，德高望重，深得周武王赏识，常随武王左右，记录武王言行。周武王即位九年后，商王朝已经是民不聊生，怨声载道，腐败到了极点。此时，周武王想乘机讨伐，但还是想先试探一下商纣王的反应。于是，他并未约请各路诸侯，就与姜子牙率兵来到孟津。正当武王的渡船行至河中间的时候，忽然一条白鱼跃进船舱里，史佚见了大喜，对武王说：“这是祥瑞之兆啊！”武王当然高兴，马上命史佚将此事记下来。史佚遵命，就按照先民留传下来的“以一形立一字”的写（造）字方法，先画了鱼头，然后画出鱼骨，最后画出鱼的尾翼。此后，人们便将史佚如此写出来的字叫作“鱼书”。据说，史佚还曾作过“鸟书”和“虎书”。

【八公山人语】

黄帝时的仓颉、周武王时的史佚、周宣王时的史籀等都是史官。史官是负责记录历史和历法的官员，掌管文书起草、诸侯卿大夫策命、国家典籍、天文历法、祭祀等。可以说，史官是国家的文化精英，是文字的创造者、解释者和书写者，也是最早出现的书法家。在文字很少、识字率很低、书写很困难的时代，史官地位很高。当时文字还是被统治者垄断着的“高贵”的“庙堂”字，富贵家庭的孩子八岁可以上学（按《周礼》规定），要学习“六书”即象形、指示、形声、会意、假借、转注六种结字方法。掌握六书，对于认识、理解和正确书写汉字具有重要作用。史佚的“鱼书”就是他按照象形的方法写出来的大篆“鱼”字。周朝初期使用的文字仍然是殷商甲骨文，后来经过史佚、史籀等人改造，终于完成了向大篆文字的转变。

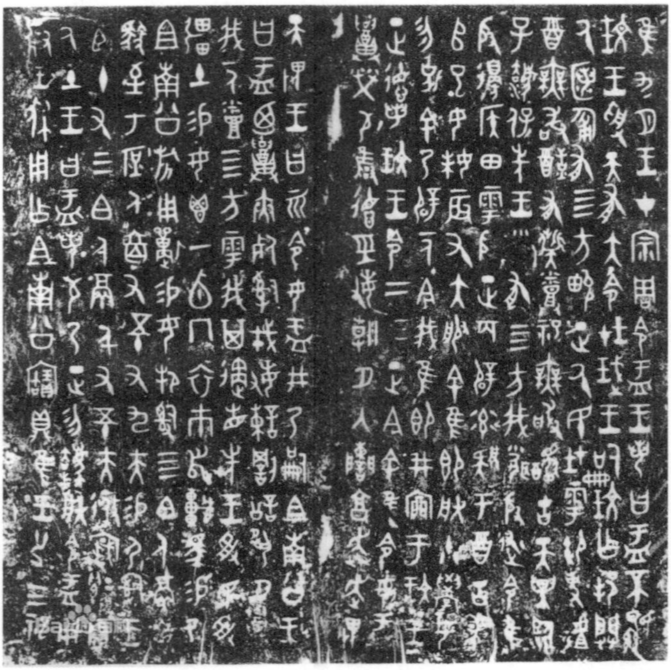

西周 大盂鼎

子贱掣肘

春秋末期，鲁国国君派遣宓子贱去治理单父（今山东单县）。子贱担心鲁君听信他人谗言，使自己不能放手工作，于是，他请求鲁君派两个身边的亲信随行。到了单父后，当地官员都来参见，子贱让那随行的两个鲁君亲信在一旁书写登记来人的基本情况。但是在俩人书写时，子贱却不断拉扯他俩执笔的胳膊肘，使俩人的字写得很丑。并且最后他还把俩人写得一团糟的名册，举起来给众人看，并且大加嘲讽。在场的人都对宓子贱的行为很不理解，纷纷嘲笑他，那两位随行官员非常气愤，回去后向鲁君告状。哪知国君听了后叹息道："他这是在劝谏啊。"于是，他派人到单父传令于子贱："今后单父不是属于我而是属于你，凡是有利于单父的事情都由你做主。只要你每五年报告一次情况就行了。"子贱很敬佩鲁君的开明，自己的主张在单父完全得到实施。

【八公山人语】

春秋末期，用毛笔书写的简帛书开始流行，不过那时人们书写的文字还是大篆。这种书体是周宣王时期的太史籀在武王时的史佚篆字的基础上，进一步改造而成的。他著成《大篆十五篇》即成为篆书的鼻祖，所以后来人们将大篆也称之为籀文。据说《石鼓文》就是史籀所书，它是大篆书体的代表作品。在别人写字的时候，宓子贱却在一旁捣乱破坏，这完全是他自编自导的一场闹剧。他是想让国君意识到奸诈的谗言对志士仁人报国之志的危害。后来，宓子贱在单父竟能"鸣琴而治"，作为孔子的"七十二贤人"之一的他果然不凡。宓子贱比孔子小 30 岁，有才智，仁爱，孔子称赞他是君子。唐代高适《登子贱琴堂赋诗》赞道："宓子昔为政，鸣琴登此台。琴和人亦闲，千载称其才。"

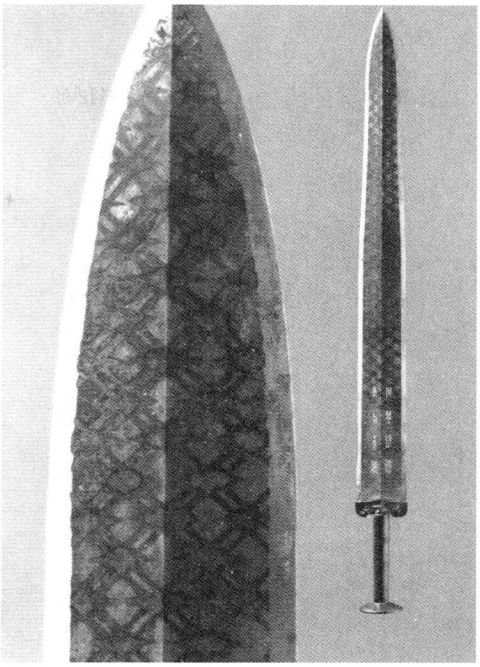

战国 越王剑上的鸟虫篆书

虫篆小技

秋胡是春秋战国时的鲁国南武城人，与妻子结婚才5天就到陈地任职为官，竟然5年后才回家探亲。那天，当他走到村前，看到一位采桑叶的美女，心生爱慕，于是便拿出钱去挑逗调戏她，结果遭到严词拒绝。秋胡只好悻悻地走了，回到家才知道，那位女子竟然是他的结发妻子！然而秋胡妻在痛斥这位不孝、不义的丈夫后，一气之下竟跑出去投河自尽了。就是这位贞烈的秋胡妻，在侍奉双亲、抚养孩子和种田养蚕之余，还把写字作为修身养性、求得内心安宁的“女红”。一天，她养蚕时，看着蚕的各种活动姿态，大受启发，忽然灵机一动，把蚕的动作运用到篆字形态上去。她书写篆字时，笔画故作蜿蜒盘曲之状，中部鼓起，首尾出尖，长脚下垂，犹如蚕虫身体之弯曲，使篆书单调的线条得到装饰美化，从而创造出了一种新书体——雕虫篆。

【八公山人语】

秦汉以来，“秋胡戏妻”的故事广为流传，并且被演绎成多种戏剧。秋胡妻创造的虫书曾是秦朝通行的8种书体之一，与大篆向心回抱的体式不同，字体纤细修长，字形奇诡，装饰意味很浓，所以也有人把它看作是篆书的一种美术字体。在当今书法篆刻中，依然有人使用这种字体。唐代书法家韦续《墨薮》中指出：“虫书，鲁秋胡妻浣蚕所作，亦曰雕虫篆。”宋代释梦英《十八体书》中，对秋胡妻创造的虫书（亦称“战笔书”）大加赞赏：“其体遒律，捶画纤长，旋绕屈曲，有若虫体。其状则玄鸟悠游，落花散漫。”虫书不仅见于容器、兵器，亦见于战国古玺及两汉铜器、印章、瓦当，它与鸟书曾并行于秦汉时代，也常合为一体，人称“鸟虫书”。郭沫若认为：“中国以文字为艺术品之习尚，当自此始。”

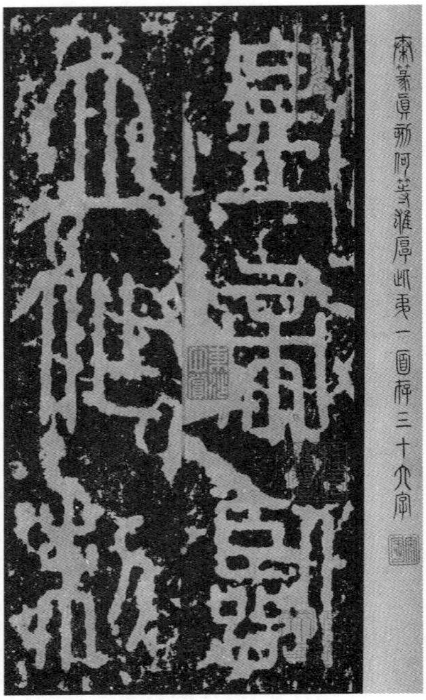

秦　李斯《泰山刻石》

一语成谶

战国时代，由于各国政治文化的区隔，形成了文字差异。那时的文字有五大体系，即晋、齐、燕、楚、秦。221年，李斯辅佐秦始皇统一中国后，建议秦始皇在全国禁用各诸侯国留下的大篆古文，实行“书同文”，一律采用秦篆，即李斯、赵高、胡母敬等人对大篆“删其繁冗、取其合宜”后创造的小篆文字。为了推广和规范统一的文字，李斯书《仓颉篇》、赵高书《爰历篇》、胡母敬作《博学篇》。李斯奉命亲书的《仓颉篇》共七章，每4字为一句，作为当时人们临习的课本。李斯是中国书法史上第一位有书迹传世的书法家，他是公认的小篆书体的创始人，其书法水平在秦朝首屈一指。史料上称：他一下笔，赵高以下，没有人不佩服。李斯曾经书写《圣功纪石》，其中预言：“吾后九百四十年间，当有一人代吾迹焉。”果然，900多年后的唐玄宗时代，出现了一位继承李斯小篆书体的大书法家李阳冰。

【八公山人语】

李斯一语成谶。秦国灭亡后，小篆书体也渐趋式微，逐步被汉隶所取代。魏晋隋唐时期，楷、行、草书体成熟并盛行于天下，书写小篆的人就更少了；直到900多年后唐玄宗时代李阳冰出现，小篆书体才重新得到振兴。因此，书法史上将秦朝李斯与唐朝李阳冰并称为“二李”。李斯对篆书书体的改革、创新和发展，具有不可磨灭的功绩。秦始皇统一六国后，构筑了从皇城咸阳辐射全国四通八达的驰道。为了视察他的大一统的国家，他12年为帝，先后5次巡游，最后病死于第6次巡游途中。他巡游时，曾多次命丞相李斯亲笔用小篆书文，颂秦德、罪六国、明法规、正风俗，并刻石立碑。《泰山刻石》《琅琊刻石》《峄山刻石》《会稽刻石》等都是李斯流传千古的小篆名篇。只是这些刻石几乎消失殆尽，仅仅片鳞残石和古拓本流传下来。

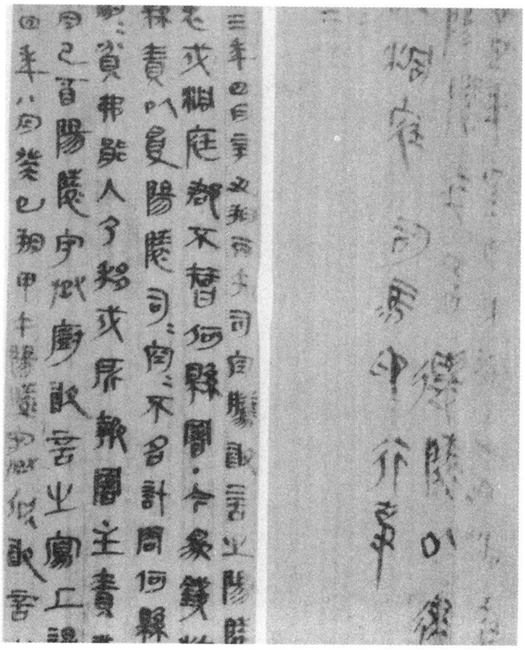

里耶城址出土秦代简牍

狱中创隶

程邈是秦朝县衙的狱吏，因为性情耿直，得罪了秦始皇，被关进云阳监狱中。在狱中，他度日如年，无聊至极，想立功求得赦免。当时正值秦始皇推行“书同文”政策，以小篆为全国统一文字，在官方公务文书中使用。而书写小篆费时费事，影响工作速度和效率。于是，他想若能创造出一种容易辨认又书写快速的新书体，不是更好吗？这样，他便绞尽脑汁，钻研字体。他借鉴民间书写的经验，把篆书的圆转改变为方折，把笔画勾连变为分散，把字形“内裹”变为“外铺”，同时删繁就简，加工整理，用了整整10年时间，终于创造出了书写便利又易于辨认的新字体——隶书。他创造出3000个隶书字，并把这一成果呈献给秦始皇。秦始皇看了后，非常高兴，不仅免了程邈的罪，还让他出来做官，提升他为御史。程邈创制的隶书，也得以在官司刑狱的公务文书中使用。

【八公山人语】

程邈虽受牢狱之灾，身陷囹圄，却能殚精竭虑，创造出隶书。他很可能就是从当时民间流行的“草篆”书体中得到了启发，在狱中完成了这项伟大工程。从此，我国文字告别了延续三千多年的古文字而开启了今文字，在形体上逐渐由图形变为笔画，象形变为象征，复杂变为简单；在造字原则上则从表形、表意到形声，字体结构也不再有古文字那种象形的含义，而完全符号化了。这种隶书的特点是扁阔取势，结构简单，笔画平直，有了波磔，与小篆相比，书写方便，易于辨认。隶书始于秦而兴于汉，后来人们就将程邈书写的隶书称为“秦隶”，而将汉代人书写的隶书称为“汉隶”。“秦隶”的出现是我国文字史上乃至书法史上的一次重大变革、大解放，书写时它比篆书要“自由”和“放纵”。这虽不能归功于程邈一人，但他也功不可没。

云梦睡虎地秦简

八分始祖

秦始皇专权，天下之事无论大小都必须报告由他决定，各地奏章日夜纷呈，堆积如山。他给自己规定：每天必须批阅完120斤竹简，才能收工。他每天用篆书批阅这么多的奏章，当然不胜其烦。当时，上谷有一位叫王次仲的人（也有人说他是后汉人），他觉得当时的篆字难写难认，就开始研究简化文字，创造出了一种“简略赴急疾之用”的新书体——八分书。一天，秦始皇看到王次仲用这种新书体写的文章，很高兴，认为这种书体可以用于起草紧急文书。于是，他派人去征诏王次仲入秦做官，不料一连三次都遭到王次仲拒绝。秦始皇大怒，认为他不识抬举，派人用一辆囚车将王次仲押送来秦。哪知，车行途中王次仲竟然变成一只大鸟振翅飞出，盘旋中故意落下两根羽毛。最后，使者只好拿着这两支羽毛回去向秦始皇复命。后来，人们称王次仲为“八分始祖”（张怀瓘《书断》）。

【八公山人语】

秦始皇统一六国后，虽以李斯创造的小篆为全国通行的官方书体，但是小篆的辨认仍然困难，书写也很麻烦。秦始皇每天面对那堆积如山的要批阅的篆书竹简，心中应该是苦不堪言。如何进一步简化文字，方便书写和认识，这是经常缠绕在这位皇帝心头的一大问题。所以，他才会对程邈、王次仲创造出来的简便易写的新书体，表现出极大的兴趣。事实上，这位传说的“暴君”真的很勤政，最后是被累死的。这位羽化登仙的王次仲，创造出来的“八分”，有人说就是秦隶及早期的汉隶。但是，也有人说王次仲是东汉时期的人，“八分”就是汉隶晚期对隶书加以改进、演变后的一种书体，再经三国、魏晋演变而为真书（楷书），所以它可以看作是楷书的雏形。王愔说：“次仲始以古书方广少波势，建初中隶草作楷法，字方八分，言有楷模。”

密县打虎亭东汉画像

第二章　汉　代

西汉马王堆三号墓简

覃思三月

萧何早年虽然仅仅是一个秦朝沛县狱吏，但是也崇尚古文和精通书法。他随同刘邦起兵后，还常常与张良、陈隐等人讨论书法的用笔之道。汉军攻克咸阳后，当将领们都去争抢金银财宝的时候，而萧何却忙于接收秦丞相和御史府所藏的律令、图书。这为后来“汉承秦制”做了资料上的准备。当时，长安城内宏大的未央宫建成后，前殿的匾额自然要由大书法家、丞相萧何来题写。他为了写好此匾，整整思考琢磨了三个月，最后以秃笔榜书“未央宫”三个大篆字，字势浑厚雄壮。大匾挂上去以后，前来观看的人如潮水一般，大家赞不绝口。从此，萧何把题写牌匾的榜书大字，定名为“署书”，作为书法“八体”之一。当时人们也把萧何写的大篆称之为“萧籀”。

【八公山人语】

萧何为写好“未央宫”三个字竟然要“覃思三月”，可见榜书之难。康有为谈到写榜书大字时说：“作榜书须笔墨雍容，以安静简穆为上，雄浑雅健次之，若有意作气势，便是伧父。”他还特别强调：“作之与小字不同，自古为难。其难有五：一曰执笔不同，二曰运管不同，三曰立身骤变，四曰临仿难周，五曰笔毫难精。有是五者，虽有能书之人，熟精碑法，骤作榜书，多失故步，盖其势也。”榜书大字在各类书体中独树一帜，需要专门练习。榜书，或书殿堂匾额，用以装点门楣；或书警句格言，用以自勉修身；或书品牌名号，用以扬名示人；或书斋馆牌匾，用以表明心志。所以，榜书要有正大气象，品相高雅，气势雄浑，既不可寒俭纤弱，也不能狂怪粗野。

大禹碑

孙通解字

周朝时，人们发现了文字的创造者仓颉的墓碑，不过碑文上镌刻的文字无人认识；春秋战国时的孔子也见过，但也不认识。到了秦朝，丞相李斯认识其中的 8 个字，而待诏博士叔孙通精通儒术，善解古文，他可以认识其中的 12 个字。后来，叔孙通转投汉王刘邦，在汉朝官至太子太傅。有一天，汝阴侯夏侯婴驾车来到东都门。这时，那匹马嘶鸣着局跽不前，而且还不停地用前蹄刨地。夏侯婴甚感惊奇，于是命人掘地三尺，结果从下面挖出一个石郭，只见上面隐约有一些文字。他命人将石郭上的泥土洗净，上面的文字清楚地显现出来。原来都是些非常古怪奇异的文字，夏侯婴和左右的人都不认识。他只好请来善解古文的叔孙通。叔孙通来到后，看了就说这是“科斗文”，接着他用当时通行的文字一一翻译出来。

【八公山人语】

今传有东汉《仓颉庙碑》字为隶书而非古文。史传仓颉的故里和墓碑曾有多处，而此处记载的古文墓碑可能就是其中之一。经过秦朝小篆对大篆文字的简省以及“隶变”以后，汉代隶书成为通行的文字，人们对大篆及其以前的古文字越来越陌生，对于上古文字则更加不能辨认。同时，先秦古文的遗迹却又不断被发现，人们常常要面对认识古文的问题。所以，东汉许慎《说文解字》就是在这样的背景下应运而生。这里，叔孙通辨认出来的“科斗文”就是属于大篆古文。有人说后世流传的《大禹碑》便是这种“科斗文”，传为大禹所书，至今无人能识。明代杨慎虽然曾为《大禹碑》释文，但后人称他多是臆测，不可信。

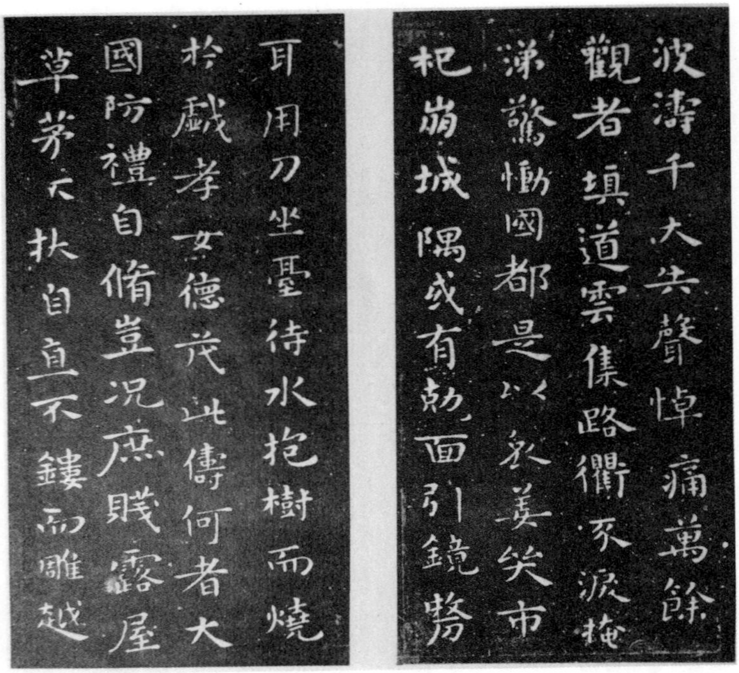

传王羲之《曹娥碑》

绝妙好辞

西汉景帝时，曹娥是上虞县曹盱的女儿，不仅容貌姣好，而且还会边打击乐器边唱歌跳舞，当地每次祭祀活动都少不了她。景帝后元三年的端午节，正是民俗祭祀潮神的日子，迎神的船队由曹盱指挥，船逆着江流行驶。这一天风急浪高，主祭船被浪打翻，曹盱落水身亡，人们许久都没有打捞到他的尸体。曹娥当时仅 14 岁，她在江边大声哭喊着寻找父亲，一直寻至第 17 天仍不见父尸，便投入江中。五天后，人们看到死去的曹娥抱着父亲的尸体浮出水面。在曹娥去世八年后，上虞县县长度尚对曹娥“悲怜其义，为之改葬”，并叫其弟子邯郸淳为之做碑，请学者魏朗撰文。然而，过了很长时间魏朗的碑文也没写出来。于是，度尚转命邯郸淳撰文，邯郸淳年才弱冠，但见他从容捉笔，稍加构思，便一挥而就，众人嗟叹不已。

【八公山人语】

汉代是一个十分讲究孝道的时代，在科举制度尚未建立的时候，下层百姓可以通过举孝廉而入仕做官。《曹娥碑》竖立起来后，名扬天下，许多人慕名前来观看。据说，东汉蔡邕曾闻讯前来观碑，手摸碑文而读。他看罢，在碑的背面书写了“黄绢幼妇，外孙齑臼”八个字。后来，曹操和杨修也一起来曹娥庙祭拜。曹操看到碑阴蔡邕写的八个字感到很奇怪，不解其意，最后还是杨修破译了这个谜语，说答案就是“绝妙好辞”。东晋王羲之也曾专门前来观碑，并写下名帖《曹娥碑》。邯郸淳青年时代离家出走，游学洛阳，拜书法家曹喜为师，刻苦磨炼，终于名震书坛。他曾以大篆、小篆、隶书三种字体书刻儒家经典《正始三体石经》，立于洛阳太学故汉碑之西。曹操很喜欢邯郸淳的书法，专门召见他，“甚敬异之”，还特地请他做曹丕的侍从。

西汉 宣帝五凤二年《鲁孝王刻石》

掌录舌学

西汉时有个叫董仲玄的书生，虽然家里很穷，但非常好学，而且特别喜欢书写和收集异体字。他家距离京城有300里，每逢去京城时，他或者骑牛，或者骑驴，或者步行，不用一两天便可到达。外出时他经常到别人家里投宿歇息。他对异体字，即那种音义相同、写法不同的字，特别感兴趣，并且用心收集。每当他外出在别人家中投宿的时候，只要了解到或者看到有异体字，他就会马上站起身来，用笔依样题写在自己的手掌上。等他回到家中以后，就用竹箨写下来。他还有一个习惯，每当记录在手掌上的异体字抄写完了以后，他就用舌头舐尽手掌上的墨迹。长此以往，董仲玄舌黑掌烂，当时人都说他是“掌录而舌学”。

【八公山人语】

秦始皇虽然统一了文字，以小篆为标准书体，但这种标准的小篆主要还是在官方文书中通行，哪怕是到了汉代，一字多形的情况在民间仍然普遍存在。今天我们从汉隶碑版中就可以看到许多异体字。异体字是越古越多，例如一个“兄”字，在甲骨文中就有35种写法；一个“贝”字，在金文中就有60种写法。战国苏秦头悬梁，东汉孙敬锥刺股，这些都是那时勤奋学习的典型。董仲玄留心记录和整理研究各地书法中的异体字，堪比扬雄。他在穷困的家境下刻苦学习的精神更有过之，足以垂范后世。据史书载，董仲玄常游山泽，在游山玩水之时也不忘读书学习。不过，要背负那些竹木书简旅行实在太重，于是他就想了个办法，把竹木简上的文字抄写到树叶上。这样大大减轻了书籍的重量，又方便携带。

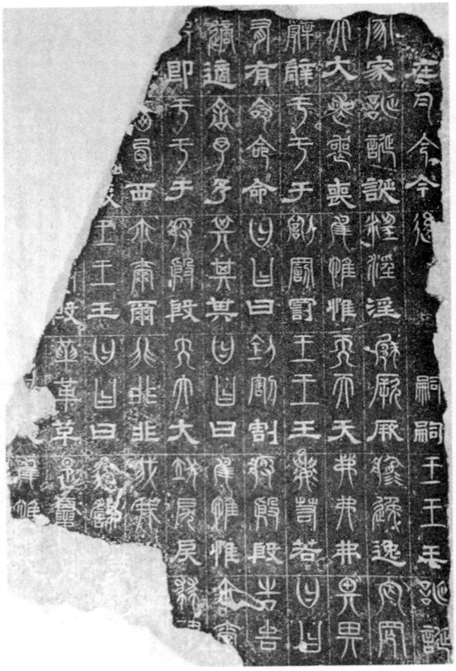

三国魏《三体石经尚书春秋》残石

安国译经

汉武帝末年，鲁恭王为自己修造宫殿，拆毁了孔子的旧居，在墙壁夹层中发现了用先秦“科斗文”书写的《尚书》等几十篇儒家经典文献。当他前往旧宅察看时，隐约听到有演奏琴瑟钟磬的声音，心里非常害怕，遂不敢再拆孔子旧宅。当时人们都不认识这些古文大篆字，只好送去给著名的经学家、古文字学家孔安国辨认。孔安国是孔子十二世孙子，意外得到老祖宗留下的珍贵文献，如获至宝。他认识大篆文字，就用通行的隶书来翻译这些古文，并把它们写在竹简上：前一简是科斗大篆，后一简则是隶书翻译。经他整理研究后的这批古文，比当时流传的《尚书》还多出16篇来，而且有700多个原来没有的文字，还有几十个文字是脱漏的。孔安国对古文《尚书》的校译，为《尚书》在后世的传播和学习，提供了极大的便利。

【八公山人语】

有人推测孔子旧宅墙壁夹层中发现的文献，可能是秦始皇焚书的时候，孔子的第九代孙孔鲋为了保存这些儒家经典，把它藏在那里的。所以，后人就把孔安国整理的这批文书叫作古文经书。它和当时汉代流传的今文经书，形成了两个不同的学派，对后世产生了很大影响。在隶书通行的汉代，人们已经不认识春秋战国时期手写的大篆文字。这种字体因为是用竹笔蘸漆或墨写的，笔画起始处粗重，收笔处轻细，状如蝌蚪，故俗称“科斗文”。后来，人们把孔安国这种既保存了古文体可供后人观赏，又有隶书可以辨认的厘定经典的方法，称之为“隶古定”或“隶古”。几乎历代都有传刻的经书，魏三体石经即用古文、小篆、隶书三种字体刻成，其所刻古文大略保存了孔书壁经中古文的遗形。

西汉 新莽天凤三年《莱子侯刻石》

擅写奇字

西汉扬雄从小就口吃，但博览群书，怀有壮夫雄心，虽然他是当时著名的辞赋家，但却瞧不起作赋，认为那像是“童子雕虫篆刻”“壮夫不为”。40岁后，他始游京师，大司马王音召为门下史，推荐为待诏，后来又被汉文帝召入宫中，授官黄门侍郎。扬雄擅长写奇字，名气很大。扬雄爱喝酒，好事者就常带上酒菜去跟他学写奇字，甚至王莽国师刘歆的儿子刘棻也曾经跟他学习。扬雄怎么会写那么多的奇字呢？原来是他广泛收集而来的。汉成帝时，皇帝下诏赐扬雄笔墨钱六万。每当天下的孝廉和内郡卫卒大会时，扬雄就拿着毛笔和四尺白绢，询问来自各地的人，只要是讲不同的方言，他就记下来，回去后马上用铅粉笔摘抄在木板上。汉平帝时，征召天下近百位通晓文字学的人，让他们在宫廷中各自写下自己记得的字，然后扬雄从中选取有用的字，编写成了《训纂篇》。

【八公山人语】

现今已发现夏代就有了骨刻文字，即“昌乐骨刻文”，有字符近千个，它是比殷墟甲骨文要早一千多年的文字。目前发现的商代甲骨文已经是很成熟的文字了，多达4500字。特别是春秋战国时期，各国文字并不统一，又各说方言，结果同一个字因国别和语言不同往往有不同字形。西汉扬雄对奇字、方言以及当时通用的文字进行了收集整理，著成《训纂篇》，共收文字2040字。东汉许慎《说文解字》共收9353字，其中就有许多与古文不同的异体字，即奇字。所以，一字多形，这在文字刚刚统一的秦汉之时，是常有之事。书法艺术创作中，为了书写时字形结构和章法的美观、平衡，也时常会增减字的笔画，使得字的造型更加丰富多彩；而且这些奇字，流传有续，已成惯例。因此，我们不能按通常的汉字规则把这些字都说成是错别字。

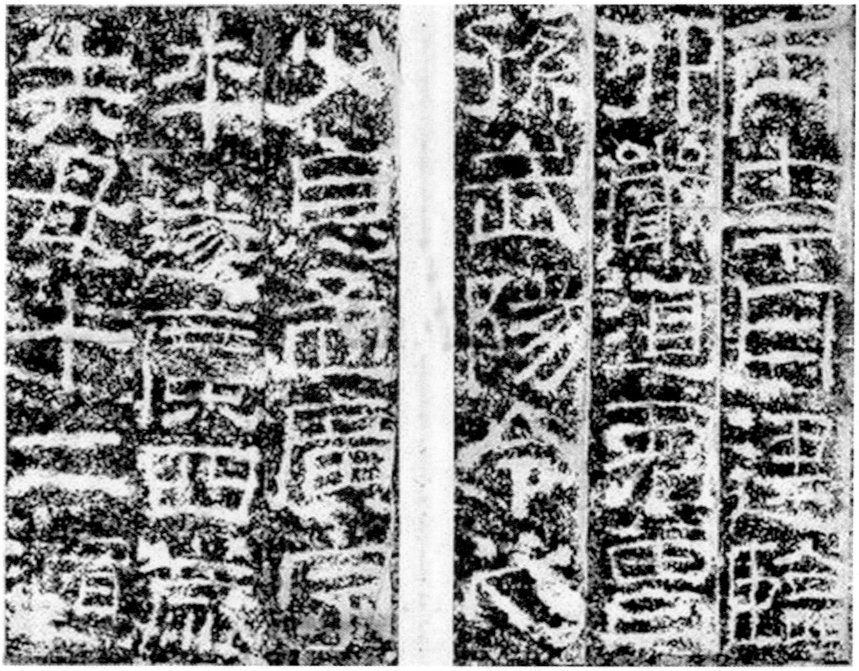

西汉 成帝河平四年 《孟广宗碑》

书惊四座

西汉哀帝时有个叫陈遵的人，身材高大，长头大鼻，相貌英伟。他善写篆隶，每次写字作书时都是满座皆惊，所以当时人称他为“陈惊座”。他写给人的信札，收信者都会小心收藏起来，以为荣耀。东汉王莽爱惜这个人才，起用他任河南太守。陈遵到任后，按照旧礼，打算派副职专程到京城去，答谢那些故交旧友。于是，他召集善于书写的 10 个官吏到他那里。只见陈遵靠着几案，对那些官吏口授书写的内容，让那 10 个官吏分别记录，代他写私人书信答谢京城里的老朋友。陈遵一边口授，一边还顺带处理官署的一些事情。就这样，他很快写完了几百封书信，而且每封信表达的亲近疏远之意各有不同，都很恰当。在场的河南官员看了都大惊，赞叹不已。

【八公山人语】

一心多用，如此高效地处理事务，这大概是非常之人的非常之举。陈遵不仅书法技惊四座，而且放纵不拘，常有惊人之举。他爱饮酒，每一次在家中举行大的宴席，都是宾客满堂。不过，他定了一个规矩，来客不能提前离开宴席。每次在宾客入座开宴后，他就令人关上大门，而且还把客人车轮与车轴位置上的销钉拔下，投到井中去，这样宾客即使有急事，也不能提前离开。曾经有一个州里的刺史前来拜访陈遵，正赶上他在家中大宴宾客，结果也被关在门内不能出去。他只得等待陈遵大醉后，冲进内室拜见陈遵的母亲，说明自己和尚书有约会的实际情况，陈母只好让他偷偷地从后门出去。可惜，陈遵没有书迹传世。

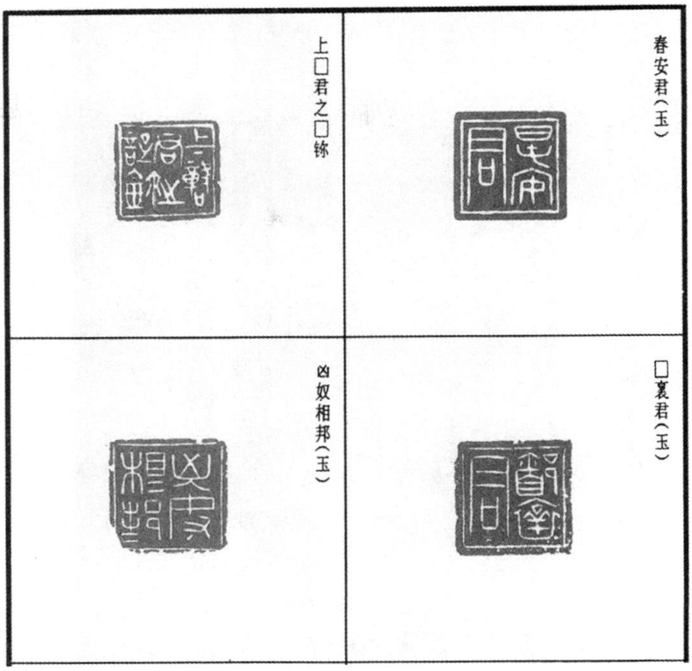

先秦官鉨印

先秦印玺

后继有人

东汉时期，杜林的父亲杜邺及其外祖父张敞都是经学家，所以家中有很多藏书。杜林从小就好学，跟随父亲研究学问，学识渊博，当时被人称为通儒。王莽兵败之时，他在河西，偶然得到漆书古文《尚书》一卷，十分珍视，随身携带，整天研读，爱不释手。当时社会上古文已不流行，极少有人能够认识，而杜林正遭遇生活艰难穷困，又遇到社会上兵荒马乱，他时常抱着那卷《尚书》叹息说："古文之学，将绝于此！"那时，东海有一个叫卫宏的人也擅长古文，知道杜林的大名和美德，对他佩服得五体投地。一天，他专程去拜访杜林。杜林一见到卫宏如同见到了知音，他拿出珍藏的漆书古文《尚书》给卫宏看，说道："我曾经以为漆书古文就要在我这里断绝了，没想到东海卫君您能够传此绝学啊！从此漆书古文之道不至于坠地啦！"

【八公山人语】

汉代通行的字体是隶书，那时人们早已不认识大篆古文字。不过，先秦青铜器铭文、周宣王太史《史籀篇》的抄本，以及秦始皇焚书时被人藏匿起来的一些儒家经籍《春秋左氏传》（汉初张苍所献）、《尚书》、《礼》、《论语》（汉景帝时鲁恭王在孔子故宅墙壁里得到的）等，陆续被发现。为了研读史料和学习经典，一些人便开始研究古文字。杜林得到的漆书古文《尚书》是用竹梃点漆书写在竹木简上的，这种大头小尾的文字像是蝌蚪，故又称为"科斗文"。漆书文字属于大篆系列，但是不同于西周籀文，它是春秋战国时期，秦国以东的国家流行和使用的文字。今天我们在一些先秦古玺上可以依稀见到其面目。后来，卫宏果然不负杜林的期望，他研究古文字并把它们与当时使用的文字对照，著成《古文官书》。

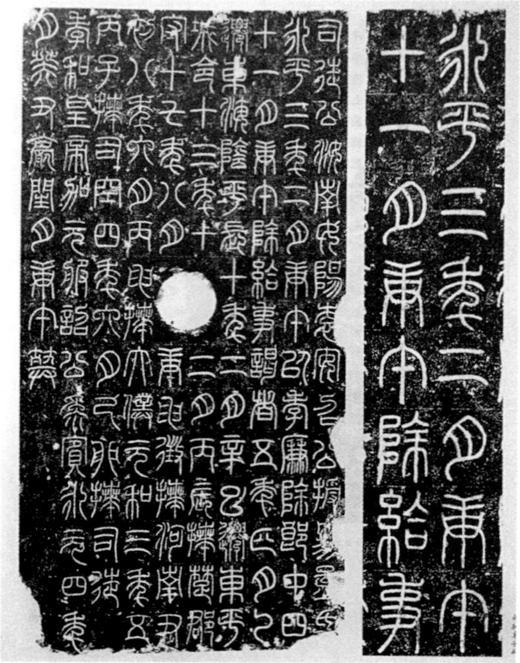
东汉《汉司徒袁安碑》

悬针垂露

东汉章帝时的秘书郎曹喜，扶风平陵（今陕西咸阳东北）人，通晓古文，又善于篆书和隶书。在建初年间，他是与秦朝李斯齐名的篆书大家，闻名天下。有一天，他看到李斯笔势以后，大为感慨，悲叹不已，专门写了一篇《笔论》。曹喜佩服且学习李斯的篆书，但是并非亦步亦趋，而是有自己的创新发展。他写的篆书与李斯有些不同，最明显的特征就是他写那些长长的竖画时，采用“悬针”“垂露”的方法。“悬针”法就是写篆字的竖画时，下端出锋，其笔锋如针之悬，笔势刚健；“垂露”就是写篆书竖画时，行笔至收笔处略提笔向左再向下回锋收笔，呈圆笔状如垂露珠，十分婀娜。他的这两种笔法还有不同的用途，题写《五经》篇首时就用“悬针”法；而书写给皇帝的章表奏事时，则用“垂露”法点缀其间。

【八公山人语】

今天书法爱好者几乎人人皆知悬针垂露笔法，可是许多人并不知道它是东汉曹喜所创。曹喜精通古文字，应当是受到战国时六国古文和新莽时期刀币文字的启发，然后对李斯小篆笔法加以改造，从而创造了悬针垂露之法。书法技法的改变最终导致了篆书风格的变化。悬针垂露之法，大行于世，还演变出了有独特风格的悬针篆、垂露篆。曹喜的篆书在当时乃至后世产生了很大影响，今天，我们见到的东汉《袁安碑》《袁敞碑》，以及许多汉碑碑额，都有与其相似的笔法。而东汉的蔡邕、邯郸淳都曾师法曹喜篆法，并由他俩再传韦诞和卫觊，一直影响到魏晋南北朝的碑刻篆书。如魏《三体石经》中的小篆，即为“垂露篆”；传为吴皇象所书的《天发神谶碑》也是“倒薤叶”法。此外，碑额、墓盖上的篆书，均可看到曹喜篆书的流风。

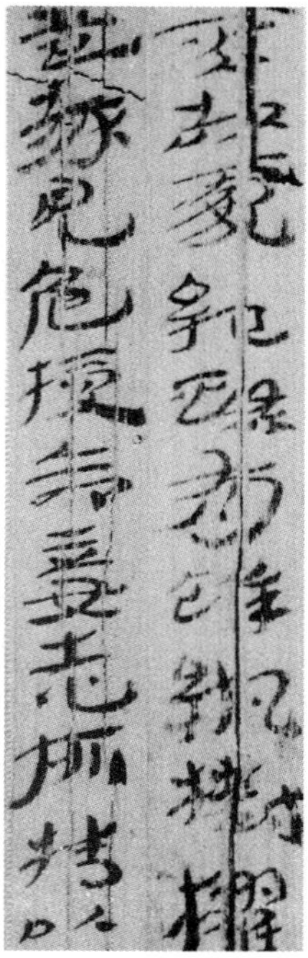

汉《东海尹湾简牍》

章草如蝎

杜操小时候常和小伙伴一起玩蝎子。有一次，他用一双筷子夹住蝎子，只见蝎子奋力挣扎，不屈不挠地反抗着。当把它放在地上时，蝎子高高地翘起尾巴，很快逃跑了。这给杜操留下深刻印象。后来，东汉章帝时杜操为齐相，每天都要批阅大量公文。当时隶书是官方书体，书写要讲究波磔、体现左右分势。他觉得隶书写起来很麻烦，就想像秦朝李斯那样对文字书体加以改变。有一天，他忽然想起小时候玩蝎子的经历，想起那翘起尾巴爬得很快的蝎子。于是，他就把隶书草写，虽字字独立，但字画牵连映带，个别横、捺、右边的点有向上出锋的波挑，如同翘起的蝎尾。这就大大加快了书写的速度。汉章帝看到他写的这种草书后，很是喜欢，特别下诏批准以后写奏章可以写这种草书。从此，后人便称之为“章草”。

【八公山人语】

杜操出身于官宦之家，他的曾祖父在西汉昭帝时是御史大夫、建平侯杜延年。东汉章帝时，杜操就以善于草书而著名。他写的章草字画微瘦，很有骨力，韦诞曾评价说：“若霜林无叶，瀑水迸飞。”因而受到章帝的喜爱。杜操的书法并没有什么师承，他的章草书法大概是受到那些紧急公文潦草书写的启发和影响，引发了他的创造灵感，将草率之隶进一步规整化。他的章草古意高深，遂成为草书之源，对后世产生了很大影响。比他稍晚的崔瑗，师法杜操，“书体甚浓，结字工巧”，成为一代大家，俩人并称“崔杜”。晚了近百年的“草圣”张芝，也是取法杜操的章草。张芝在章草基础上进一步减省点画向右的波挑，保留点画连带的特点，甚至字与字之间也上下牵连，由此创造出“今草”。杜操字伯度，魏晋时人们为避魏武帝曹操讳，而改称杜操为杜度。

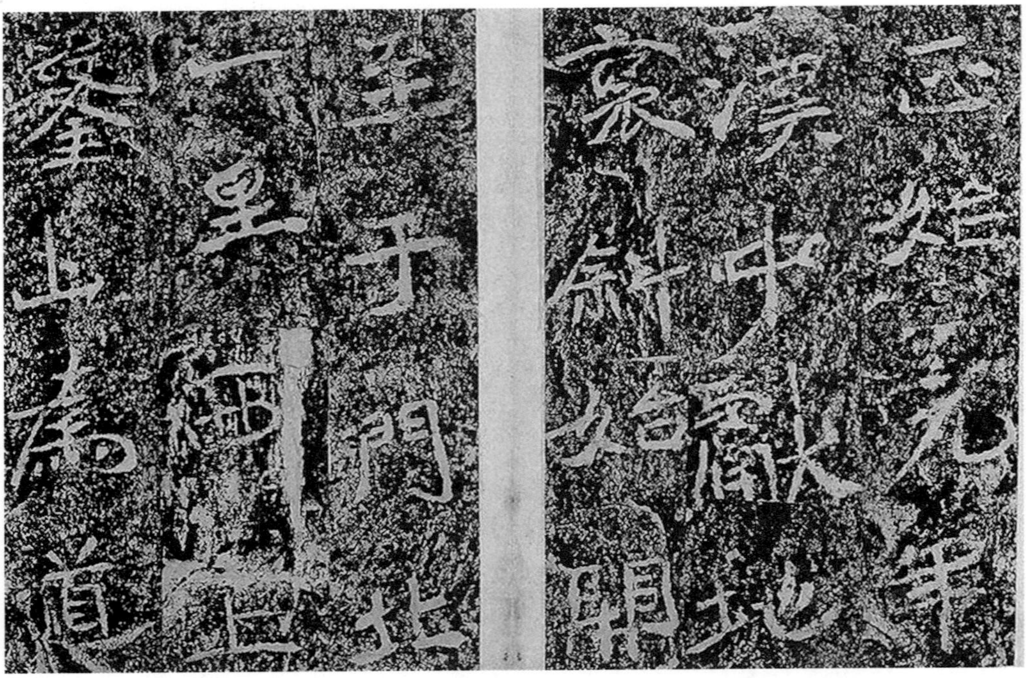

东汉 明帝永平六年 《开通褒斜道刻石》

投笔从戎

东汉班超是徐县令班彪的小儿子，能言善辩，博览历史典籍，为人有远大志向，不拘小节。汉明帝永平五年，兄长班固被朝廷召为校书郎，他与母亲随兄长到了洛阳。家中生活穷困，班超要经常给官府雇佣去当抄书匠，以写字养家糊口。一天，他写字写得烦闷了，扔掉毛笔叹息道：“大丈夫若无更好的志向谋略，也应当效仿傅介子、张骞在异域立功，获得封侯。怎么能长期在笔砚之间忙碌呢？”众人听了都嘲笑他，班超说：“小人物怎么能够了解壮士之志呢？”有一天，他遇见一位相士，那人看了他的面相，对他说：“您虽是一个平常的读书人，但日后定当封侯于万里之外。”班超想问个究竟。这算命先生指着他说：“您有燕子一般的下巴，老虎一样的头颈，燕子会飞，虎要食肉，这是个万里封侯的命相。”后来，他果然投笔从戎，出使西域 31 年，立下功勋，被封为定远侯。

【八公山人语】

东汉灵帝以前，文艺之事并不被世人重视，人们普遍渴望的是建功立业或者去研究经史。班超要效仿的傅介子 14 岁就十分喜欢学习书法，但后来他也曾弃觚叹息道：“大丈夫当立功绝域，何能坐事散儒？”扬雄也说：“虫篆小技，壮夫不为也。”这是当时普遍的社会思潮。汉代“独尊儒术”，有专门学习儒家经典的学校即太学。但是汉灵帝刘宏酷爱辞、赋、书、画，宦官派便借机在洛阳鸿都门设置了一个学习、研究文学艺术的学校，即鸿都门学，学生由州、郡三公择优选送，多数都是平民子弟，毕业后即可授予官职。这样一来，就可以培养拥护自己的知识分子，与士族势力占据地盘的太学相抗衡。鸿都门学开设辞赋、小说、尺牍、字画等课程，打破了太学专习儒家经典的惯例，从此文艺事业才开始兴盛起来。当时一些著名的书法家，师宜官、梁鹄、毛弘等都出自这所学校。

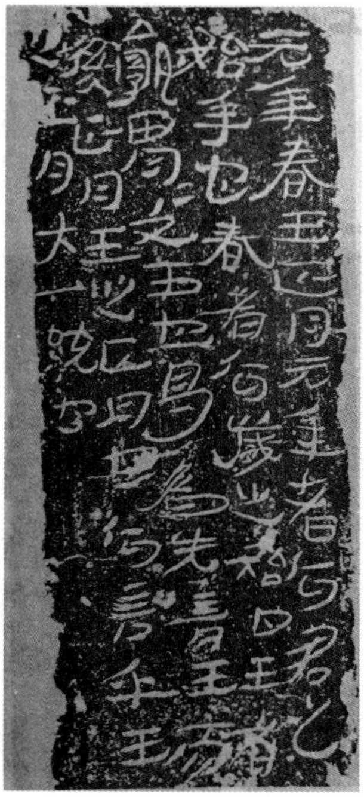

东汉《公羊传》砖

美男卖字

东汉安帝时，有一个叫王溥的青年，是汉代名臣王吉的后代，练得一笔好字。因为家中贫穷，不能入仕做官，他只好带着一些竹简，插着毛笔，在洛阳街市上摆摊，去给人家写字，以此挣钱，维持生计。不过，王溥这小伙子长得特别帅气，又很会说话，十分讨人喜欢。结果，每天前来找他写字的人很多。王溥不仅替人写字生意红火，收入丰厚，而且前来找他写字的男人们赠送给他衣冠，女人们还送给他珠玉，一天下来受赠的衣冠、珠玉等物品装满了车子，王溥满载而归。就这样，他很快富裕起来，家中买的粮食堆满了粮仓。洛阳人都说他是靠书法好而发家致富的。有了钱以后，王溥缴纳了一笔巨款给官府，终于得到了一个中垒校尉的官职。

【八公山人语】

中垒校尉是汉代主管守卫京城门内之兵（北军）的中尉的属官，是“八校尉”之一，每年俸禄大约有两千石。看来人帅、字美不想红都难。当年王溥一定是洛阳城中的明星和街谈巷议的美谈，爱美之心古今同有啊！这倒有些像西晋时的美男子潘安了，潘安走在街上，少妇们都围着他，拉着他的手不放，而老妪们则向他的车上扔果子，他也是满载而归。王溥的先祖王吉是汉宣帝时有名的清官，官至博士谏大夫。他曾因妻子摘了几颗邻居枣树上伸过墙来的枣子，竟将妻子赶出家门。后经邻居苦劝并要砍掉枣树，他才将妻子召回。王吉后来辞官回乡时，毫无积蓄，两袖清风，生活如同普通百姓。如此看来，到了王溥这一代仍要靠给人写字为生，便毫不奇怪了。不过，王溥终于靠书法发家致富。

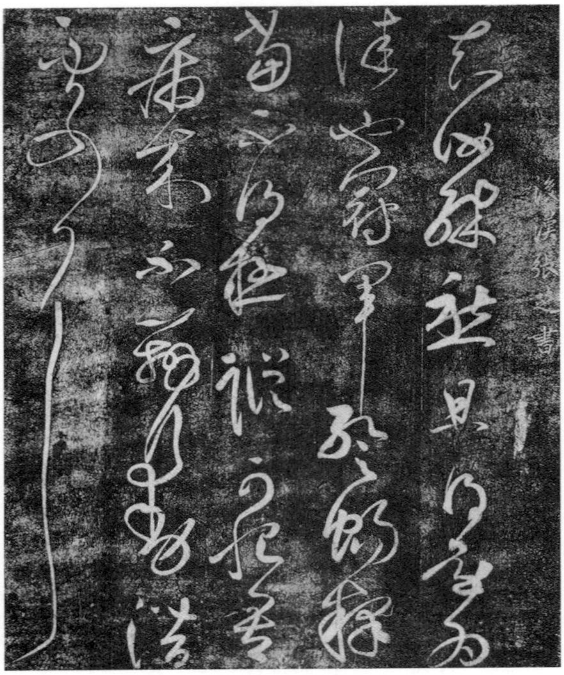

东汉　张芝《冠军帖》

池水尽墨

东汉时张芝出生于甘肃渊泉县的名门望族，父亲张奂官至护匈奴中郎将、度辽将军、大司农等，屡立功勋。张芝年轻的时候就很有节操，虽出身官宦之家，是当时的贵族，但无纨绔习气，不慕功名，一心学习书法。朝廷屡次征召他出来做官，都被他拒绝，所以，当时人称他为“张有道”。他潜心研究书法，特别喜欢当时社会上流行的一种新书体——草书。其父张奂为了方便他与弟弟张昶练习书法，差人打造了石桌、石凳，安放在池塘边上，从此兄弟二人临池学书。他把家中的衣帛都拿来，先在上面练字，然后再拿去煮洗。就这样日复一日、年复一年，那池塘里的水都变黑了。张芝终于赢得了书法史上的“草圣”美名，他临池学书的池塘也被后人称为张芝“墨池”。

【八公山人语】

东汉后期，人们爱好和练习书法蔚然成风，特别是这时出现了一种新书体——草书，更加引起世人瞩目，人们争相效仿和练习，甚至达到了痴迷的程度和忘我的境界。当时，辞赋家赵壹对这种不师篆籀、痴迷草书的社会现象非常不满，专门写下一篇声讨草书的檄文《非草书》。张芝连官都不愿意做，而专攻草书，临池学书，池水尽墨，这恐怕是当时学书人普遍的状态。张芝草书初学杜度、崔瑗，后又大胆创新。他减损章草的波磔，利用章草的笔法和当时开始流行的楷书的体势，率意急书，连字连画，隔行不断，大小相间，正斜相依，气脉相贯，人称之为“一笔书”。他临池学书的勤奋刻苦精神，也被后人传颂，连“书圣”王羲之都自愧不如。张芝可以说是中国书法史上第一位专业书法家。

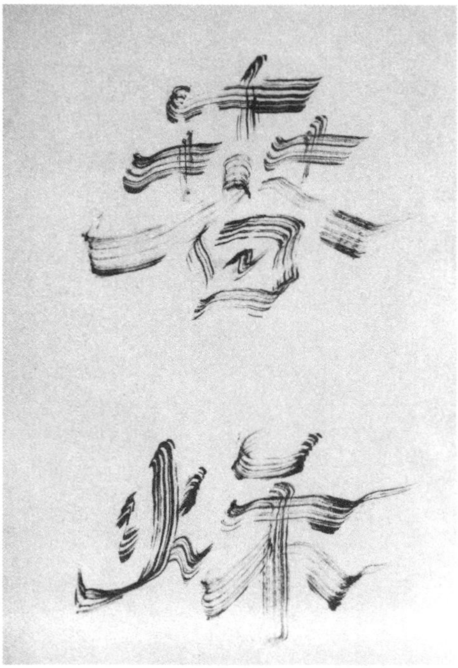

今人　飞白书《春秋》

创飞白书

汉灵帝刘宏是一个好学之人，爱好文学和书法。他引召太学生中能为文赋者待制京城洛阳鸿都门下，以后又将许多善尺牍和工书鸟篆者都加以引召，总共召了几十人。光和元年，汉灵帝设立了鸿都门学，专门学习辞赋书画，学生由州、郡、三公推举选送，并进行考试，人数多至千人。诸生学成后很多人被授予官职，有些人甚至出任刺史、太守，入为尚书、侍中，还有的封侯赐爵。熹平年间，蔡邕奉诏作《圣皇篇》。文章写好以后，有一天，他将文章拿去给鸿都门的学生学习。当时鸿都门正在装修，他看见有个匠人用刷白粉的扫把写字，笔画中的白色拖丝使写出来的字有飞动之势。蔡邕一向重视研究笔势，看到后大受启发，心生欢喜，回去便创造出一种新书体——飞白书。

【八公山人语】

蔡邕受到民间工匠的启发而创造了“飞白书”，它是指在书写时，毛笔笔头没有完全出墨，出现枯笔，使得笔画中丝丝露白，像枯笔所写，具有飞动之感。黄伯思在《东观余论》中解释飞白之名为“取其若丝发处谓之白，其势飞举为之飞”。这既是书法中的一种技法，又是一种特别的书体。当时汉代宫阙的题字，往往是字大径丈。写这样的榜书大字，毛笔不能含墨多，否则墨汁淋漓。由于书写时毛笔需含墨较少，下笔较轻，故曾广泛采用飞白书。魏晋以后许多帝王如唐太宗、唐高宗、武则天、宋太宗、宋真宗、宋仁宗等都爱玩飞白书，而历代书法家更是广泛使用飞白笔法，以增强书法笔画、结字和章法的美感，使整幅作品显得气韵生动。所以，蔡邕功莫大焉！蔡邕是书法史上第一个用审美眼光看待原本只是实用书写的人。

东汉　灵帝熹平年间　《熹平石经》

碑书之最

汉武帝时将儒家书籍《诗经》《尚书》《仪礼》《乐经》《周易》《春秋》，定为“六经”，作为太学的法定教材。皇家藏书楼里藏有的“六经”标准本是太学生们考试评卷的标准答案，但是曾被人篡改，错误很多，蔡邕便向汉灵帝上奏：校正经书、刊刻于石，作为儒学被定为官学后评定正误的一部标准本。蔡邕的奏请获得了灵帝的批准。这可是一个浩大工程：熹平四年，蔡邕与诸位学者参校诸体文字的经书，并领衔丹书“六经”，总共写了200911个字，镌刻了46块石碑，每块碑一丈多高，四尺宽。完成这一工程，总共耗时9年。当这些石碑在洛阳城南开阳门外的太学讲堂（遗址在今河南偃师朱家圪垱村）前竖立起来后，立刻轰动全城，人们从四面八方赶来观看或摹写，每天大街小巷和乡间道路都被千余辆马车堵塞了。

【八公山人语】

蔡邕书写的《熹平石经》可以说是中国书法史上第一个鸿篇巨制，不仅字数多，共有20多万个隶书小字，而且若把这些一丈多高的石碑排列起来，共有60多米长。它开启了我国以刻石的方法向社会公布经文范本的先河；另外，由于当时观者捶拓刻石，也启迪了后世雕版印刷技术的发明。可惜这些石碑因种种原因大都损坏殆尽，1933年民国元老于右任以4000大洋购得一块残碑，今存西安碑林。蔡邕的隶书史称“八分书”，是一种简化了的隶书字，波磔特征十分明显，故又称“今隶”。他写的石经字画严谨，成为当时官方的隶书标准字体以及后儒晚学的模范。蔡邕的书法在那时出世独立，无人比肩。梁武帝称蔡邕的书法“骨气洞达，爽爽如有神力”。

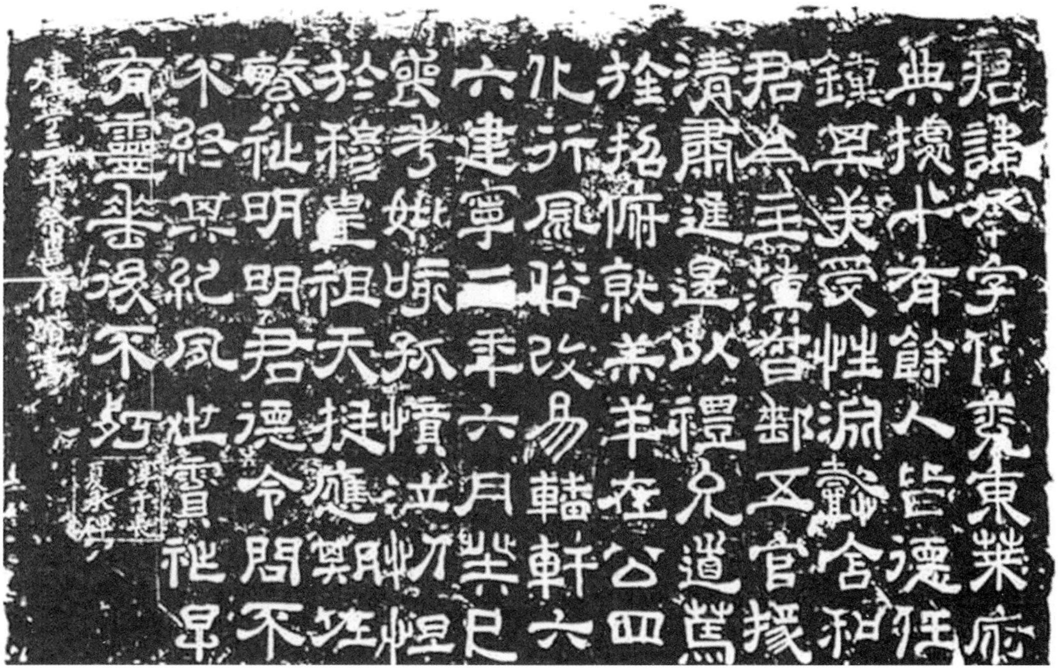

东汉　灵帝建宁三年　《夏承碑》

大赛成名

汉灵帝是中国历史上第一位喜欢文艺的皇帝，他又特别爱好书法。那一年，他征召天下擅长书法者数百人，举行一场书法大赛。结果，参赛者中有一个叫师宜官的青年书法家，他的隶书写得最好，他既可以写一字径丈的大字，又可以写方寸千言的小字，一举夺冠，名扬天下，成为当时著名书法家。师宜官也因为善于书法被汉灵帝召入鸿都门学习。大赛成名的师宜官十分喜欢喝酒，有一天，他去酒家喝酒却忘记带钱，于是灵机一动，就在墙壁上写字，然后放出消息，等着前来参观他书法的人。那时书法名家的书法墨迹难得一见，自然有许多人闻讯而来，师宜官守在酒家门口，要求大家付钱后才可观看。他算计着收的钱够付酒菜钱了，等大家参观后，就将墙上的字迹除去。

【八公山人语】

看来书法大赛早在汉代就开始举办了，而且主办单位还是皇家。而师宜官在酒店书壁，大概也算是中国历史上最早举办的个人书法展览吧！今非昔比，今天去看书法家举办的书法展都是免费的，若要收费则很少有人参观。但在汉代到酒家观看师宜官的壁书却是要收费的，而且还是一次性的。师宜官精明，收够了酒钱即涂去字迹，并不留给酒家，以免下次来时，他再故技重演会没人愿意再出钱观看。可见，凭借参加书法大赛夺冠成名，然后利用自己的名气赚钱，可谓由来已久。在传媒十分贫乏的东汉，师宜官选择在热闹的酒家墙壁上书写作品，也不失为传播书法和扩大名声的有效途径。师宜官成名之后，他很珍视自己的书法，一般不轻易留下墨迹。后来，他成为袁术手下的将领。据传，山东钜鹿《耿球碑》为袁术所立，其书甚工，传为师宜官所书。

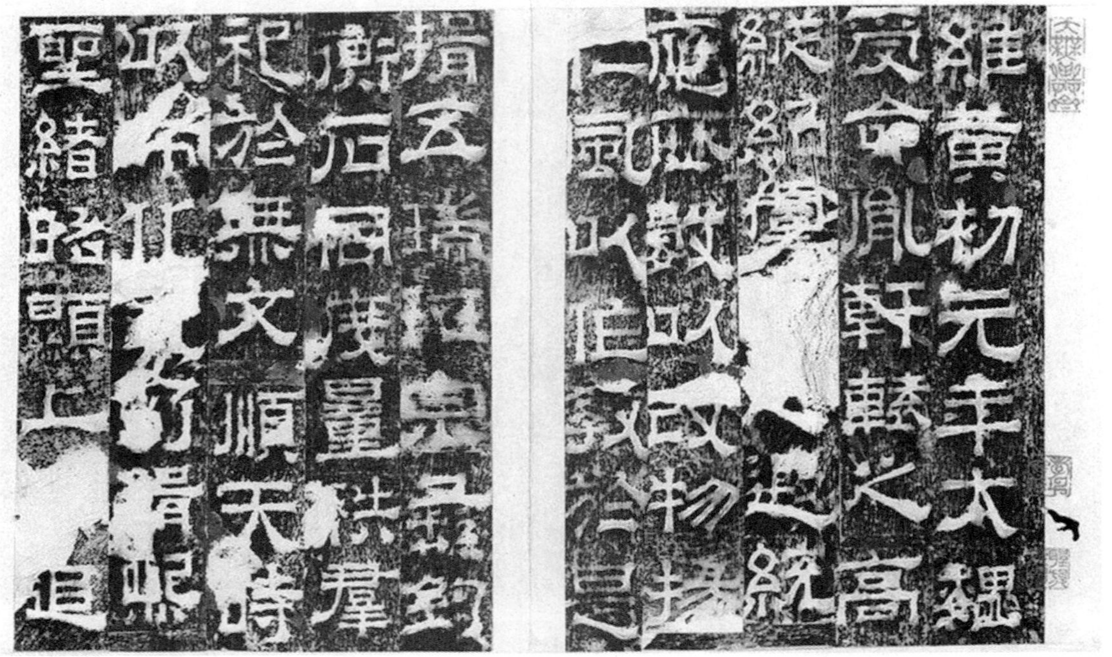

东汉　梁鹄　《封孔羡碑》

梁鹄窃树

东汉时期，梁鹄自幼爱好书法，曾得到当时的书法名家师宜官的指点，以擅长八分书而闻名朝野。汉灵帝刘宏爱好辞赋书画，下诏征天下工书者到鸿都门学习（设立在洛阳皇宫鸿都门内的学校），梁鹄与师宜官同被召入鸿都门，从此便成了同门。师宜官好饮酒，经常是一边喝酒一边在字板上写字，但他常常是写过之后就把涂着白灰的字板烧掉或将上面的字迹抹去，不留字迹。梁鹄很想学习他的书法，便抓住师宜官饮酒挥毫的机会，在一旁为他添加字板，陪他喝酒。等到他喝醉了，梁鹄就偷偷地将写满字还未来得及除去字迹的木板拿回去，细心钻研临摹。梁鹄逐渐掌握了师宜官的书法技巧，书艺大长，因此被汉灵帝擢升为选部尚书，后迁幽州刺史。后来，汉末天下大乱，梁鹄先是投靠了刘表，后又归于曹操，曹操很喜欢梁鹄的书法，宫中的题署多出自梁鹄之手。

【八公山人语】

汉灵帝以前，注重儒家经史，要求修身齐家治国平天下，视文艺之事为雕虫小技，因此书法也成为“虫篆小道，壮夫不为”的小事。汉灵帝酷爱辞赋书画，设鸿都门学以后，学生不仅学经史还要学艺事，而且书法甚至成为选拔官吏的重要标准，这就是那时所谓的“史书而仕官”。重视文艺、讲究技艺、好书善书的风气，正是从汉灵帝时代开始形成的。梁鹄正是这种风气的受益者，他从师宜官那里偷师学艺，善写“八分”大字，闻名于世。梁武帝曾评其书法是“龙威虎震，剑拔弩张”，看他传世的《封孔羡碑》的确写得结体古质，笔力遒健。三国时，曹操聚天下书法英才于许都，其中如师宜官、梁鹄、钟繇、邯郸淳、韦诞等，皆精八分书，但曹操独爱梁鹄书，常将梁鹄书迹悬于帐中，或挂于壁间观赏，他认为梁鹄的书法比师宜官更有气势，水平应在师宜官之上。

东汉 蔡琰《胡笳十八拍》

才女文姬

东汉末年天下大乱，蔡邕的女儿蔡文姬也被南匈奴掳去。后来，曹操感念与蔡邕的友情，用重金将她赎回。文姬归汉以后，有一天，喜欢诗文、书法的丞相曹操问她："听说夫人家中原来有很多古代典籍，您还能记得吗？"文姬答道："过去父亲曾送给我4000多卷，都在战乱流离中散失了，不过我至今还能背诵400多篇。"曹操听了很高兴，马上说："我派十个人跟着您，把您背诵的文章记录下来。"哪知，文姬说道："男女有别，礼不亲授。请给我纸笔，是写真书还是写草书，我都听您的。"原来蔡文姬早年就已从她父亲那里学得书法，是一位了不起的女书法家。她真的凭借着记忆，把400多篇文章书写下来，而且没有一点缺漏，这令曹操赞叹不已。

【八公山人语】

蔡文姬是载入史册的最早的女书法家。她不仅从父亲蔡邕那里得到书法真传，而且从小就学习经史诗文，博闻强记，功力深厚。可惜身逢乱世，命途多舛，十七八岁就被匈奴掳去，三十多岁才被曹操赎回，又嫁给屯田都尉董祀。不久董祀因犯法判了死罪，文姬去向曹操求情。当时，曹操的公堂里坐满了公卿名士及远方使者，文姬蓬首徒行，叩头请罪，以清晰的言辞和心酸凄楚的话语，打动了堂上的每个人。曹操也被感动，居然收回成命，赦免了董祀。可见，蔡文姬不仅有才，而且还胆识过人。蔡文姬传世的作品有她用章草自书的《胡笳十八拍》，至宋代已仅剩开头两句"我生之初尚无为，我生之后汉祚衰"被刻入了《大观帖》中。宋代黄庭坚感慨道："蔡琰胡笳引自书十八章极可观，不谓流落，仅余两句，亦似斯人身世耶。"

北齐　杨子华　《校书图》

第三章　魏晋南北朝

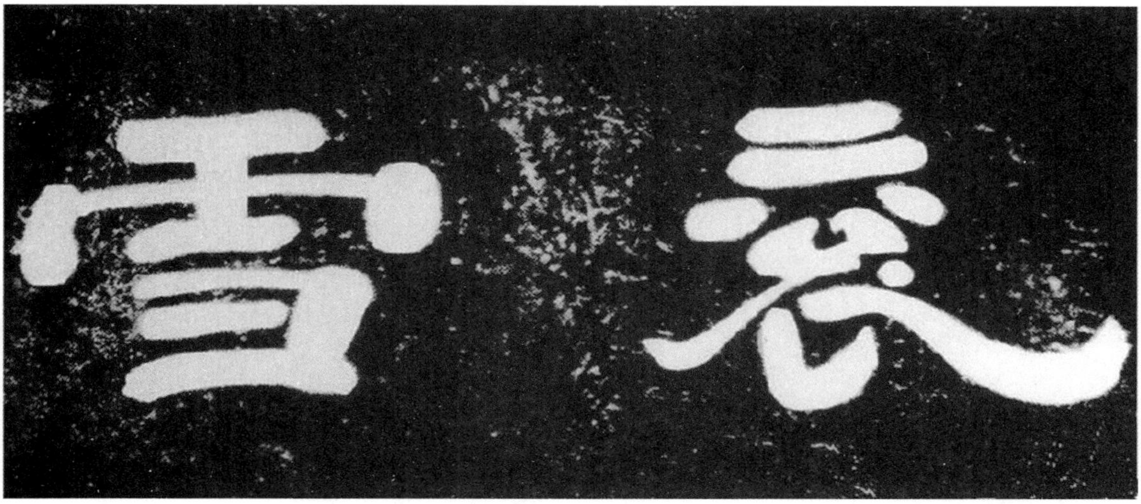

三国魏 曹操榜书 《衮雪》

高空书匾

韦诞曾师从邯郸淳学习篆书，虽然他的篆书没有邯郸淳写得那么好，但是他擅长写榜书大字。三国魏明帝时，修建了一座凌云阁，此阁非常高峻。高阁刚刚落成后，魏玥帝曹睿就决定由韦诞来题榜，要他榜书“凌云阁”三个大字。哪知阴差阳错，施工人员在韦诞还没有题写好榜额之前，就将那幅空白的匾额先挂了上去，并且钉死在高阁之上，不能再取下来。万般无奈，他们只好让韦诞坐在一个筐里，用辘轳长绳牵引他上去。因凌云阁太高，离地有 25 丈，韦诞站在筐里左摇右晃，非常恐惧，心惊胆战，双腿发软。等他勉强写完字，放他下来时，大家吃惊地发现，他的须发竟然都变白了。韦诞将笔扔在地上，用火烧了，并且告诫子孙再也不许写榜书大字，还将此写成家令。

【八公山人语】

韦诞是东汉书法家张芝、邯郸淳的弟子，又是东晋书法家索靖的老师。韦诞本来是地方官（武都太守），据说因为他擅长写榜书，宫廷经常需要他题写牌匾的缘故，便将他留补侍中。那时，魏国正大兴土木，洛阳、邺城、许都等重要城市的楼台亭阁的牌匾都请他来题写，而朝廷的宫殿楼台上的匾额也都出自他手。请求他题榜的事情多了，他竟摆起身价，甚至上奏皇帝：“夫工欲善其事，必先利其器。用张芝笔、左伯纸及臣之墨，兼此三具，又得臣手，然后可以逞径丈之势，方寸千言。”自得之意溢于言表。当世人仰观匾额，指点评论时，那是何等荣耀的事啊！然而，这次高空题匾的恐怖经历，以及使他须发皆白的巨大精神压力，让他骤然改变，从此绝笔。真是荣也书法，败也书法啊！

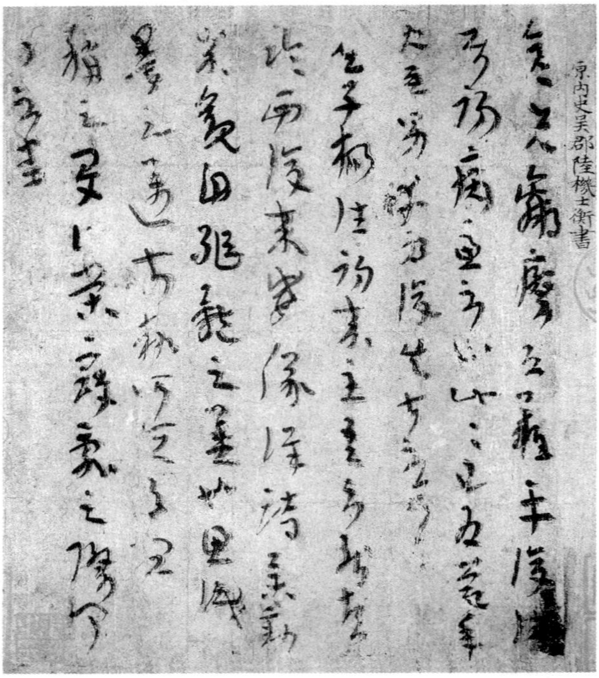

西晋 陆机《平复帖》

韦昶大言

魏国书法家韦诞的哥哥韦昶，字文休，也是魏晋时期有名的书法家，他是凉州刺史韦康的玄孙，官至颍川太守散骑常侍。韦昶擅长古文字，因此古文大篆是他最拿手的书体。他写的大篆字形状很古朴，就像人返璞归真，保持淳朴的本质，又像是树木让冰冻结而枝条硬挺，笔锋奇异遒劲。晋朝太元年间，晋孝武帝改建宫室及宗庙诸门，想让王献之用隶、草书题写匾额。谢安试探着去问王献之，结果献之推辞不肯写。孝武帝只好让刘瑰用八分题写，后来觉得不满意，又让韦昶改书成大篆。有一天，有人问韦昶："王羲之父子的书法怎么样？"韦昶答道："右军父子觉得自己很有能耐，其实他们还没有完全懂得书法。"韦昶还会制作一种绝妙好笔。王献之曾得到他制作的笔，用后大为赞叹，称它是绝世之作。

【八公山人语】

魏晋时期，韦昶和韦诞兄弟俩人书法名气应该很大，与王羲之父子不相上下。所以，韦昶才如此放言。这也可能是研究和懂得古文字的书法家们的通病。通常研究和懂得古文字的人，往往对自己会高看一眼，瞧不起不懂古文字的书法家。更有甚者，他们会认为自己的书法取法"高古"，写大篆自然要高于写隶、楷、行书一等。韦昶善写古文大篆，自然觉得羲之父子不懂不会写大篆，所以是没有完全懂得书法。其实，大篆"高古"并非来源于书体本身，而是因为这种古文大篆字年代距今久远，人们早已不用、不写、不识，所以看起来字形特异。这不过是"质以代兴，妍因俗易"罢了。若要是因为自己懂得古文字、会写大篆，就瞧不起写隶、楷、行、草书体的书法家，或者要求书法家都要各体兼备，那就错了。

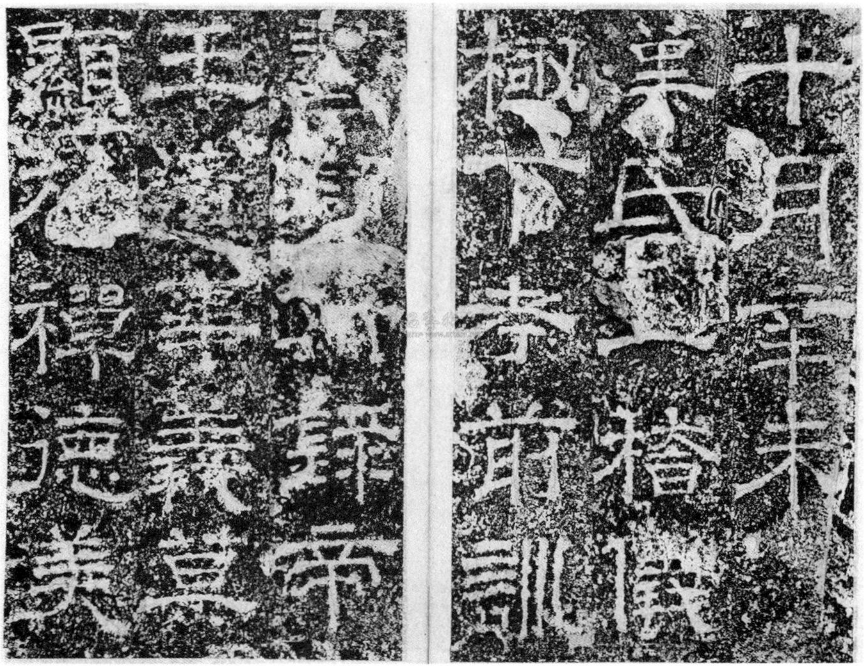

三国魏　钟繇《受禅表》

钟繇盗墓

石家庄市的西边16公里处有一座山叫抱犊山，上有山寨，海拔580米，四周悬崖绝壁，顶部平旷坦夷，有肥沃良田660亩。三国时曹操的重臣，后来在魏明帝时官至太傅的钟繇，少年时代就痴迷书法，他和刘胜就去抱犊山上学习书法，居然三年都没有出山。钟繇经常跟魏太祖曹操、邯郸淳、韦诞等人一起谈论书法。有一次，钟繇在韦诞那里见到东汉书法家蔡邕谈论笔法的书，想借回来看看，哪知韦诞竟然不肯借给他。钟繇一时懊恼气急，捶胸顿足，以致口吐鲜血，昏死过去。曹操令人赶快取来“五灵丹”让他服下，才救回他的性命。钟繇对蔡邕的那卷书念念不忘，等到韦诞死后，他命人盗掘韦诞的坟墓，终于得到了那卷书。钟繇阅读以后，大受启发，书法日见长进，更加精妙。

【八公山人语】

今天可见蔡邕的书论有《笔论》《九势》，不知是否为当年钟繇所见。古人常视笔法为不传之密，书法名家论笔法的著作更是难得一见。所以，钟繇才会有如此举动，竟险些丢了性命。当然，也有人说这是讹传。唐代张彦远《法书要录》中说：钟繇的书法得传于蔡文姬，而蔡文姬自然是学自其父蔡邕。如此一来，“钟繇的隶书颇得蔡邕隶书之味”一说，也就不难理解了。他曾经对儿子钟会说：“我全神贯注地研习书法三十年，当与人同处一室时，坐在那里我常在地上写字，数步之内都写满了字；睡觉前躺在床上用手在被面上练写，长此以往，把被面都磨穿了。”正因为如此，汉魏之际，以书法著称的人有很多，然而有书迹传世、对后世影响深远者，唯钟繇一人。他与东晋王羲之并称“钟王”。

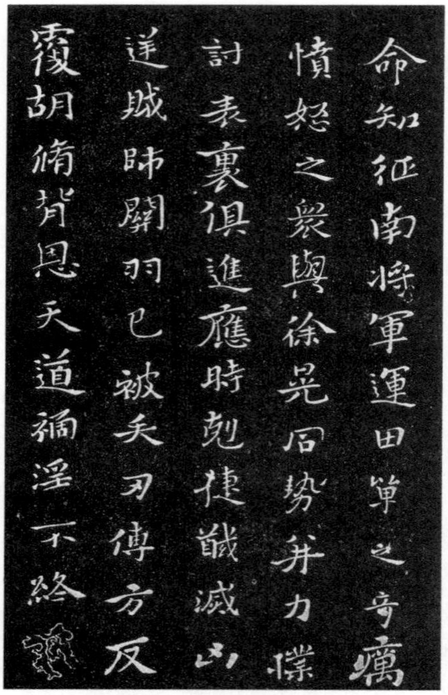

三国魏 钟繇《贺捷表》

如排算子

曹魏重臣、书法家钟繇的外甥宋翼，年少时就跟随钟繇学习书法，但是没有多少书法天赋，写出来的字前后整齐划一，用笔毫无变化。他就像一个抄书匠，一幅字从上到下，一个个、一行行排列起来，呆板拘谨，大小雷同，就像是计数用的算筹，长短粗细一模一样。钟繇见到后，非常气愤，对着宋翼一顿臭骂。宋翼吓得落荒而逃，从此三年都不敢来见钟繇。钟繇去世后，晋太康年间，有人在许下（今河南许昌）盗挖了他的墓，得到了《笔势论》，后来该书又为宋翼所得。宋翼如获至宝，日夜捧读，并且效法学习，书法突飞猛进，名声大震。从此，宋翼的书法每画一波三折笔，作一戈如百钧弩，作一点如高峰坠石，作一竖如百岁枯藤，作一长横如惊蛇入草，极尽变化，终于成为当时的书法名家。

【八公山人语】

今天并没有见到钟繇有书法论著传世，当年宋翼所见，不知是否为钟繇所得的蔡邕的论著。的确，“如排算子”式的呆板乃书法大忌，难怪宋翼会受到钟繇的痛斥。书法之所以不同于美术字，就在于它极尽变化之妙：用笔有方圆顺逆、行笔有提按徐疾、结字有大小正侧、用墨有干湿浓淡等。正因为如此多变，光景常新，才赋予了艺术的生命感和节奏感，以及艺术家的创造力。所以，钟繇的楷书一般都写得字势欹侧，行间错落，风姿动人。如果过分强调秩序，同时在排列上又缺乏足够的活力，一成不变，这必然导致僵化和死寂。后来，明清的应试书法“馆阁体”“台阁体”，就是字字乌、方、光，整篇如排算子，千字一面，万人雷同，毫无生气和活力，最终走向穷途末路。

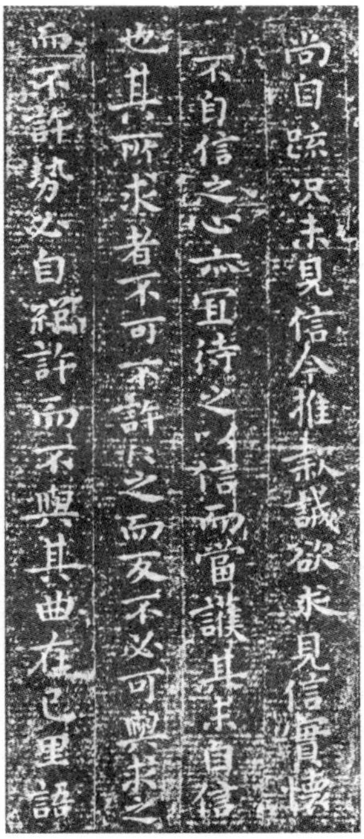

三国魏 钟繇《宣示表》

钟会伪书

钟繇的小儿子钟会，是三国后期灭蜀的曹魏重要智将，曾在魏国官居要职，包括有镇西将军、司徒，魏元帝时封他为县侯。他还有一项独门绝技，即善于模仿别人的书法，惟妙惟肖，人莫能辨。钟会的外甥荀勖有一把价值连城的宝剑，存放在钟会的母亲那里。钟会很想得到这把宝剑，便临摹伪造荀勖的手迹，以荀勖之名写信给他母亲，要求取回宝剑，但是剑到手后却不还给荀勖。荀勖知道后，也无可奈何，就想办法报复他。有一年，钟会与兄长花费巨资盖起一座装饰华丽的大宅，还未来得及入住。荀勖精于绘画，得知后暗中前往，就在大宅的门堂上画了一幅钟繇的像，衣冠状貌，栩栩如生。钟会兄弟俩入门见了后大为感动，遂将宅院空废。当时人们都说，荀勖报复钟会，使钟会的损失多过他数十倍，俩人的书与画都精妙之极。

【八公山人语】

钟会大概是中国书法史上临摹作伪的第一高手。不过，他却为此付出了惨痛代价。同样，公元263年，钟会受命与邓艾、诸葛绪率军18万讨伐蜀国，邓艾奇袭灭蜀。这时，钟会忌惮邓艾，心生一计。他要邓艾书写一封奏章向司马昭上表功绩，但在得到邓艾写好的奏章书迹后，他却没有将它送达司马昭，而是暗中临仿，以邓艾之名另书一封奏章，词旨倨傲，多自矜伐。同时，钟会还向司马昭密告邓艾居功自傲，有反状。文王司马昭看了那封伪造邓艾的奏章后，不辨真假，而且听信了钟会的谗言，下诏将邓艾拿下，钟会顺势兼并了邓艾的军队。钟会虽然采用临仿造假的办法，除掉了邓艾，但是他自己也最终死于乱军之中。看来书法造假之事还是做不得啊！

东晋　卫夫人《与师书》

羲之偷窥

王羲之 7 岁学习书法，12 岁时便偷偷阅读父亲王旷藏在枕头中的《笔论》。王旷发现后问他：“为何常来我卧室？”羲之笑而不答。他母亲知道后说：“你年龄幼小，看了《笔论》也不能理解，即使父亲教你恐怕也不认真学习。”王旷对羲之说：“等你长大成人后，我一定教你笔法。”哪知羲之听了后却说：“请父亲早点教我，如等我长大后再教，就来不及了。”王旷见他执意要学，只好将笔法大略地讲授给他。果然，他书法用笔大有长进。王羲之的书法启蒙老师卫夫人看到羲之书法变化很大，就对太常王策说：“这孩子一定是看了笔法要诀，我看他近来的书法有老成之智。”甚至说：“他书法名气将来定在我之上啊！”后来，羲之渡江北上，遍观北派书家名迹，眼界大开，遂取众家之长，终成“书圣”。

【八公山人语】

在印刷术很不发达的时期，名家书论是难得一见的秘籍，所以才有了钟繇盗墓、羲之偷窥的故事。而今学书者不看书论著作，只是孜孜矻矻于笔法技巧的练习。这样学习书法如无名师指教，便如盲人摸象，倘若取法路径错误，则往往南辕北辙，徒费工夫。王羲之的成功之路表明：学习书法，一是最好能够师从名师，或得到名家指点，这样可以使自己少走弯路。王羲之的书法即承家学，他的启蒙老师卫夫人就是钟繇的学生。二是要有书法理论引导，特别是在难以跟名师学习的情况下，书学论著就是名师，学识修养可以提高自己的悟性。三是要学习古代名家的经典作品，以古为师，心怀敬虔，博采众长。王羲之渡江北上，观摩李斯、曹喜、蔡邕、张昶、钟繇、梁鹄等名家碑版书法，大受教益，书艺大进，大器晚成。

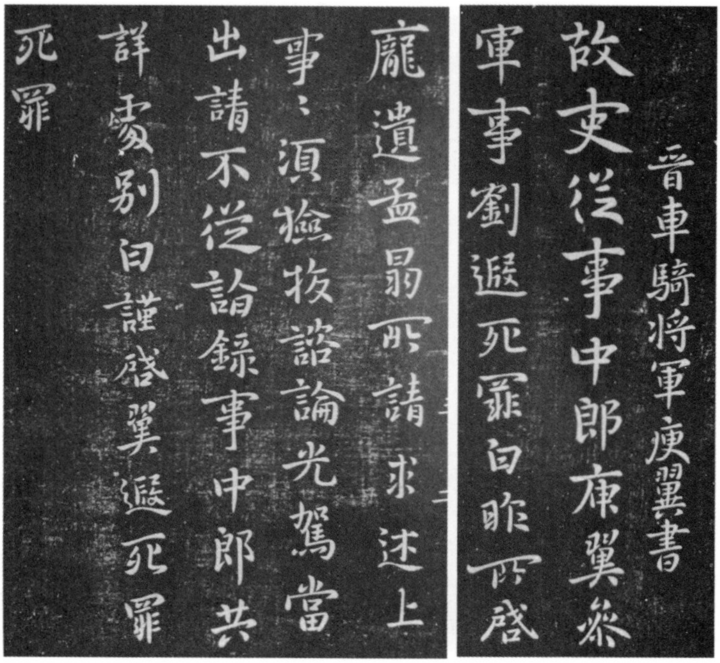

东晋 庾翼《故吏帖》

家鸡野鹜

王羲之早年的书法受到启蒙老师卫夫人的影响，尽管卫夫人出身名门，向钟繇学得书法，但她毕竟有女郎才而无丈夫气，使得羲之早期书法也沾染了姿媚习气。西晋南迁前，王羲之的书法仍属于旧派中原书风；南迁后，他吸取了江南书风，特别是到了会稽以后，一改旧貌，变而为妍媚流便的新书风。当时，东晋四大家族之一的庾家。东晋武将庾翼，文武双全，能写一手好字，看到庾家青少年不学自家的书法，都学王家的王羲之新派书法，心中十分气愤。他写信给荆州的部下说："庾家的小子们看不上家鸡反而爱上野鸡，都去学王羲之的书法。等我回去以后，要与王羲之一比高下。"后来，他看见王羲之回复他哥哥庾亮的书信后，便对羲之的书艺心服口服了。

【八公山人语】

东晋时期，王、庾两个家族关系密切。王羲之 32 岁走上仕途，就是因为庾翼的哥哥——征西将军庾亮聘请他当参军，而且庾亮去世前还曾专门遗书给朝廷，说王羲之品德高贵，有鉴别事务的能力，希望朝廷能够重用他。由于庾亮的力荐，王羲之才得以在 38 岁时改任宁远将军、江州刺史，掌握一州军政大权。由此可见，王、庾两家深厚的交情。庾亮将军对王羲之如此器重和推举，庾家的青少年都学王羲之书法，便不足为奇了。庾翼从开始时不服，到后来赞叹佩服，既是对王羲之早期书法受北魏书风影响，用笔滞重的否定，也是对他后期创造出来的俊逸、雄健、流美艺术风格的肯定。所以，王羲之书法并非仅仅是帖派鼻祖，而实际上是兼容了南北书法之长。

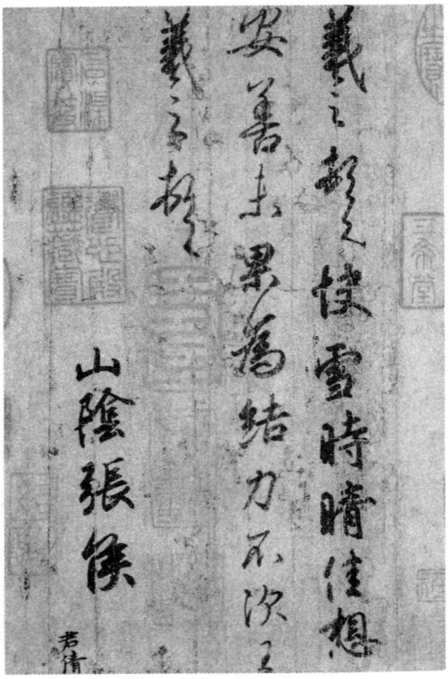

东晋 王羲之《快雪时晴帖》

羲之书扇

当年东晋太尉郗鉴派人到王导家中选女婿，当时王家儿郎个个都紧张得忸怩作态，唯独20岁的王羲之东床袒腹，吃着东西，就像没事一样。他就是这样一个任性率真的人。有一天，王羲之来到门生家中，看到一张几案平滑干净，忍不住就在上面题写了几行字，一半楷书一半草书。后来，这位门生的父亲竟误将墨迹刮去，那位门生懊恼了好些天。还有一天，羲之在蕺山看见一个老妇人，拿着一把六角扇在叫买。王羲之就在她的扇面上每面各写了五个字。老妇很不高兴，嫌他弄脏了她的扇子。王羲之说：“你只要说是王右军书写的，就可以卖得一百钱了。”老妇人将信将疑，就按王羲之的说法当街叫卖，许多人都争着来买这把扇子。过了一天，老妇人又拿了一些扇子来，恳请王羲之写字，羲之笑而不答。

【八公山人语】

从《晋书》记载的故事可见，当时王羲之的书法已被世人如此推崇。书法名家可以点石成金，着手成春，都是因为他们的书写时赋予了附载物以新的生命和价值的艺术创造。但是，认识和了解书法创作的艺术价值则需要一定的知识和学养。王羲之门生的父亲因为不认识羲之书法，更不了解它的艺术价值，结果以为干净的几案给那些墨迹污染了，遂将其刮去；而卖扇老妇因为得了羲之题扇，使原来不值几个钱也很难卖出去的扇子，有了巨大的附加值，陡然提高了身价，经她当街宣传，知道者争相购买。确实，书法艺术作品常常是书法家与观赏者共同创造的结果，识者如获至宝，不识者弃之如敝屣。这大概是艺术作品共同的命运吧！

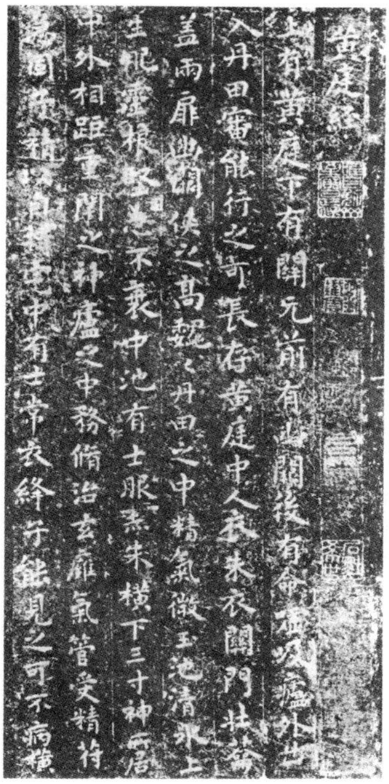

东晋 王羲之《黄庭经》

墨宝换鹅

王羲之生性喜爱白鹅。有一天，他听说会稽有个独居的老妇人养了一只鹅，叫声很好听，他就想把它买回来。那天，他特地带着亲友驾车前去。老妇人听说大书法家王羲之要来拜访她，非常高兴，竟然把那只鹅宰了烹好，等候他们前来。等王羲之来到以后，听到老妇人说那只白鹅已被宰杀了，十分懊恼，为此叹息了一整天。还有一个山阴的道士，养了一群白鹅，王羲之知道后，就携幼子王献之一同前去观看。羲之看罢心里特别高兴，坚决要求买下这些鹅。那道士则说：“只要您能替我书写《道德经》，我这群鹅就全部送给您。”王羲之当即答应，高高兴兴地用楷书抄写完《道德经》，就用笼子装着鹅回来了，觉得很快乐。王羲之就是这样一个任性率真的人。

【八公山人语】

魏晋士人是中国历史上最讲究个性的一群人，他们任情率性，不拘礼法，洒脱放达，特立独行。王羲之的儿子王子猷率性而为，心血来潮时，可在雪夜不辞路远访问友人；当兴致已尽时，就是已经到了门前也不再进门。王羲之爱鹅成癖，据说他正是从鹅的“曲项向天歌，红掌拨清波”的姿态中，悟得执笔用笔的方法。他为见好鹅，不辞劳苦，更不惜以墨宝换鹅。由此可见，王羲之清新俊逸的书法风格是与魏晋时期的社会风尚以及士人的潇洒脱俗的风度，一脉相承。“镜湖流水漾晴波，狂客归舟逸兴多。山阴道士如相见，应写黄庭换白鹅。”李白这首诗歌颂的正是王羲之旷达疏放的名士风流。羲之爱鹅，而道士则喜欢他的书法，以物易物，各取所需，各自欢喜。

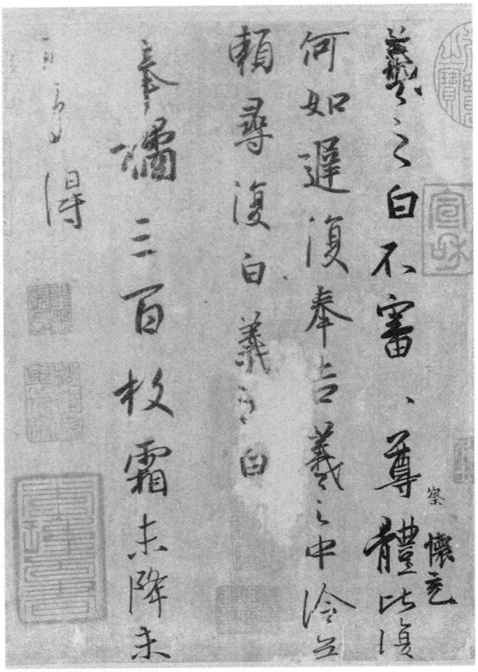

东晋 王羲之《奉橘帖》

入木三分

晋成帝时，每年都在北郊举行大型祭祀活动，他事先让王羲之将祝词书写在木板上，然后令雕字的工匠拿去将祝词雕刻出来。当工匠用刀雕刻王羲之书写的祝词时，他发现王羲之书写的字迹笔墨渗透进木板有“三分”那么深。当时，人们都感叹王羲之书法笔力雄健，如此精到。不过史书记载，王羲之书法最初还比不上庾翼、郗愔，直到暮年方妙。他曾经用章草书体写给庾亮的书信，庾亮拿给庾翼看。庾翼看了十分感叹和佩服，并写信给王羲之说：“我过去有张芝章草十纸，当年因西晋南迁过江时十分仓促狼狈，竟丢失了。常叹息妙迹永绝！忽然见到您答家兄的书信，焕若神明，顿时就像见到张芝的墨迹一样。”曾经看不上王羲之书法的庾翼，最后也被王羲之如“虎卧凤厥，龙跃天门”的书法征服了。

【八公山人语】

初唐以后，曾有人攻击王羲之的书法是柔美姿媚，如唐代张怀瓘就批评王羲之的草书“有女郎才，无丈夫气”。其实，这是对王羲之书法的误解。这则逸事就说明王羲之书法不仅妍美漂亮，而且雄健有力，写起来“入木三分”。因为，王羲之出生在北方，即使南渡后，受到江南风流书风的影响，但后来渡江北上，转而向李斯、曹喜、蔡邕、张芝、张昶、钟繇、梁鹄等北派书法家学习，北方雄强书风对他影响也是不可忽视的。所以人们说王羲之书法是大器晚成。不过，王羲之信奉“五斗米道”，辞官之后与道士许迈共修服食，据说他们为采药石而不远千里。这一时期，他的一些书迹不仅有人仿冒，而且还有他令人代笔写的。后来，人们把这些笔力纤弱、不同以往的书迹称为“末年书”，其实它们并非是王羲之的真迹。

东晋　王羲之　《兰亭序》

兰亭雅集

古代在春秋两季，有到水滨举行祓除不祥的祭礼习俗。春季一般在三月上旬的巳日，并伴有沐浴、采兰、嬉游、饮酒等活动。三国魏以后定为三月初三日，称为祓禊。东晋永和九年三月三日，当时的名士王羲之与谢安、孙统等 42 人，宴集于山阴兰亭，修祓禊之礼。这天，天朗气清，风和日丽，大家列坐在清流曲水两旁，饮酒赋诗。最后，大家将即席各自所作的诗歌合为一集，共同推请书法家王羲之为诗集写一篇序言。王羲之正值酒酣耳热、醺醺欲醉之时，以蚕茧纸、鼠须笔草成《兰亭序》。全篇虽是草稿，但写得气韵生动，遒劲，潇洒飘逸，自然流畅，似有神助。后来，他因文稿中有多处涂改，想重新抄写，希望写得更好。结果，他连写几遍都不及原先那幅的神采，于是自己倍加珍惜。

【八公山人语】

书法创作常常是妙手天成，不求工乃工。就像王羲之《兰亭序》一样，它都是不可重复的“独特的这一个”。书法不同于绘画，就是有着这样的神奇魅力：它的每一个点画线条都是落笔即成，不可修改，而且还是“一点成一字之规，一字乃终篇之准”（孙过庭）。书法创作时，且不说“五乖”“五合”（孙过庭）的内外条件充满变数，哪怕是每一次刹那间笔锋与纸面的接触，都涵盖着许多随机与偶然的因素：提按、轻重、徐疾、顺逆、行留以及墨色的浓淡等，变化莫测、不可端倪；它的每个字乃至整幅字都是一个不可重复的完整的时空，都是一条蜿蜒流淌着的生命的河流。它呈现给观者的不仅仅是创作的结果，而且还永久保存着书法家整个创作过程。

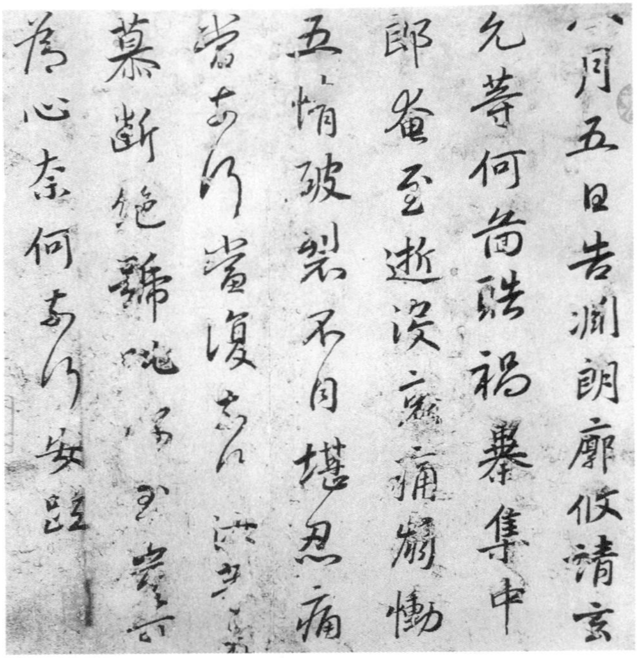

东晋 谢安《中郎帖》

羲之不教

东晋太元八年前秦出兵 80 多万伐晋，而东晋谢玄仅率领 8 万兵力迎战前秦军。双方在八公山下寿阳城东南的淝河交战，结果晋军以少胜多，前秦军大败。“淝水之战”的晋军总指挥就是大将军谢安，而他也是当时的书法名家，尤其是行书和隶书纵任自在，若螭盘虎踞之势。有一天，谢安向王羲之请教书法，希望为他指点迷津。王羲之知道，谢安社会地位崇高，而且对自己的书法又十分自负。当初他儿子王献之曾经将写得精妙的信札送给谢安，料想他看了一定会喜欢并收藏起来。哪知，谢安竟然在此信的后面空白处写了几句话作为回信，又差人送了回来；更有甚者，谢安得到献之的书法后，有时还撕裂开来用作校纸。对于这样的人，王羲之又能说什么呢？他推辞道：“您是了解懂得书法的人，像您这样的人我怎么教得了啊？”

【八公山人语】

谢安的个性和风度，已经在“淝水之战”的经典故事里显露无遗，他在前秦苻坚“投鞭断流”的巨大压力面前，表现出了泰山崩于前而不动色的大将风度，而前秦苻坚却留下“风声鹤唳，草木皆兵”的笑谈。所以，王羲之是聪明的，对这样的三军统帅怎敢指点他的书法呢？所以，推辞是最好的选择。王献之是无奈的，书法再好，碰到这样一个不喜欢它的人，那就如同废纸。《晋书本传》中说谢安“善行书”。因为他位高权重，对自己的书法自然也是自视甚高，不轻易学人，哪里会把王献之这样一个青年放在眼里。米芾评价谢安书法时曾说：“不繇不羲，自发淡古。”可见，他不愿随人之后，所以不学钟繇和羲之，全凭自己的天性，自由发挥。刘墉曾作诗称赞道：“咫尺波澜有大观，何须海陆与江。寥寥谢傅平生笔，数还帖丰神学步难。”

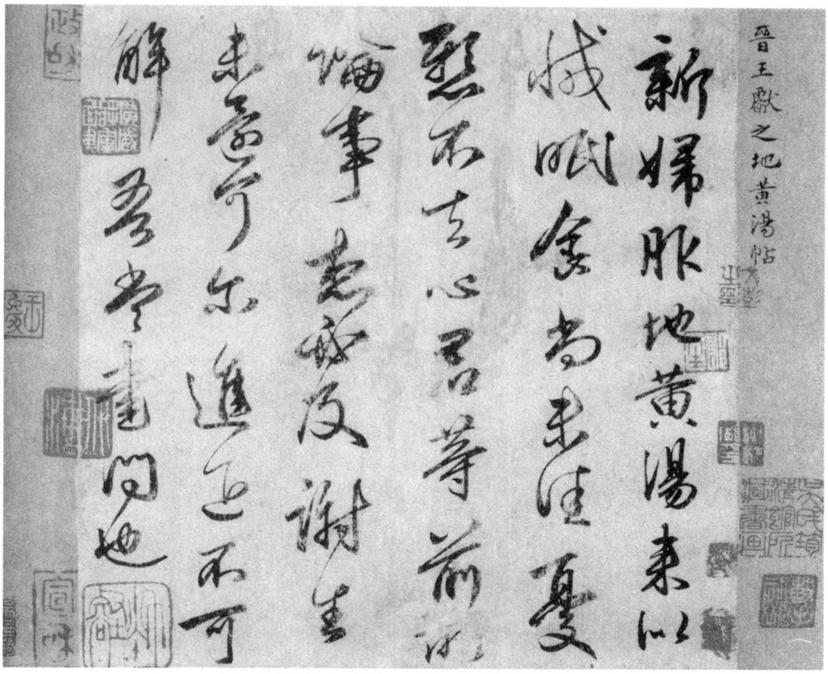

东晋 王献之《地黄汤帖》

献之学书

王羲之有7个儿子，最小的是王献之，七八岁时就跟着父亲学习书法。有一次他练字时，王羲之悄悄地从他身后拔他的毛笔而不得，不由得赞叹道："此儿后当复有大名。"因为王羲之见他执笔牢固，而知他练字时确实是专心致志，一意于书，这对一个儿童来说难能可贵，所以称赞他。王献之少年时已能在墙壁上书写大字，哪怕是当众挥毫也不惧怕，前来观看者有几百人。他年少气盛，曾想一试书法身手。有一天，王羲之前往京都，临行时题书于壁上。他走后，王献之暗中除去了一些字，然后自己临摹补上，自以为写得不错，可以以假乱真，很是得意。王羲之回来以后，看着自己行前的壁书叹口气说："我走的时候真是大醉了，有些字写得这样糟！"王献之听了内心十分惭愧，从此更加发奋学书。

【八公山人语】

王羲之共有七个儿子，即玄之、凝之、涣之、肃之、徽之、操之、献之。这些儿子当然从小就跟父亲学习书法，皆得家法，但体貌不同，各有所得。其中"凝之得其韵，操之得其体，徽之得其势，涣之得其貌，献之得其源"。王献之小时候刻苦学习书法，有许多故事被史书记载和民间留传下来。与此类似的还有，一次他题写的壁书中，有一个"太"字少了一点，王羲之看见后给他补上了。而献之的母亲后来看到这幅壁书，十分感叹："吾儿磨完三缸水，只有一点像羲之！"她说像的一点，恰恰是羲之自己补写上去的！由此可见，尽管既有家传又有名师指点，但要使书法临习得像原作，仍然十分困难。而"察之者尚精，拟之者贵似"（孙过庭），恰恰是书法学习阶段应有的追求。

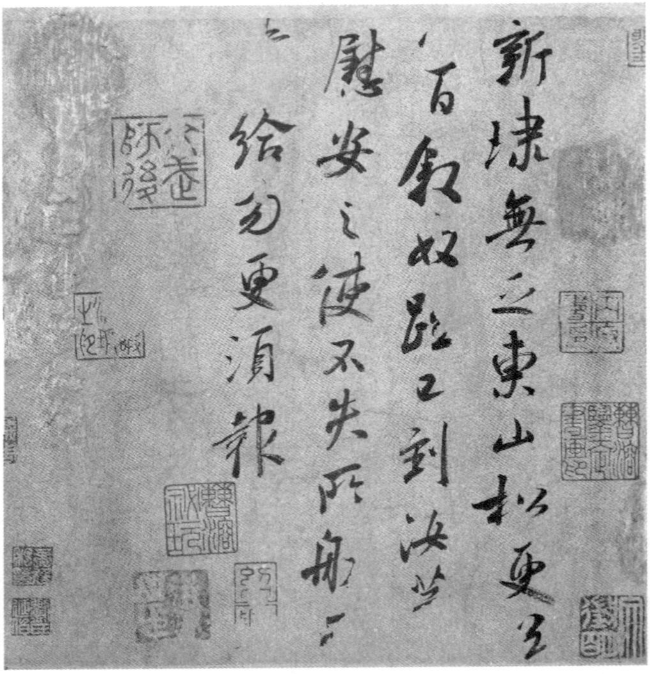

东晋　王献之《东山松帖》

飞鸟传书

王献之一生都在做着既学习继承父亲王羲之书法，又努力突破，避免“近亲繁殖”的各种尝试。所以，尽管他与诸位兄长都学习父亲的书法，但只有他得羲之书法之源，即取法上与其父在同一条起跑线上。不仅如此，他甚至编造谎言，给自己的书法涂上神秘色彩，以此来区别与羲之书法的不同。他曾说：自己24岁的时候，一次在树林中打盹，有一只鸟飞过来，左手持纸，右手持笔，教授他写了3579个字，并集成一本书。他初得此书后，每天练习，不到一周，已经写得与书上的字相仿了。只是书中的字不成文章，难以认识究竟。从此，他对自己的书艺颇为自负矜重，不大轻易为人作书，哪怕就是权贵相逼，他也并不在意。甚至，东晋太和年间，新建了太极殿，吏部尚书谢安想请献之来题殿榜，以为万代之宝，结果也被他拒绝。

【八公山人语】

作为“书圣”王羲之的儿子，王献之一辈子都生活在父亲巨大的光辉之下。他最常被人问及也最怕被人问到的尴尬问题，恐怕就是他的书法与其父比怎么样？谢安就曾问过他：“君书何如君家尊？”献之答道：“故当不同。”即与家父的书法不一样。回答得巧妙而又实在。“二王”书艺风格不同，张怀瓘说：“子为神骏，父得灵和。”可以说，献之比起羲之虽骨力不及而媚趣过之；从笔法上看，献之外拓而羲之内擫。可是，后来有人篡改了王献之的那句话，把“故当不同”变成了“固当胜”，即肯定胜过家父。这样一来即陷献之于不孝不义了。唐太宗李世民独尊王羲之书法，亲笔撰写《王羲之传论》，文中对误传的献之“固当胜”之说，自然是大加鞑罚，对献之的书法也极尽讥讽，尊羲抑献从此成为主流观点。

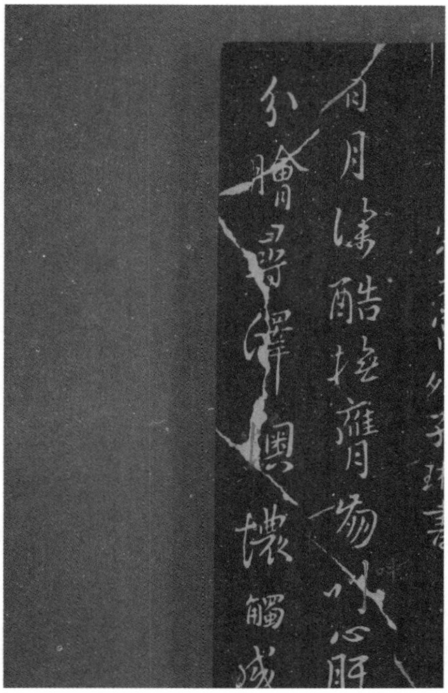

南朝宋 羊欣书帖

献之书裙

王献之的内兄羊不疑有一个儿子羊欣，性格沉静，言笑和美，容貌举止俱佳，从不与人争强斗胜；同时，他又喜欢书法，常常阅读经史典籍。王献之很喜欢这个外甥。那一年，羊不疑任乌程县令，而王献之也正好任吴兴太守，乌程县是吴兴管辖的县，俩人便经常往来。羊欣正好 12 岁，王献之很赏识他，便收他为徒弟，指导他学习书法。有一天，正值夏天，王献之曾来到乌程县官署，看望内兄和外甥。那天中午，羊欣不知舅舅来到，穿着一件新绢裙在屋里睡着了。王献之并未叫醒他，倒是看着洁白的裙子，书兴大发，拿起案上的毛笔，就在他的裙子上写了几行字，然后就离开了。羊欣醒来以后，惊奇地发现自己的裙子上都是舅舅的墨迹，非常高兴，小心地将裙子收藏起来，时常拿出来观赏临摹，从此书法就更有长进了。

【八公山人语】

羊氏是泰山的名门望族。羊欣善书，有着家学渊源。羊氏家族世代擅长书法。羊欣的曾祖父羊长就是博学工书，能骑射，善围棋；还有羊忱、羊固等都是当时的书法名家，而以羊欣的名气最大。从这则逸事可以看到，羊欣的书法是得到了王献之亲授，最得献之书体，名重一时。《书断》中说羊欣的书法："槭若严霜之村，如流风之雪，惊禽走兽，络绎纷飞，可谓王之荩臣、朝之元老。时人云：买王得羊，不失所望。"可见，那时羊欣的书法已与王献之的相仿佛了，甚至后来人们认为，在王献之留下来的书迹中，那些风神怯且瘦者，往往就可能是羊欣写的。羊欣对自己的书法十分自负，不轻易为人作书，就是他的上司会稽王世子司马元显每次要他写字，也往往辞谢，不肯遵命。

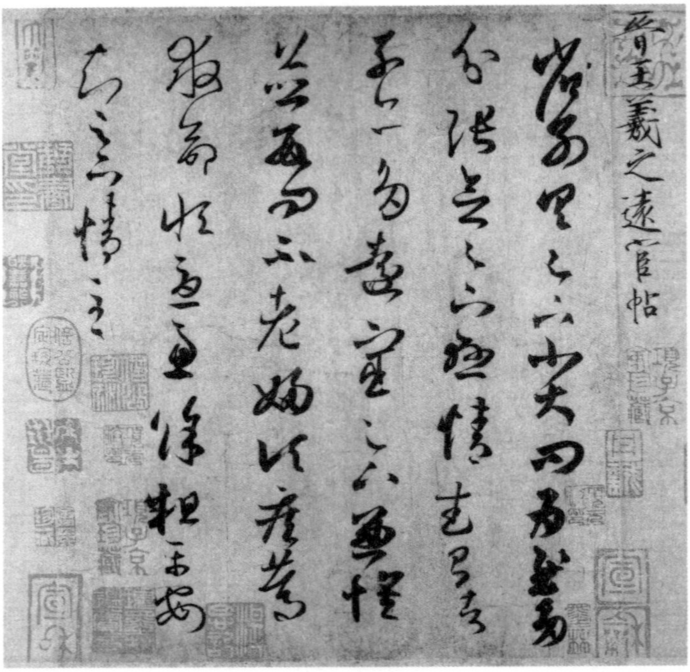

东晋 王羲之《远宦帖》

几欲乱真

东晋名士张翼是下邳人，曾任东海郡太守，是那时著名的诗人和书法家，生活在永和、升平年间。他的诗歌出玄入佛，与当时名僧常有赠答，宣扬大乘佛法的度生思想，主张修道重在治心。他的书法，真书学钟繇，草书学王羲之，都写得十分精妙。特别是他模仿王羲之书法更是惟妙惟肖，王僧虔曾说："羲之书一朝人物莫有及者，而翼之书遂能乱真，故已咄咄羲之矣。"有一天，晋穆帝刚好收到王羲之呈来的表章，于是想试探一下是否真的如此，他令张翼临摹下王羲之的这封表章，然后他自己在此表章后面写下批语，着人送还王羲之。羲之看了后竟然一点也没有察觉到那封表章并不是自己写的。过了很久以后，经人提醒，他才又拿出来细看，这才发现原来是伪迹。王羲之气愤地大骂："小人几欲乱真！"

【八公山人语】

与中国画一样，中国书法也是一种具有高度程式化的艺术，每一种书体都有其结字造型和运笔行笔，均有法度和规则。当这种程式建立起来以后，便为后世书家临习提供了可能的途径。书法家在长期临摹练习名家书迹的过程中，只要精确地掌握其结字和行笔用笔规律，凭借自己的视觉记忆和肌肉记忆，便能写出与临摹的书法作品几乎相同的书法风貌。魏晋时有的书法名家如钟会、卫伯儒、张翼、纪僧真等都是临摹高手。这些高手从对临到背临，经过反复临摹，准确掌握了程式，他们写的点画甚至精确到可以完全对与原作重合的程度。难怪王羲之一时也难辨真假。

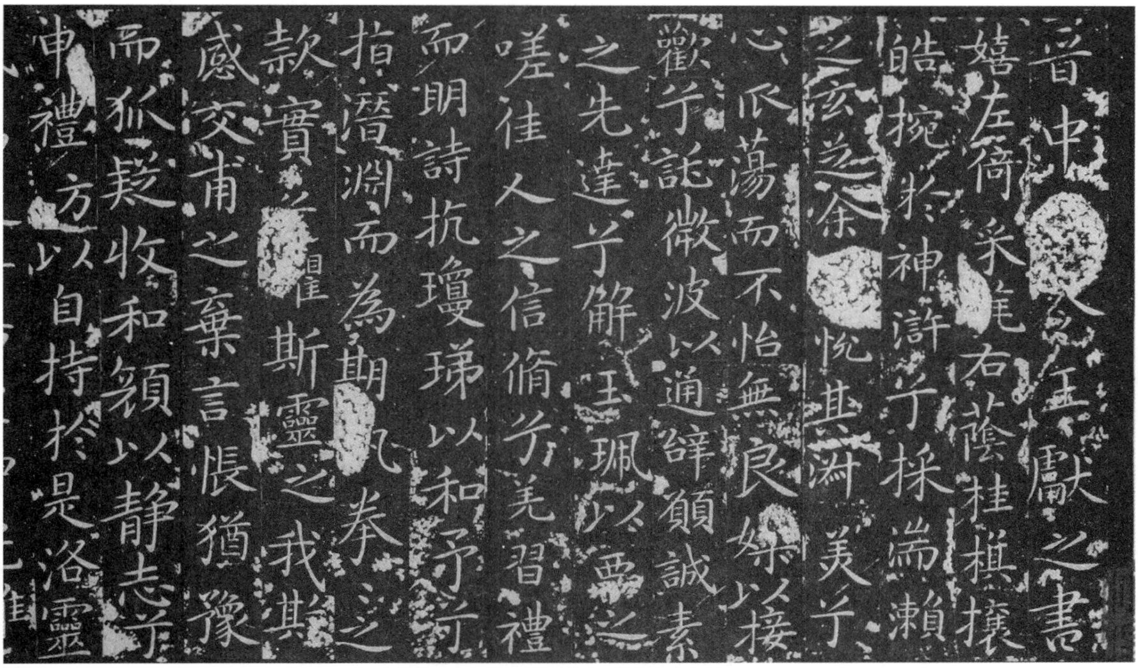

东晋　王献之　《洛神赋十三行》

榧木板书

东晋时曾任吏部尚书的谢奉要建一座家庙，建材全部用的是榧木。有一天，王羲之来到那里，见到那些被刨光的榧木板，有着非常漂亮的木纹，一时书兴大发，拿过那些木板在上面书写起来。不一会儿，他书写的木板堆满了床，谢奉得了一大箦笼。后来，王献之也去到谢家，谢奉就对王献之说，王羲之书写的那些木板非常好，他现在又削好了几块榧木板，请献之书之。王献之看到那些榧木板光洁可人，而且自然纹理非常美丽，于是同样也书兴大发，一挥而就，写得很好。谢奉把“二王”的这些书迹小心地珍藏起来，视为传家的宝物。后来，谢奉的孙子谢履欲求官职，就拿出一半王献之书写的榧板，送给喜欢“二王”书法的桓玄帝，以求官职。桓玄看了很高兴，便任命他为主簿。

【八公山人语】

古人作书常常随意随性，扇上、衣上、墙上、几上、板上、叶上均可挥洒。书者无意，但收藏者有心，不仅可以拿去卖钱，而且还常用来求官。东晋桓玄逼迫晋安帝禅位，夺取政权。他爱好书艺，特别羡慕王献之的书法，自己也善写草书。桓玄帝还任命王献之的外甥羊欣为征西行军参军，并招呼他就座。然后，专门派人给当时的书画名家顾长康送信，命他来与羊欣一起讨论书法。当天，三人长谈，至夜不倦。但桓玄生性贪婪骄奢，爱好收藏，终日奇珍异宝不离手，别人的书画佳宅总想据为己有。谢奉投其所好，通过进献名家书法而获得官职，这已属买官行为了。桓玄称帝仅半年就被刘裕推翻，谢奉买来的官职也一并付诸东流。

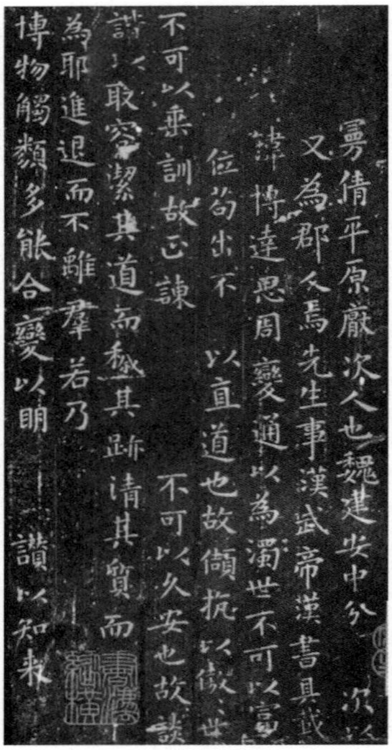

东晋 王羲之《东方朔画赞》

咄咄逼人

东晋王修，字敬仁，少年成名，16 岁就写出了《贤令论》，名士刘真长看了后，嗟叹不已。当年，王修也擅长书法，隶书和行书都写得好。他与王羲之关系很好，有一次，他向羲之求书，王羲之就书写了一纸《东方朔画赞》送给他。王修得到羲之的墨宝后，整日临摹，想把王羲之书法的精妙之处都学到手。后来，每当羲之的儿子王献之看到王修写来的书信墨迹，总是对王修书法飞快进步、日益精妙，惊叹不已，说道：“咄咄逼人！”当年王羲之伯叔王导非常喜欢钟繇的书法，他的衣带中经常装着钟繇写的《宣示表》。晋王朝南迁过江后，王羲之得到这件墨宝，后来又借给了王修。晋穆帝升平元年，王修才 24 岁就去世了，他母亲认为《宣示表》是儿子生前心爱之物，于是就将它放入棺中一并埋葬了。千古名迹从此与世永绝！

【八公山人语】

“咄咄逼人”是用来形容一个人的气势令人惊惧，大有紧逼超越之势。最早使用这个词语是王羲之的书法启蒙老师卫铄，她是汝阴太守李矩的妻子，世称卫夫人。当年卫氏与王氏一样是东晋时的门阀士族，也是书法世家。卫铄的曾祖父卫觊、祖父卫瓘、叔父卫恒，都是魏晋时的大书法家。卫铄从小就在祖父卫瓘的教导下学习书法，又师法钟繇，善写隶书和楷书，谢安称赞她的书法“碎玉壶之冰，烂瑶台之月，宛然芳树，穆若清风。”当时的她誉满江南。王羲之少年时师从卫铄学习书法，进步很快，特别是他偷看了父亲收藏的《笔论》后更是日新月异，令卫铄大为吃惊。她在一封书信《与释某书》里说道：“卫有一弟子王逸少，甚能学卫真书，咄咄逼人。”这便是“咄咄逼人”这一成语的出处，现在被王献之用在了王修身上。

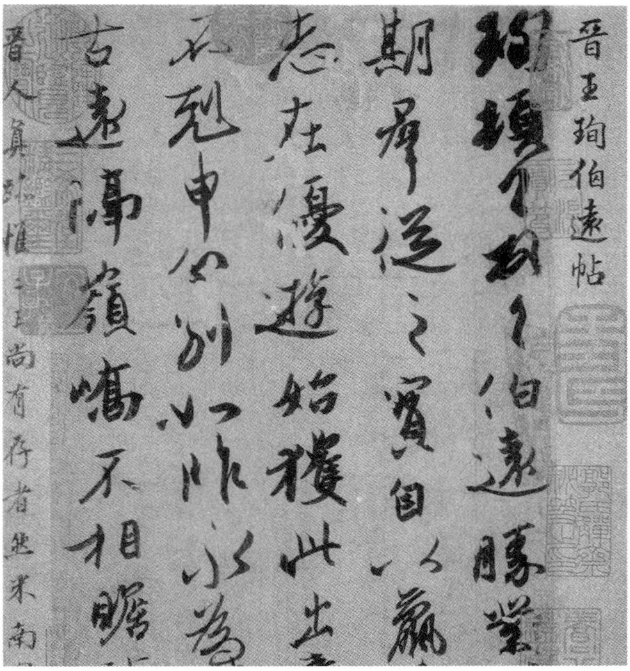

东晋 王珣《伯远帖》

有大手笔

王珣是东晋著名书法家和丞相王导的孙子、中领军王洽的儿子、王羲之的侄子，也以书法闻名于世，在朝任尚书令累官散骑常侍。他家三世均以能书著称，因此他的书法是家范世学，特别是他的行草写得潇洒古淡，有魏晋风流姿态。王珣身材矮小，但人很机智敏悟，说起话来口若悬河，而且下笔成章。有一天，他梦见一个神人，送给他一支巨大的毛笔，笔杆像屋椽那么粗大。梦醒以后，他很惊奇，对人讲起这件事时说道："这应当是有大手笔的事要我做啊！"别人听了都笑话他是妄言。哪知，第二天晋孝武帝驾崩，他就被请去为孝武帝书写祭文。王珣摊上如此重大荣耀之事，当然是大手笔了。"大手笔"的典故正是由此而来。

【八公山人语】

王珣书写的《伯远帖》，与王羲之《快雪时晴帖》、王献之《中秋帖》是流传至今的稀世珍宝，被清代乾隆皇帝定为清内府藏历代书法中的"三希"，并特建"三希堂"珍藏。但是，"三希"中，《快雪时晴帖》是唐代摹本，《中秋帖》是米芾的临本，唯有《伯远帖》是真迹，它是我国唯一现存的东晋名家书法真迹。该帖笔法凝练，自然生动，舒卷自如，左伸右展，飘逸豪迈，表现出晋人书法的风姿。所以，其艺术和文物的价值，绝非其他法帖可比。明代董其昌看到此帖后说："既幸予得见王珣，又幸珣书不尽湮没，得见吾也。长安所逢墨迹，此为尤物。"顾复在《平生壮观》中说《伯远帖》："纸坚洁而笔飞扬，脱尽王氏习气。"《宣和书谱》评价更高："其家世学，草圣有传。今不见其草迹，即此真行，已足名家。观其下笔，力变右军父子，而无一笔诡于正，所谓纵任自喜，古雅有余者也。"

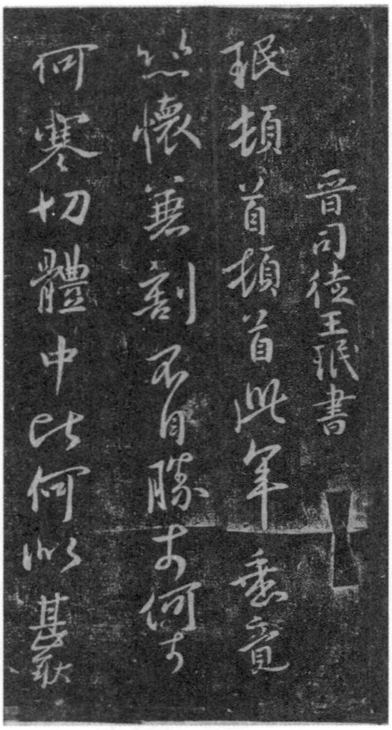

东晋　王珉《此年帖》

驴超骅骝

东晋书法家王珉擅长行书和隶书，年轻时就展露才华，名气比他的兄长王珣还大，并与其堂兄王献之齐名。当时人们说：“法护（王珣）非不佳，僧弥（王珉）难为兄。”魏晋时期瘟疫流行，人们大多数都短命。386年，时任中书令的王献之年仅44岁就去世了，王珉接替了他的职位，任中书令。因王珉的年纪比献之小，当时人就称王献之为“大令”，王珉为“小令”。王献之还在世的时候，有一天，王珉用四匹素绢来写字，从早上开始操笔书写，直到傍晚写毕。100多米长的素绢，他写得首尾如一，笔笔精到，毫无懈怠，又无一字错误。王献之看了后，十分惊叹，说道：“老弟你的书法虽然如同毛驴，却竟然想着要很快地跑到骏马前面啊！”王珉笑道：“哪里，哪里！”

【八公山人语】

东晋庾、郗、王、谢四大家族的贵族子弟们，无不用心学习书法，都是书法的能手，互相之间常作比较，甚至竞争激烈。王珉本是医家，留心医药，著有《疗伤寒身验方》，但是他家三世都善于书法，也是当时与王献之齐名的书法家。唐代张怀瓘《书断》中说，王珉的书法如“金剑霜断，崎嵚历落，时谓小王之亚也”。但是王献之还是有点瞧不起他，所以他的话中暗藏讥讽。不知这是他们兄弟间的玩笑话，还是因为文人相轻。南朝书法家王僧虔《论书》中，称王珉“笔力过于子敬（献之）”。当时，王珉的名望在王珣之上，那时人们都说：“法护（王珣）非不佳，僧弥（王珉）难为兄。”可惜，王珉像魏晋时期大多数人一样命短，也仅仅活了38岁就死了。

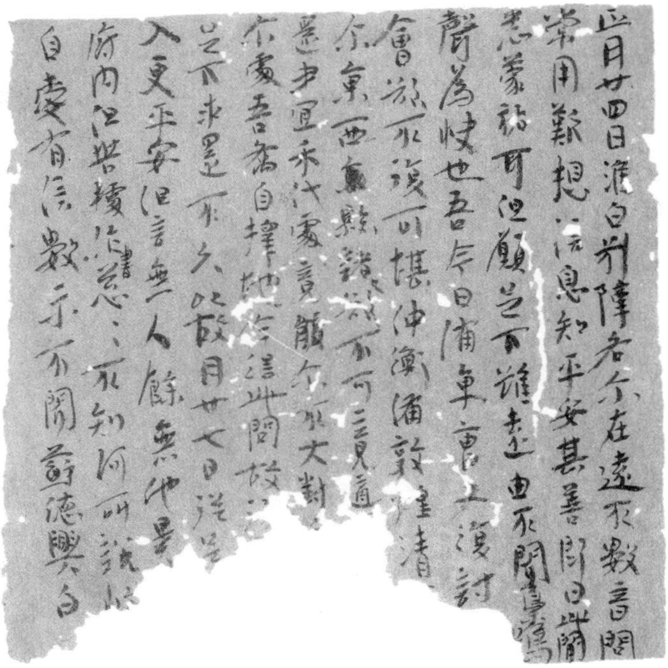

魏晋 楼兰残纸文书

桓玄惜书

东晋时，曾经短暂建立桓楚帝国的桓玄十分喜好书画，可是他生性贪鄙，他人的法书名画都要想方设法据为己有。平时，桓玄爱用一只轻舟载着他的书画和宝物，随时跟着他行走。有人劝谏他不必如此，他竟说这些东西很轻易运，应该随身，若有兵凶战危，便可马上运走。众人听后都笑他。而且，他得到好东西时喜欢显摆，每逢宴集宾客时，就把他收藏的法书拿出来给客人欣赏。有一年冬天，很冷，客人们都戴手套防寒。当大家欣赏桓玄收藏的法书时，有一位客人没有除去手套就直接去拿，结果手套上的污渍在法书上留下了大点污迹。桓玄很长时间都很惋惜郁闷。从此以后，每当他要展示法书名画的时候，就会要求客人除去手套并且将手洗干净，然后才能欣赏。

【八公山人语】

古代印刷技术不发达，特别是没有照相技术的时候，法书名画的真迹当然难得一见。如有收藏，除了主人独赏以外，那便是像桓玄这样在来客时拿出来共赏，而且即看即收。所以，中国书法在明代以前，形制上多为手札手卷或卷轴，尺幅较小，这都是因为便于收藏和展示的缘故。在展示时，不小心污损了法书则是常有的事。据记载，桓玄称帝后入宫，刚坐到龙床上，突然床破烂了，众人见此都大惊失色，殷仲文则奉承说：“陛下您圣德深厚，大地也不能承受了。”这话令桓玄马上转忧为喜。桓玄经常夺人所爱，又爱听谗言谄誉，结果当了不到半年的桓楚皇帝，就被刘裕推翻。不过，他曾下令禁用木简，改用纸张，对于纸张的广泛使用起到了很大的推动作用。

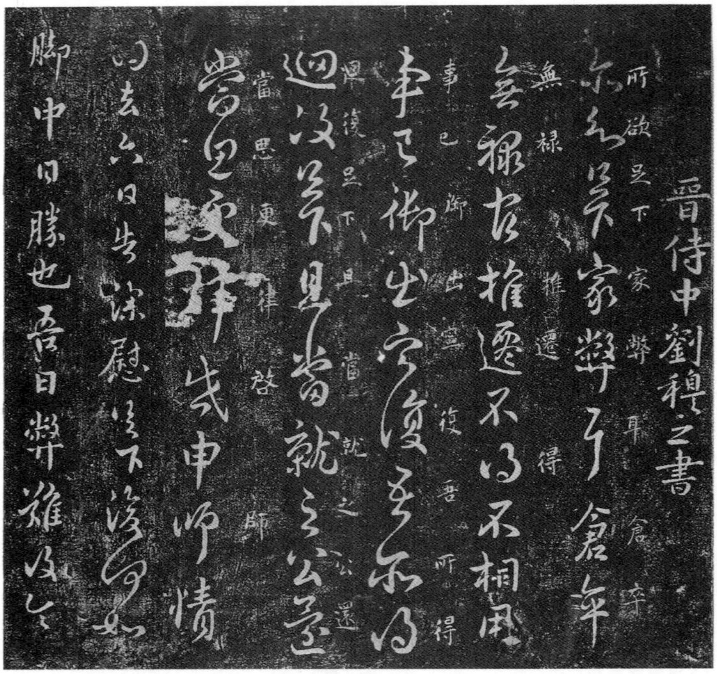

南朝宋　刘穆之《家弊帖》

尺牍对决

南朝宋时，刘穆之总掌朝廷内外事务，他与当时另一位威名甚著的大将朱龄石，都是宋武帝刘裕十分信赖的文臣武将，而且都以擅长尺牍书法并称当朝。有一天，俩人与宋武帝坐在一起时，武帝突然来了兴致，想知道他俩的书法究竟谁好。于是，他提议刘穆之与朱龄石来一场书法比赛，一决雌雄。要他俩彼此以书信往来的形式，比赛一下尺牍书法，以写得又快又多又好者为胜。结果，只见俩人的书信是你来我往，这场别开生面的书法大赛从早上一直进行到中午。刘穆之一共写了100封书信给朱龄石，朱龄石才写了80封。而且，刘穆之应答朱龄石的书信，毫无废话，书写这些尺牍的过程中，显得十分悠闲，还经常有时间在旁边的纸上练练书法。宋武帝看了深感叹服，朱龄石则自愧不如。

【八公山人语】

魏晋南北朝时期的尺牍书法十分流行，文人士大夫之间经常有书信往来，有时寥寥数语，有时会长篇大论。今天我们看到的王羲之书迹，大多就是那时的书信手札的摹本。刘穆之非常能干，处理问题快如流水。每天各方宾客和各种诉求全都汇集到他那里，各种咨询禀报材料堆满案台。他竟然能够眼睛看着文件内容，手写答复信件，耳听属下汇报，嘴里当场答复，一切应对自如，处理得当。朱龄石与这样的高人对决尺牍，怎么是他的对手？刘穆之善写草书和隶书，《南史本传》中说："穆之便尺牍，裁有闲暇，手自写书。"《述书赋》中说他的书法"道和闲雅，离古蹑真，慢正尤德，高纵绝尘。若昂藏博达之士，謇谔朝廷之臣"。就是说，刘穆之的书法在当时无人能及。

南朝宋《爨宝子碑》

大字藏拙

刘裕灭了东晋，建立南朝宋。这位开国皇帝出身寒门，南征北战，戎马一生，基本上没有学习多少文化，当然书法也很拙劣。虽然他可以写一些简短的命令和文告，但是字写得很难看。他的心腹大臣刘穆之实在看不过去，有一天，他硬着头皮向刘裕进谏说："书法虽然是小事，但您是皇帝，要经常向天下四方发布号令，希望您对书法还是要稍加留意。"当时军政事务繁忙，刘裕又生性不喜欢读书习字，自然不可能按照他说的去做。无奈之下，刘穆之就给宋武帝出了一个主意："您没有时间练习书法，那干脆就放开笔墨写大字吧，哪怕一个字写得有一尺大也不要紧。大字可以藏拙，而且也有雄伟的气势。"刘裕听了觉得很有道理，就采纳了他的意见，从此他写的手谕文告，都是大字，有时一张纸只能写六七个字便满了。

【八公山人语】

刘裕所写的应当是中国历史上最大字号的皇帝手谕了。两晋时期，那些门阀士族出身的贵族，大多都有较高的文化修养，根本瞧不起没有文化的寒门庶子。哪怕你是帝王将相，如果不是士大夫出身，他们也一样瞧不起你。半文盲的宋武帝书法拙劣，字写得很丑，这在当时是一件非常难堪的事。可是书法水平不是短时间就能练习提高的，更何况日理万机的皇帝，哪里有时间经常去练习书法。好在刘穆之发现大字可以藏拙这一门道，这一招真是救驾救急啊！的确，大字可以藏拙，因为大字尚势，而且平常少见，人们也很少去写，只要书者大胆按照自己的性情去挥洒，即使没有法度，却也会有气势，能够赫然夺目，也可以吓唬人。而小字尚精雅，人们常见且又经常书写，如果写得丑拙而不合法度，大家一看便知。

南朝宋　孝武帝大明八年《刘怀民墓志》

代笔高手

南朝宋时，纪僧真善于行书，他很早就跟从征西将军萧思话及其子萧惠开，做事谨慎，得到萧氏父子的赏识。后来，他听从萧惠开的话，跟随萧道成领军统治淮阴，并且受到器重和信任。古代，作为一方领导许多笔墨之事都要亲力亲为，哪怕是当上皇帝，也得每天批阅奏章。萧道成大概是写字写得烦了，便要纪僧真代笔，为他书写应答远近往来的信件和公文。萧道成令他临摹自己的书法和署名，并且将一切应酬书信都交给纪僧真去写。很快，纪僧真便写得惟妙惟肖。有一天，在领军府内，萧道成拿起纪僧真替他书写的信札，仔细端详了半天，然后笑着说："你写的信真的同我写的一模一样啊，连我自己也都分不清真假。"

【八公山人语】

古时候，官府大量的书籍、公文都要人代笔抄写。今天发现大量的秦汉简帛，大多就是出自这些代笔者之手，居延、敦煌甚至还出土了代笔者练习笔画的习字简。东汉时班超因为家贫就曾经常给官府雇佣去当书匠，以写字养家糊口。唐代出现的大量的"经生"也是职业代笔人。替人代笔，写出来的字连请他代笔的都难辨真假，所以纪僧真也是代笔高手。纪僧真聪敏灵活，一天，人们在清理淮阴城堑时挖掘出了九枚古锡器，上面铭刻有大篆古文，荀伯玉等人都不认识，只有纪僧真独自说："不须辨识这么久远之物，这是九锡之征啊！"即是说，这是要当皇帝的征兆啊！萧道成听了说道："你别乱说。"心里却很高兴。不久，萧道成在众将的推举下，真的成了齐国的开国皇帝即齐高帝。

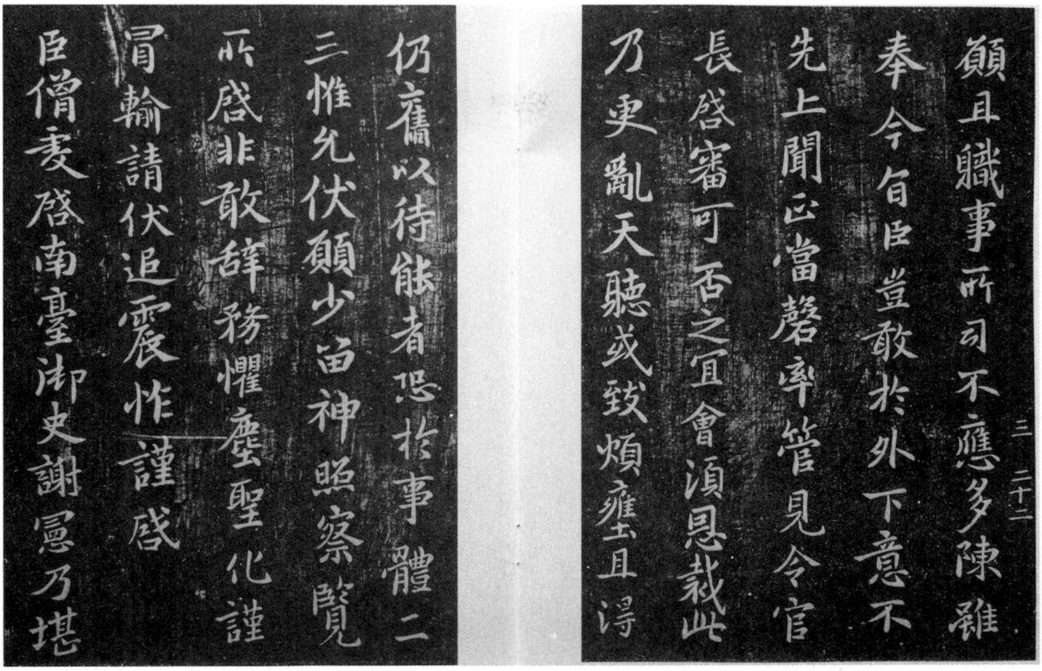

南朝齐 王僧虔《刘伯宠帖》

故作败笔

王僧虔是王羲之的四世族孙，在南朝齐时官至侍中，是当时著名的书法家和书法理论家。所以，《书品》中说他是“雄发齐代”。宋文帝刘义隆就对他的书法很欣赏，常召他挥毫写字。后来孝武帝刘骏即位，也好书法，并想大显自己的书名，独占鳌头。他知道王僧虔书法名气很大，总想找茬灭他的威风，王僧虔对此心知肚明，不敢显露自己的书法才能。有一次，孝武帝召集王僧虔以及其他一些文人雅士，一起设案挥毫。王僧虔在写字时故意将字写得丑拙难看，而且还露出一些败笔。结果，大家书毕，在场的人都对他的书法评头论足，不以为然。后来，他干脆经常用秃笔写字，写出来的字粗服乱发，完全没有“二王”法度。孝武帝看了后，就觉得他的书法不过如此，自己真的比他更胜一筹，便容纳了他，不再冷言讥讽。

【八公山人语】

书法家切记不可恃才傲物，尤其是在领导和同道面前，以免遭人忌恨。特别是在古代，每一个文化人都会写毛笔字，书法作为汉字书写的一般技艺已经广泛普及。所以，书法家不必把书法看得多么尊大。王僧虔深明此理，不在已有戒心和妒意的孝武帝面前显露自己的才华，这才让孝武帝释怀，不再对他怀有敌意。在宋文帝时，有一次，他正在白绢扇面上写字，宋文帝看后非常高兴，赞叹道：“你不仅书法直追王献之，就是才气和雅量也比他有过之而无不及呀！”王僧虔受到皇上的夸赞并未飘飘然，而是赶紧说：“若不是大宋国泰民安，我纵然有些涂鸦的喜好，恐怕也早已丧于乱世了。”宋文帝听了，龙颜大悦，命人重赏于他。王僧虔的书法祖述王献之，梁武帝评价说：“僧虔书如王谢家子弟，纵复不端正，奕奕皆有一种风流气骨。”

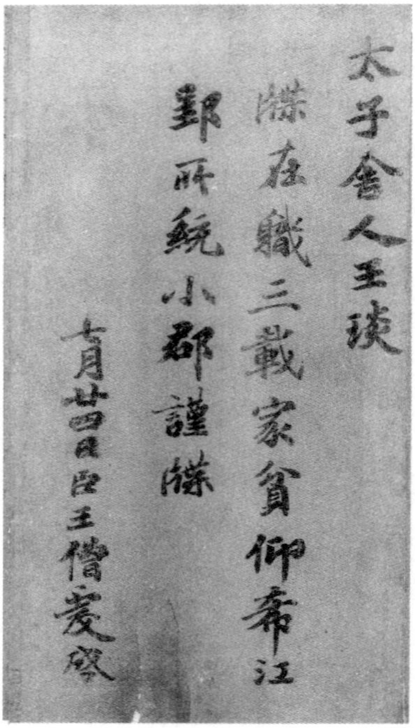

南朝宋　王僧虔《王琰牒帖》

机智回答

齐高帝萧道成戎马生涯，却饱读经书，对于书法勤学苦练，而且水平颇高。他经常写一些字赐给大臣，一些人看了当然都夸他说：“陛下的字天下无双。”因为热爱书法，萧道成还经常倡导举行书法比赛。齐高帝听说朝臣中有一个叫王僧虔的人，他是羲之四世族孙，在刘宋时就是大书法家，书法非常了得。一天，齐高帝突发兴致，下诏要与王僧虔同案挥毫，一比高低。王僧虔奉诏前来，见齐高帝真的要与他比试书法，并无他意，便也大显身手。他发卷伸纸，写得满目辉光。俩人各书一幅作品后，齐高帝直截了当地问道：“你看我的书法与你的相比，谁是第一？”王僧虔沉吟了一会儿，答道：“陛下书法乃帝王中第一，而我的书法乃臣书中第一。”齐高帝听了哈哈大笑，说道：“你很有头脑，真会说话啊！”

【八公山人语】

南齐王僧虔是王羲之的伯叔王导的玄孙。他在刘宋王朝时已官至吏部尚书。王僧虔书承王家祖法，善写楷书和行书，神高气全，耿介锋芒，若溪涧含冰，冈峦披雪。刘宋时，他 39 岁时就与当年王献之一样，做了吴兴郡太守。因王献之与王僧虔都善于书法，故人称献之为“大令”，称他为“小令”，一时传为佳话。王僧虔从刘宋到南齐时，已是人书俱老，书名尤盛，可谓“雄发齐代”。梁武帝说：“僧虔书如王谢子弟，纵复不端正，奕奕皆有一种风流气骨。”由宋至齐，他先后侍奉过几位皇帝，伴君如伴虎的凶险时时威胁着他的生命。但他始终能够戒盈守满、宠辱不惊、不卑不亢，凭借他的幽默与机警，化解一次次危机。这足以成为当今书法家学习的典范。

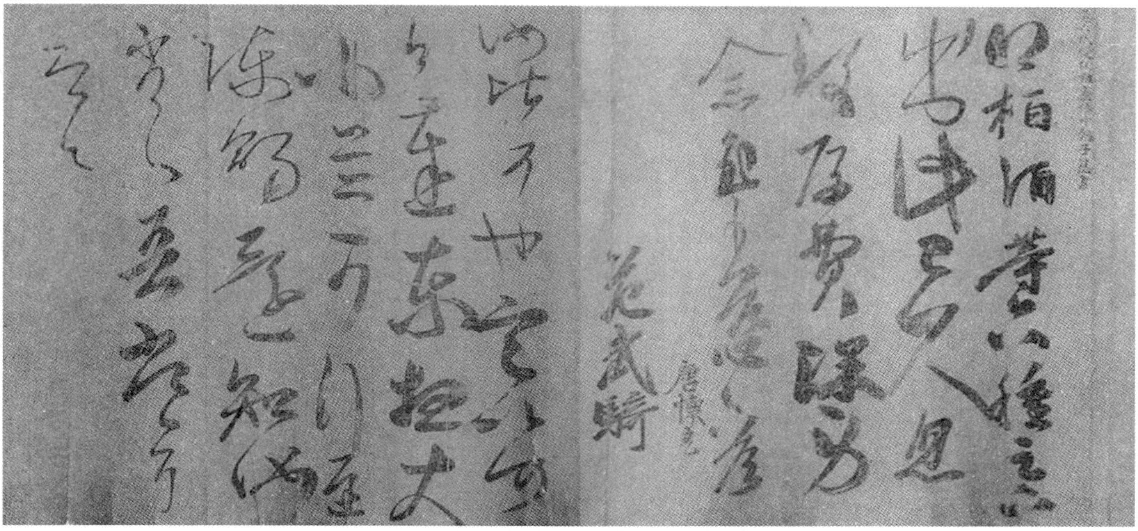

南朝齐　王慈　《汝比帖》

触犯家讳

南朝宋国大诗人谢灵运的孙子谢超宗，父亲叫谢凤。谢超宗勤奋好学，很有文才，只是他常常恃才傲物，说话口无遮拦。有一次，他去拜访当时的大书法家王僧虔，然后又去看望他的儿子王慈。他知道王僧虔是王羲之四世族孙，是王氏后人中声名显赫的书法家之一，王氏子弟都以书法见称于世。王慈从小就在父亲的指导下，与从弟王俭一起学习书法。当他来到王慈的书房时，看到王慈正在练习毛笔字。王慈见到谢超宗后并没有放下手中的笔。谢超宗忽然想难为一下眼前的这个少年，就随口问道："你的书法和虔公比怎么样啊？"王慈听他当着自己的面直呼家父的名，触犯了家讳，脸色不由得一沉，毫不客气地回敬道："我和父亲相比，犹如以鸡比凤。"谢超宗一听王慈说了他父亲的名号"凤"字，一句话也不说，马上狼狈退出。

【八公山人语】

古人要避家讳，就是不能在人面前直接称呼他祖父的名字，否则即视为对长辈不敬，哪怕是写诗文也都要避讳。这个道理谢超宗应该知道，可能是一时大意，自碰霉头。当初，孝武帝夸赞谢超宗有文才，说"超宗殊有凤毛，灵运复出"！恰巧右卫将军刘道隆在座，听了后就出来专门去拜访谢超宗。对他说："刚才宴席上，皇上说您有凤毛。"谢超宗听了立刻光着脚走进屋里，刘道隆还以为是取凤毛去了，结果他一直等到天黑谢超宗也没再出来，只得悻悻地走了。此事一时传为笑谈。王慈后来成了南朝著名书法家，善写隶、行、草书，运笔圆浑，体态灵动，纵横恣肆。梁武帝曾对萧子云说："盖王氏为书家巨擘，而其渊源本之元常。嗣后僧虔一以元常为法，而子慈又复古劲过之，直超神妙，几欲掩其祖父矣。"

东汉　张芝《今欲归帖》

口吐狂言

南朝齐高帝的司徒左长史张融，身材短小，相貌丑陋，行为怪异，但是能言善辩，诙谐幽默。南齐时，他是一位与王僧虔齐名的书法家，特别擅长草书。唐代张怀瓘《书断》对他评价很高，说张融草书“如风旵春林，甚有媚好，齐梁之际，殆无以过”。《述书赋》中也夸赞他“越恒规而涉往，出众格而靡继，如塞路蓬转，摩霄鸢唳”。不过，王僧虔谨言慎行，而张融却对自己的书法非常自负，常常口吐狂言。据《南史本传》中记载：张融常常喜欢吹嘘自己的书法才能。有一天，齐高帝萧道成对他说：“你的书法特别有骨力，可惜没有‘二王’的笔法。”哪知，张融听了后却说：“陛下不要可惜我无‘二王’笔法，您也要可惜‘二王’没有我的笔法。”

【八公山人语】

张融善写草书，在齐梁时期草书无人能出其右，可惜书迹今已不传。他的草书有古风，当时还常被人误以为是东汉张芝的草书，加以珍藏。恃才傲物大概是许多书法名家的通病，只是他更加突出。张融还常常叹息：“不恨我不见古人，所恨古人不见我。”如此狂妄之人竟能得到齐高帝萧道成的容忍和赏识，这除了因为萧道成是一位爱才惜才之人以外，还因为张融如宋代米芾般的机智幽默，很会讨人喜欢。有一次，齐高帝召见他，他却很晚才到。已经等得不耐烦了的齐高帝很不高兴，当场责问他：“为何来迟？”哪知他不慌不忙地说：“见皇帝好像是从地上升往天空，所以快不起来。”齐高帝听了不由得龙颜大悦，也就原谅了他。可见幽默的力量啊！

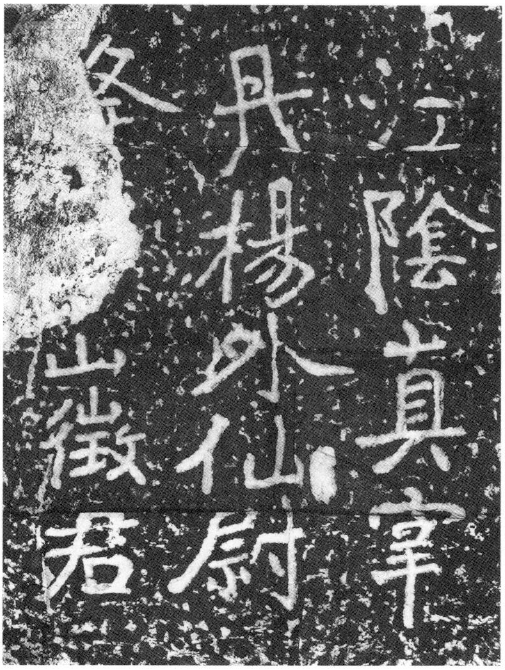

南朝梁 《瘗鹤铭》

山中宰相

陶弘景在小时候就与众不同，四五岁时候就常用芦荻做笔，在灰中练习书法。长大后，陶弘景相貌英俊，一表人才，读书万卷，他不仅善于弹琴和下棋，而且草书和隶书都写得很好。南朝宋顺帝时，他20岁就做了诸王侍读。但他并不乐意做官，只想归隐修仙学道。齐武帝永明十年，他辞官隐居句曲山中，自号华阳陶隐居。梁武帝萧衍爱惜人才，常派人探望他，与他常有书信往来，讨论书法。有一次，梁武帝下诏想请他出来做官，陶弘景便画了两头牛回复武帝：一头牛是被人用金笼头牵着，另一头牛则是自由自在地在田野里吃草。梁武帝看了这幅图哈哈一笑，明白了他不愿出来做官的心意，便不再勉强。以后，凡是国家遇到吉凶、征讨等大事，梁武帝就派人去句曲山中向他咨询。于是，人们戏称陶弘景是“山中宰相”。

【八公山人语】

陶弘景是南朝齐、梁时代的书法家，今天我们还可以看到他当年写下的《与梁武帝论书启》，可见“山中宰相”并非虚语。他的书法师法钟繇和王羲之，很有“钟王”书法的气骨，当时人称他与萧子云、阮研各得王羲之一体。最了解他的还是梁武帝，武帝说陶弘景的书法“如吴兴小儿，形状虽未成长，而骨体甚峭快”。这大概是因为陶弘景三十多岁就隐居山中，其书法也不免有些天真之气吧！据说他曾得到道教中很有影响的杨羲、许谧、许翙三位真君的手书真迹，学习临摹，从此书法变得萧远淡雅。除了草书和隶书之外，他的楷书也写得很好，张怀瓘《书断》甚至说他“真书劲利，欧虞往往不如”。也有人传说，现在焦山下的《瘗鹤铭》就是陶弘景所书。

三国吴 《天发神谶碑》

丘不与易

南朝时期，周颙是个才子，泛涉百家，精通佛理，特别是他说话时语言华丽，出言不穷，宫商朱紫，发口成句，很有机锋辩才，因而受到益州刺史萧惠开、宋明帝刘彧、南齐太子萧长懋等人的赏识。他的外公是南朝宋的车骑将军臧质，少年时他在外公家中得到了西晋大书法家卫恒的散笔隶书法帖，如获至宝，整天临摹。后来，他的草隶书法十分精工独到，为人称道。齐武帝萧长懋还在东宫做太子的时候，周颙是中书郎，兼著作，撰写起居注，他常去东宫拜访萧长懋，深受太子赏识。有一次，太子要他书写玄圃茅斋壁，他写好正巧被国子祭酒何胤看见，何胤很喜欢，要求用他写的篆书“倒薤书”与周颙交换。周颙不肯与他交换，又不好直言，便说道：“天下有道，丘不与易也。”何胤一听就明白了，只好作罢。

【八公山人语】

周颙写的草隶今已不传，不过我们知道他师法的卫恒出生于魏晋时一个书法世家，卫恒的祖父卫觊、父亲卫瓘、弟弟卫宣和卫庭、从妹卫铄（卫夫人），以及儿子卫璪玠都是著名书法家。从记载来看，卫恒是用草书和飞白笔法来写隶书，使得原本端正庄重的隶书变得潦草飞动。所以，张怀瓘《书断》中说卫恒：“祖述飞白，造散隶书。开张隶体微露其白，拘束于飞白，洒丽于隶书。”草隶书体在魏晋时期十分流行，周颙师法卫恒，写出来的草隶大概也是这个样子。“天下有道，丘不与易也。”语出《论语》，原本是孔子对子路说的，意思是：“假如天下有德政，我就不会投身到变革天下的活动中去了。”显然，周颙偷换了概念，借用了“易”字的交换之意。何胤写的“倒薤书”是商初成汤的老师务光创造的一种书体，属于篆书系列。

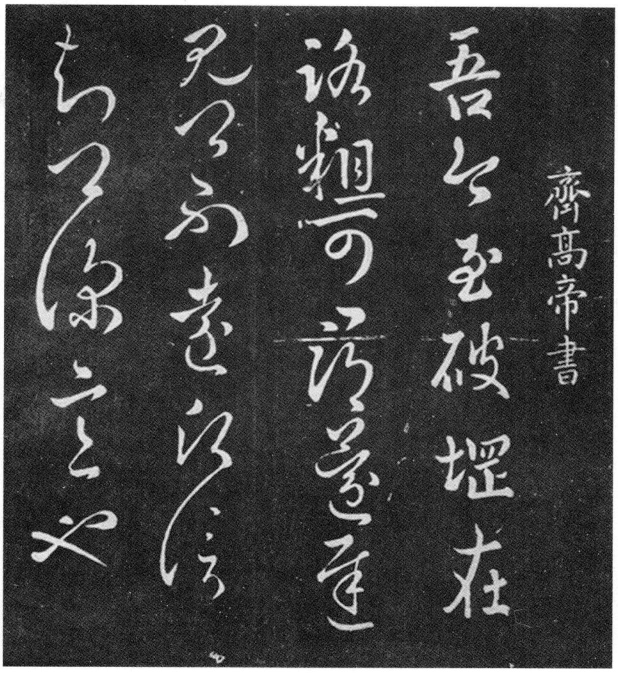

南朝齐　高帝萧道成书帖

依栏学书

南朝齐高帝萧道成的第12个儿子江夏王萧锋出生的时候，正是萧道成遭受宋明帝怀疑，朝不保夕的凶险之时。萧道成随时都可能有杀身之祸，因此不敢将儿子带在身边。萧锋4岁时便被藏匿于其母张氏家中。萧锋性情稳重，喜欢书法。因母亲张氏家中贫穷，买不起纸札，于是他就倚靠着井栏练习写字，等到把井栏都写满了，就马上用水洗掉，从头再写。如此这般，长年累月地练习。此外，萧锋还有一个习惯，每天早晨起床后，不肯让人擦窗户，他要在尚未除去灰尘的窗户上练习写字。等到萧锋5岁时，齐高帝便教他书写“诺”字（这是当时帝王批阅臣下奏章时常写的一个字，如同今天的“同意”），字形状若凤尾，而萧锋一学即成。齐高帝非常高兴，便赏赐一个玉麒麟给他，说：“这是麒麟赏凤尾啊！”

【八公山人语】

南齐时的萧氏父子堪比三国时的曹氏父子，在六朝文化发展史上具有不可忽视的地位。齐高帝萧道成原本是西汉丞相萧何二十四世孙，出生于崇尚武力的寒门，两晋南迁后，逐渐变得名士化了，开始重儒尚文，并以此教育他的19个儿子。他的第11个儿子衡阳王萧钧，就曾以细小的字抄写“五经”，放在巾箱中以备随时查阅，自此留下“巾箱五经”的美谈。在生活上，萧家仍然非常俭朴，居住的地方十分清贫，甚至于连教孩子们写字的纸笔都没有。他的第5个儿子萧晔，学习写字时只好用手指在空中或手掌上描画。即使这样，他也学会了篆字的写法。后来萧道成做了皇帝仍很节俭，要求后宫器物栏杆不得用铜来装饰而改用铁，华盖除掉金花爪，用铁回钉……他经常对群臣说：“使我治天下十年，当使黄金与土同价。”

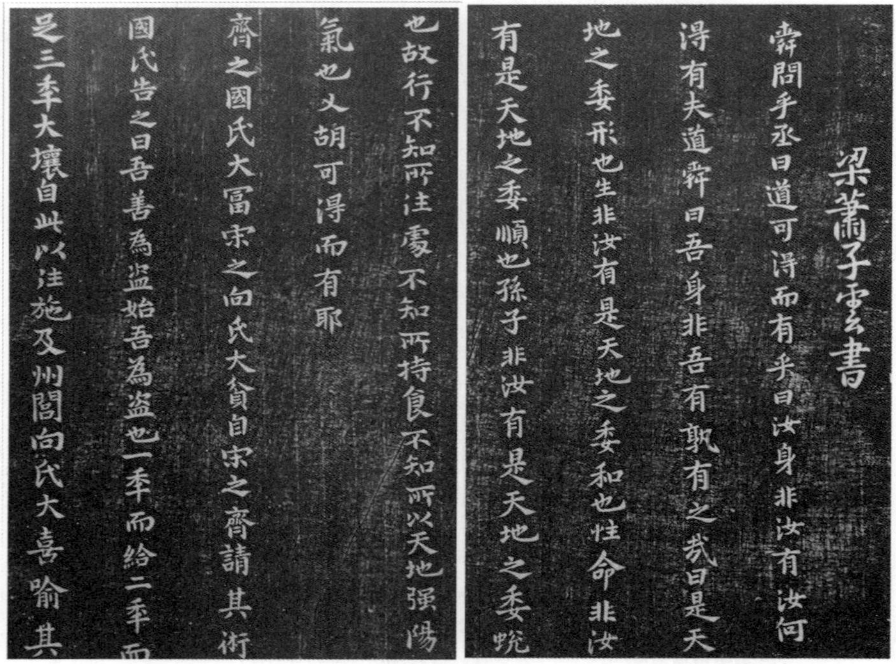

南朝梁　萧子云《舜问帖》

百济求书

南朝梁书法家萧子云善写草隶，梁武帝萧衍对他非常推崇。武帝说他的书法：“笔力劲骏，心手相应，巧逾杜度，美过崔实，当与元常并驱争先。”这就是说萧子云的书法比杜度精巧、比崔实妍美，可以与三国时的钟繇相比。由于皇帝的推崇，萧子云声名远扬，求书者络绎不绝。那一年，他将要任东阳太守，百济国派使者专门到建邺求购他的书法。恰逢萧子云要到东阳去上任，船正要起航。百济国使者听闻后立即赶到江边，大约离船还有 30 多步远，就磕头行拜，走几步再磕头行拜，边走边拜地走上前去。萧子云在船上看到后很奇怪，派人上前询问何事，使者答道：“侍中尺牍之美，远流海外，今日所求，唯在名迹。”子云听罢很受感动，为此停舟三日，书写了 39 纸给他，获金货数百万。

【八公山人语】

当年，百济国远在朝鲜半岛西南部，千里迢迢专程到建邺(今南京)求购萧子云墨宝，不惜重金；而且至诚、恭敬如此。当然萧子云也为此停船三日，投桃报李啊！双方都是至精至诚。齐梁时代，萧子云的书法名气很大，但书法史上对他褒贬不一。他虽受梁武帝的夸赞，但梁元帝则评说道：“子云书比‘二王’，则若牝鸡仰于凤威，子贡贤于仲尼。”这个评价较为确当。唐太宗批评道：“子云近世擅名江表，然仅得成书，无丈夫之气，行行若萦春蚓，字字如绾秋蛇，卧王濛于纸中，坐徐偃于笔下，虽秃千兔之翰，无一毫之劲……以兹播美，非其滥名邪？”这分明是说萧子云的书法笔力软弱，不过是浪得虚名罢了。可惜，后来萧子云在侯景之乱、宫城失守之时，逃奔到晋陵（常州），竟饿死在显灵寺的僧房里。

南朝梁　萧景墓神道石柱上的反左书

左书反字

南朝梁武帝大同年间，有一位掌管文史的东宫学士，名叫孔敬通，他可以把一行字写得笔画连贯，字字不断，婉转流利，人称“一笔书”。孔敬通还有一个绝技，就是能左右手各执一管笔，双管齐下，同时书写，当时人称之为“左右书”。孔敬通十分好客，常在家中宴客，而且还时常显摆自己书法的特异才能。有一天，他在宴会上用左手执笔写了一幅字，然后问在座的客人：“诸公可认识这是什么书法？”在场的宾客面面相觑，一时无人能够应答。正在这时，坐中有位叫庾元威的书法家，识破了他的“左书反字”即“反左书”，笑着说：“你这叫众中清闲法。”孔敬通忙问什么叫“众中清闲法”？庾元威说：“就是清闲无聊时，用左手写反字，让大家看了既吃惊又开心的书法。”众人哄堂大笑。

【八公山人语】

东汉时张芝的草书以及王献之的行草都曾被称为“一笔书”，不是孔敬通首创。不过，与张芝、王献之等不同的是，孔敬通的“一笔书”在行笔时没有提按变化，仅仅毛笔的平移，字画线条细若游丝，因此后世称为“游丝书”，至今还有人写这样的书法。“游丝书”虽连字连画，隔行不断，但是笔法单调，仅是平移，没有提按，缺乏轻重变化，体现不出书法的节奏感。而孔敬通那种被嘲笑为“众中清闲法”的左笔反书，实为逗乐的写字杂耍，这在梁代大同年以前就已经有了。现存南京的梁代萧景墓神道的一根石柱，其柱额上即刻有反字“梁故侍中中抚将军开府仪同三司吴平忠侯萧公之神道”。今天也还有一些书法爱好者在玩这种“反左书”的写字游戏。

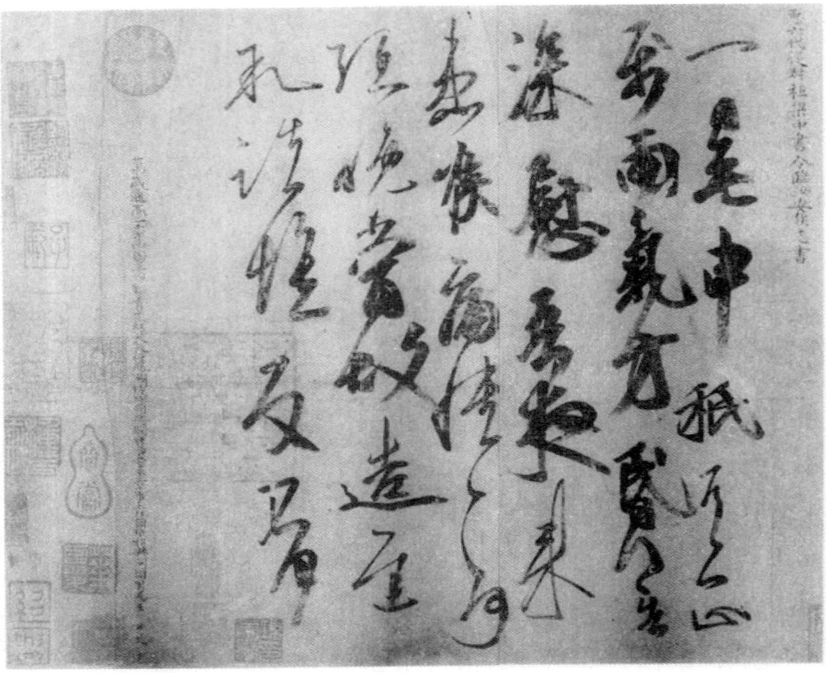

南朝梁　王志《喉痛帖》

丁真永草

当年，梁元帝萧绎最初为湘东郡王，任荆州刺史。当地有个叫丁觇的人很会写文章，又擅长书法，于是萧绎就把文书抄写工作全都交给他做。但是，军府那些地位低下的官吏认为丁觇是庶民，又没有官职，便瞧不起他，并且耻于让自己的子弟学习他的书法。那些人把他与士族名士王褒比较，甚至当面讥讽丁觇说："丁君十纸，不敌王褒数字。"萧绎派人将丁觇抄写的文章，送给德高望重的萧子云看。子云看后问："君王的文章和抄写者的书法都特别好，均可堪称是高手啊！这位抄写者是谁？怎么一点名气都没有呢？"来人以实相告，萧子云叹息道："原来他是这么年轻，没得世人称道，这也是一桩奇事！"从此，知道的人对丁觇有点刮目相看了。后来，丁觇官至晋安王侍读，名声大震，书法与王羲之七世孙智永齐名，人称"丁真永草"。以前那些轻视他的人，后来想要他写的一张纸也不可得了。

【八公山人语】

丁觇的遭遇很有戏剧性：从一个庶民到官至尚书仪曹郎（有学艺、解朝仪者），从被人蔑视和嘲笑，到被人刮目相看；从书十纸不抵王褒数字，到世人想要他片纸不可得。由此可见，艺术家的成功得有贵人相助才行，特别是他的作品能够得到行内大家和权威人士的赞许、褒奖，这一点十分重要。例如，邓石如得到梁巘的赏识、徐悲鸿得到康有为的帮助、齐白石得到徐悲鸿的举荐、范曾的画作得到郭沫若的题跋称赞，如此等等。否则，纵然是千里马，也有可能默默无闻，骈死于槽枥之间。所以，唐代韩愈感叹道："世有伯乐而后有千里马，千里马常有而伯乐不常有。"《颜世家训》中说："丁觇殊工草隶。"《书断》说："丁觇善隶书，时人云，丁真永草。"

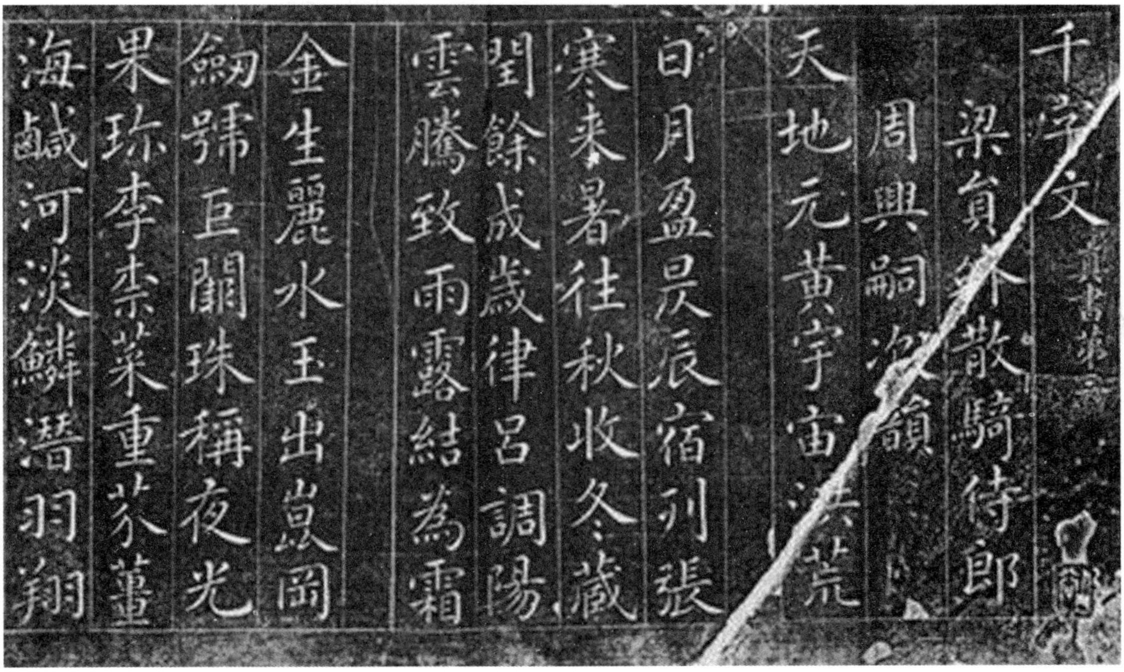

南朝梁　周兴嗣　《千字文》

一夜白头

齐梁时代，周兴嗣才学盖世，精通文赋辞章。萧衍代齐建梁后，周兴嗣出任员外散骑侍郎，许多重要文章都要他来写，每成一篇都会受到梁武帝的称赞和赏赐。武帝为了教诸王子书法，特别让殷铁石从王羲之书迹碑刻中拓出一千个不同的字，每字一纸，供各位王子临习使用。但由于拓下来的字都是单个字，不成篇章，不好记忆，诸王子临习书法收效甚微。于是，有一天，梁武帝召见周兴嗣，然后将那无次序的王羲之碑帖字的拓片交给他，说："卿有才思，为我韵之。"周兴嗣受命后，回到家中，将那一千个字的拓片摊在地上，逐字揣摩，反复吟诵，绞尽脑汁，用了整整一个晚上，终于将这一千个字连缀成一篇内容丰富的美妙韵文。这就是千古名篇《千字文》！而周兴嗣经过一整夜的苦思冥想，累得须发皆白。

【八公山人语】

周兴嗣《千字文》内容包括天文、地理、历史、人物、修身、读书、饮食、居住、农艺、园林、祭祀等，可谓包罗万象，涵盖古今，熔知识性、可读性和教化性于一炉，而且文采斐然，合辙押韵，朗朗上口。全文每四个字一句，250句仅有"洁"一个字重复使用过，真是奇思妙想！难怪梁武帝读后龙颜大悦，即令刻印，除了供诸王子学习以外，还刊诸于世，成为中国乃至世界教育史上问世最早、流传最久、影响最大的蒙学识字教材。从隋唐至今1400多年来，许多书法名家甚至是帝王将相，都以它为内容，创作出了许多书法艺术的经典作品，成为人们学习书法的范本。宋明以后直至清末，《千字文》与《三字经》《百家姓》一起，构成了中国人最基础的启蒙读物。

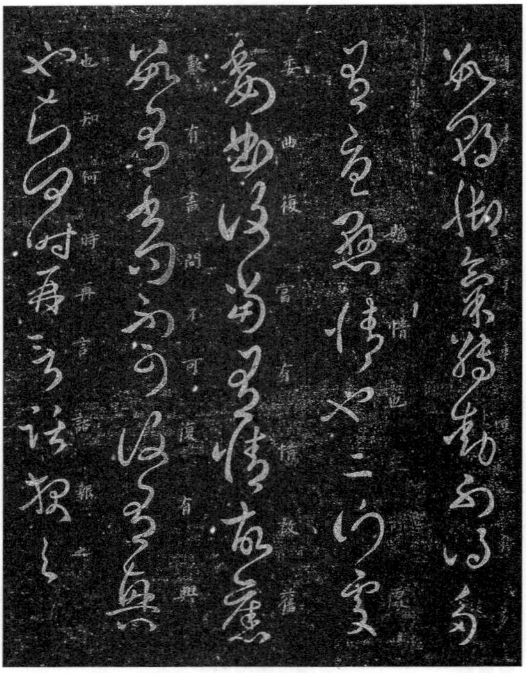

南朝梁　武帝萧衍书帖

笔有三品

南朝梁的末代皇帝萧绎，在登皇位之前是湘东王，虽然没有多大的政治才能，但是有文艺才华，能书善画，而且勤奋刻苦地读书、著书，即便他瞎了一只眼睛，不能亲自捧书观阅，他也要书童读给他听，而且常常到深夜甚至是彻夜。像这样的皇帝在历史上实属罕见。元帝萧绎还著书立说，记述历史上那些忠臣义士以及文章华美的文学家，欲“成一家之言”。他令人制作了三种不同品质的笔：一是用黄金雕饰的金管笔；二是用白银雕饰的银管笔；三是用斑竹做成的竹管笔。他把要记叙的历史人物也分成三等，根据人物不同的品行来选用不同品质的毛笔来写作：对忠孝两全者，就用金管笔来写；对德行清粹者，就用银管笔来写；对文章华美者，就用竹管笔来写。

【八公山人语】

萧绎将笔分出不同的品级，用不同品级的毛笔来书写记叙不同品行的人物，这在中国历史上十分少有。这有点像宋代米芾给人写信时，写到结尾“顿首再拜”时，他真的放下笔，对着信札顿首作揖一样。这看似迂腐，而实际上是萧绎要表达对不同人物的庄敬之心。这位独眼皇帝集书法家、画家、文学家、音乐理论家、学者、围棋和中医高手于一身，又精通周易、玄学、星相、兵法和相马等，著述有 20 种、400 多卷。他的才华以及学问简直无人能及，无所不包。可是，他在政治上和治国上却很弱智，生性矫饰多疑，不仅葬送了梁朝江山，还在江陵城破将亡之时，焚毁了宫中的古代书画及典籍 14 万卷；并且，他还将收藏的吴越宝剑在柱子上拍断，悲叹道：“读书万卷，犹有今日！”这是中国文化史上的又一次浩劫。

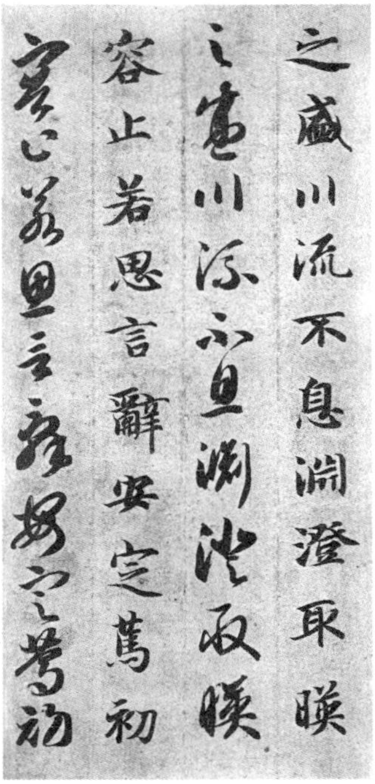

南朝陈 智永《真草千字文》

退笔成冢

南朝陈、隋时期的智永和尚，俗姓王，是王羲之的第七世孙，第五子徽之的后人。他最初师从萧子云学习书法，后来干脆直接师法其先祖王羲之，立志要传承“二王”书法，刻苦学书。他在绍兴永欣寺内筑起一座阁楼，专供他练习书法，并且发誓“书不成，不下此楼”。就在这冷清的阁楼上，他如痴如醉地临习“二王”书法，毛笔用坏了一支又一支。他把用秃的笔扔进准备好的竹篦里，天长日久，积累了十大篦。后来，智永在寺院后面，挖了个坑，把这十篦用坏的笔掩埋起来，并且上砌坟冢，自撰铭词以葬之。时人称之为“退笔冢”。经过 30 年的努力，智永名声大震，登门求教求书的人很多，以至于永欣寺“户外之履常满”，连门槛也被踩坏了。他只好用铁皮把门槛包裹起来，故时人称之为“铁门槛”。

【八公山人语】

智永的“退笔冢”和“铁门槛”早已是千古流传的书坛佳话，而他在那座小阁楼上还临写了 800 多本《真草千字文》，分别赠送给浙东各个寺庙。这对后世王羲之书法的传播产生了巨大影响，开启了初唐弘扬王书的先河。清代何绍基评他写的《真草千字文》时说：“笔笔从空中来，从空中往，虽屋漏痕，犹不足以喻之。”智永精力过人，隋唐年间的江南一带，善于书法的人几乎没有不临习他的《真草千字文》的，智果、辩才、虞世南等大书法家都是他的高足。智永高寿，百岁乃终。他的书法可以说是得王羲之一脉嫡传，同时他又是虞世南的老师。因此，对王派书法来说，他起到了承上启下的关键作用。不过，《书后品》却认为：“智永精熟过人，惜无奇态。”

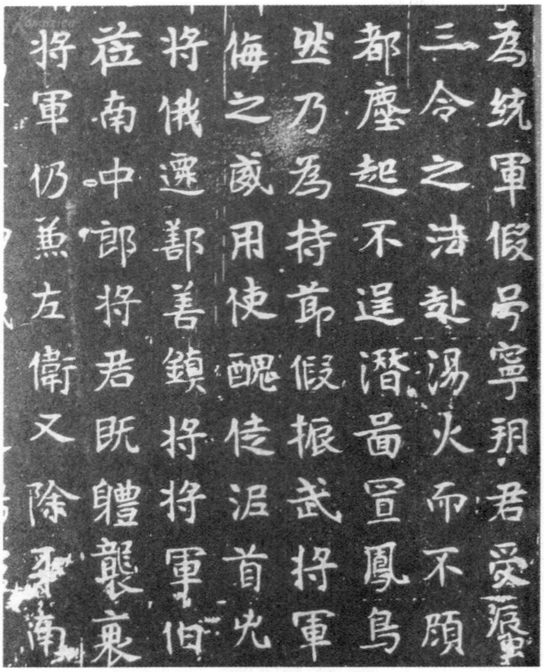

北魏《乞伏宝墓志》

摹写高手

北魏时期的书法家冀俊是一个临摹高手，原在关西大行台贺拔岳（孝武帝时的大都督）的麾下任墨曹参军。北魏永熙三年，关西大行台贺拔岳在平凉被侯莫陈悦设计杀害以后，他的部下宇文泰继承统领了贺拔岳的军队，将冀俊召为自己的记室。当时，侯莫陈悦在陇西聚兵与北魏对抗，宇文泰想平定叛乱，但兵力不够，于是他想出一个主意。他让冀俊伪撰北魏孝武帝的敕书给匈奴费也头，让他率兵协助讨伐侯莫陈悦。冀俊受命以后，找到孝武帝过去写的敕书，按照其文字以及舍人、主书等人的署名模仿书写。这封由冀俊一手制作的假“敕书”，写得与真迹一模一样。费也头曾经看过魏帝敕书，接到这封“敕书”后也就信以为真，立即派遣步骑兵一千人，交给宇文泰调遣，帮助他平定了侯莫陈悦的叛乱。

【八公山人语】

通过摹写他人笔迹，伪造书信，使收信人信以为真，这种手段在通讯很不发达的古代，屡屡得逞。三国时期善于临摹的钟会就是如此，如今冀俊也如法炮制，获得成功。《北史本传》中记载：“俊善隶书，特工摹写。”虽然仅有寥寥数字，但是这已是非常难得的评价了。西魏大统初年，宇文泰召他入大丞相府教授儿子宇文毓、宇文震等人隶书，按照当时习俗，入书学的人应行束修之礼，即拜师礼，要奉赠礼物，以表敬意。冀俊哪里敢受，他对已经是西魏实际掌权者的宇文泰说：“书字所兴，起自仓颉，若同常俗，未为合礼。”冀俊名动京城，汉学遂兴，民间欲学书写字之人也纷纷慕名上门，施礼求教。人们将冀俊与书学博士赵文深并称，史称“当时碑榜，唯冀俊及文而已”。

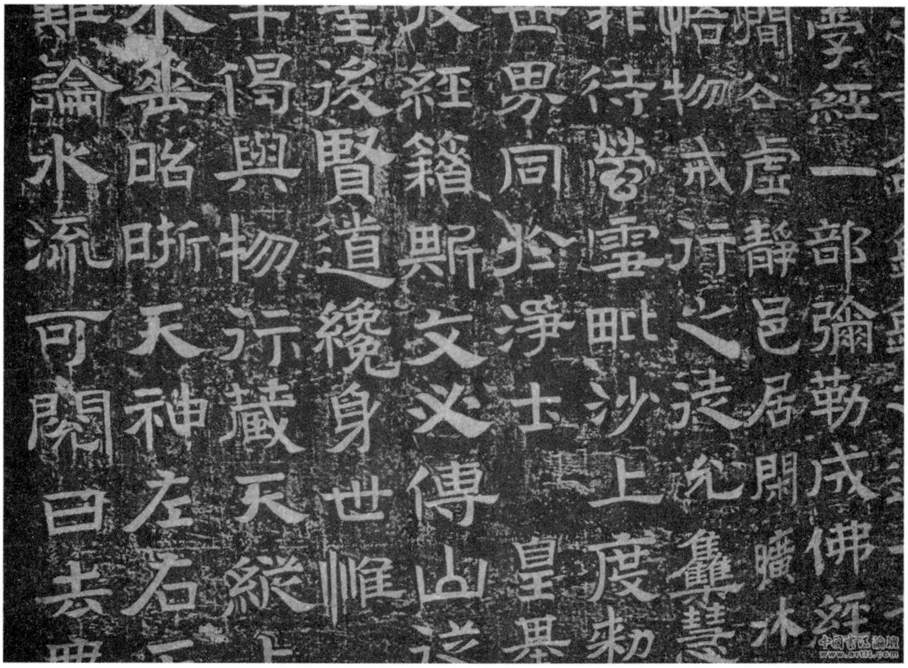

北齐《唐邕写经碑》

何必论书

北齐时，韩毅是鲁郡颍川人，善于书法，在当时小有名气，被神武帝高欢看中，选拔他到第馆任博士，教授诸王子书法。那时，高欢的第五个儿子彭城景思王高浟，年龄只有八岁。有一天，韩毅叫高浟写字，看到他写的字笔画并不工整，就开玩笑对他说："五郎您的字画写得这样不工整，您可是要做常侍开国的人啊，从今以后，写字应该更用心一些才是。"高浟听了很不高兴，立刻沉下脸来严肃地说道："过去战国时期的少年甘罗任秦国的丞相，我没有听说他善于书法。对人应当只论他的才能如何，为什么一定只看他的字写得好坏？博士您是当今最善于书法的人，可是为什么不任三公呢？"博士韩毅被这位八岁的小孩问得哑口无言，十分惭愧，一时不知说什么好。从此，他再也不敢轻慢这小小少年了。

【八公山人语】

晋以后的帝王都非常重视对王子的书法教育，让他们从小就跟随名家学习书法。韩毅有书法专长，是高欢安排他在第馆中任专门教授诸王子的书博士。于是高欢安排在第馆中专门教授诸王子书法的博士。博士最早是一种官名，始于战国时代。汉代也设博士，汉武帝时建太学，设五经博士，作为太学中的学官。两汉时博士都是隶属于太常，具有议政、制礼、教授、试策、出使、掌管图书等职责。西晋时开始设立书博士，隶属于秘书监，只是以教授书法为业，并不是学官。韩毅哪里知道，年仅八岁的高浟却有着很大的政治抱负，书法在高浟眼中不过是"雕虫小技"。战国时的甘罗 12 岁时就出使赵国，用计让秦国得到了十几座城池，后来因功得到秦始皇赐任上卿（相当于丞相），封赏田地、房宅。这才是高浟心目中的英雄和榜样。

北齐《文殊般若经碑》

八体进取

北齐时，张景仁从小家里贫穷，后来父母双亡，成了孤儿。但是，他坚持以学习书法为业。有一天，他到国学去临摹《石经》，一个叫许子华的人遇见了他，对这位少年的长相大为惊奇。他拉住张景仁的手说："张郎风骨，非但官爵迁达，乃与天子同笔砚。"后来，果然如许子华所言：张景仁因为草隶书写得很好，结果被官府补为内书生，与魏郡姚元标、颍川韩毅、同郡袁买奴、荥阳李超等齐名，被世宗文襄皇帝引为宾客。那时，北齐后主高纬还在东宫，一次，世宗要选择善于书法，同时又品性淳厚严谨的人，去给后主做侍书，结果张景仁被选中。他做后主的侍书十分小心恭慎，深得后主欢心，后主常称呼他为"博士"。后主高纬登基做了皇帝以后，便任用他为散骑常侍，最后还封他为建安王。世人都说他是"自仓颉以来，八体取进，一人而已"。

【八公山人语】

秦代确定通行的书法有八种书体：大篆、小篆、刻符、虫书、摹印、署书、殳书、隶书。后来，"八体"就成为书法的代称。张景仁凭借自己的书法，改变了命运，从一个贫穷的孤儿变成一个王爷，的确是从仓颉造字以来，一人而已。汉魏至南北朝时期，由于科举制度尚未建立，下层贫民难有改变命运的出头之日，门阀士族占据着社会上层统治地位。而张景仁创造了一个励志传奇故事，也创造了一个历史。它说明，一个人身处逆境，只要自强不息，最终会改变命运。遗憾的是，张景仁受到皇帝恩宠，做了王爷以后，一改往日谦卑的品性，变得骄傲起来。他的府宅高门广宇，当衢向街。每当他出门，便是良马轻裘，随从成群结队。就连他的子女们也忘记了当年贫穷，成了贵族纨绔子弟。

南朝梁 武帝萧衍《异趣帖》

王褒恨书

王褒七岁便能作诗文，是梁元帝时的著名诗人、书法家，官至吏部尚书。西魏攻梁，在江陵沦陷后，王褒投降，并作为亡国之人，被押送长安，从此被扣留不复南返。北周武帝时他为宜州刺史。王褒的姑夫萧子云是南朝著名书法家，因是亲戚，所以他少年时常去萧子云家中，并且学习临摹萧子云的书法。而萧子云书宗“二王”，这样一来王褒也就学得了王派的书风，名气仅在萧子云之下。他入关后，在北周享有盛名，人们喜欢他的书法甚至超过当地的书法名家赵文渊。帝王将相、公子王孙都向他索书，请他书碑题匾，他经常是“崎岖碑碣之间，辛苦笔砚之役”，结果苦不堪言。一天，他对自己善书十分悔恨，说道：“假若使吾不知书，可不至今日耶！”

【八公山人语】

东晋灭亡后，南方宋、齐、梁、陈划江而守，北方魏、齐、周、隋跨河而治，各自为政。地缘政治的差异，也造成了南北书风的不同。欧阳修说：“南朝士人气尚卑弱，字书工者，率以纤劲清媚者为佳。”赵孟坚说：“晋宋而下，分为南北。北方多朴，有隶体，无晋逸雅，谓之毡裘气。”虽然所言皆有偏颇，但是却都指出了南北书风各自特色。我们从北魏碑刻和晋人简札上可以看出两者明显区别。王褒追随梁元帝，不料灭国，成为降臣，从此滞留北方。他怀书入关，在中国书法发展史上是一件大事。他把“二王”一派的妍美流便的书法带到了北方，借助他在文学和书法上声名，使之很快在北方流传开来，大受欢迎，而且直接影响到了后来的初唐书家。这可能是他始料未及的。

北周　赵文渊《华岳颂碑》

邯郸学步

北周书法家赵文渊少年时学习楷书和隶书，11 岁就进献书作给北魏皇帝，后来被授予书学博士。他擅长题榜，当时的碑榜都由他与另一位书法家冀俊来题写，也是因为题榜有功，任命他为赵兴郡守。西魏文帝大统十年，他还受文帝之命，依据《说文解字》和《字林》，与黎季明、沈遐等人一起，刊定书法六体，总共万余言，以纠正当时隶书中的错误。然而，平定江陵后，南朝大书法家萧子云的外甥王褒入关来到北方，结果大家都跟着学习王褒的书法，而文渊的书法逐渐被人冷落抛弃。赵文渊既惭愧又恼怒，但南派的书风已成为人们追求的时尚，无法挽回。无奈之下，他也跟着去学王褒书法，可是怎么也学不好，反倒被人讥笑为邯郸学步。不过，北派书法长于榜书，当时凡是请题写牌匾碑榜者，王褒还是推让由赵文渊来写。

【八公山人语】

北派书法雄强厚重，适合书写碑榜，所以那时的宫殿楼阁的牌匾都是由赵文渊来题写；而南派书法妍美流便，适合书写简札，如写碑榜反倒不够庄重，所以王褒有自知之明，书写碑榜的事还是请赵文渊来写比较合适，不掠人之美。一个书法家应当坚持自己的书法风格，不从流俗。否则像赵文渊这样邯郸学步，结果不但丢掉了自己的书法特色，而且画虎不成反类犬，遭世人耻笑。齐梁末年，一些像王褒这样的南朝书法名家北上入关，潇洒俊逸、妍媚漂亮的南派书风在北方大受欢迎，而以赵文渊为代表的方刚刻利的北派书风随之遭受冷遇，中原书风的改变是人们喜新厌旧的必然结果。赵文渊在北周就担任书学博士，曾书《华岳颂碑》，虽为隶书，但兼有篆籀笔意，对后世产生了一定的影响。

唐　韩滉　《文苑图卷》

第四章　隋唐五代

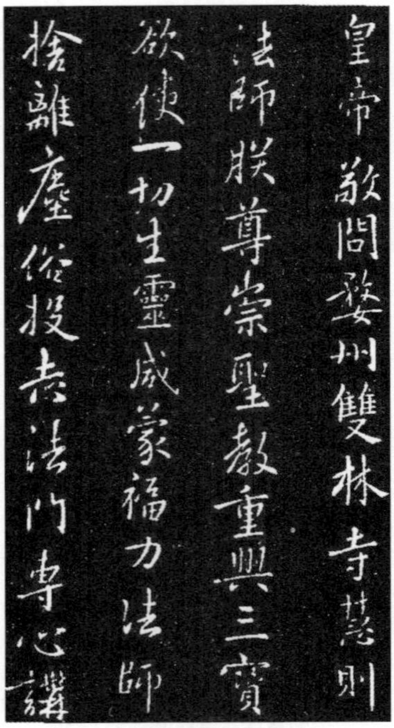

隋 文帝杨坚《双林寺慧则法师帖》

何以润笔

北周时，郑译出身世族大家，祖父和父亲都身居高位，与北周皇室关系密切。他自幼聪明，擅长骑射，精通音乐。郑译与杨坚有同学之谊，又帮助杨坚篡周建隋，但因贪赃枉法被弹劾，贬为开府、隆州刺史。那一天，他奉诏回京治病，隋文帝杨坚在礼泉宫接见了他，并赐宴，与他一起喝酒，君臣都非常高兴。这时，杨坚对郑译说："贬退你已很久了，我心里很挂念、怜悯你。"杨坚对在场的侍臣们说："郑译与我同生共死，在我遭到曲折和危难之时，他帮我说话。这些我何曾忘记？"于是，杨坚当即下诏恢复郑译沛国公的爵位和上柱国的官职，当场命内史令李德林起草诏书。这时，高颎对郑译开玩笑说："笔干了。"郑译笑道："我出为刺史，拄着拐杖回来，没有得到一个钱，要我用什么给您润笔？"杨坚听了哈哈大笑。

【八公山人语】

这就是"润笔"的出处和来历，后来它便用来指代书画家卖字画所得到的报酬。历史上，收取润笔一直被视为文雅之事，书法家往往羞于计价，求取者只好根据书家的地位、名气，以及口耳相传的惯例，还有自己与书法家的关系，来决定所付润笔的多少。直到清初的戴易才首创明码标价，挂牌卖字。戴易为给一位朋友筹措丧葬费用，在自家的门上贴出润例："书一幅止受银一钱。"结果"人乐购之"。但最具影响力的首推郑板桥的笔榜，他将字幅的大小与价格联系起来，并称："送现银则心中喜乐，书画皆佳。"此后，书画家们订润鬻字演为风气，并被社会广泛接纳，书画变得和其他商品一样可以在市场上流通。索求书法家的作品时付给一定的润笔费，这是对书法家创造性劳动的尊重。

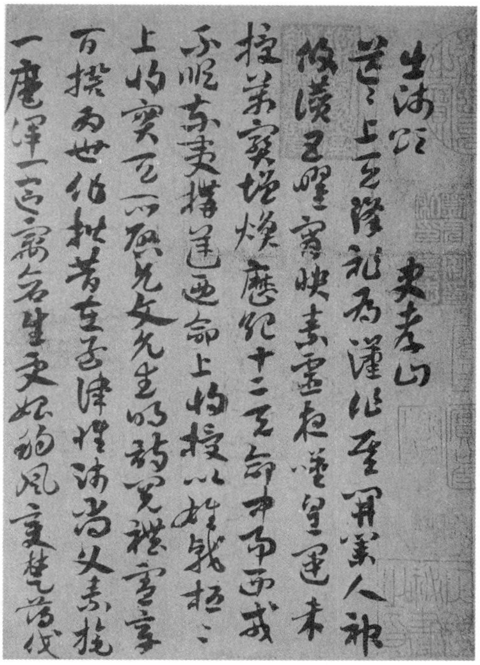

隋人书章草《出师颂》

帝好飞白

自从东汉时期的大书法家蔡邕创造了飞白书体以后，因为这种书体行笔时墨色变化很大，显露丝丝飞白，使笔画线条大有飞动之势，具有很强的装饰性，引人注目，所以受到许多人的效仿。特别是那些日理万机的皇帝，更是把它作为放松心情和减轻压力的写字游戏。隋炀帝杨广也喜欢写飞白书。那一年，他正要亲率大军去征讨高丽，自然宫中的妃嫔大多都不能随驾前往。她们纷纷哭着嚷着，挽留隋炀帝不要去，并且说："辽东小国，不足以劳烦皇上大驾，请您选个将军去征讨就行了。"妃嫔们都攀着皇上的车驾不让走，有的人还拉住套在马脖上的皮带，手指都磨出了鲜血，也不肯放手。但是隋炀帝去意已决，为了安慰她们，他用飞白书写下 20 个字赐给妃嫔们："我梦高丽好，征辽亦偶然。但留颜色在，离别只今年。"

【八公山人语】

历史上，隋炀帝曾三次御驾亲征高句丽，均以失败告终。他书写的这幅飞白书今已不可见，但是当年蔡邕偶发灵感创造出来的飞白书体，倒是流传至今。冯亦吾的《书法探求》中记载宋代黄伯思说："取其丝发处谓之白，其势飞举谓之飞。"飞白书有的是以楷法书写的，但是以行草法书写的居多。后来飞白书在变化发展中，增强了它的装饰意味，在字的起笔处多画以鸟状，而且形状各异，灵活多变，生动有趣。小时候，春节前我在乡下集市上，见到有民间艺人用飞白书写的春联，还着以红黄蓝绿色，非常鲜艳好看。历史上，从隋唐至宋代的一些皇帝喜欢飞白书体，如武则天书《升仙太子碑》。我想大概是因为它亦书亦画，写来觉得很好玩吧。

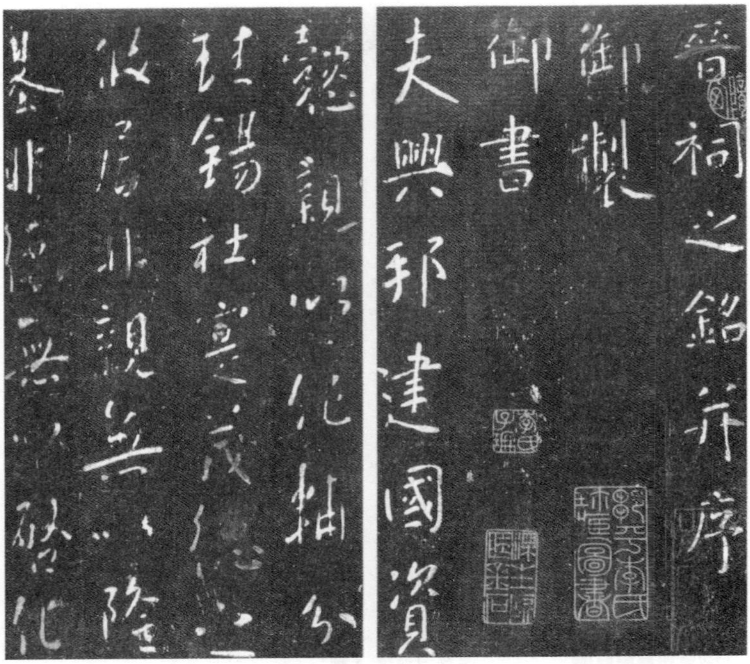

唐 太宗李世民《晋祠铭》

走笔如飞

南朝梁灭亡后，南派书风的传人王褒过江北上，在北方产生了很大影响。唐高祖李渊虽然世居北方，但他的书法就是师法王褒的，善行草书，有南梁风格。不过，他毕竟是唐朝的开国皇帝，有着非凡的智慧，写起字来常常是不主故常，自运龙爪，自我雄其神貌。所以，他书法的结字往往不拘常体，随心所欲，写得又好又快。他常常一天能批阅注授一千多个人事案件，如果遇到好纸，更是走笔如飞，一顿饭的工夫就批阅完了。皇帝的墨宝自然人人都想求得收藏，那些被高祖皇帝授予官职的人员，他们一般并不急着去拿任命官职的文书，而是都等着乞求得到高祖批准他们任职的墨宝笔迹。他们会一直等着将墨宝拿到手以后，才欢天喜地地各自散去。

【八公山人语】

在没有电脑、网络，也没有钢笔的时代，要做一个负责任的皇帝一定非常辛苦，且不说每天清早就要上朝议事，就是每天执笔批阅各部和全国各地上呈的章表，工作量也十分巨大。这种需要皇帝亲自做出决策、判断的大事，自然不会也不能交付他人代劳，所以每一个皇帝都必须执笔写字，所以他们从小就要认真学习书法。对于一个皇帝来说，字写得好坏并不太重要，重要的是要写得快，写得慢了都无法应付堆积如山的文件。如果皇帝的字能够写得又快又好，那实属难得。看来高祖李渊有书法优势，能游刃有余。据记载，李渊出身于北周的贵族家庭，七岁袭封唐国公，应该从小就受到过良好的教育。后来，他尽管戎马倥偬，对于书法已无暇用功，但他毕竟具有早年曾师法王褒的“童子功”。

唐　冯承素摹《兰亭序》

盗取兰亭

唐太宗李世民最爱王羲之书法，苦苦寻找《兰亭序》，后来得知在绍兴永欣寺辩才和尚手里。于是，太宗密令监察御使萧翼前去谋取。萧翼扮成一位书生，每天到寺内观看壁画，以吸引辩才注意。果然，一天辩才在寺内见到他后，一交谈，觉得他谈吐不凡，便将他引进内室。俩人大谈琴棋书画、诗词歌赋，甚欢，不觉经日。辩才请他留宿寺院，点灯再叙，相见恨晚。萧翼拿出随身带来的王羲之书帖，给他看，辩才看后说：“帖乃真迹，却非精品。”萧翼叹道：“惜乎！《兰亭》虽有，今不得再见。”辩才来气了，从房梁上取下《兰亭序》给他看。萧翼道：“假。”二人争论不下。第二天他离开寺院时，故意将羲之的书帖留在辩才的禅房内。一天，萧翼乘辩才不在寺中，借故要取回自己忘记带走的羲之书帖，便从他房中偷走了《兰亭序》。

【八公山人语】

唐太宗李世民特别喜欢王羲之书法，他登基后，曾诏告天下，不惜重金求购王羲之遗墨。他还亲自撰写《王羲之传论》，对王羲之书法大力推崇，从而确立了王羲之在中国书法史上的“书圣”地位。虽然贵为皇帝，“普天之下，莫非王土”，但他没有把辩才和尚绑来严刑逼供，或者掘地三尺，搜查永欣寺。太宗得到《兰亭序》以后，还赐给辩才三千匹绢和三千石粮作为酬资。此可谓“偷书不为偷，为窃书尔”。太宗得到《兰亭序》后，特制一金匣子盛之，上下朝皆携带在身边；他令供奉拓书人赵模、韩道政、冯承素、诸葛贞，各拓摹数本，然后赏赐给皇太子、诸王以及他喜欢的大臣，得之者如获至宝。太宗死后，太子李治将《兰亭序》作为陪葬品埋入昭陵，千古名迹，遂不见天日。

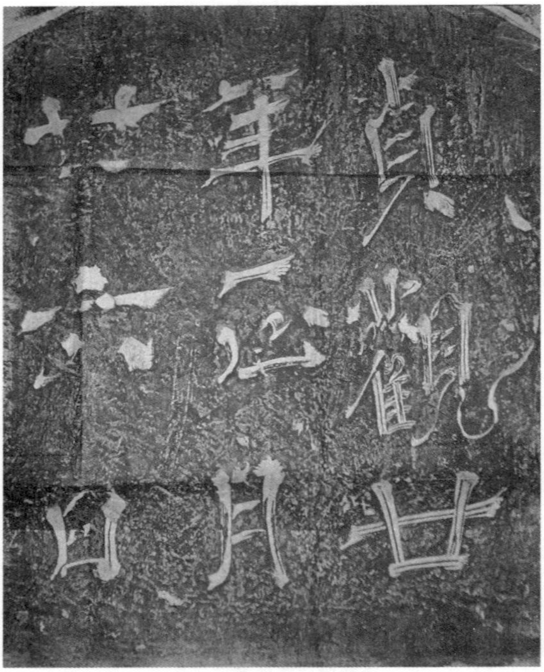

唐 贞观二十年太宗李世民飞白书《晋祠之铭并序》碑额

常侍登床

唐太宗李世民喜欢写飞白书，曾写“鸾凤蟠龙”四字，字势惊绝，分别赐给司徒长孙无忌和吏部尚书杨师道，作为朔旦贺礼。贞观十八年二月十七日，他召集朝中三品以上官员，在玄武门赐宴。席间，太宗高兴，书兴大发，拿起笔来写起飞白书。参加宴席的众多大臣见状，乘着醉酒胆壮，都争相上前，直接从太宗手上去抢取他写的字。其中有一位叫刘洎的散骑常侍，竟然登上御床伸手去抢，最终抢得一张。这时，那些没有抢到字的大臣们眼红了，都说刘洎擅自登上御床，当治死罪，纷纷要求将他绳之以法。太宗笑道：“过去听说西汉成帝的宠妃婕妤为了不破坏礼仪，竟然拒绝成帝要她同乘一辆辇车的美意。今天刘常侍一时疏礼，登上了御床，也不算什么罪过。”这样，刘洎犯忌疏礼的行为也就得到了宽恕。

【八公山人语】

君臣欢宴，皇帝挥毫，一字即出，群臣哄抢，刘洎着急，竟登御床。这是多么热闹、欢乐的景象！李世民是千古奇才明君，如此没有尊卑礼法的混乱场面，他非但没有生气，而且还为惹了众怒、犯忌疏礼的官员开脱，足见他的心胸和气量。有这样开明的皇帝，怎么会没有“贞观之治”呢？《书史会要》中说：“太宗复善飞白，笔力遒劲，尤为一时之绝。”他写飞白只是逞一时快意，其用心的还是王羲之行书。米芾说：“太宗力学右军不能至，复学虞行书，欲上攀右军，故大骂子敬。”太宗推崇羲之，贬抑献之。他学羲之也是注重风骨笔力，而不在描摹形貌，有自家的帝王面目。李世民还总结自己学习书法的经验和体会，写下《笔法诀》《论书》《指意》等，讲述书写时应有的精神状态和用笔点画规则，倡导骨力，务求神气，以此来训导后学。

唐 欧阳询《九成宫醴泉铭》

观碑痴迷

初唐书法家欧阳询的父亲欧阳纥，在南陈时官至广州刺史，后因犯谋反罪被杀。按照当时刑律，其子欧阳询当在株连之列，但是陈朝尚书令江总与欧阳纥是故友，念此旧情，就收养了欧阳询，使他幸免于难。欧阳询虽然相貌丑陋，但极为聪敏，读书一目十行，博览经史，又酷爱书法。有一天，他骑马外出，偶然在道路旁看到晋代著名书法家索靖的书法碑刻。他一见钟情，停下马来，骑在马上仔细观看了很久才离开。但是，他心中仍然惦念此碑，已经远离了几百步，又忍不住再折返回来，下马观赏。他站着看累了，就在石碑下铺一块毡子，坐着看。他反复揣摩，还是舍不得离去，最后干脆在石碑旁露宿下来，坐卧观赏了三天，终于领悟了索靖的笔法。这才心满意足地骑上马离开。

【八公山人语】

西晋书法家以卫瓘、索靖并称，俩人都善草书，而且草法都是得之于东汉“草圣”张芝，人称“瓘得伯英筋，靖得伯英肉”。索靖是张芝姐姐的孙子，书法受张芝的影响更为直接。索靖善写草书，尤精章草，遒劲峻险。在印刷术尚不发达的古代，索靖的书迹难得一见。欧阳询从小学习书法，就受到恩人江总的指点，学的是“二王”一派的书风。后来陈朝灭亡，他随江总入隋。隋代的书法主要是继承北齐、北周书法传统，而欧阳询在隋生活 30 年，直到 62 岁时入唐，所以他的书法自然受到隋时北派书风的熏陶。我们从欧书与隋碑书法有很多类似中可以得到证实。入隋以后，欧书的风格起了变化，其体貌向北碑派的“劲峭刻厉”一路变去，深受北魏碑志的影响，书法劲峭刻厉，戈戟森然。其中，也自然有他这次与索靖书法碑刻邂逅的影响。

唐　欧阳通《道因法师碑》

大小欧阳

初唐书法家欧阳询去世时，他的第四个儿子欧阳通年龄还很小。母亲徐氏将他抚养成人，并且教他学习父亲欧阳询的书法，希望他能够继承父业。因为当时欧阳询的手迹大多已经流散到了民间，家中并没有多少收藏。徐氏担心欧阳通没有真迹临摹会学不好书法，为了让欧阳询书法承传下去，于是她不惜重金，叫欧阳通去社会上收购他父亲的书迹。欧阳通也很想自己的书法能有父亲那样的声名，对买回来的父亲书法墨迹朝夕临摹，最后竟然写得惟妙惟肖。有时他将自己写的字拿到市面上出售，人们常常误以为是欧阳询的墨迹，难辨真假。经过多年临习之后，欧阳通尽得父法，书法大成，直追其父，卓然名家，后与父齐名，人称“大小欧阳体”。

【八公山人语】

欧阳通晚年书法名气大了以后，颇自矜重，不轻易为人作书。他用的笔也非同一般，是以犀牛或大象骨做管，以狸毛为笔锋，再覆以兔毫，异常珍贵。武则天时，他因反对立武承嗣为皇子，结果被陷害下狱，惨死狱中。如今有欧阳通《道因法师碑》等书迹传世。欧阳通的书法笔力劲健，尽得家风，但是与其父比较起来，少了一些含蓄蕴藉之趣。刘熙载《艺概》中指出：“大小欧阳书并出分隶，观兰台道因碑有此法则，显然隶笔矣。或疑兰台学隶，何不尽化其迹？然初唐犹参隋法，不当以此律之。”可见，大小欧阳书法都受到隋朝书法的影响，带有北碑和隶书笔意，只是欧阳通比其父显得瘦怯一些，但笔力却更加险峻。

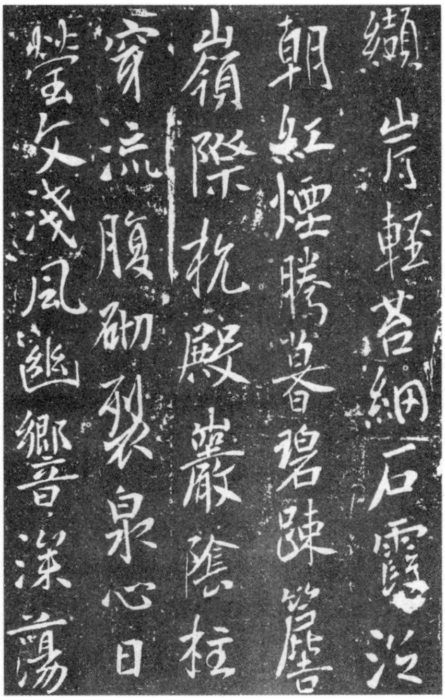

唐 贞观二十二年 太宗李世民《温泉铭》

唯“戈”逼真

虞世南是吴越州余姚人，与王羲之七世孙智永禅师是同乡。因此，他向智永学习书法，深得王羲之书法精髓。虞世南年过花甲后，成为唐太宗最信赖的大臣之一。李世民特爱王羲之书法，专门为《晋书》中的《王羲之传》写了一篇赞辞《王羲之传论》，历数各代书法家而独赞羲之：“详察古今，研精篆素，尽善尽美，其惟逸少乎。”而虞世南书法是王羲之书法的嫡传，于是他学习书法也就以虞世南为师。太宗常常被“戈”法难写所困扰。有一天，他写到“戬”字时，只写了左半边的“晋”，而空下了右半边的“戈”。虞世南见了便拿笔填写上右边的“戈”。太宗拿着写好的字对大臣魏徵说：“朕学尽世南的笔法，你看朕写得怎么样？”魏徵看后说：“圣上书作唯有‘戬’字的‘戈’法逼真。”太宗大惊，对魏徵敏锐的眼光深感佩服。

【八公山人语】

初唐时，欧阳询与虞世南两位大书法家同朝为官。欧阳询从 33 岁到 66 岁这三十年都是在隋朝度过的，他的书法受北齐、北周书法的影响很大，写得劲峭刻厉，是北派书法的代表。而虞世南则是南派书风的代表，因为与王羲之书法一脉相承而被唐太宗特别看重，并时时临习。虞世南曾书《孔子庙堂碑》，进呈太宗，太宗特赏赐一颗王羲之的金银印。可见当时他书法贵重的程度。太宗称赞虞世南有“五绝”：一曰德行，二曰忠直，三曰博学，四曰文辞，五曰书翰。李世民推崇王羲之书法，并且身体力行地认真学习。但是，王羲之的书法学起来还是太难了，所以他还是先从学习虞世南的书法开始。采用由近及远的上溯方式来学习古代经典名家法书，的确是一个行之有效的方法，值得今天的书法家和书法爱好者学习借鉴。

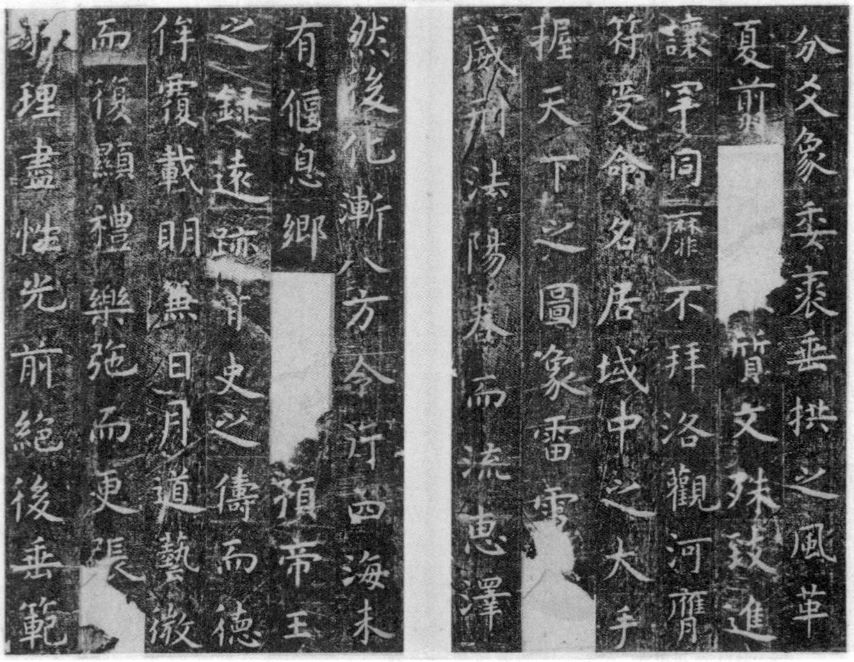

唐 虞世南《孔子庙堂碑》

按字零售

虞世南深得唐太宗信任，太宗每次出巡，必令虞世南同行，以备咨询，称他为“五经簏”。可见他与太宗的关系密切，死后还得以陪葬昭陵，享谥“文懿”的荣宠。虞世南由隋入唐时已经61岁，所以传世书迹极少。物以稀为贵，当年虞世南《孔子庙堂碑》刻立出来时，便万人争拓，“车马填集碑下，毡拓无虚日”，不久碑就毁坏了。武周时又重刻一次，但碑文捶拓过多，不久又坏了。可见，唐代时虞世南书法影响很大，非常贵重。有一年，有一个人收得虞世南《与圆机书》一纸，若是整张出售就太贵了，一般人买不起。于是，这个人突发奇想，竟然将文中的字词剪开来零售。有“砚卿”二字，得麻一斗；“鹤口”二字得铜砚一枚；“房郎”二字得芋千头；并且他还根据买家喜好程度来确定字词的价钱多少，买家喜欢的字词就卖得更贵。

【八公山人语】

虞世南书迹在唐代已十分珍贵，哪怕是《孔子庙堂碑》的拓本都已经极为难得，宋代黄庭坚在诗中写道：“孔庙虞书贞观刻，千两黄金哪购得。”有人收得虞世南《与圆机书》一纸，自然弥足珍贵，只因为一般人买不起，便将之拆解成字词零售，真是千古奇闻！更奇的是，就这样剪开来的单字和词，居然也有人买或者以物品交换。这大概是平民收藏的心理。不过，把名家书迹中的字词一个个剪开来，虽有字形，但章法气韵全无，已使千古名迹毁于一旦。收藏者的无知与野蛮实在可恶！虞世南作为政治家，他是唐王朝的辅宰；作为书法家，他是初唐书坛的领袖。他的书法气秀色润、意和笔调，在初唐时期享有特殊的声誉，被视为正宗，名气在欧阳询和褚遂良之上。

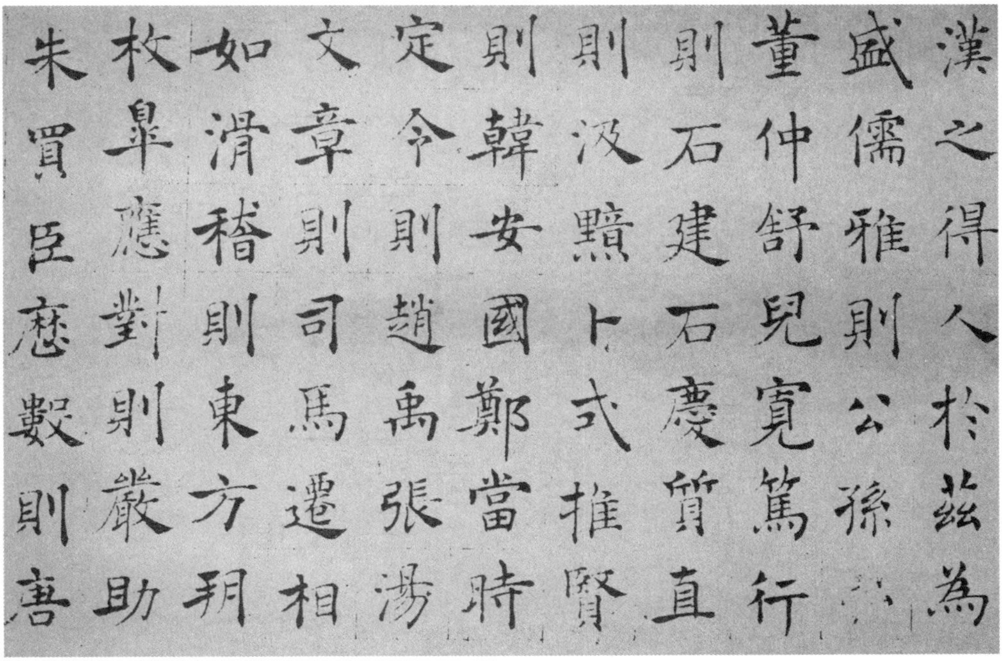
漢之得人於茲為
盛儒雅則公孫
董仲舒兒寬篤行
則石建石慶質直
則汲黯卜式推賢
則韓安國鄭當時
定令則趙禹張湯
文章則司馬遷相
如滑稽則東方朔
枚皋應對則嚴助
朱買臣歷數則唐

唐 褚遂良《倪宽赞》

少年雄心

褚遂良的父亲褚亮在隋朝官至散骑常侍，与欧阳询交情深厚。这样一来，褚遂良也就深得欧阳询的器重。他是望族子弟，秉承家学，勤习文史，俊异博学。23岁时褚遂良由隋入唐，这时虞世南和欧阳询都已年过花甲，书名卓著，都是他学习取法的老师。有一天，他向虞世南请教书法时问道：“我的书法与智永比如何？”虞世南说：“我听说智永一个字值五万，你的字值这个钱吗？”褚遂良听罢，想了一下又问：“我的书法与欧阳询比如何？”虞世南说：“听说欧阳询无论用什么纸笔，书法都能随心所欲，而你行吗？”褚遂良仍不甘心，再问虞世南：“与您老相比又怎么样？”虞世南说：“你如果在得心应手的时候，写出来的字也是可贵高尚的。”褚遂良听了大喜。

【八公山人语】

隋末战乱四起，褚遂良曾做过薛举的“通半舍人”。后来薛举失败，褚遂良就跟随李世民，任秦王府铠曹参军。这还是个小官。入唐后褚遂良虽然与欧阳询、虞世南同朝为官，但不仅官职低下，而且年纪也比欧阳询、虞世南小了40岁，在他俩面前当然是后学晚辈。但是，他年轻气盛，竟欲将自己的书法跟智永、欧阳询、虞世南这样的大家相比。当时，他的书法还不成熟，无论是名声，还是技艺都不及智永、欧阳询、虞世南。直到他42岁时做了唐太宗的侍书，这才位极人臣。他勤习和精研王羲之书法，从此，书艺大进且书风大变，终于脱去北派书法的旧习，形成“美人婵娟，不胜罗绮”的艺术风格。褚遂良在政治上得到李世民的信任，又以书法精湛受到李世民看重，并帮助太宗完成了推广王羲之书法的心愿，成为唐代书法的“广大教化主”。

唐 褚遂良《阴符经》

无一舛误

初唐时期，因为虞世南的书法得王羲之七世孙智永的亲授，被视为王羲之书法的嫡传，深受唐太宗李世民的青睐。他死后，对王羲之书法情有独钟的李世民，有一天又在叹息无人可以和他讨论书法。这时，宰相魏徵马上推荐说：“褚遂良下笔遒劲，甚得王逸少体。”太宗听了很高兴，当天就召秘书郎褚遂良到他身边做起居郎和侍书。那时，唐太宗对王羲之书法心摹手追，还拿出御府巨资，诏告天下，向全国征购王羲之书迹。结果，天下争献，竟达3600纸之多。内府将这些书迹全都装裱成一丈二尺的大轴。然而，收集来的这些王书墨迹真假参半，内府没有人能辨析鉴定。褚遂良出任侍书后，便担此重任，逐一鉴赏剖析，说出真伪判别的道理，无一舛误，众人无不叹服。

【八公山人语】

褚遂良是陈隋时名门望族子弟，其父是欧阳询的好友。他的书法原本也属于北派书风，但在做了侍书后，因为皇帝酷爱王羲之书法，上行下效，于是他就变北派为南派，改变了自己的书风。他精研王羲之书法，整理编辑王书遗墨，而成《晋右军王羲之书目》，共收录465帖。此外，他自己的书法也向着王书的笔路变去。他在贞观年间后期，勤习王书，曾奉旨临王羲之《兰亭序》帖，传世至今。故宋濂说：“登善初师虞世南，晚入右军之室。”褚遂良以自己的书法实践，帮助李世民完成了推行王羲之书法的任务。他对于初唐书风实现由北方书风向王派书风的真正转变，特别是确立王羲之在中国书法史上的“书圣”地位，以及王羲之对后世产生深远的影响，均起到了重要作用，功不可没。

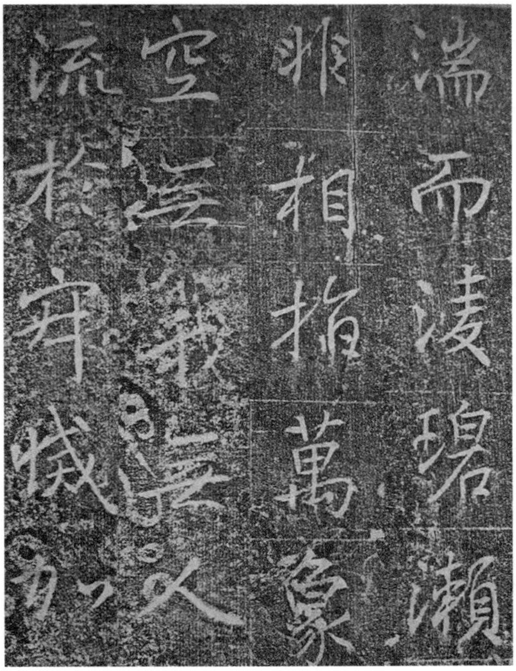

唐 高正臣《明征君碑》

先友后己

初唐书法家高正臣，官至卫尉卫少卿，与翰林院侍读学士张绍先有旧交，而且俩人都是书宗王羲之，书风也非常相似。当时朝廷中的人都知道有这样的规矩：如果要向高正臣求书，都是要先请得张绍先的书作后，再拿给高正臣看，他这才肯为之书。有一次，高正臣给一个人写了15张纸书法，张绍先故意将自己写的字从中换了5张，然后再拿给高正臣看。高正臣竟然一点也察觉不到差别。一天，有位客人告诉高正臣说：“现在外面有人换您的书作。”高正臣笑道：“那人一定是张公。”于是他细问情况，客人拿出3张书作，正臣看了半天也难辨真伪。还有一次，有人请他写一个屏风，高正臣说：“我的老友张绍先在申州，书法与我一样，您去那请他写吧！”等张绍先写了之后，他才给那人写。

【八公山人语】

高正臣与张绍先书法如此相似，连书写者自己都真假难辨，可谓奇闻。更奇的是旧友故交，他人求书则要求绑定老友先写，这在书史上也是闻所未闻。高正臣是个很有个性的人，初唐书法家陆柬之曾经为他写告身书，而他嫌写得不好，并没有小心珍藏，结果被老鼠咬烂。一天，高正臣拿给张绍先看，并且说：“这老鼠也很了解我的心意呀！”陆柬之是虞世南的外甥，他少学舅舅的书法，后来又习“二王”，但书法有怯懦纤弱的毛病。高正臣也学王羲之书法，但主要是从《圣教序》中化出，极有风骨，唐玄宗就很喜欢他的书法。我们从他写的《明征君碑》可以看出，他的结字和笔法明显受到王羲之《圣教序》的影响。高正臣不喜欢陆柬之的书法可能是觉得它太姿媚、没有风骨的缘故吧！

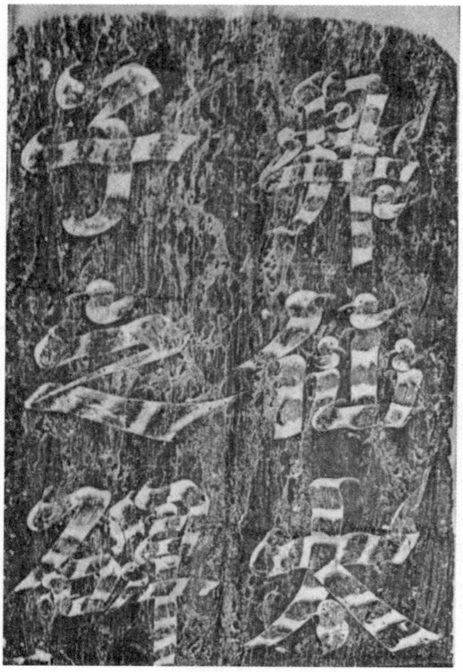

唐 武则天《升仙太子之碑》碑额

武后造字

武则天喜欢书法，善于飞白书，传世至今的《升仙太子碑》的碑额，就是她用飞白书体书写的。不仅如此，她为了显示皇权和自己的统治思想，突发奇想，竟然废弃一些原有的字，自出新意，专门创造了20多个“新”字。她曾专门授意时任凤阁侍郎（中书侍郎）的宗秦客负责造字，对于新造的字有时也会听取大臣们的意见。有一次，宗秦客呈上他新造的字若干个，其中有一个字是方框里边置一“武”字，读作“国”字，也视同“国”字，意思是武则天是一代女皇，号令天下。可是，有位大臣见了有不同意见，他说：“把‘武’框起来，这与‘囚’何异？寓意不好。”最后，武则天决定还是把“八方”放在方框内，造字为“圀”字，取意“普天之下，莫非王土”，四面八方则为“国”。

【八公山人语】

宗秦客的母亲是武则天的堂姐，他曾主持《圣母神皇实录》。689年，在武则天的授意下，他制作了12个新字，包括“照”“天”“地”“日”“月”“星”“君”“臣”“载”“初”“年”“正”，即所谓“则天文字”，在690年至705年的武周王朝使用。这些字采用“六书”中的会意手法，皆有深意。例如，武则天专名“曌”（照），寓意她像日月当空。造了新字后，她便“指鹿为马”，颁布天下，在全国推行使用。她在位15年里，共用了13个年号，其中“天授”“证圣”“圣历”和改元大周前的“载初”4个年号，全是她新造的字。武则天造字癖好，在中国历代帝王中是绝无仅有的。只是这些通过王命颁布使用的文字，违背了文字约定俗成的特性，所以在她死后，也随她去了，没有人再用。

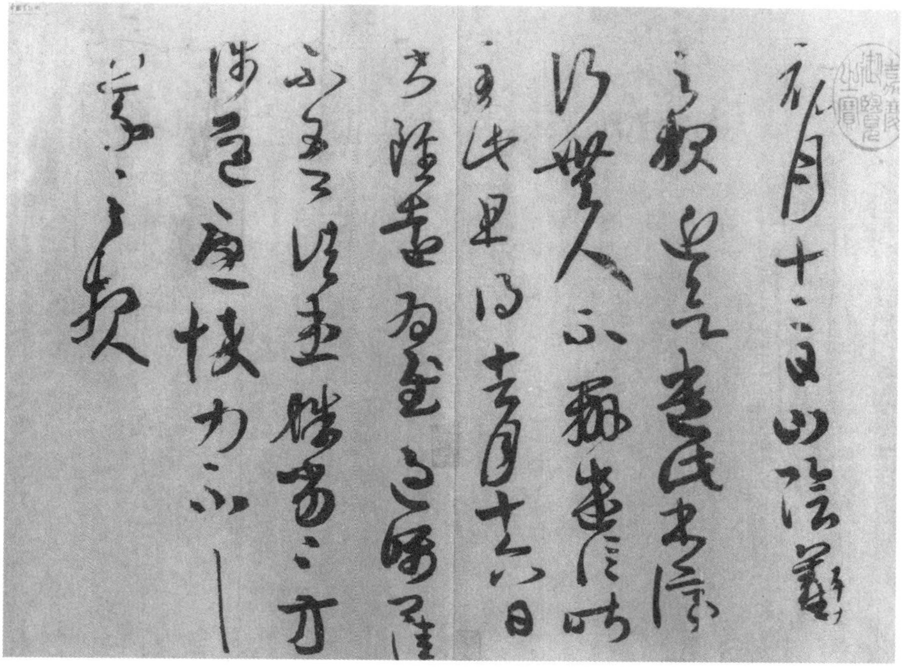

唐《万岁通天帖·王羲之初月帖》

武后还帖

武则天时，王羲之的后人凤阁侍郎王方庆，酷爱书法和藏书。一天，武后召见他询问道：“你是羲之的后人，家中一定有许多书法收藏吧？”王方庆知道武后喜好书法，又特爱王羲之，不敢隐瞒，只好如实相告：“我的十代伯祖王羲之书迹40余纸，已在贞观十二年由我的先祖进献给皇上了，尚有一卷，我也在此之前进献给陛下您了。现在只剩下从我的十一世祖王导，至曾祖父王褒共九代，以及三从伯祖晋中书令王献之以下28人，书迹共十卷。我将这些都进献给陛下吧。”武后大喜，在武成殿召集群臣，都来观赏王方庆献出的墨宝。她命人将这些墨宝全部双钩廓填后，合为一集，定名为《宝章集》（即《万岁通天帖》），令凤阁中书舍人崔融作序。然后，她将原作装帧后退还王方庆。这等恩宠令朝中大臣们十分羡慕。

【八公山人语】

《万岁通天帖》原十卷久已亡佚，传世的只是唐摹本。摹本在流传过程中两次遭火劫，一次是明代无锡华夏（中甫）真赏斋大火；一次是清乾隆年间乾清宫大火，火烧痕迹犹存。重装后，次序错乱，仅存王羲之、王献之、王徽之、王荟、王慈、王僧虔、王志等七人十通书札。清代朱彝尊曾评价《万岁通天帖》：“钩法精妙，锋神毕备，而用墨浓淡，不露纤痕，正如一笔独写。”该帖中尤以王羲之《姨母帖》《初月帖》、王徽之《新月帖》、王献之《廿九日帖》、王僧虔《太子舍人帖》等最为精彩。《宣和书谱》中说武则天“初得晋王导十世孙方庆家藏书迹，摹拓把玩，自此笔力益进。其行书有丈夫气。”看来，武后得到王方庆进献的墨宝后，认真临习观摩，的确使她的书法有了很大长进。

唐 薛稷《信行禅师碑》

羲之北面

杜审言从小熟读经书，少年成名，善于写诗，书法又好，26岁考中了进士，成为能够跟随在皇帝身边的近臣。但他恃才傲物，性情张狂，时常口吐狂言。武则天时，他任吏部校考使，年终要给各地官员述职报告写评语。那天他挥笔在“行状”上写了段判词，然后放下笔感叹说：“味道必死！”他说的味道，是指苏味道，是他在吏部的上司。周围人听了都吓了一跳，赶紧问他为何，杜审言笑道：“彼见吾判，且羞死。”原来他是说苏味道如果见了他写的判词，自愧弗如，会羞愧而死。还有一次，他和一些人讨论诗歌书法时，不无轻蔑地对众人说：“吾文章当得屈、宋作衙官，吾笔当得王羲之北面。”这就是说，他若写文章，屈原、宋玉只配替他打下手；他若玩书法，王羲之见了都俯首称臣。众人听了都面面相觑，不知说什么好。

【八公山人语】

杜审言出身名门，先祖是晋朝名将、大学者杜预。《旧唐书本传》中说他“工书翰，有能名，然恃才謇傲”。他确是有才能，是当时书法和诗文的名家，只有诗文而无书迹传世。他说要“羲之北面”，这倒是大言不惭了。他名为“审言”，说话却没有头脑，什么话都敢说，大有他的孙子杜甫“语不惊人死不休”的味道。只是他的一些“惊人”之语没有像杜甫那样用在诗歌中，而是用在了人事上，这便有些狠毒了。后来，苏味道得知杜审言说的话后，了解他是口无遮拦的人，也就一笑了之。杜审言临死的时候，诗文好友宋之问、武平前来探视，他对他俩说：“我活着你们没有出头之日，我死了你们应该高兴才是。只可惜没有一个有才华的人来接替我啊！”他到死都还“黑色幽默”了一把。

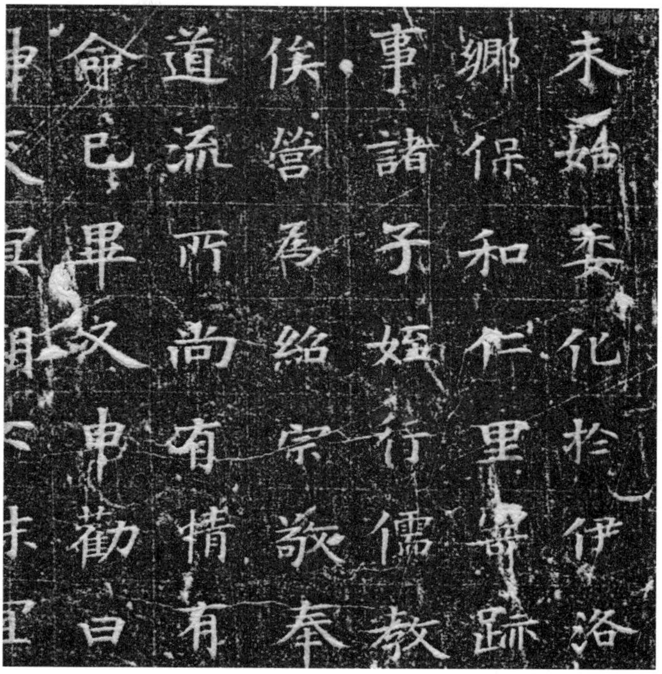

唐 王绍宗《王徵君碑》

恐熟成俗

唐代王绍宗是东晋开国丞相王导的第十一世孙，他的曾祖王铨在南朝梁时为左民尚书，掌管天下计账户籍等事；其先祖从琅琊迁居扬州江都。王绍宗从小就勤奋好学，遍览经史，又善于书法，但家中穷得连住的地方都没有。于是，他只好寄居在寺庙的作坊里，而且一住就是 30 年，以清静自守，全靠给人抄写佛经谋生。王绍宗为人清高，又重衣着，很有风度，当时享有清誉。王绍宗为人写经并非见钱眼开，而是有一个规矩：每月只要挣够了生活费便不写了，任凭别人出再高的价他也不写。为什么呢？他曾在一封信中说，那些书法未成名的鄙俗之人，都是因为平常抄写过多而养成了很难改变的不良习惯。他说：书法应当“精心、率意、虚神、静思”才是。

【八公山人语】

王绍宗可谓一语中的。抄写经卷，动辄百千言，写得太多自然是太流太熟，而太流太熟很容易成为流俗之书。此足以为学书者戒。王绍宗清鉴远识，才高出群，书法自然非同一般。张怀瓘《书断》评他“草书则攻乎异端，度越绳墨；其正行与章草，则体象尤异，沉邃坚密”。他曾对亲友说，恨自己书法未成名家，其实我的书艺已超过褚遂良，只是还没有赶上陆柬之。可见他非常自负。张怀瓘比较了王绍宗与陆柬之的书法后说，王绍宗的书法“华不逮陆而古乃齐之”。所以，他比陆柬之还是稍逊一筹。王绍宗清贫自守，唐睿宗年间，徐敬业于扬州起兵，闻王绍宗有高行，遣使征召，他却称病固辞。后来，武则天召他进京，官至秘书少监，并做了太子侍读侍书。他性情淡雅，以儒素见称，当时朝廷之士，都对他非常敬慕。

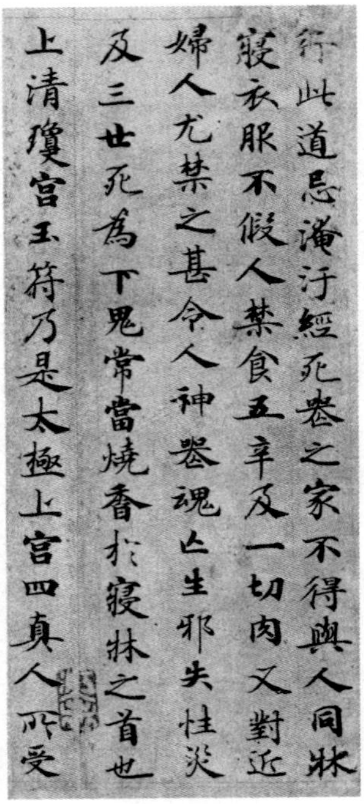

唐 钟绍京《灵飞经》

谈书病愈

中唐时，钟绍京书法艺术卓尔不群，因为得到兵部尚书裴行俭的保举，被擢升入皇权核心重地“直凤阁”任职。他的好友同事——凤阁侍郎王方庆也酷爱书法，而且是王羲之后人，家中藏书及书法名迹非常多。王方庆每次回到私人住所后，都要请钟绍京前来谈论书法，俩人过从甚密。王方庆患有一种莫名的头痛怪病，发作起来疼痛难忍，而且谁都治不好。不过，每当王方庆发病时，他家人知道能治此病的唯一妙方，就是要赶快请钟绍京过来与他讨论书法。只要钟绍京一到，俩人评赏法书名迹，纵论书法之道，王方庆的头痛病就立刻好了。当时，右丞相杨再思对着他俩笑道：“绍京可愈侍郎疾啊！”

【八公山人语】

钟绍京是三国时大书法家钟繇的十七世孙子，因善于书法得在直凤阁供职。唐睿宗时他被封为中书令，是执掌宣诏令的大官。《旧唐书本传》中记载，武则天时代的宫殿、明堂的门榜、牌匾、楹联及九鼎铭文等，全都由他来题写。他嗜书爱画，家中收藏着王羲之、王献之、褚遂良等名家真迹，有数十上百卷之多。唐代是楷书艺术发展的高峰，特别是一些书法大家都善写大楷，而对小楷则不甚用功。钟绍京不但榜书大字写得好，而且小楷取法钟王，笔法精妙，回腕藏锋，深得王献之楷法精髓，只是稍逊风骨，是唐代少有的精于小楷的书法家，也成为元代书法家赵孟頫师法的范本。钟绍京的书法妍媚遒劲而有法度，包世臣《艺舟双楫》中评价他的书法是：“如新莺矜百啭之声。”

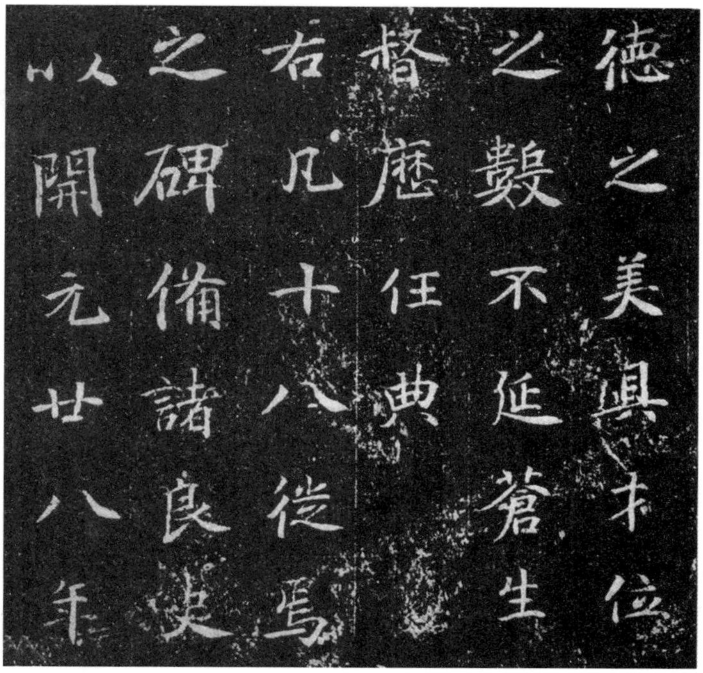

唐 徐安贞《张九龄墓志》

委填岩穴

徐安贞在唐中宗时代就考中了进士，久负才名，深得唐玄宗器重，擢为中书舍人、集贤学士。但宰相李林甫嫉贤妒能，欲加害于他，徐安贞被迫逃往湖南，隐姓埋名，装聋作哑地隐居在衡山中的一座寺庙里，替寺庙打理菜园。一天，庙里修建佛殿，要在梁柱上题写大字。住持从平时会写字的人中挑选了几个人来写，但都不如意。这时，徐安贞从菜地里回来，并从大梁上跨过。领事见了对他又打又骂。徐安贞用手指在地上写道："愿试书之。"他写了几行字，大家看了都心悦诚服，就把要题写的字都让他写。一天，李邕游衡山，见到寺庙里徐安贞写的字后，大惊道："原来徐公躲在这里！"马上召他来，告诉他："现在没事了，跟我回去吧！"于是，徐安贞换上朝服，与李邕同船北归。那位打骂他的和尚追悔莫及。

【八公山人语】

北海太守李邕认出隐藏避难的徐安贞非常高兴，俩人握手言欢，共载北归。到了长沙，他对长沙太守说："我在潇湘逢故人，就像幽谷中见到了太阳。如果不被我发现，徐公就像被填进岩穴中，永远难见天日啦！"回到京城以后，唐玄宗也念其贤才，即其家封东流子，死后赠尚书。当年，徐安贞进士及第，任中书舍人、集贤学士，后来又任内廷供奉起居舍人，朝夕都在皇帝身边，掌管制作诏书，以能干著称。玄宗的文稿和手诏全都是交由他来起草，深得皇帝宠信。一朝落难，竟然沦落为山野寺院中的"聋哑"农夫。这真是"虎落平阳被犬欺"，实在令人感叹！像他这样出身和经历的人，书法一定很好，最后还是他的书法救了他。今天可以见到的他的书迹有《张九龄墓志》。

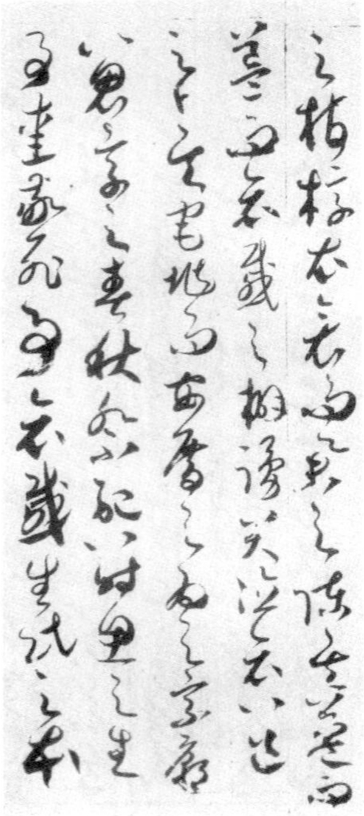

唐 贺知章《孝经》

问有几纸

盛唐时代的书法家、诗人贺知章，小时候就以诗文知名。武则天证圣元年他考中状元，曾任礼部侍郎、秘书监、太子宾客、庆王侍读。他与张若虚、张旭、包融并称“吴中四士”。贺知章生性狂放，嗜酒如命，晚年更加放纵，经常在街头巷尾漫游嬉戏，完全不讲礼法规矩，自称“四明狂客”。每次他喝醉了酒，就开始执笔作诗，不停地书写，但是都不足观。街头有好事者，见他醉酒后便拿着笔墨纸砚跟着他，请他写字，他高兴了便来者不拒。贺知章醉酒后书兴大发时，总爱写大字，一边吟诵着三百五百言的诗句，一边奋笔疾书，一边问：“还有几张纸？”跟随他的人报告：“还有十张。”于是纸尽，他的诗也写完了。有时他连写二三十张，也是纸尽诗毕，其中偶得佳作，天机造化，非有意能为。

【八公山人语】

盛唐多癫狂豪逸之士，大概是时代风气使之然也。杜甫曾作《饮中八仙歌》，生动描绘了当时长安城中人尽皆知的八位酒仙，他们是：李白、贺知章、李适之、李琎、崔宗之、苏晋、焦遂、张旭。其中说：“知章骑马似乘船，眼花落井水底眠……李白一斗诗百篇，长安市上酒家眠。天子呼来不上船，自称臣是酒中仙。张旭三杯草圣传，脱帽露顶王公前，挥毫落纸如云烟……”贺知章喝醉了酒，从马上跌落到井中，冰凉的井水并没有将他刺激醒，他依然酣睡。真是酒仙也！贺知章擅长草书，笔力遒劲，风尚高远。他与另一位酒仙草圣张旭要好，俩人常一起在长安的街市上饮酒作乐，酒后他书兴大发时，便在酒馆的墙壁上狂书数行大字，如奔蛇走兽一般。这些书作大多是信手涂鸦，难有佳作，但也偶然会有妙手天成者。《述书赋》中对他赞道：“湖山降祉，狂客风流。落笔精绝，芳词寡俦。如春林之绚采，实一望而写忧。”

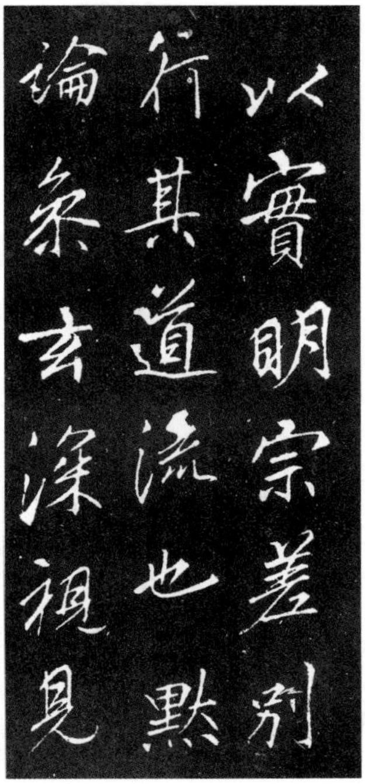

唐 李邕《李思训碑》

学我者死

中唐书法家李邕性格耿介磊落，刚直不阿，深得民心，当时人们夸他有“六绝”，即文章、书法、正直、辞辩、义烈、英迈，都冠绝一时。唐代开元、天宝年间，他以善作碑颂闻名天下。有一次，他因直言得罪权贵，遭受陷害诬告，被判死罪。许州孔璋与他素不相识，因慕其名，竟上奏皇帝，愿意用自己的性命换他不死。结果，李邕改判，贬为遵化县尉，孔璋则流放岭南而死。虽然李邕长期被贬官外任，但是朝中王公贵族和天下寺院道观都纷纷拿着金帛，去请他撰文作书。他一生先后制作达数百篇，接受了巨额财富。不过，他将得到的钱财大都捐给了穷人，获得美名。当时社会上议论道：从古至今，以撰文作书获得钱财之多者，没有一个人能超过李邕的。许多人因此羡慕和效仿他的书法，而他却放出狠话：“似我者俗，学我者死！”

【八公山人语】

“似我者俗”，就是指学他人的书法，不宜仅在“似”上下功夫，即使把字写得同他人的书体一模一样，那也不过是他人书法的翻版，艺术价值是不高的。“似”就是书法字体形貌的雷同，而艺术创作不同于一般的物质生产的重要之点，正在于它是非模式化、非标准化、非集约化，是不可重复的。所以，在艺术创作中，最为讲究的是发挥自我的才情、个性，富有独创精神。学习书法如果能“入”而不能“出”，只追求与某家书体相似，那往往仅得其皮毛而失其精髓，必然使自己的艺术创造力受到极大的限制。正因为如此，李邕似乎是宣布耸人听闻的“学我者死”，实则是想引起人们对这个问题的注意。确实，学书只求形似，蹈袭故常，无疑是死路一条。李邕书学“二王”，却又能够“摆脱旧习，笔力一新”，开启盛唐书法变革的新风。

唐 玄宗李隆基《石台孝经》

玄宗书序

唐玄宗对成书于秦汉之际的儒家经典《孝经》，非常看重，不但亲自作注，还特地亲笔书写序言。这是为何呢？说来还有一段故事。唐玄宗爱上杨贵妃后神魂颠倒，但是杨贵妃却是寿王的妃子，难以成事。这时，宦官高力士便为他出了个主意，提议让各位皇子研读《孝经》以启发寿王以孝道为重，献出妃子。唐玄宗采纳了他的意见，他对诸皇子说："孝之精义乃在于顺。顺者，以父母之愿为己愿，以父母之想为己想。"高力士进一步谋划，令杨玉环自荐为道士，免去寿王妃的身份。天宝四年，唐玄宗用他最为擅长的隶书，亲笔书写了《孝经》序，并且刻石立碑。然后，诏杨玉环还俗，纳入宫中。为了安慰儿子寿王，唐玄宗又赐给他妃子作为补偿。

【八公山人语】

《汉书·艺文志》中说："《孝经》者，孔子为曾子陈孝道也。夫孝，天之经，地之义，民之行也。举大者言，故曰《孝经》。"唐玄宗亲注《孝经》，并撰写序文，用隶书书写后刻石，立于国学，石碑共有四块，高六米，气势磅礴。因碑下有三层石台阶，所以，又称之为《石台孝经》。他写的隶书字势方整，结构均匀，丰腴爽利，媚而不妖。当年窦臮见到此碑后，在《述书赋》大加夸赞："开元应乾，神武聪明，风骨巨丽，碑版峥嵘，思如泉而吐风，笔为海而吞鲸。"从他的描述中可见此碑此书给观众留下的心灵上的震撼。赵崡《石墨镌华》中也说："开元帝书法，与《泰山铭》同，润色史惟则，老劲丰妍，如泉如风，为海吞鲸，非虚语也。"大家不妨去西安碑林，亲身感受一下"迎客第一碑"这国宝级文物的艺术魅力。

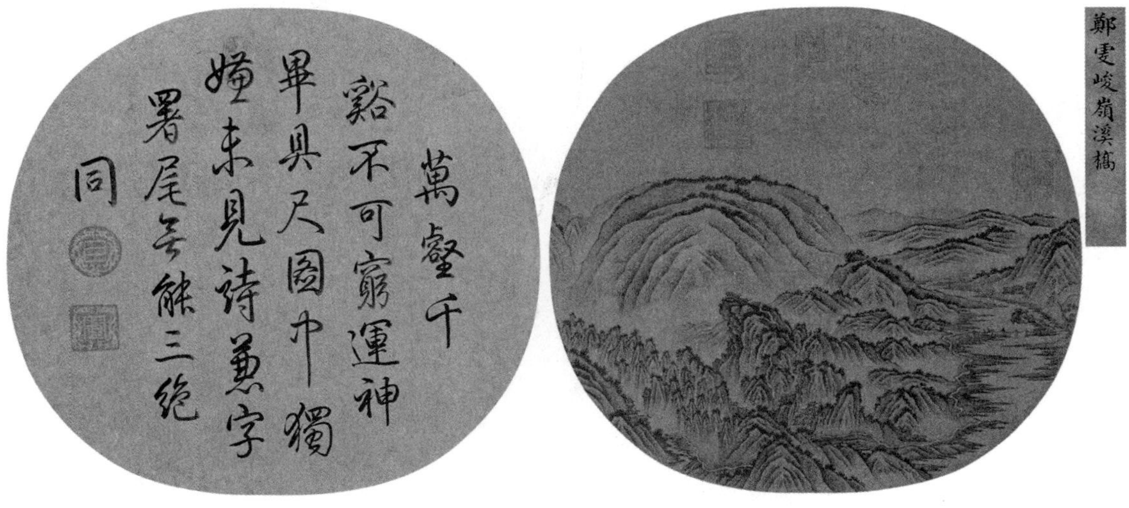

唐　郑虔　《溪稿》

郑虔三绝

郑虔出身于荥阳郑氏家族，史称“累数世而屡显，终唐之世而不绝”，“簪缨门第，诗礼传家”。他虽出身于名门，但家道中落，生活贫寒。少年时，他就聪敏好学，资质超众，勤学书画，长大后却屡屡考不上进士。因为贫穷，又无颜面回乡返家，结果他困居在长安城中。郑虔喜欢书画，因没有钱买纸，见到城南慈恩寺中几间屋子里都存放着柿树的叶子，于是他就借居该寺僧房里，每天取柿叶来当纸，刻苦练习书法。天长日久，他竟把几屋子的柿叶都写完了，书艺大成。他的草书达到了“如疾风送云，收霞推月”的境界。他画了一幅山水画卷，并题写上自己作的诗，请人献给唐玄宗。玄宗看了很高兴，竟在卷尾题写大大的四个字“郑虔三绝”，并擢升他为著作郎。

【八公山人语】

古时候穷人练习书法的纸张来之不易。无钱买纸而又要练习书法，古人想出许多办法，可见有志者事竟成。唐玄宗大书的“郑虔三绝”四个字，后来成为对诗、书、画三者皆精妙的艺术家的一种美誉。玄宗爱惜郑虔人才，特于最高学府国子监中设广文馆，下诏授他为首任博士，从此扬名天下，时号“郑广文”。郑虔得到任命后想走马上任，但在国子监中怎么也找不到广文馆，只得去找宰相诉苦。宰相告诉他广文馆还没有建，他是第一个广文博士。原来，这是唐玄宗想留他在身边而给他的一个虚衔。郑虔与杜甫是诗酒朋友，杜甫曾在诗中述及此事：“荥阳冠众儒，早闻名公赏。……昔献书画图，新诗亦俱往。沧州动玉陛，宣鹤误一响。三绝自御题，四方尤所仰。”

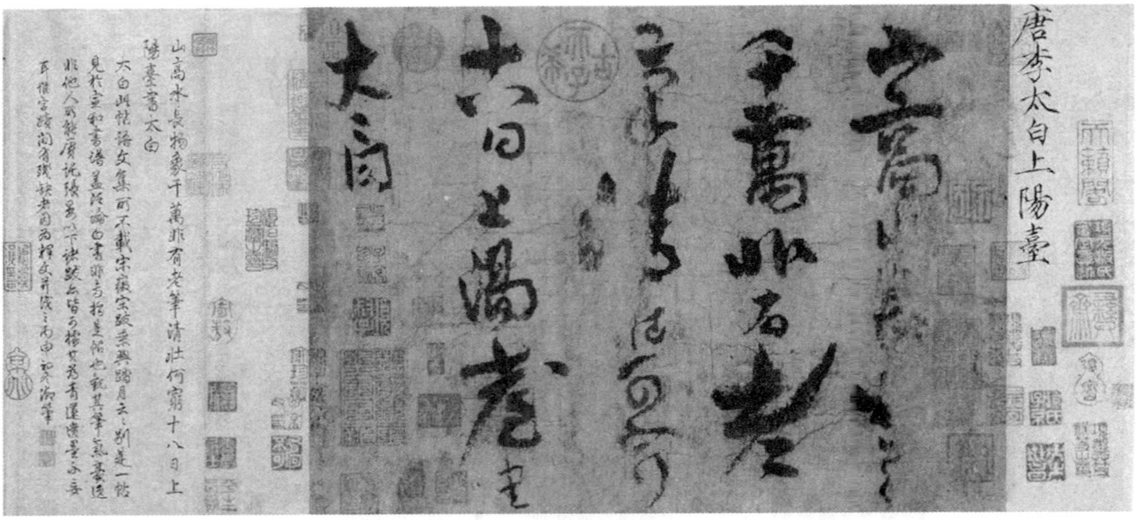

唐　李白　《上阳台》

十篇立就

开元二十三年，李白去紫极宫，在那里遇见了贺知章，立刻上前拜见，并呈上袖中的诗本。贺知章颇为欣赏李白的《蜀道难》和《乌栖曲》，那瑰丽的诗歌和潇洒出尘的风采，令他惊异万分，称李白为谪仙人。天宝元年，由于玉真公主和贺知章的一致称赞，玄宗看了李白的诗赋，对其十分仰慕，便召李白进宫。李白进宫朝见那天，玄宗皇帝降辇步迎，“以七宝床赐食于前，亲手调羹”。李白得到召见，并予授供奉翰林的官职。有一天，唐玄宗召李白、贺知章入宫，命他俩作宫中行乐诗。宫人在他二人面前铺开朱丝栏纸，只见李白取笔濡墨，略加思考，立刻挥笔写下十首诗。李白写的诗笔迹遒利，如凤跱龙拏，而且诗的音韵格律和其中的对仗无不精妙，唐玄宗看了非常高兴，连连叫好。

【八公山人语】

李白遇到贵人贺知章，俩人都生性旷达豪放，善谈笑，好饮酒，风流潇洒，遂成为忘年之交。当年在长安城中，他俩常与李适之、李琎、崔宗之、苏晋、张旭、焦遂饮酒赋诗，时人称为“醉八仙”。李白与贺知章性格相似，而且都是好酒、善诗、能书，但是李白“十篇立就”，诗才更胜一筹。开元、天宝年间，李白的书名为其诗名所掩，虽不以书法家名世，但他的天分很高，才思敏捷，书法也不让古人。天宝三年，李白写下的四言诗《上阳台》，是他唯一存世的墨宝：“山高水长，物象千万。非有老笔，清壮何穷。”此帖苍劲雄浑，老笔纷披，真气弥漫，豪迈清健。短短25个字，写得豪放而不轻浮，沉着而呆滞，连绵贯气，一任自然，真是字如其诗，字如其人，字如其醉也。

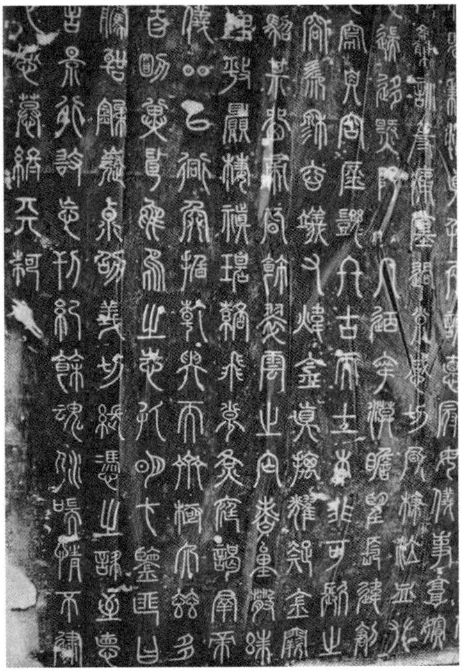

唐　高宗咸亨元年《碧落碑》

槌碑自恨

唐代诗人李白的族叔李阳冰，其五世祖李善权为后魏谯郡太守，将家迁至谯郡（治今安徽亳州）。宝应元年，李阳冰任当涂县令，李白穷困潦倒时，曾前往当涂投靠他。李阳冰以善书小篆闻名于世。他的小篆铁画银钩，“毫骏墨劲”，时人有“笔虎”的美誉。李阳冰对自己的篆书非常自负，自言除了秦朝李斯就是他了，汉代曹喜、蔡邕都不足道。尽管他从不推许别人的书法，但是却偏偏喜爱山西碧落观内字法奇古的《碧落碑》。它是唐宗室韩王李元嘉为了纪念丧母造像祈福事立的碑。那天，李阳冰见到此碑篆书后，爱慕备至，干脆寝卧碑下，几天都不忍离去。每天他对着碑文细心琢磨，反复研习，但终难学成，甚至其中有的字他还不认识。这使他十分恼怒，自恨不如，竟然用槌击碑，羞愧而去。此碑上至今还留他的槌痕。

【八公山人语】

《碧落碑》在绛州龙兴宫，传为陈惟玉所书，高 271 厘米，宽 143 厘米，文 21 行，每行 32 字。碑前刻碧落天尊像，后刻篆文。篆字奇古，用笔精绝。这些字有的源于殷商甲骨文，有的源于周朝钟鼎文，有的则出自秦朝石鼓文及李斯小篆刻石；此外，还使用了 30 多个假借字。全碑 600 多个字，相同的字写法也各不相同。所以，非精研六书、博涉古今者不能辨识。李阳冰以篆书为己任，是篆书在唐代复兴的杰出代表；他还精于篆学，曾刊定东汉许慎《说文解字》。但是这下却被《碧落碑》难倒了，盘桓数日，其中有些字他还是不认识，对此当然是羞愧恼怒，以至于槌碑。直到立碑近 200 年后，唐咸通十一年，才由郑承规奉命将碑文用正楷释出，刻于另外一石，供人识读。

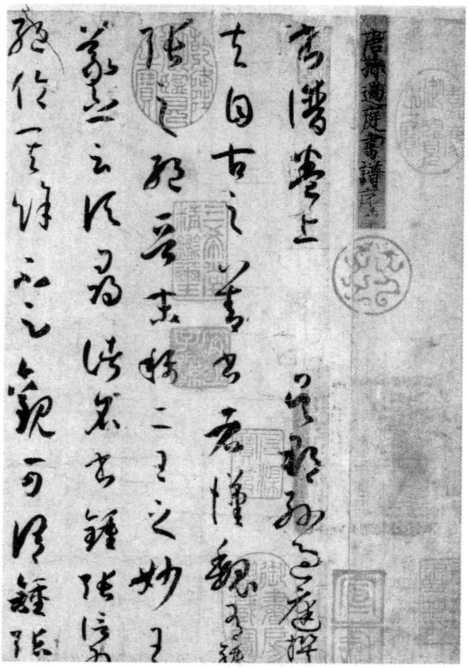

唐 孙过庭《书谱》

薛涛制笺

中唐时期的才女书法家薛涛，8岁即能作诗。其父亲原本是宫廷里的小吏，因偷了内府的东西，被治罪，结果妻女也被发配到四川益州做营妓。无辜的薛涛才貌双全，又写得一手好字，很快被四川节度使韦皋看中，将她由出卖肉体的营妓改招为他府上的乐妓，为他宴客时赋诗歌舞助兴。聪敏颖慧、冰清玉洁的薛涛有了韦皋府上类似清客的待遇，很快她的美名诗才书艺在全国文人墨客和达官贵人中流传开来，诗人元稹盛赞她："言语巧偷鹦鹉舌，文章分得凤凰毛。纷纷词客多停笔，个个公卿欲梦刀。"薛涛视元稹为知音，俩人还就此演绎了一段凄美的爱情故事。韦皋一度想向朝廷举荐薛涛为秘书省校书郎。后来，薛涛寓居益州浣溪，研制了一种色若桃花、精巧鲜丽的小笺，人称"薛涛笺"，专门用以写诗，与元稹、白居易、杜牧、刘禹锡等人相唱和，因而享誉文坛。

【八公山人语】

薛涛身世悲凉，但容貌、诗歌、书法俱佳，为一时女中豪杰。当年她与元稹相好，可是元稹始乱终弃。相传她一生作诗500多首，那浣花美笺、绝妙诗歌、俊逸好字，集合而成佳作，获之者定当玩赏珍藏。米芾当年看到她的《宣和书谱》墨迹后，大加夸赞："以诗名当时，虽失身卑下，而有林下风致，故诗翰一出，则人争相以玩。作字无女子气，笔力峻激，其行书妙处，颇得王羲之法，少加以学，亦卫夫人也。"薛涛书法能入得米芾的法眼，还得到如此高的评价，可见非同寻常。可惜她的墨迹未能流传下来。据《唐音要生》载："诗笺始薛涛，涛好制小诗，惜纸长剩，命匠狭小之，时谓便，因行用。其笺染演作十色，故诗家有十样变笺之语。"《牧竖闲谈》载："浣花人多造十色彩笺，于是薛涛另模新样，小幅松花纸，多用题诗。"

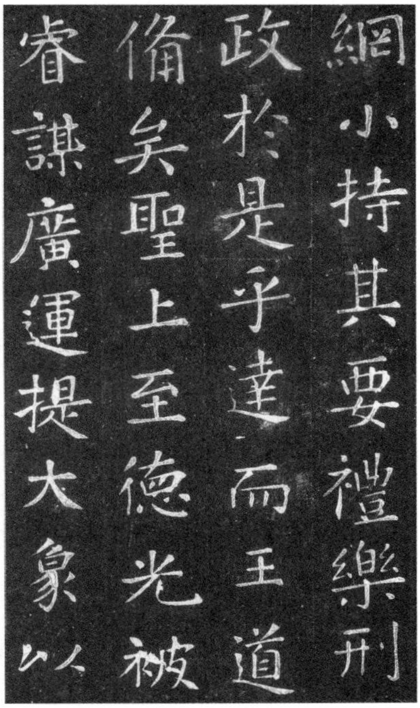

唐 张旭《郎官石柱记》

告状求书

唐代书法家张旭是吴郡人，字伯高，生活在唐玄宗开元、天宝时期，当时的诗人李白、杜甫等都曾作诗夸赞他的书法。张旭早年入了仕途，任常熟县尉，那时他的书法已非常精妙了。当地有一个叫陈牒的老人经常来县衙求他判案。每一次张旭书写判词给他以后，但过不了几天，他又会因为与人发生纠纷等琐事前来求判。一天，他又来告状，张旭对他如此烦人很恼火，忍无可忍，就斥责他为何因为一些鸡毛蒜皮的小事，来打扰官府。老人这才说了实话：“我本不是为了告状，因为见您书法用笔奇妙，所以想自家收藏一些您的墨宝。”张旭这才恍然大悟，便问他家中都有些什么收藏，老人马上回家拿来他父亲的书法给张旭鉴赏，张旭看了后称赞道：“这是天下的奇书啊！”并尽学其笔法。

【八公山人语】

陈牒虽是平民百姓，却因家父影响而酷爱书法。他看到县尉大人字写得那么好，想收藏一些，但是既无钱购买，又无值钱物品交换，更无上流社会关系请托，万般无奈，竟以告状形式求得县尉笔墨，可谓奇事一桩。当然，张旭也抓住时机询问他家的收藏，并且尽学了陈牒父亲的笔法，这也是善于学习了。盛唐时代，张旭以狂草著称，被人尊为“草圣”，与“诗仙”李白齐名，这在当时已是一种特殊的荣誉了。的确，他的狂草流走快速，连字连笔，一派飞动，迅疾骇人，把心中悲欢情感极为痛快淋漓地倾注于笔墨之间，如同李白的诗歌豪气纵横，无拘无束而又皆中绳墨一样。这是书法艺术中的绝妙的“抒情诗”。张旭把草书艺术推向了顶峰，成为后世不可企及的范本。

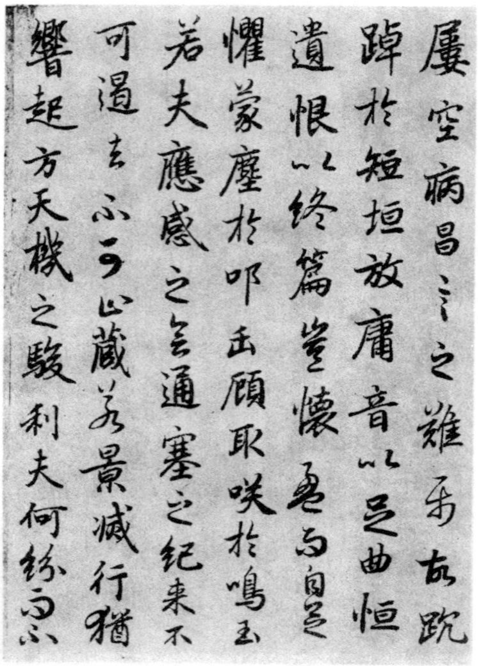

唐　陆柬之《文赋》

如锥画沙

张旭书法的启蒙老师是他的舅舅即唐代书法家陆彦远，而陆彦远的父亲就是唐代著名书法家陆柬之，今天仍有他的《文赋》墨迹传世，可以看出陆柬之的书法完全师法王羲之书体。所以，张旭书法的师承脉络实是“二王”书法一路。据记载，年轻的时候，张旭曾经向褚遂良请教笔法，褚遂良告诉他：书法的“用笔当如印印泥”。当时，张旭听了一头雾水，但也不敢细问，回家后思来想去，始终弄不明白“如印印泥”应该怎样理解。有一天，他郊游时偶尔来到一个江中一片细润、平整、洁净的水淤地上（江岛），眼前就像是一张巨大的铺展开来的白纸，不由得书兴大发。他就用利锋划地而书，写着写着他顿时“乃悟用笔如锥画沙”。就这样，他忽然明白了当年褚遂良讲的“用笔当如印印泥”的道理。

【八公山人语】

张旭在对自然事物的观察中，触发了灵感，犹如禅宗的“顿悟”，明白了“如印印泥”和“如锥画沙”的用笔道理：当年褚遂良教他的就是写字要中锋行笔，线条才能深刻而圆劲。从魏晋到初唐，书法运笔大多数遵循着一个普遍法则，即无论是楷、行，还是草、隶，横笔竖画，基本上是方头侧入，顺锋行笔，自然形成横画笔锋在上、竖画笔锋在左的状态。张旭领悟到“如锥画沙”道理后，创造性地将篆书逆锋藏头的运笔方法移植进草书之中。如他的《古诗四帖》每行开头或行中的字大多都以圆头逆入，笔锋居于笔画正中，使得草书线条圆转洒脱而又刚健劲挺，如锥画沙，无往不收。这样写出来的线条才有质感。张旭曾论草书之妙时说：“妙在执笔，令其圆畅，勿使拘挛。”他说的正是此理。

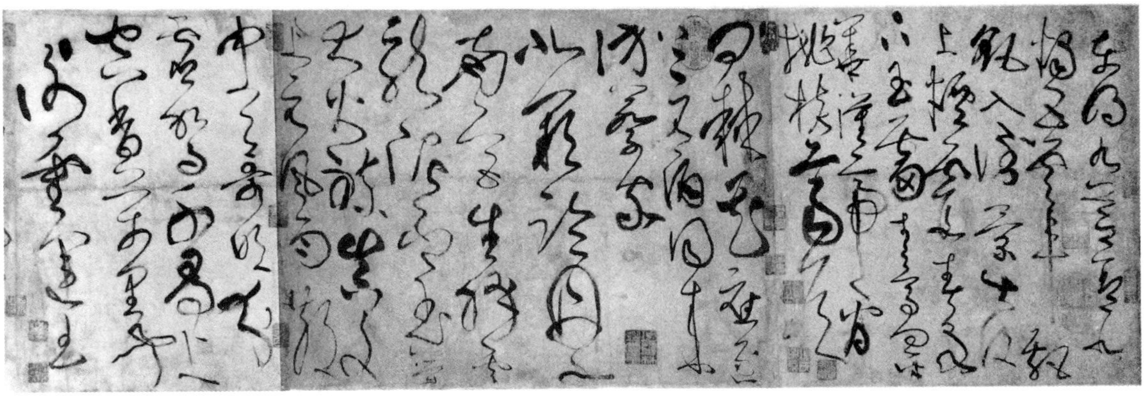

唐　张旭　《古诗四帖》

发帚俱可

张旭擅写狂草，人称“草圣”。他性格狂放，落拓自任，又嗜酒如命，每次大醉之后，呼叫狂奔，然后下笔，书法越发奇绝。在京城长安时他与李白、贺知章、李适之、李琎、崔宗之、苏晋、焦遂等当世名流，结为酒友，人们称他们是“饮中八仙”。唐代诗人杜甫曾作《饮中八仙歌》，称赞他们过人的酒量、特殊的才艺和蔑视权贵的高贵品质。诗中对张旭作了这样的描绘：“张旭三杯草圣传，脱帽露顶王公前，挥毫落纸如云烟。”癫狂豪逸的张旭还有些孩子似的“人来疯”，喜欢书法表演。据《书林记事》载：“张旭大醉之后，曾经‘以头濡墨而书，既醒视之，自以为神，不可复得也’。”张旭全然不顾礼仪规矩，在王公将相面前脱掉帽子，用头顶上的发髻濡墨作书。他并不在意书写得好坏，完全沉浸在痛快淋漓地挥洒所带来的快意之中。

【八公山人语】

张旭是书中圣手、酒中仙人。他醉酒之后狂草，大有那种古希腊狄俄倪索斯式的酒神精神——疯狂、本能、目空一切。酒可以增强人的胆略，兴奋人的精神，激发人的才情，唤起潜意识中积淀着的创造能力；酒更使人在狄俄倪索斯的醉狂世界里，忘记现实中的种种痛苦和种种羁绊，甚至忘记自我的身形，丢弃人在现实生活中的人格面具，从而能够直率地表现自己的性情。在王公将相面前脱帽露顶，这在当时是对他们极大的不尊敬，是极为越轨疏礼的行为。但张旭视权贵如粪土，旁若无人，占据他整个身心的只有那用来抒情尽兴的书法。他完全进入了这种不顾利害、超越功利、物我两忘、书为心迹的境界。这时，他当然不会在乎“发帚”书写的结果，而是充分享受挥毫狂草的过程。

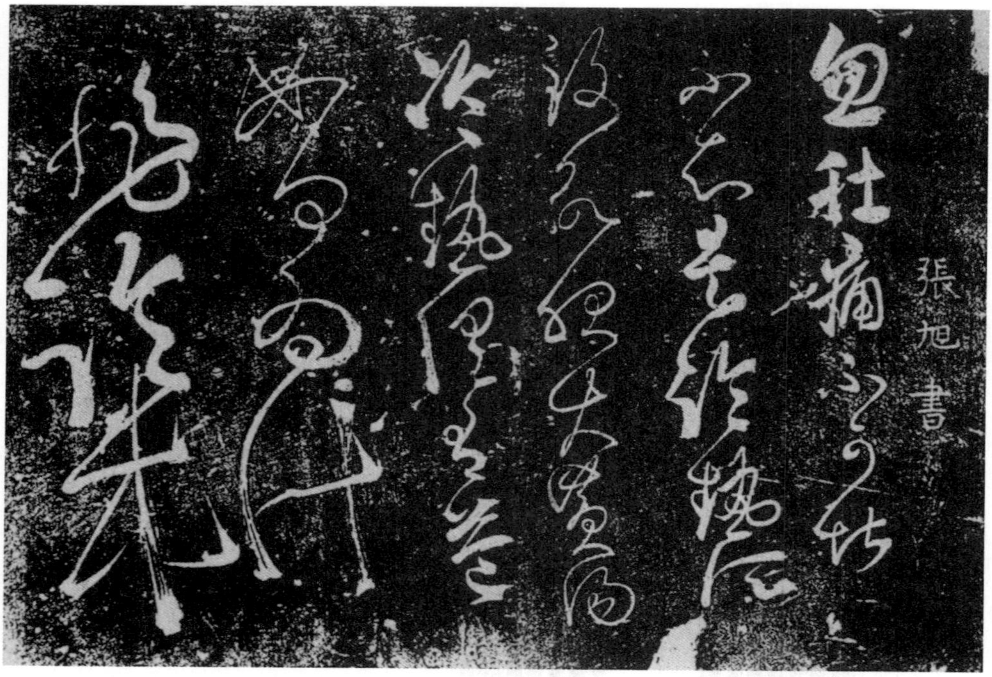

唐 张旭《肚痛帖》

肚痛作草

唐代文宗皇帝曾下诏书，以李白的诗歌、裴旻的剑舞、张旭的草书为“三绝”，可见书法家张旭当年真的是明星大腕。张旭曾经与裴旻、大画家吴道子相遇于洛阳，于是三位艺术大师各逞其能，当场献出各自的绝艺。裴旻舞剑一曲，张旭草书一壁，吴道子绘画一壁，当时人们称为一日之中目睹三绝，传为佳话。唐代韩愈对他的书法曾大加夸赞：“往时张旭善草书，不治他技。喜怒窘穷，忧悲愉佚，怨恨思慕，酣醉无聊，不平有动于心，必于草书焉发之。”韩愈说得好像很玄，而真是如此。有一天，张旭正在挥毫作书，可能此前受凉，写着写着忽然肚子痛，而且可能“后门”也告急，真是时不我待！他走笔狂草：“忽肚痛，不可堪，不知是冷热所致，欲服大黄汤，冷热俱有益，如何为计？非临床。”张旭肚子痛，一时有感，发于笔端，随手写下一个字条，竟成了千古名帖《肚痛帖》。

【八公山人语】

此帖写得好啊！你看：第一行“忽肚痛”三字用笔肥硕沉稳，作草如真，点画分明，这可能是肚子痛刚开始吧。从“不可”二字开始，运笔速度明显加快，书家的意兴逐渐酣畅，字字连笔，点画线条圆劲如游丝，飞旋流走；第二行“是冷热所……”，心中的疑问猜测带来了笔画的凝重，速度放缓；第三行，一笔写到底，奔突而下；第四行以后，字形越写越大，越写越草，越写越狂，势不可遏，因为“后门”告急啊，他要弃笔而去了。众所周知，写诗文要有真情实感才能动人，同样如果书法家能够用抽象的笔墨线条，表现出自己的情感意境，那么就能创作出一幅精彩动人的书法作品。这幅手札虽是碑刻拓片，但仍然神采飞扬，鲜活生动，真实地表达了张旭书写时的真情实感。其草法风格受王献之影响，但是用笔比王献之更加奔突，这正是他师晋人又改变晋人草法之处。

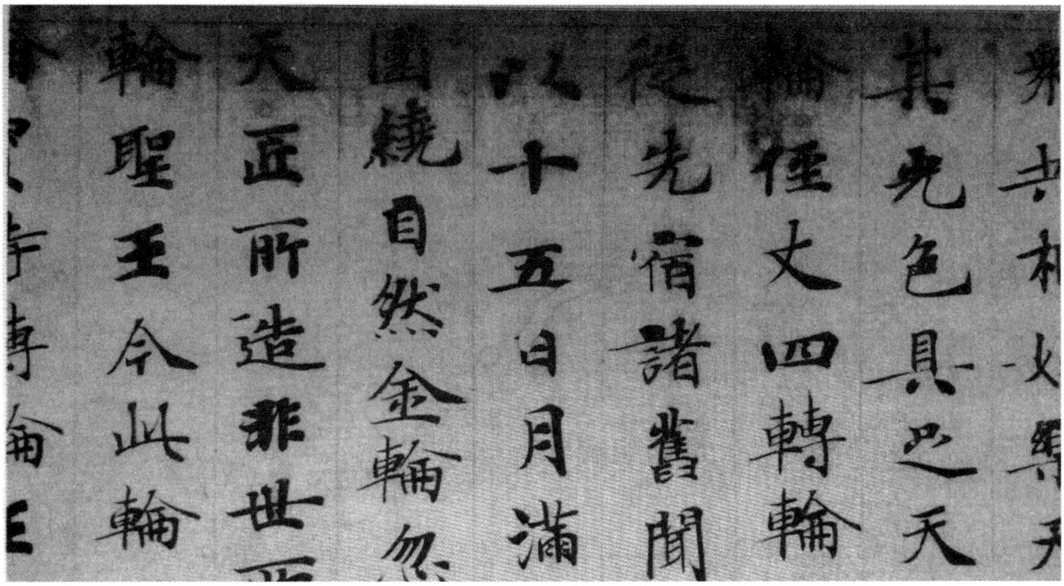

唐人写经

草书不敬

唐代席豫聪明过人，经学诗文都是那时长安城中的佼佼者。他 16 岁就考中了进士，唐玄宗时代，官至礼部尚书。有一次，唐玄宗李隆基登上朝元阁，诗兴大发，赋诗一首，随从群臣也都跟着和诗一首。最后，唐玄宗认为席豫的诗写得最工妙，因而下诏称席豫是“诗人之冠冕”。席豫为官清正，无论办何事都认真谨慎，哪怕是给子弟、下属写信，以及处理公文，都写楷书而从来不写草书。有一天，有人问他为何总是写楷书而不写草书，这样不是很麻烦吗？他说：“给人写信或者写公文用草书体，就是不尊重他人，这也是对自己的不敬。”那人听了后说：“这样细小的事情，您何必介意呢？”席豫正色道：“连细小的事都不能谨慎认真地去做好，更何况那些重大事情呢？”

【八公山人语】

古代文字书写往往有两种形态，一是公文书写，二是日常生活书写。古代官方公文书写一定是用严肃的正体字，如商周是大篆、秦朝是小篆、汉魏是隶书、晋唐以后均是楷书。而在非正式的日常书写或民间书写中，由于追求方便快捷和体现个性，则将正书体草写和草化，秦以前有草篆，汉魏有章草，晋以后有今草、狂草。草书虽然书写简捷，但是往往因为过分草率而难以辨认，会给读者带来不便甚至是误解。此外，潦草的草书在某种程度上说，也象征着马虎和不认真，更进一步说，对收信和收文的读者也不够敬重。所以，从方便阅读和正确理解书写的内容的角度来看，席豫的说法和做法当然有一定道理。至于书法艺术创作中的草书，那完全是另外一回事了，与此无关。

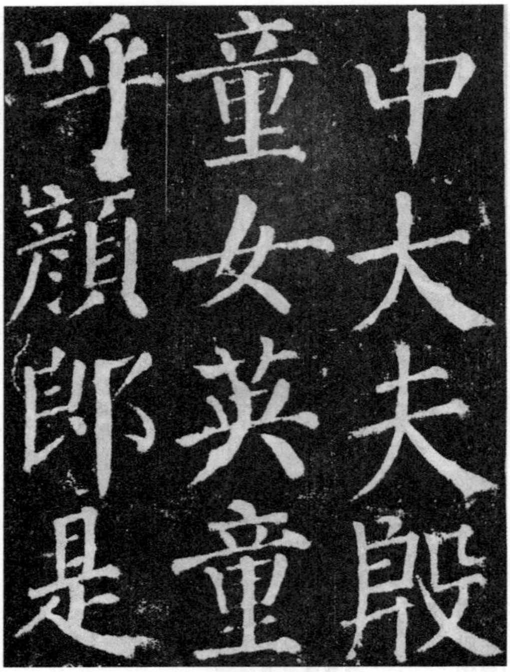

唐 颜真卿《勤礼碑》

载石以行

唐代颜真卿是山东琅玡临沂人，他的五代祖是北齐时著名学者颜之推，而曾祖父是唐初学者颜师古。他从小就失去了父亲，全靠母亲殷氏将他教养成人，并在唐玄宗开元年间考取进士，步入仕途。小时候家中因丧父而贫穷，颜真卿要习书写字却没有钱买纸笔，他就设法用秫秸捆扎成笔，以黄土扫墙来练习书法。这种就地取材的习惯，被他一直保持到老，哪怕是后来富贵显达之后也没有改变。颜真卿特别的嗜好，就是喜欢在石块和石碑上写字，不管是数尺大石，还是方寸小石，他都乐意挥毫。他认为碑刻的字迹方能流传久远。晚年，他外出时，见到路边有好的石头，就搬上车，载石而归；回家后将石头打磨好收藏起来；外出时载石以行，遇到特别的事情，他就在石头上书写，然后就将写好的石头留在当地，令人镌刻竖立。

【八公山人语】

颜真卿出生于世代精通文字书法的士大夫家庭。从他上至九世祖颜腾之开始，各代均以善书而名天下。他不无自豪地说：“真卿自南朝来，祖上多以草隶篆楷为当代所称。”他的曾祖父颜勤礼工于篆籀，尤精训诂；他的祖父颜昭甫，工书，擅长篆、隶、草书，对金文、古鼎之籀文有较深的造诣，有硕儒之称，且与内弟殷仲容齐名；他的父亲颜惟贞，草篆深得舅氏笔法，楷书秀逸，同时又精通文字学。出身于这样家族背景中的颜真卿，成为一个大书法家是很自然的。当然，他的艺术成就最终还是得益于他勤奋练就的深厚功力。唐朝与汉代一样，欣逢盛世，人们崇尚建功立业，也就喜欢树碑立传，歌功颂德。这就促成了碑书盛行。正因为颜真卿喜爱书写碑石，所以他的书法有着雄浑正大的气象，特别是他书写的古厚磅礴的楷书大字碑碣，更把运腕的作用提到了一个新的高度。

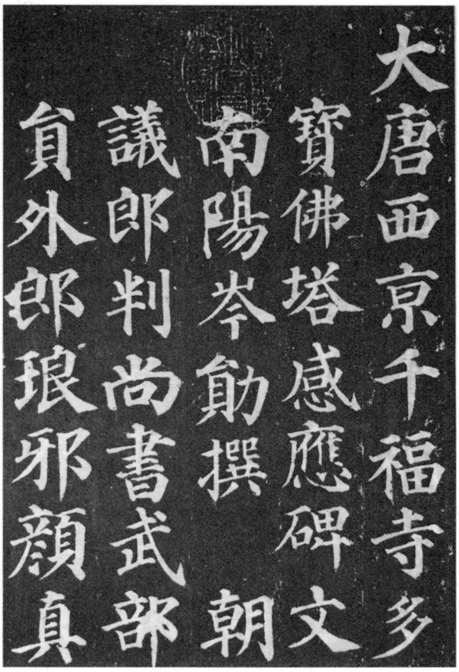

唐 颜真卿《多宝塔碑》

张旭授徒

35岁时，颜真卿再度千里投师，去洛阳裴儆府上，向正在那里的张旭请教书法。但是，他在裴府住了一个多月，也未能请教到笔法。有一天，颜真卿等着张旭与裴儆谈话完毕，他来到张旭面前说：“打从我得到您的指教，回去后日夜勤奋练习书法，虽然在当地已小有名气，但自己觉得仍是根基未稳。如果您能指点笔法要诀，作为我终身师学，那我的书法就有希望臻于精妙，晚辈将不胜感激。”张旭听了半天没有说话，他左右看了看，然后突然起身。颜真卿便跟着他来到东竹林院小堂内，张旭当堂踞床而坐，叫颜真卿坐在旁边的小榻上，然后说：“笔法玄妙精微，不可随便传授。若不是志士高人，怎么可以跟他谈笔法的奥妙？要学书法，就要攻真草。今天我就传授给你吧。”就这样，张旭将“笔法十二意”悉数传授给了颜真卿。

【八公山人语】

在盛唐，人们顶礼膜拜、争相厕身其门下的老师，就是“草圣”张旭。但他把笔法看作是不传之密，很多人都碰壁而归。每当人们向他讨教书法时，他总是大笑，拿起笔来便作草书，三纸五纸，乘兴而散，对笔法始终不言一词。洛阳裴儆拜张旭为师，请他在府上住了一年，当向张旭讨教笔法要诀时，张旭却说：“只要加倍临习，自然就会自悟笔法。”张旭除了给他写了“绢素屏数本”以外，并未教他笔法。颜真卿20岁时在长安拜见张旭，希望得到他的指点，结果也是“竟不蒙传授”。当颜真卿第二次去拜师学艺，张旭看他确是一位“志士高人”，这才将笔法要诀一一传授给他。张旭是唐代书法的“广大教化主”，桃李遍天下。像韩滉、徐浩、颜真卿、魏仲犀、邬彤等书法家，都是受过他口传亲授的弟子。

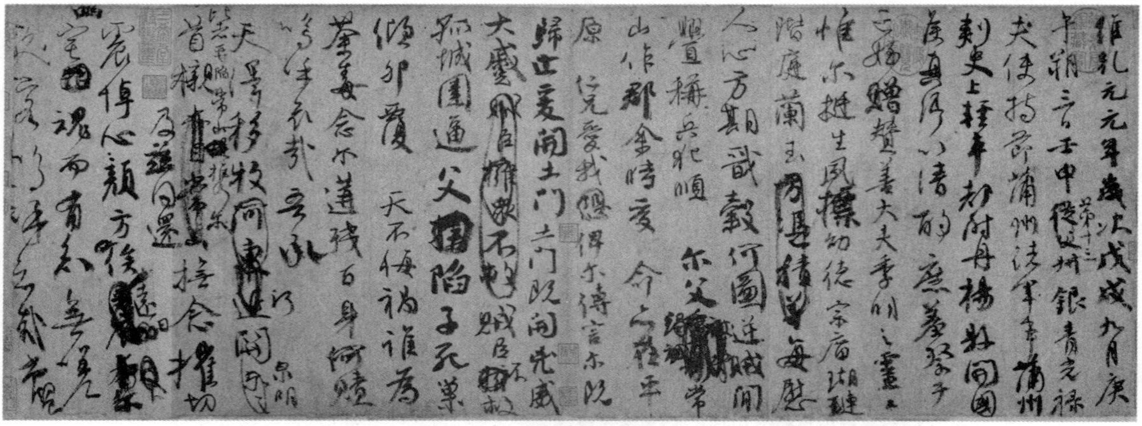

唐　颜真卿　《祭侄文稿》

祭侄文稿

755年安禄山起兵叛唐，河北24郡望风降贼，只有时任平原太守的颜真卿举起抵抗叛军的大旗。饶阳、济南、清河、邺郡等地纷纷奉颜真卿为勤王的领袖。颜真卿与做常山太守的哥哥颜杲卿，秘密策划了土门起义，杀了安禄山派来守卫土门的两员大将，光复了土门等17郡，切断了安禄山的退路。安禄山大为惊恐，连忙派史思明反扑回来围困常山。颜杲卿孤城奋战六天六夜，终因箭尽粮绝，城池失陷。敌兵将刀架在他儿子季明的脖子上，胁迫颜杲卿投降，他坚决不答应，这样季明的头被砍下来了。颜杲卿被押往洛阳，他当面痛斥安禄山。安禄山大怒，叫人把颜杲卿绑在桥柱上处以“节解”的酷刑。唐肃宗乾元元年，颜真卿派人到河北寻访颜杲卿一家的流落人员，结果从常山带回了侄儿季明的首骨。他百感交集，挥毫写下《祭侄文稿》。

【八公山人语】

颜真卿在这段家国惨痛的历史悲剧中，写下这篇文稿，时年50岁。从开篇到“诸军事”一笔书35字，然后蘸墨又一笔书至“季明”二字，可见，因为都是年月、官职、勋位之类的词句，故他没有过多思虑。墨色从浓润到枯涩，周而复始；起收笔十分鲜明；结体比较规矩，但运笔流畅，两字之间常有游丝相连。从“惟尔挺生”起，因要考虑到文稿的内容用词，书家在字斟句酌之中频频蘸墨，行笔速度明显放慢，枯笔也相对减少。既然无心于书，结字、用笔都很随便，信笔而书，动有姿态。“孤城围逼，父陷子死，巢倾卵覆”一句，字体较大，浓墨重彩，赫然醒目，切肤悲恸的感情跃然纸上。“吾承天泽”到最后“尚飨”二字悲愤激昂的感情一发难收，天真烂漫，动心骇目。《祭侄文稿》字字如血似泪，英风烈气跃然于笔墨之间。

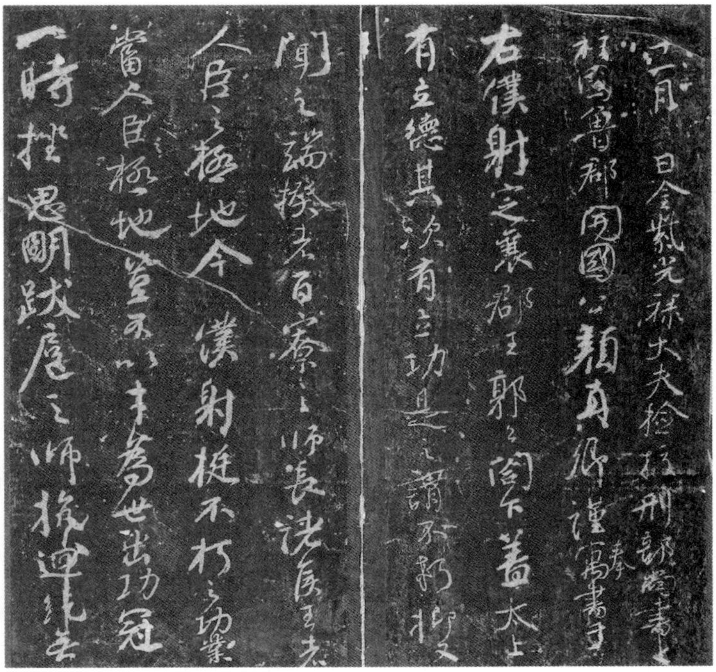

唐 颜真卿《争座位帖》

怒斥权奸

安史之乱平定以后，唐军的大元帅、立下赫赫战功的郭子仪前来京城朝见代宗皇帝李豫。代宗非常高兴，诏文武百官迎之于开远门，并于安福寺举行兴道之会。而操持这件大事的是皇帝的宠臣郭英义，当时他任尚书右仆射（宰相）。郭英义为人骄奢，喜欢献媚，为了讨好皇帝宠信的太监鱼朝恩，竟然不顾唐朝按官职大小排座次的礼法，在指挥文武百官就座时，任意抬高鱼朝恩的座次，把他安排在朝廷六部尚书座位的前列。由于害怕郭英义、鱼朝恩的权势，大臣们都敢怒不敢言。庆功宴结束以后，刚直不阿的颜真卿回到家中，仍然义愤填膺，怒气难消。他马上奋笔疾书，写信给郭英义，历数鱼朝恩的种种罪恶，痛斥郭英义的卑劣行为。这就是颜真卿 56 岁时写下的《争座位帖》。

【八公山人语】

《争座位帖》与王羲之《兰亭序》并称“行书双璧”。此信札长达 1194 字，笔势迅疾，气势连贯，慷慨激越，倾吐至尽，表现了书家的凛然正气。在前 13 行中，有许多笔画纤巧、使转飞动的字，显得优美灵秀；其中又夹杂着个别笔画厚重古拙、形体较大的行楷字体，形成鲜明的对比。第 13 行以后，笔势愈加流畅，婉转遒劲，顿挫郁勃，刚柔相济，具有音乐般的节奏和旋律。这件作品堪称与《兰亭序》媲美的杰作，向来被书家所推崇。米芾说此帖有篆籀气韵，当为颜书第一。苏轼则夸赞它“信乎自然，动有姿态”。阮元赞美它“如熔金出冶，随地流走，元气浑然，不复以姿媚为念者，其品乃高。所以此帖为行书之极”。《争座位帖》与《祭侄文稿》《告伯父文稿》，在历史上被称为颜书“三稿”。

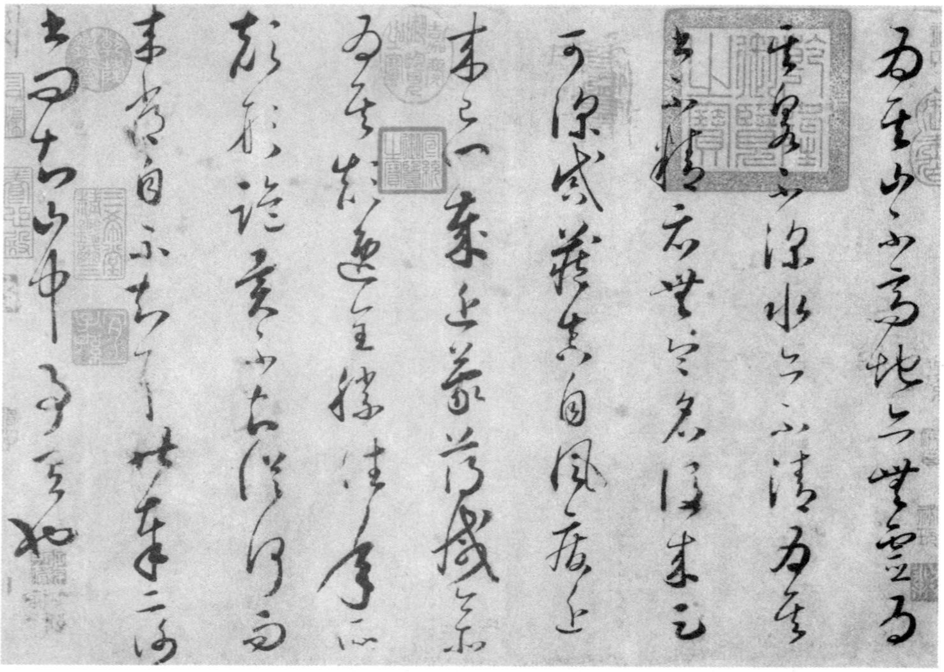

唐　怀素《论书帖》

盘板皆穿

怀素是唐代“大历十才子”钱起的外甥，由此可知他母亲姓钱。他从小就出家做了和尚，但他生性狂放，不守清规戒律，公开饮酒吃肉，毫无顾忌。经禅闲暇，他特别喜欢书法，尤其是爱写草书，而且练字非常刻苦用功。由于当和尚没有什么经济来源，清贫度日，当然也就买不起用来练字的纸。无奈之下，他灵机一动，在寺院周围种了一万多株芭蕉，然后就采下大大的蕉叶用来写字；并且，将他的小庙命名为“绿庵”。这么多的蕉叶还是不够他写，于是他油漆了一个木盘和一块木板，用于练习书法。就这样，写了就擦，擦了再写，长此以往，盘和板都磨穿了。他用秃的笔埋在山下，竟也成了“笔冢”。不仅如此，每当他酒酣兴发，见到寺壁里墙、衣裳、器皿，都无不书写。所以，当地人都称他是“狂僧”。

【八公山人语】

孙过庭说“草贵流而畅”，草书流畅与否和运笔速度有很大关系，特别是狂草如果运笔过分滞涩迟缓，就会气势全无。怀素写狂草运笔如风，迅疾骇人，形成一种神采飞动的意趣，具有骤雨旋风般的气势。不过，草书不仅要写得快，还要点画分明、使转圆劲，这就难了。它要求草书家必须经过长期勤学苦练，高度熟练地掌握各种技法、技巧，真正达到心手相应的境界，才能在书写时既不会因为考虑字的点画而瞻前顾后、局促拘谨以至于失去气势；又不会因为只求快速流畅而“任笔为体，聚墨成形”，使点画不能辨识。这诚如科林伍德所说：“最伟大的艺术力量要恰如其分地显示，就需要有与艺术力量相当的第一流的技巧。”怀素通过刻苦练习，很好地做到了这一点。

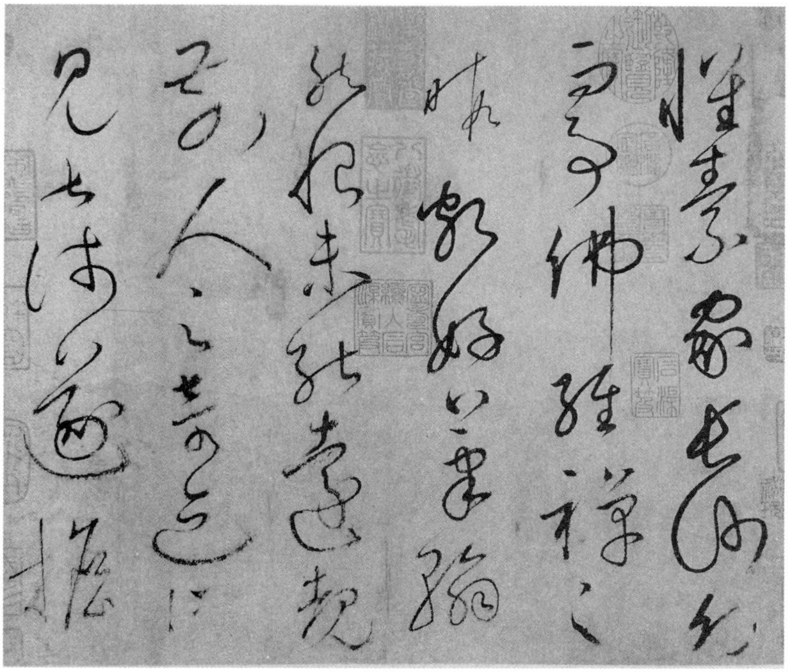

唐 怀素《自叙帖》

以狂继癫

怀素虽是和尚，但他不拘礼法，也不守戒律，还嗜酒任性，以狂草畅志。为了增长见识和扩大影响，他担笈杖锡，南下广州，北上岳州，向社会展示了他那“迅疾骇人”“骤雨旋风”般的狂草书艺，果然，“江岭之间其名大著”。接着，他又“西游上国，怀书入京”，名震长安。怀素每次醉酒后，或者靠着绳床，在纸上狂草；或者忽然大叫三声，跳起来对着墙壁飞快地狂书。故时人称他是“怀狂”。当年，亲眼看见怀素挥毫的许多诗人，都描绘出生动的场景。许瑶说怀素“醉来信手三两行，醒后却书书不得”。戴叔伦说他：“驰毫骤墨剧奔驷，满坐失声看不及。”李白说：“吾师醉后倚绳床，须臾扫尽数千张……起来向壁不停手，一行数字大如斗。”窦冀描绘得更加精彩，怀素“忽然绝叫三五声，满壁纵横千万字”。

【八公山人语】

人称张旭为“张颠”，而怀素是“以狂继癫”。他俩的书法各有特色：从点画线条来看，张旭妙于肥，而怀素妙在瘦，这是他俩草书最明显的区别。张旭用笔偏于肥，点画线条具有横壮之势；怀素偏于瘦，点画线条具有纵拔之姿。因肥笔重墨，故张旭草书结体茂密，在盘桓虬曲之中使人感到沉郁而渊厚；因笔墨枯瘦，故怀素草书结体疏放，字里行间留下大片虚白，使人感到空灵而悠远，仿佛就是佛家的涅槃境界。张旭用笔虽然偏于肥厚雄强，但有种种不同的程度，而且也不乏潇洒飘逸的细瘦笔道，因此他的书法线条显得丰富多变；怀素用笔很瘦，笔画轻重粗细的变化就相对减少，因此他的书法线条具有单纯明朗的特色，同时也意味着缺乏变化之妙。

唐　柳公权《神策军碑》

心正笔正

唐代柳公权28岁考中进士，任夏州李听的掌书记。唐穆宗即位，看到柳公权写来的奏章，十分喜爱他的书法，就立即召见他。穆宗皇帝说：“朕在一些佛寺见到过你的书法笔迹，因而想念你很久啦！”就这样，柳公权得到赏识，当上了左拾遗侍书学士。不过，侍书主要是侍候和陪伴皇帝练习书法，地位与祀神的役夫相等，故被士大夫所耻。柳公权却淡于荣进，竟一声不吭地做了许多年。他视富贵若浮云，性格耿直，持正敢言。有一天，穆宗皇帝向他询问用笔的方法，柳公权说道：“心正则笔正，乃可法矣。”穆宗是个很荒纵的皇帝，觉得话中有刺，知道柳公权是在以书法向他进谏，脸上立即变色，但又不好发作，只好隐忍下来。后来，他每次想起这件事，觉得柳公权说得确实有些道理。

【八公山人语】

中国书法向来注重书法家的人品，书以人贵。西汉扬雄就说：“言，心声也；书心画也。声画形，君子小人见矣。”他认为，书与心相通，可以从一个人的书迹中分辨出君子与小人来。三国时的钟繇也认为：“笔迹者，界也；流美者，人也。”柳公权的“心正则笔正”之说，与前代所论一脉相承，而且将书法与人格道德更加紧密地联系在一起，对后世产生了很大影响。宋代苏轼对此大加赞扬：“柳少师其言心正则笔正者，非独讽谏，理固然也。世之小人书字虽工，而其神情终有睢盱侧媚之态，不知人情随想而见，如韩子所谓窃斧者乎？”唐宋以后，文人书法兴起，更加看重书法家的人品，还将书法家学识修养也作为评品书法高下的标准之一，使“人品”的内涵更加丰富。

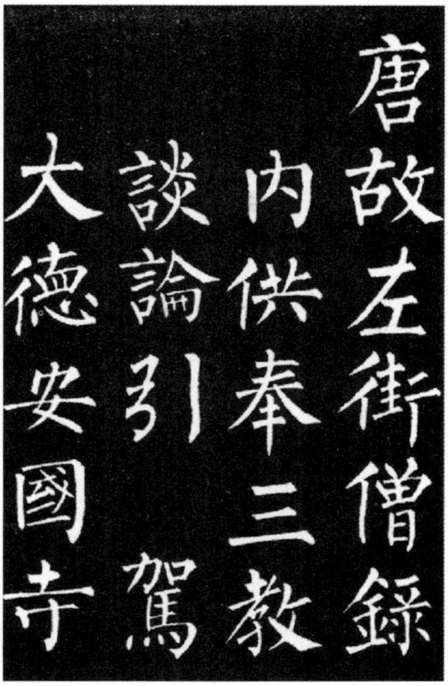
唐故左街僧錄
内供奉三教
談論引駕
大德安國寺
唐 柳公权《玄秘塔碑》

联句题壁

唐代文宗皇帝与柳公权关系密切，时常与他谈到深夜，还“语犹未尽，不欲取烛，宫人以蜡泪揉纸继之”。文宗赞扬柳公权文学高明，说曹植七步成诗，而柳公权只要三步就行了。柳公权篆、楷、行、草书各体都写得很好。那一年炎热的夏天，一天，文宗皇帝忽然来了兴致，要与丁袁、柳公权等五位学士作联句游戏。他先说了开头两句：“人皆苦炎热，我爱夏日长。”柳公权应声答道：“熏风自南来，殿阁生微凉。”丁袁等其他几位学士一个个地接着联句下去，直到结束。最后，文宗皇帝对柳公权的联句特别欣赏，评价道：“词清意足，不可多得。”于是，他令柳公权把大家联句而成的诗，题写在宫殿的墙壁上。柳公权当即一挥而就，每个字有五寸大。文宗看了高兴地赞叹道：“钟、王复生，无以加也！”

【八公山人语】

柳公权实际上是由魏晋至晚唐的楷书艺术的总结者，他集前辈书艺之大成，成为唐代楷书的最后一座艺术高峰。柳体与颜体相比，向来有“颜筋柳骨”之称。柳公权一反盛唐雄浑肥壮的书风，向着“书贵瘦硬方通神”的初唐气象回归，把笔画写得均匀瘦劲，棱角硬挺分明，就像刀劈斧削一般。这是他成功地将北碑的方笔用于楷书的结果。晚唐时，柳公权名重当朝，书传外夷，就像鹤立鸡群一般，地位十分突出。在这种情况下，公卿大臣的碑志如果求不到柳公权来写，人们就会骂这家子孙不孝；甚至，外国使者来朝进贡，也都另外准备购买他书作的专款。因此，柳公权所得珍宝钱财非常多。不过他潜心书艺，所珍爱的只是笔砚书画，这些他亲自收存；而对家中的钱物毫不理会，全都交给海鸥、尤安两个家奴保管。结果，这俩人暗中私吞财宝，柳公权知道后也一笑了之。

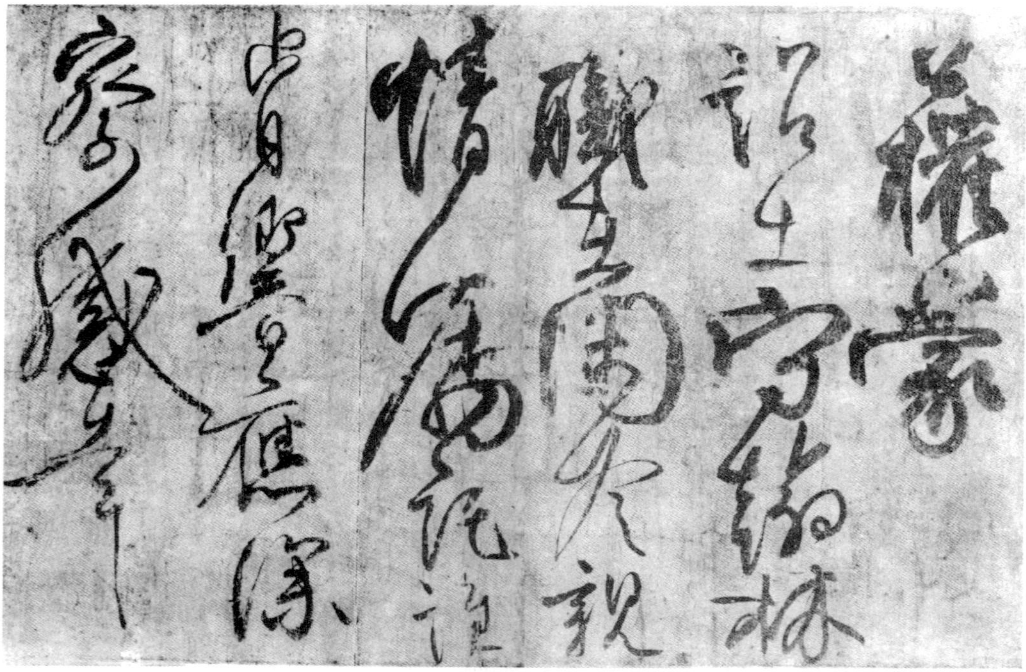

唐 柳公权《蒙诏帖》

御前作书

《旧唐书本传》中称柳公权“公权初学王书，遍阅近代笔法，体势劲媚，自成一家”。宋代米芾《海岳名言》则夸“公权如深山道士，修养已成，神气清健，无一点俗尘”。唐宣宗特别珍爱柳公权的墨宝，曾召柳公权在宫殿内御座前挥毫作书，并且令军容使西门季玄捧着砚台，又令枢密使崔巨源替他过笔。柳公权奉命书写了三幅字：第一幅为正楷 10 个字“卫夫人传笔法于王右军”，第二幅为行书 11 个字“永禅师真草千字文得家法”，第三幅为草书 8 个字“谓语助者焉哉乎也”。楷书、行书、草书三种不同的书体，柳公权一挥而就。宣宗皇帝看了非常高兴，当即赏赐给他锦彩和瓶盘等银器。然后，宣宗又让他自写一篇答谢状，用哪种书体则完全随他心意。柳公权当场立就，宣宗拿着看罢，特别欢喜和珍惜。

【八公山人语】

从穆宗、敬宗、文宗、武宗，到宣宗，柳公权已是荣际五朝的老臣，他的书法连续得到几位皇帝的称赞，更加增加了他的声势和影响，在中晚唐时名满天下，无人能及。这次他御前挥毫所得到的恩宠和享受的殊荣，简直不亚于当年李白作诗时，让高力士脱靴、杨贵妃磨墨。在群星灿烂的盛唐过去以后，柳公权的书法艺术在中晚唐可谓一枝独秀。他在充分继承前人优秀的书法艺术的基础上，通过深入地研究比较，熔“二王”书派的姿媚、欧书的方整秀劲和颜书的雍容壮美为一炉，并加以创新发展而成为“柳体”。柳公权在颜真卿之后，对中国书法艺术的发展做出了重要贡献，并产生了广泛影响。苏轼称赞道：“柳少师书本出于颜真卿，而能自出新意，一字百金，非虚语也。”

唐 裴休《圭峰定慧禅师碑》

衣袖代笔

裴休在唐穆宗长庆年间考中进士，后来成为晚唐的一代名相。他的书法以欧阳询、柳公权为宗师，清劲潇洒，大得柳公权书法笔意。他对佛教信仰相当虔诚，与禅宗有深厚因缘，因此河南一带的寺刹和庐山的许多寺院碑额都是由他题写的。裴休主政太原时，在太山上兴建了化成寺。寺院建成以后，僧人们粉刷好山门门额，陈列好笔砚等待裴休前来题写门额。那一天，裴休来到寺院，僧人当即请求他题写门额。裴休神态自若，欣然答应。出乎意料的是，他并没有拿起为他准备好的毛笔，而是用手捉住自己的衣袖，揾墨而书，“化成寺”三个字写得极为遒劲雄健。后来，他回到家中，小妾发现他衣袖上的墨污，问他为何？他淡然一笑说：“刚才曾用它来代笔了。”

【八公山人语】

张旭作书“发帚俱可”，裴休则是“衣袖代笔”，我们只能说：“有才就是任性！”米芾曾经称赞道：“裴休率意写碑，乃有真趣，不陷丑怪。”唐代武宗时，佛教遭遇大难，裴休虽身为重臣，却能功禄尽抛，以一片赤诚，挺身护教，使佛教短短几年内复兴。他曾两次礼请黄檗禅师于钟陵、宛陵，日夜问法，精勤不休，笔记其言。所以，他不用准备好的毛笔来写寺院门额，而代之以自己的衣袖，恐怕也包含着他对佛教的赤诚之心吧！裴休甚至还将已考中状元的儿子裴文德送入金山寺出家，取号法海。《唐书本传》中说：“裴休书楷遒劲有体法。”他书写的《圭峰禅师碑》，很像柳公权的字体，然而风格较柳更为遒劲。他书法的传世拓本还有《定慧禅师碑》，现保存在陕西户县草堂寺。

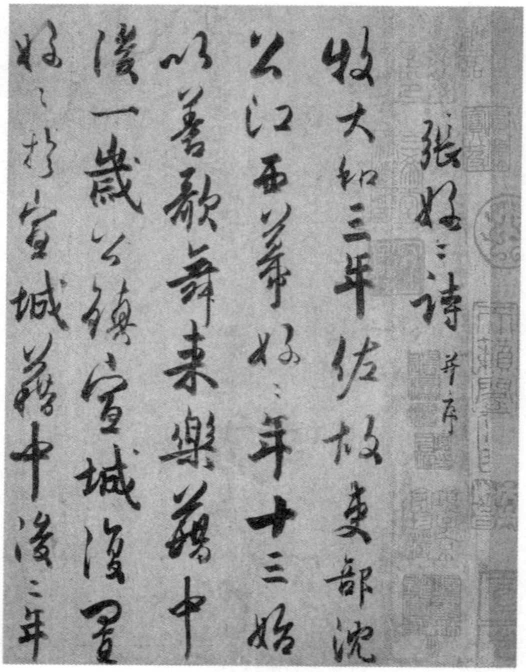

唐 杜牧《张好好诗卷》

杜牧赠诗

杜牧是唐代杰出的诗人、散文家，是宰相杜佑之孙，杜从郁之子。唐文宗大和二年，他 26 岁时考取进士，授弘文馆校书，后来被外放到江西观察使沈传师的官衙任职。那一天，沈传师在府上宴请宾客，酒过三巡之后，为了给客人饮酒助兴，他唤出了艺妓张好好为大家表演歌舞。那时，张好好年方十三，豆蔻年华，天生丽质，歌声婉转动听。杜牧听得如痴如醉，留下深刻印象，让他久久不能忘怀。五年之后，有一天，杜牧在洛阳东城街市上意外遇见了张好好，这时原本艺妓的她已被沈传师纳为小妾，成了一个风姿绰约的少妇。她在乱纷纷的洛阳街头开了一家小小的酒馆，做起沽酒的营生来。见此情景，杜牧感旧伤怀，无限感慨。晚上回到客店，作为诗人和书法家的杜牧，展纸挥毫写下这幅动人的《张好好诗卷》。

【八公山人语】

杜牧生于世代官宦并很有文化传统的家庭。他的远祖杜预、曾祖杜希望都是政治家、文学家；祖父杜佑更是三朝宰相。晚唐朋党相争，风雨飘摇，杜牧也是怀才不遇，深感报国无门，常常纵情声色，出入青楼。他有诗曰：“落魄江湖载酒行，楚腰纤细掌中轻。十年一觉扬州梦，赢得青楼薄幸名。”这幅有着宋徽宗题签，以及许多名人印鉴、题跋的《张好好诗卷》，十分珍贵。从这幅作品可见，杜牧不仅诗歌与李商隐齐名，而且书法亦工。《宣和书谱》中说：“牧作行草，气格雄健，与其文章相表里。”这就是说他书法洒脱不羁，如其诗、如其文。见到这幅诗卷的董其昌给予了高度评价：“牧之书张好好诗，深得六朝人风韵。余所见颜柳以后，若温飞卿与牧之，亦名家也。”的确，这件作品写得高华婉丽、蕴藉含蓄，可见晚唐时期文人书法的高超造诣。

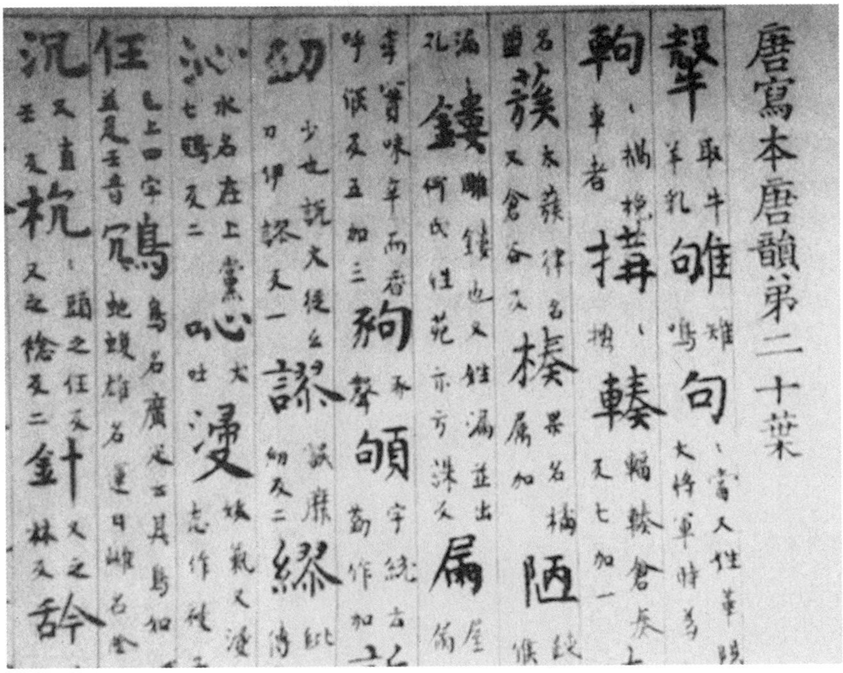

唐　王仁昫《刊谬补缺切韵残卷》

吴仙抄书

吴彩鸾大约生活在唐文宗时代，河南濮阳县人。她自己说是晋代孝子，又是得道成仙的吴猛之后。吴彩鸾从小家里贫穷，于是练习书法，以替人抄书为业，小字写得又快又好。成人后，她人长得漂亮，歌喉又好，就去歌楼中卖唱维持生计。唐太和年间，有位穷书生文萧，客居钟陵，在中秋节的晚上，在歌楼中遇见吴彩鸾。文萧一见倾心，而吴彩鸾也对他有意，只听她口中吟诵道："若能相伴陟仙坛，应得文萧驾彩鸾。自有绣襦兼甲帐，琼台不怕雪霜寒。"俩人一见钟情，文萧就带着她回到家中。一个文弱书生，没有谋生手段，吴彩鸾重操旧业，用她多年练就的小楷功夫，抄写《唐韵》一部，让文萧拿到市上去卖，得了五千钱。等到钱用完了，她再抄写一部去卖，再得五千。吴彩鸾写字极快，一天可写十几万字，但她从不多写。

【八公山人语】

吴彩鸾是古代为数不多的职业女书法家。唐代裴铏写的传奇《文萧》，就是写她与文萧的爱情故事，唐末道教学者杜光庭改编的《仙传拾遗》中也有描绘，都把吴彩鸾美化成仙女。故事的结局是吴彩鸾与文萧共同生活了十年，最后各自骑虎仙去。从史书记载看，吴彩鸾确有其人，相传她抄写的韵书很多，而且宋元明时期的书法家、收藏家都有题跋，但较为可信的是台北"故宫博物院"所藏的她抄写的《唐韵》。她写的小楷宽绰中而有飞扬的意趣，洒脱中而见飘逸之气，其中许多字的笔意大有王羲之小楷字的神趣，完全没有为了糊口而抄书的紧迫感和压抑感。唐代虽然已有雕版印刷，但书籍的流传主要还是靠手抄。像吴彩鸾这样的职业抄工为了适应文人世族的审美要求，自然会在小楷上狠下功夫，所以她抄写的韵书才能如此抢手，卖得高价。

唐《怀仁集王羲之书圣教序》

女扮男装

黄崇嘏的父亲曾在蜀中任使君，她自幼受到良好教育，琴棋书画，无一不精。12 岁父母亡故，与老保姆相依为命，长大后常着儒生服装，四处游历。晚唐僖宗文德元年，因故被人诬陷为纵火者，被捕入狱。她在狱中写诗向知州周庠申冤，得其赏识，最后平反获释。出狱后，她又向周庠献上一首长诗。周庠看到诗书俱佳，大为赞叹，越发称奇，不知她是女人，便推举她代理司户参军一职。黄崇嘏女扮男装，上任后为官清正，办事干练，胥吏们都害怕和佩服她。周庠见她长得一表人才，很有风度，竟然要把女儿嫁给她。黄崇嘏无法再欺瞒下去，于是写诗给周庠："一辞拾翠碧江湄，贫守蓬茅但赋诗。自服蓝衫居郡掾，永抛鸾镜画峨眉。立身卓尔青松操，挺志铿然白璧姿。幕府欲容为坦腹，愿天速变作男儿。"她辞官隐居故里，守贫而终。

【八公山人语】

古代女书法家很少，其大多是闺阁名媛，从小受到良好的家庭教育，工诗善书。例如，汉代皇甫规的妻子马氏、东汉蔡文姬、晋代卫夫人和王羲之妻子郗氏、唐代房璘的妻子高氏、元代赵孟頫的妻子管夫人、明代叶小鸾、清代刘墉的小妾黄氏和冒辟疆之姬董小宛，如此等等都是一时的著名女书法家。还有一些并非出身高贵，甚至沦落风尘中的女子，天生聪慧，为提高身价而留心于琴棋书画，也成为一时名妓。例如，唐代薛涛和曹文姬，宋代王英英和马眄，明代孙瑶华、郝文珠、卞赛等。因隋唐以后以科举取士，没有给女人参加科考和入仕做官的机会，女人一生的事业就是相夫教子，如有闲暇则做针线、纺织、刺绣、缝纫等"女红"。这被视为女人的本分。而练习书法则有可能妨碍"女红"之事，家长多不愿意让女孩学习。

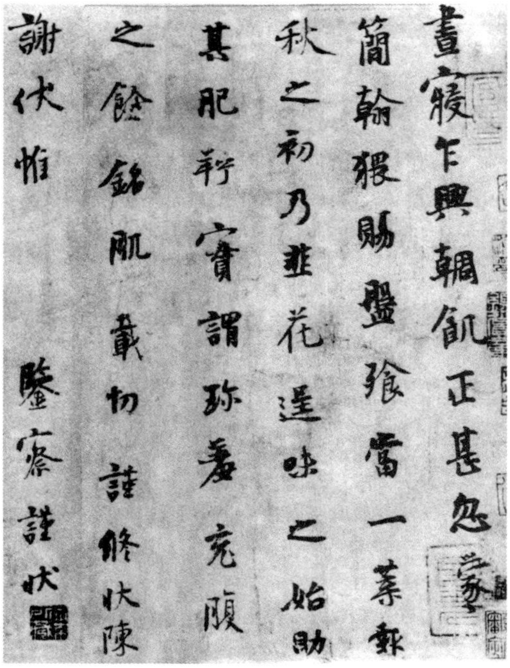

五代　杨凝式《韭花帖》

佯狂书壁

杨凝式的父亲杨涉在唐朝将要灭亡的时候出任宰相，朱温逼迫他将象征唐王朝天子权力的玉玺送给他。这等于是叛国投敌，其子杨凝式曾极力劝阻，杨涉恐怕遭到灭族之灾，没有答应。投降朱温后，杨凝式随即佯狂装疯。他特别喜欢壁书，而极少写笺牍。他归顺梁朝后，时常称病不去上朝，而由一位老仆人牵着马，随他漫游洛阳周边的山水寺观。郊游中，他经常随手将自己的歪诗随便题写在墙壁上，字体奇怪，人们大多不能认识却护而宝之。所以，深知他性情的洛阳院僧，在他未留题诗之处，粉饰其壁，并将地上打扫干净，等着他来到。杨凝式“若入院，见其壁上光洁可爱，即箕踞顾视，似若发狂，引笔挥洒，且吟且书，笔与神会。书其壁尽方罢，略无倦怠之色。游客观之，无不叹赏”。

【八公山人语】

五代时冯少吉在《山寺见杨少卿书壁因题其尾》中说：“少卿真迹满僧居，只恐钟王也不如。为报远公须爱惜，此书书后更无书。”由于杨凝式“素不喜尺牍”，他的“淋漓快目”的书迹大多都是题写在寺庙墙壁上的。陈思《书小史》载：“西洛寺观二百余所，题写几遍。”《旧五代史·杨凝式传》里也说：“洛川寺观墙粉壁之上，题纪殆遍。”这些壁书都是供游客观赏的艺术品，直到北宋年间遗迹尚存，李建中、苏轼、黄庭坚等人都曾亲眼看见过。例如黄庭坚说：“余曩至洛师，遍观僧壁间杨少师书，无一不造妙入微，当于吴生（吴道子）画为洛中二绝。”可是这些书迹不便保存，无法收藏，年代一久便随着寺庙的倾圮逐渐毁灭了。而那些极少数写在缣帛、纸张上的杨凝式书法墨迹，到了宋代就已经所存无几。

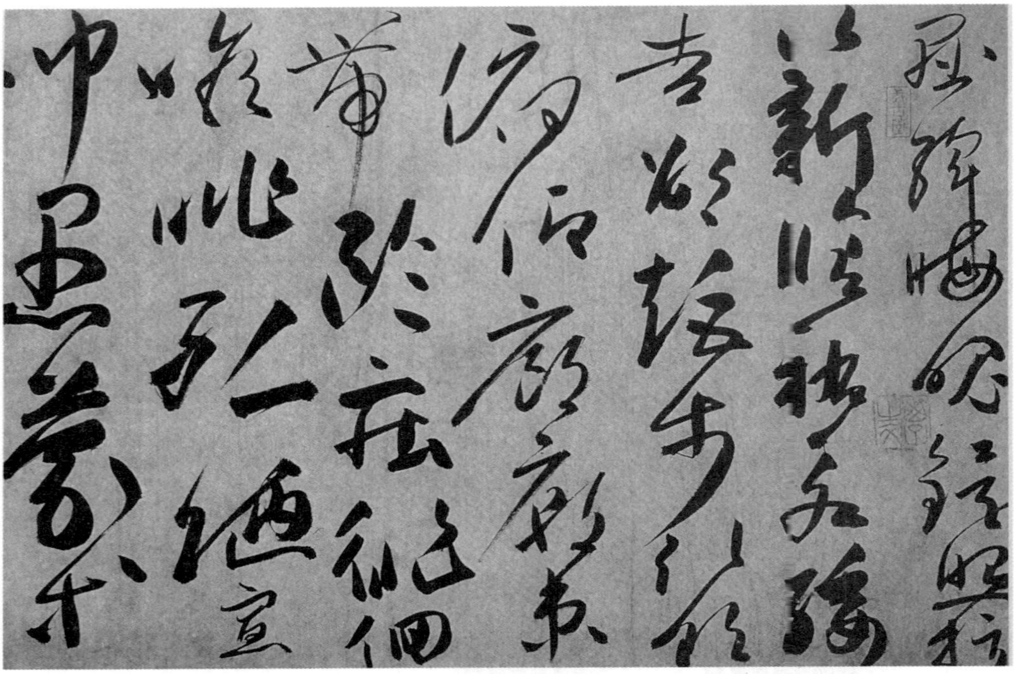

唐 高闲《千字文》

最早春联

孟玄喆是后蜀后主孟昶的长子，从小就很聪敏，善写隶书，14 岁被封为秦王。他曾经将唐代名相姚崇的《口箴》书写下来，刻在石碑上。962 年，玄喆被立为皇太子。那年岁末最后一日，按照习俗惯例，各个宫门各给长方形的桃木板即桃符一对，再由门役题写上“元亨利贞”四个字。因为太子玄喆善于书法，他就选择了本宫策勋府的那对桃符，并亲自挥毫题写“天垂余庆，地接长春”八个大字。于是，从周代开始就有了桃符，从此由书写“神荼”“郁垒”二神名或画神像，变而为题写上吉祥的联语。玄喆书写的“天垂余庆，地接长春”，就成为中国最早的春联。第二年，即后蜀归宋前一年的岁除日，后主孟昶令学士辛寅逊在桃符上题写对句，板挂在寝门上以迎春节，他觉得辛寅逊写的词语不工整，便自己提笔写下联语“新年纳余庆，佳节号长春”。

【八公山人语】

每年岁末“挥春”，家家户户都要贴上新春联，喜迎新春佳节，这是书法家们最熟悉不过的事了。人们熟知宋代王安石的诗：“爆竹声中一岁除，春风送暖入屠苏。千门万户曈曈日，总把新桃换旧符。”但是许多人可能并不知道，中国最早的春联是源于五代时孟昶、孟玄喆父子，而在此之前的“桃符”是用以驱鬼避邪的桃木板。他们父子二人写的联语中均有“余庆”和“长春”，哪知一语成谶。965 年，宋太祖赵匡胤派兵统一了后蜀，将孟昶等掳走，同时委任一个名叫吕余庆的人去做成都（原是后蜀的都城）地方长官。另外，宋太祖已于建隆元年（960 年）将每年的农历二月十六日（自己的生日）定名为“长春节”，即所谓“圣节”。孟昶降宋之时，正是宋太祖诞辰之日。真是无巧不成书，所以春联可不能随便写啊！

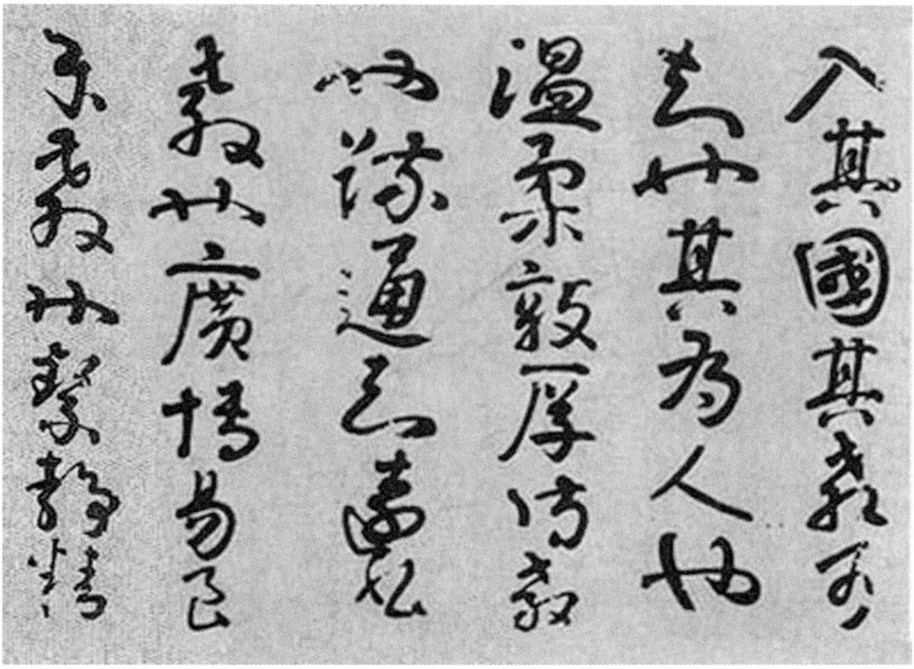

唐　李煜《入国知教帖》

后主遗墨

唐朝灭亡以后，五代十国，四海瓜分豆剖。南唐的乔氏，原本是后主李煜宫中的宫女，李后主曾手书《心经》一卷赐给她。南唐灭国后，乔氏随李后主归降宋太宗，被留在太宗宫中。有一天，她听说李后主被宋太宗害死的消息后，便从宫中偷出李后主写的那卷《心经》，将它供放在相国寺西塔中，而且在后面自书一段话："故李氏国主宫人乔氏，伏遇国主百日，谨舍昔时赐妾所书《心经》一卷，在相国寺西塔院。愿弥勒尊前持一花而见佛。"后来，江南一位僧人将它带回南唐故国，置于天禧寺塔相轮中。该寺后来失火坠落，但后主写的那卷《心经》没有损坏，为金陵太守王君玉所得，他看到当年乔氏在李后主写的《心经》之后的手书，字迹极其整洁，而言词非常凄婉。

【八公山人语】

李煜是一个悲剧性的人物。他才华横溢，工书善画，能诗擅词，通音晓律，是被后人千古传诵的一代词人，那首千古绝唱《虞美人》就是他的杰作。李煜的书法取法柳公权，又有创新和自家面目；而执笔则学习"二王"执笔法，称为拔镫法，擅长行书。陶谷《清异录》曾云："后主善书，作颤笔樛曲之状，遒劲如寒松霜竹，谓之'金错刀'……作大字不事笔，卷帛书之，皆能如意，世谓'撮襟书'。"元代陶宗仪《书史会要》则引他人的话评说道："煜大字如截竹木，小字如聚针钉，似非笔迹所为。"当年李煜所书《心经》及乔氏书迹早已遗失，而且李煜的书法墨迹流传很少，现有收藏在台北"故宫博物院"的南唐画家赵幹《江行初雪图》上，那一行标题被认为是李煜的真迹。

宋　马远　《西园雅集图

第五章　宋　代

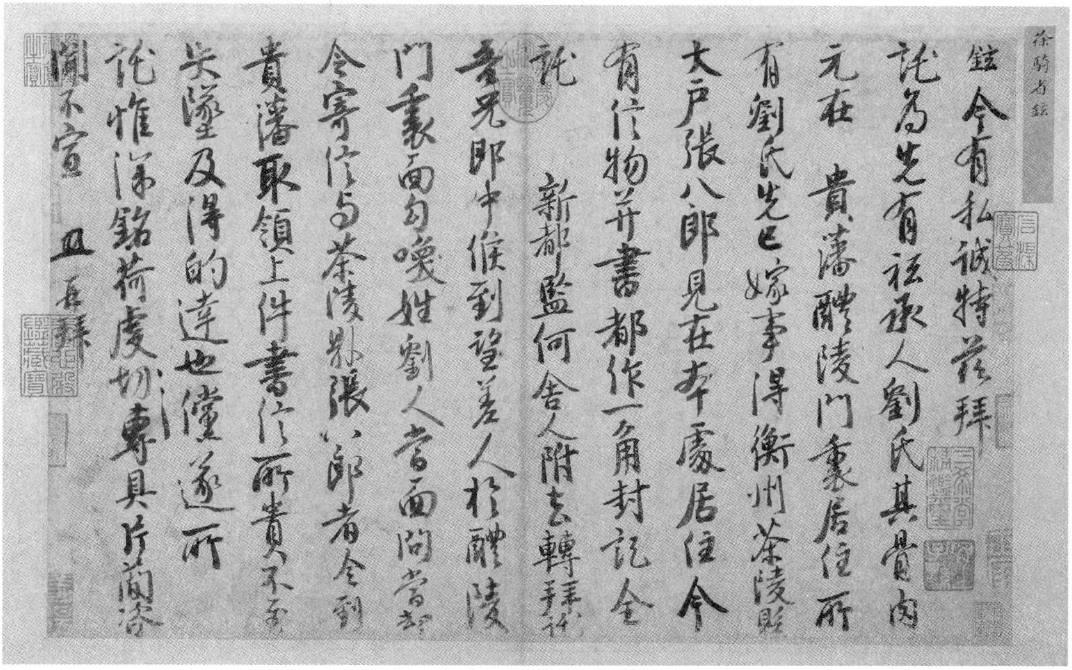

宋 徐铉《私诚帖》

正当其中

徐铉曾两度作为李煜的特使前往宋太祖处求和，都未能成功。后来，他跟随南唐后主李煜归顺宋朝。徐铉，有奇才，善于书法，精通古文字，喜爱李斯小篆。他曾受诏与句中正等人校定东汉许慎《说文解字》，足见他古文字研究功力之深。篆书自从唐代李阳冰以后，再也没有出现过篆书名家，直到南唐徐铉出现。徐铉初学李阳冰，后法李斯《峄山碑》，小篆写得法度谨严，精熟奇绝，名满江南。有一天，有人将他写的小篆墨迹拿起来，对着太阳看，只见字的笔画中间有一缕浓墨正当其中；甚至在字的笔画曲折之处，那缕浓墨也还在正中，没有偏侧。于是，人们得出结论，说他行笔时笔锋垂直而不偏侧，笔走中锋，所以才能做到笔锋常在字的笔画中间行走。

【八公山人语】

笔锋就是毛笔最长的毫尖。中锋行笔，使笔锋始终保持在笔画中间而不偏侧，这是书法最基本的行笔方法。中锋写出来的字的线条，哪怕是细如发髭也是圆的，这样的线条有立体感和质感。如笔锋偏侧，线条便扁平、漂浮，不厚重，难有入木三分的风骨和笔力。俗话说“篆只一笔”，即写篆书只有一种笔法，即是平移。而行笔不提不按，保持水平移动时，最讲究中锋。徐铉善小篆也善写行书，含蓄天然，开宋代尚意书风的先河。他对自己的篆书非常自负，自谓“得思于天人之际”，天下无人能及。黄庭坚说他：“笔实而画劲，亦似其文章。至于篆则气质高古，与阳冰并驱争先也。”徐铉与弟弟徐锴同为宋代文学家，号称“二徐”；又与韩熙载齐名，江东谓之“韩徐”。

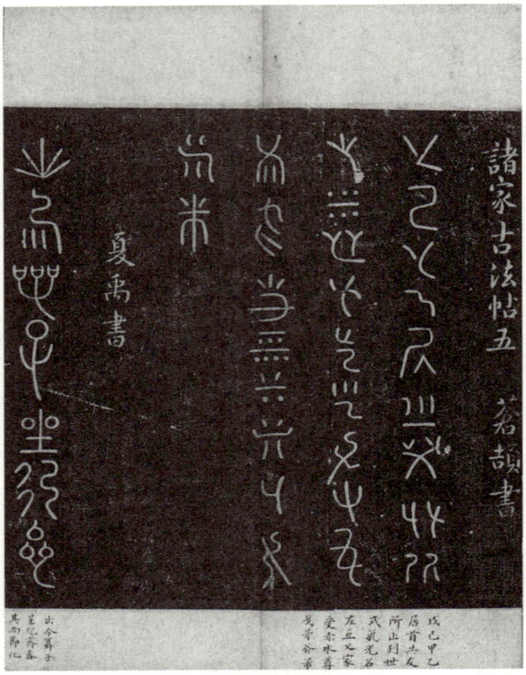

宋 王著编《淳化阁帖》

评点御书

王著是唐朝宰相王方庆的后代，官至翰林学士。他的书法传承家法，追踪智永，远涉“二王”，笔法圆劲。宋太宗赵匡义很欣赏他的书法，知道他深得王书的法则，因此让他做翰林侍读，专门预备自己咨询书法问题。有一天，宋太宗令中使王仁睿将自己写的御札拿给王著看，让他点评，本想得到这位当朝书法权威人士的夸赞。哪知，王著看后说：“未能尽善啊！”此后，太宗更加勤奋临习书法。过了一段时间，太宗又令王仁睿将自己的近作拿给王著看，王著看罢说：“这还是跟以前写的一样，没有进步。”王仁睿一听急了，就问为何？王著说：“皇上才开始学书法，我如果马上就称赞写得好，他就不再留心书法了。”又过了很久，王仁睿再拿太宗的御札给王著看，王著看罢赞叹道：“皇上的书法功力很高了，我都比不上他了！”

【八公山人语】

王著性情豁达，敢直言犯上，而宋太宗也有胸怀度量，实在难能可贵。据记载，太宗学习书法十分用功，尽管他日理万机，但是仍然坚持练习书法直到夜半。对于宋太宗的书法，米芾十分赞赏：“太宗真造八法，草入三昧，行书无对，飞白入神。”他的草书写得非常好，有“英气奇采，飞动超举”的面貌，是帝王书法中少有之人。宋太宗还广购天下古今书法名迹，令王著去伪存真，定为法帖，刊印后供天下人临摹学习。这就是著名的《淳化阁帖》，共 10 卷，收录先秦至隋唐一千多年的书法墨迹，包括帝王、臣子和著名书法家等 103 人的 420 篇作品。它是依墨迹双钩描摹后，刻在石板或木板上，再拓印装订成帖，被后世誉为法帖之冠和“丛帖始祖”。

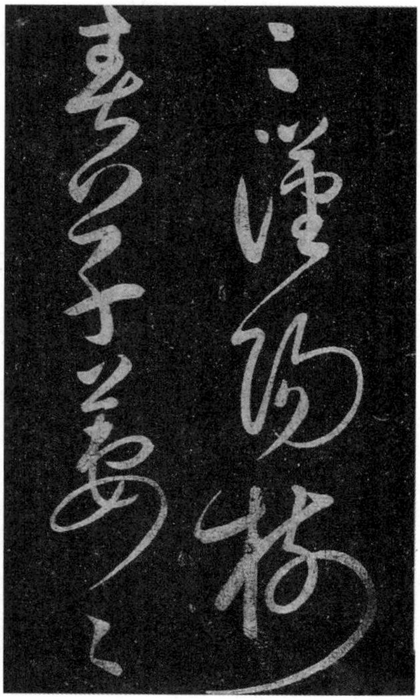

宋 太宗 赵光义《登黄鹤楼》

夜晚赐书

宋太宗还未登基的时候就注意练习书法，他写的断行片简就已经被时人视为珍宝。即位以后，他日理万机，但仍然挤出时间练习书法，时常写至深夜方罢。如此勤奋练习，再加上又有王著这样的高人指点，他的书法自然写得越来越好，特别是草书神采飞动，有龙翔凤翥之妙。有一次，他对身边的大臣说："朕君临天下，哪里还有什么事情，现在就是特别爱好笔砚之事了。"一天晚上，他召见书学葛湍，问他："徐铉草书如何？"葛湍答道："徐铉只是用心写篆籀，没有听说他写过草书。"太宗说："徐铉见过朕的书法吗？"葛湍说："臣僚没有得到皇上的诏赐，便无法看见。"太宗听了很高兴，从袖中拿出他写好的两纸草书，说："一张赐给你，一张赐给徐铉。"

【八公山人语】

宋太宗虽然长得高大黑胖，却喜欢书画诗文，附庸风雅，大概他是想自比唐太宗吧！这样，宋朝政府也因此特别重视文化事业。他善草、隶、行、篆、八分、飞白六种字体，尤其善草书和飞白体，宋朝的货币"淳化元宝"就是他亲自题写的。写得这么好，他总想在善书者面前炫耀一下。当时散骑常侍徐铉是由南唐入宋的书法名家，他善于小篆、隶书和行书。而且，徐锴、徐铉两兄弟和江宁人徐熙，都是有名才子，号称"江南三徐"，闻名于朝廷上下，其中又以徐铉名望最高。太宗特别想得到书坛权威人士徐铉对他草书的夸赞，所以他这才会夜晚赐书。平心而论，徐铉精于篆书而并不善草，宋太宗的草书水平应当在他之上，所以他才会将自己的草书赐给徐铉。这皇帝的心态也同常人啊！

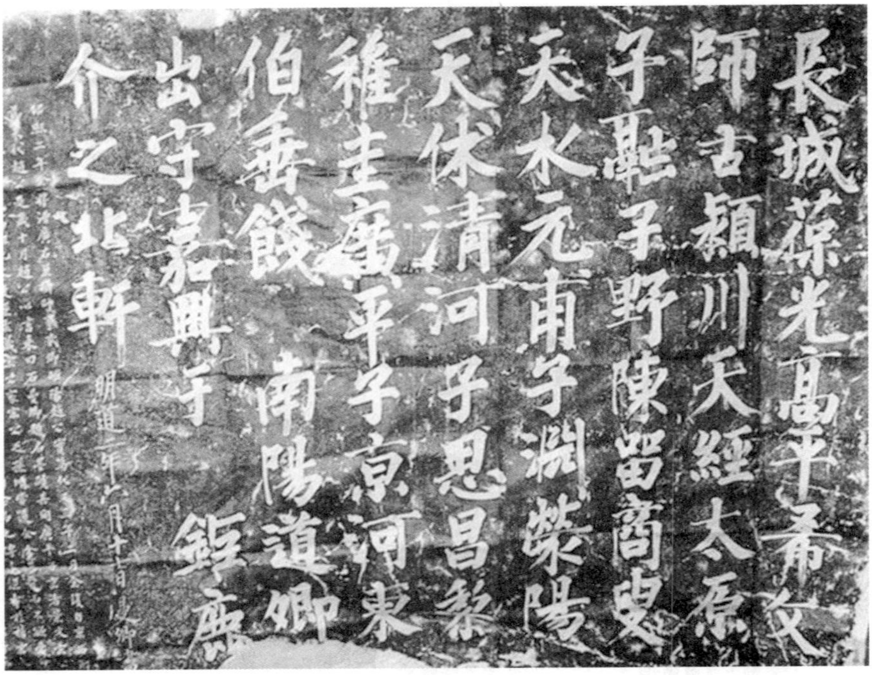

宋 石延年《饯叶道卿题名》

卷毡而书

石延年，又叫石曼卿，是北宋时期的书法家、文学家、官员。他性格豪放，读书通大略，不专治章句，天性嗜酒，喜欢狂饮。他喝多了便书兴大发，执笔作书，而且写的都是大字，苏轼说：“曼卿大字，愈大愈奇。”他写的字越大，越有剑拔弩张之势。他的正书师法颜真卿，写得很好，而且特别喜欢题壁，不择纸笔，自然雄逸。《天中记》里说他：“奇篇宝墨，多得于醉中。”曾经有一次，他乘船停泊在泗州龟山寺下，寺院的长老特请他到寺院内题壁。这时，石延年已经喝得大醉了，只见他并不用长老为他准备好的毛笔，而是卷起毛毡当作大笔，对着墙壁濡墨而书，一挥而就。寺院长老连连叫好，称赞道：“就是请别的善于书法的人来写，让他精心构思一个月，也难以写得这么好啊！”

【八公山人语】

石延年性格豪放，酒量过人。当时有一位义士叫刘潜，酒量也很大。有好事者撮合他俩比试一下。那一天，他俩在王氏酒楼对饮，一较高下。他俩从早上喝到晚上，只是各自饮酒，一言不发，面不改色，人们无不称奇。书法家喝醉酒之后作书，自然任性。张旭大醉后，以头濡墨作书，醒后再看，自以为似有神助。而石延年酒后卷毡而书，也是使酒任性。石延年书法师法颜、柳，笔画遒劲，自然雄逸，有剑拔弩张之势。范仲淹说：“曼卿之笔，颜筋柳骨，散落人间，实为神物。”苏轼说：“曼卿大字，愈大愈奇。”欧阳修《吊曼卿诗》说：“诗成多自写，笔法颜与虞。往往落人间，藏之比明珠。又好题屋壁，虹霓随卷舒，遗踪处处在，余墨润不枯。”可见，当年他在宋代书坛影响很大。

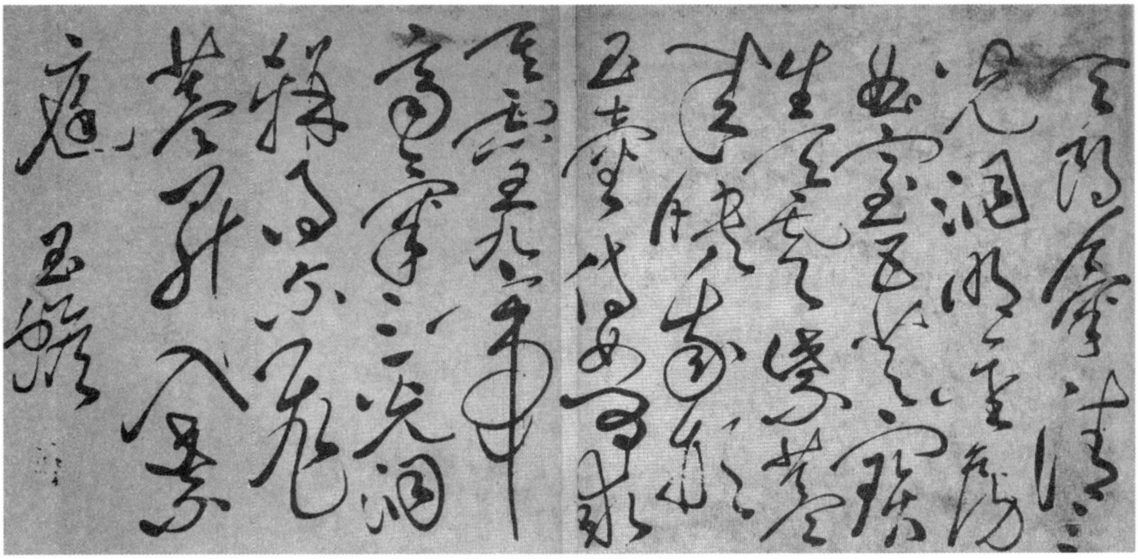

宋 白玉蟾草书

触犯众怒

宋代张维起初遁入空门，成为和尚。后来，他因个性狂放，受不了佛门清规戒律，又再还俗。他善于书法尤其是善写草书，得怀素之骨，当时很少有人能比得上他。大理寺丞王嗣宗爱惜张维才华，向朝廷推荐，经过皇帝召试以后，就让他去御书院供职。张维恃才傲物，自负狂妄，很少肯服人。那一天，他到了御书院以后，环视院内众人的书法，不自觉地流露出讥笑的表情。结果，惹来了众怒。于是，大家联手起来排挤他，最后让他到隶秘阁去工作，做一个必须用楷书抄写公文的小吏。但是写楷书并非是张维所长，他非常气愤，只好辞官不就，回家去了。

【八公山人语】

在书法艺术中，有篆、隶、楷、行、草等不同的书体，虽然一种书体与另一种书体可以相互借鉴、相互渗透，但是每一种书体都有各自的字形结体规则和独立完备的笔法系统，书写时的节奏也不相同。而且，人们对不同的书体也有着不同的评价标准。所以，草书写得好的人，其楷书未必就好。况且，宋代人多不善于写楷书。一个性情狂放不羁，擅长写草书的人，却要他去做一个安安静静，每天得用楷书抄写文书的差事，分明是要整他，难怪他要辞职不就。所以，有才也不能任性。否则，妄自尊大，瞧不起人，犯了众怒，就必然要付出代价。看来张维并不了解自己，他入佛门是错，又进官场再错。像他这样的人，大概只能是自己做自己的老板才好。

北宋 雷简夫《新开白水路记》

闻声顿悟

宋仁宗时，有一年，陕西山洪暴发，一块巨石落下，堵塞山涧，涧水四溢，造成灾害。但巨石太大，有如一幢房舍，人力根本无法搬动。县令雷简夫心生一策，命人在巨石的下方挖一个与巨石一般大小的洞，再顺着水势将巨石推入洞中，水患也就平息了。雷简夫不仅善于治水，而且还是个书法家，师法颜真卿，善写楷书、行书，常常自恨自己的书法未能像古人那样自然。宋仁宗时，他担任四川雅州知府，有一天，他躺在郡阁之中，听到雨后平羌江暴涨的澎湃声音，因此想象到江水波涛翻滚迅驶、掀搕高下、蹙逐奔走的情景，顿时心中豪情激荡，便书兴大发，马上起身挥毫写字。这时候，他顿悟笔法，心中想象的景况都是那样自然地出现在笔墨点画之间。

【八公山人语】

书法讲究悟性，书法家要善悟。书法之道亦是自然之道，书法家与诗人一样，往往会触景生情，激发创作的灵感，顿悟笔法、墨法、章法的奥妙。当年，张旭就是夜闻嘉陵江水奔流之声而顿悟书法笔法，怀素也是看到夏天的云彩如奇峰突起而悟笔墨三昧，如今雷简夫闻江声而悟得书法玄机。书法家就是要善于从自然的景况之中，参悟书法的道理。从他的《新开白水路记》来看，他的楷书完全取法颜真卿，写得雄强方正。雷简夫还是一位慧眼识贤才的伯乐。他在雅州时，认识了眉山苏洵，读苏洵的《洪范论》，二人相见恨晚。苏洵带着两个儿子苏轼、苏辙，拜谒雷简夫，让他俩以雷简夫为师，向他学习。雷简夫马上写信给老友益州太守张方平、文坛泰斗欧阳修、韩琦等人，推荐“三苏”父子，终于使“三苏”脱颖而出。

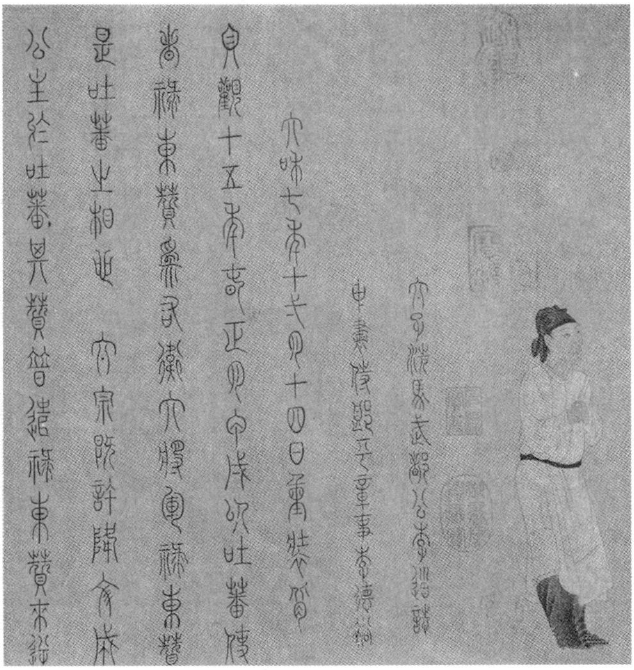

宋 章友直《阎立本步辇图跋》

篆笔画格

章友直，字伯益，性格狂放不羁，不愿意走科举道路，全身心地投入书法，最终以篆书得名。北宋仁宗皇祐年间，有一天，王安石对宋仁宗皇帝说：“章友直善篆，与李斯、阳冰相上下。”皇上听了很有兴趣，遂召他来一试，果然写得不错，便让他到京师翰林院做监主簿，书写篆字。翰林院的待诏们都是书法高手，虽知道章友直的大名，然而心中并不服气。等章友直来到翰林院时，都来见他，说道：“闻先生之艺久矣，愿见笔法，以为模式。”章友直明白这是要试他的身手，于是命人粘纸各数张，研墨濡毫，执笔画了两张图：其一是横竖各画十九画，成为一个棋盘；其二是画了十个圆圈，环环相套，就像一个射箭的靶子。两幅图的笔画粗细、间架疏密，无毫发之失，皆一笔而成。待诏们见了大惊，叹服再拜而去。

【八公山人语】

《宣和书谱》中说：“友直工玉箸字学，自李斯篆法亡，而得一阳冰，阳冰后得一徐铉，友直在铉之门，其犹游夏欤？”由此可知，他是师从徐铉学篆书的。俗话说“篆只一笔”，这一笔就是中锋平移。章友直用篆书笔法画棋盘，横平竖直，分间布白均匀；画圆圈，环环相套，婉转圆通。这些都足见他篆书功力之深厚。当然，这只是“画篆”而不是写篆。张征云：“昔人作篆如李丞相、李少监、徐骑省，皆写篆非画篆。是故用工至易，如神行乎中。至陈晞、章友直、文勋辈，荣豪泄墨，如圬如画，是故笔痴而无神。”这种不讲究篆书的笔意和神韵，只是描画篆字间架结构，就是“画篆”。它抛弃了李斯、李阳冰、徐铉的篆书笔法，“画”出来的篆字毫无生气，自然是不可取的。

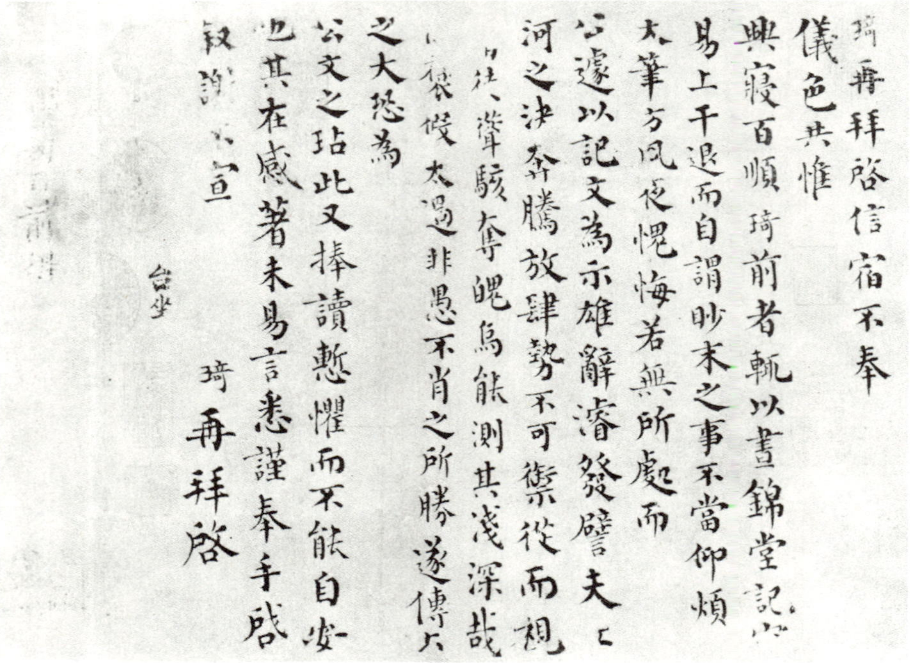

宋 韩忠献书札

就石习书

一代名相韩琦，又叫韩忠献，父亲韩国华任泉州知州时，与婢女连理相通生下他。但是，他 3 岁时父母都去世了，家道中落，由诸兄扶养成人。韩琦少年时居住在乡下，家中贫穷，没有钱买纸来练习书法。他家门前有一块大石头，于是他就在这块大石头上练字。白天在这块大石上写满字后，晚上他就用水将自己写的墨迹洗去，以便第二天再写。遇到烈日当头或者下小雨的天气，他就撑起一把伞来遮挡，就像平时一样，继续练习书法。他就是这样练就了端严厚重的楷书。在宋仁宗时，年仅 20 岁的他就考中进士第二名，后来历经北宋仁宗、英宗和神宗三朝，亲身经历和参加了许多重大历史事件，如抵御西夏、庆历新政等，曾在朝为相十载、辅佐三朝，功绩卓著，对北宋前期政坛做出很大贡献。

【八公山人语】

这又是一个勤学励志的成功故事。看来纸张在古代是个贵重物品，一般的贫民家庭都消费不起，哪里能够“废纸三千”。韩忠献从小就有大志，端重寡言，不好嬉弄。朱熹说，韩忠献哪怕是写给亲戚的书信，无论长幼尊卑，字也得都是端严谨重，没有一笔是行草的体势。这是因为下笔时他胸中安静详密、从容和豫，所以表现在书札上没有丝毫的忙乱之意。书札这样的小事，也与人的德行密切相关。韩忠献的楷书师法颜、柳，写出来的字有颜筋柳骨，锋芒四出，骨力壮美，堂堂正正，端严厚重，令人不可正视。宋濂说看他的字就像是大殿上的朝臣，“垂绅正笏不动声色而措天下泰山之安者，其气象犹可想见其仿佛也。”

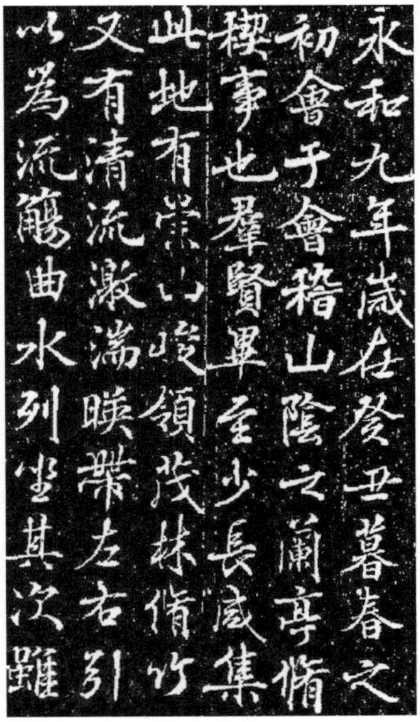

宋　仁宗赵祯临《兰亭序》

更胜一筹

宋仁宗是宋朝第四代皇帝，13岁登基，在位42年，时间最长。他性情宽厚，善于纳谏。包拯在担任监察御史和谏官期间，屡屡犯颜直谏，唾沫星子都飞溅到仁宗脸上，但仁宗一面用衣袖擦脸，一面还接受他的建议，竟然没有怪罪这个铁面无私的人。仁宗在日理万机的闲暇，没有别的爱好，只喜欢翰墨，时常拿飞白书作为消遣，因此他的飞白书写得非常神妙。飞白书体的点画像物形，特别是点，大多像禽鸟，有飞举之势，最难写。至和年间，一天，书待诏李唐卿创作了飞白书300点献给仁宗皇帝，他说这些点的写法已经穷尽了物象。仁宗看了也觉得很好，特以飞白书写了“清浄（净）”二字，赏赐给他。不过，仁宗用飞白书写的“清浄（净）”二字，其中的6个点尤为奇绝，是李唐卿进献的300个点写法之外的别创。可见，还是仁宗皇帝更胜一筹。

【八公山人语】

自东汉蔡邕创造“飞白书”后，很多朝代的皇帝都喜欢拿它来做宫中消遣的写字游戏，隋唐和北宋的皇帝尤甚。皇帝们常拿自己书写的飞白书赏赐给大臣，用以密切君臣关系。北宋皇祐年以后，每年的端午节，仁宗都要向他喜欢的大臣赏赐他写的飞白书扇面。那时，宫殿、寺院的门榜牌匾多由他御笔亲书。皇祐二年，将于明堂祭祀，太常礼院禀奏说，明堂及门当都是殿榜，很重要。仁宗道：“这两个牌匾朕亲自来写。”这天他在禁宫中身着靴袍，挥毫篆书“明堂”二字，又用飞白书写“明堂之门”四字。为了写好这几个字，他反反复复写了许多遍，一直写到夜半满意方罢。仁宗的书法字势有法度，康有为曾评价说：“宋仁宗书骨血俊秀，深似龙藏。”

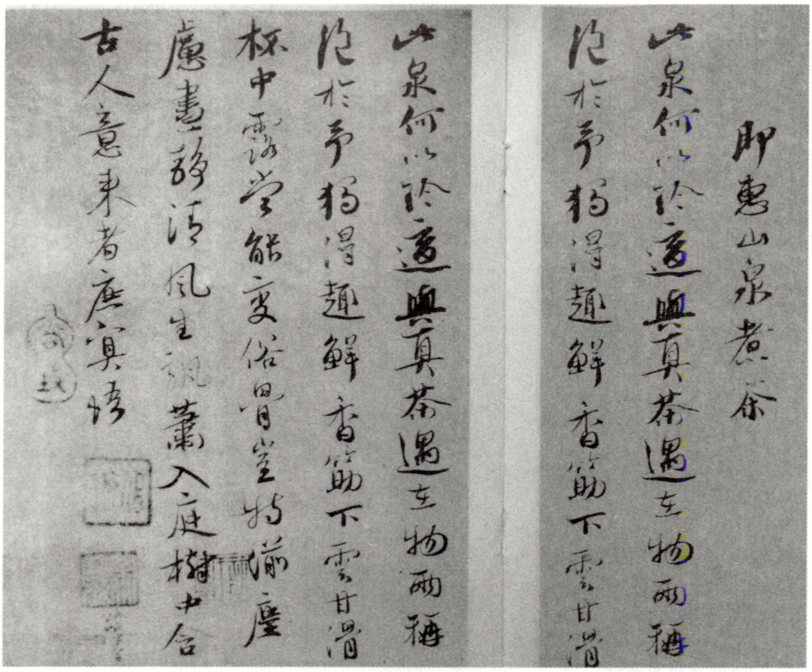

宋　蔡襄书札

香饼来迟

北宋奖励经学，提倡恢复礼制，金石学大兴。欧阳修是个大收藏家，他所收集的器物和金石拓本，上自周穆王下至隋唐五代，有一千多种。他随得随录，不依时代编次，著成《集古录》，收录400多篇有题跋的拓本。后来他让儿子欧阳棐编录《集古录目》，将无跋尾的拓本也收录在内，金石拓本达一千多种。欧阳修很高兴，写了一篇序文，特地请大书法家蔡襄书写。蔡襄知道这是一部金石学的重要著作，当然是用心书写了序文，字迹尤其精劲，为世所珍。欧阳修遂以鼠须栗尾笔、铜绿笔格、大小龙团茶、惠山泉等物相赠，作为润笔。蔡襄收到这些礼物后大笑，认为太清而不俗。过了一个多月，有人送给欧阳修一篋清泉香饼（焚香用的石炭），蔡襄听到这消息后感叹道：“香饼来迟，使吾润笔独无此种佳物。”

【八公山人语】

蔡襄的书法在宋代风靡一时，被誉为当世第一，书画艺术造诣很高的徽宗、高宗皇帝，都赞扬蔡襄是“宋之鲁公”“本朝诸臣之冠”。欧阳修与蔡襄有患难之交，所以请他书写自己的序文，而仅以文房清供和香茶为润笔，以物易物。贵为州知府的蔡襄也未计较，一笑了之，后来蔡襄竟然因未能换得欧阳修的香饼而非常遗憾，更添笑谈。此可谓以清换雅，遂成文人清雅之事也。欧阳修不但文章妙天下，而且书法也自成一家。他的书法师承唐代李邕笔法而遗其形貌，外若优游而中实刚劲。苏轼评论欧阳修书法时说：“公用尖笔干墨作方阔字，神采秀发，膏润无穷。后人观之，如见其清眸丰颊，进趋晔如也。”欧阳修还是金石学家，他编录的《集古录》和他儿子欧阳棐编录的《集古录目》，都对后世金石学的发展产生了重大影响。

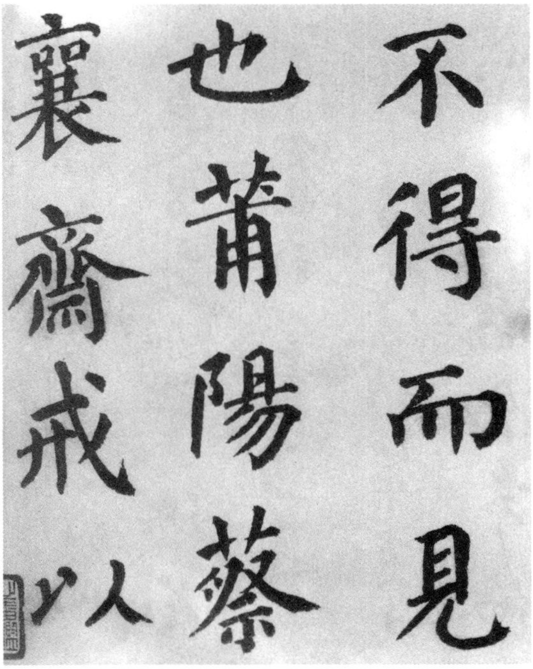

宋 蔡襄《颜真卿自书安身帖跋》

不写碑榜

蔡襄原本是个农家子弟，但他 18 岁就考中进士，而且还是开封第一名，当时在京城传为佳话。蔡襄善于书法，独步天下，宋仁宗皇帝特别喜欢他的书法。蔡襄自己也颇自珍惜，不轻易为人写字，他的断章残稿都被人们珍藏起来。书法名气大了以后，时常有皇上降旨，令他写御撰碑文和宫殿、寺院的题榜。如果是写这些那也罢了，还有些有功勋的家族想为自己树碑立传，竟然也奏请朝廷，请皇上出敕令让蔡襄作书。有一次，蔡襄写给老友欧阳修的信中说："现在请人写碑志都是要付钱的；若是朝廷之命，那么应当由主管部门去找那些待诏来写。今天，我怎么能去跟那些待诏们争利呢？所以，我坚辞不受。"还有一次，仁宗皇帝命他书写《温成皇后碑》及《陇西王碑》文，他也不肯受命作书。最后，皇帝也拿他没有办法。

【八公山人语】

汉唐两代人都崇尚建功立业，哪怕是远赴西北边陲，只要能立功，获得功名，都在所不辞。所以，汉唐之际，为人歌功颂德的丰碑巨碣很多，而且许多书法名家如欧阳询、虞世南、褚遂良、徐浩、李邕、颜真卿、柳公权等都乐于书写。宋代文官治国，重视文化而不尚武功，所以当时书坛的风气已经转向文人诗文尺牍，而书写碑志、牌匾则被看作一技役夫的差事，文人士大夫不屑为之。因此，蔡襄对于书写碑榜是有选择的，一般都是极力推辞。他做泉州知府时，曾修了一座长达 3600 尺的跨海渡桥，方便民众交通。他特作《万安桥记》，写成字大径尺的楷书，刻石立碑，竖立于桥头岸左，这是他少有的一件碑刻作品。"宋四家"中，他的楷书功力最为深厚，写得最好。在楷书凋敝的宋代，蔡襄有着填补空白的作用。

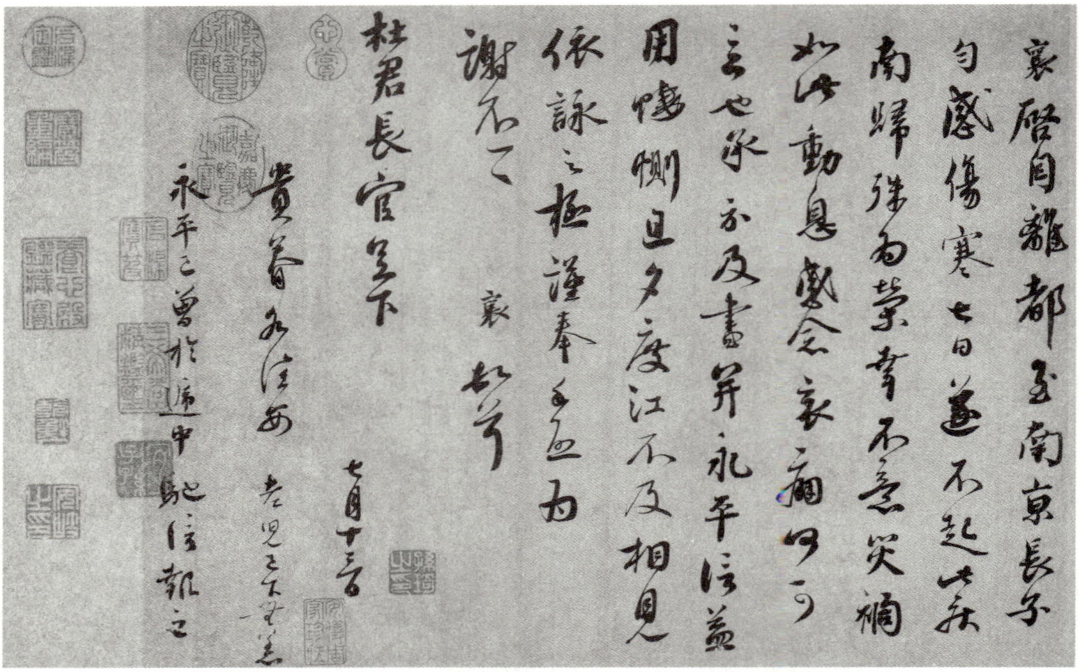

宋 蔡襄《离都帖》

蔡襄换墨

年终，宋仁宗皇帝在宫廷内大摆宴席，慰劳朝中大臣及侍从等。席间，他非常高兴，与各位大臣谈笑风生，并且亲自御书飞白书，赐给大家，大有当年唐太宗的风度。不仅如此，他还配套赐给大臣香药和名墨。一位大臣获得一枚“李超墨”，而坐在他身边的蔡襄则获得一枚“廷珪墨”。这时，蔡襄看到身边这位大臣频频侧目，对他手中的这枚“廷珪墨”大有羡慕之意。于是，他就悄悄地对这位大臣说：“能与您的墨交换一下吗？”那位大臣知道“廷珪”为墨中之宝，正求之不得，便欣然与蔡襄交换。宫廷宴罢，大家骑马出了宫门，将要分道时，蔡襄在马上对那位大臣做了个长揖说：“您知道李廷珪是李超的儿子吗？”那位大臣这才恍然大悟，明白自己没有得到便宜，而是吃了亏。因为“李超墨”更为珍稀。

【八公山人语】

迄今所见，我国最早的书写用墨是在秦代。至三国韦诞改进制墨工艺后，历代都有制墨名家，而以唐代奚鼐、奚超、奚廷珪祖孙三代名气最盛。晚唐时，奚超、奚廷珪父子避乱，从易水渡江，定居安徽歙州。他俩制成的良墨，具有“丰肌腻理，光泽如漆”、拈来轻、磨来清、嗅来馨、坚如玉、研无声、一点如漆、万载存真的特点，就是书写数十幅字，也用不过磨去一二分，甚至“浸水中三年不坏”，所以深得南唐李后主的喜欢和赏识。他特赐奚姓为李，还让李廷珪担任朝廷的墨务官。从此，李廷珪成为徽墨宗师。而宴席上的那位大臣只知其一，不知其二。“廷珪墨”贵重难得，这在宋代时已是人尽皆知，而“李超墨”因为罕有少见，宋人知之甚少。还是蔡襄学识渊博，识得宝墨。

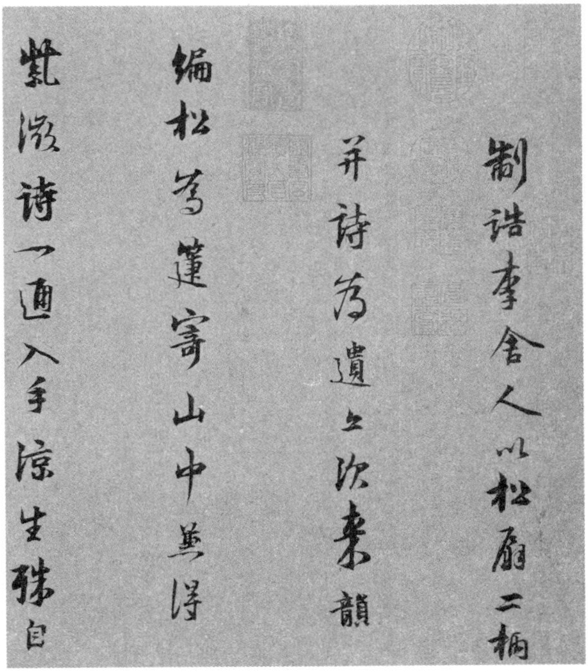

宋 林逋《松扇五诗卷》

梅妻鹤子

林逋是北宋初年著名隐逸诗人和书法家。他性格孤高自好，又喜恬淡，自甘清贫，不求荣达，终身不娶。40多岁后，他隐居杭州西湖，结庐孤山，以湖山为伴，唯喜植梅养鹤，自称是“以梅为妻，以鹤为子”，人称“梅妻鹤子”。他常驾小舟遍游西湖诸寺庙，与高僧诗友相往还。相传他二十多年不入城市，以布衣终生。每逢客至，叫看门的童子纵鹤放飞，林逋见鹤必棹舟归来。他诗写得好，又善书法，名重一时，与范仲淹、梅尧臣皆有诗唱和。可是他有个习惯，对自己写的诗词从不留存，随写随弃。一天，有位友人对他说：“先生何不自录其所著诗，以传于后？”林逋笑道：“吾终志山林，尚不欲取名于时，况后世乎？”南宋诗人、书法家陆游很喜欢林逋的书法，说道：“君复书法高胜绝人，余见之，方病不药而愈，方饥不食而饱。”

【八公山人语】

“疏影横斜水清浅，暗香浮动月黄昏。”这便是林逋《咏梅》中的名句。诗如其人，书亦如其人其诗。林逋就像梅花一样清高孤傲，而他的书法也是笔势遒劲、瘦硬紧敛，没有一点凡尘俗气。《宋史本传》中称他“善行书”。林逋的行书大有宋初书法家李建中的笔意，但是隐居的林逋比起入仕的李西台来，倒是更加清劲。难怪陆游把他的书法看作是灵丹妙药、珍馐佳肴。不过，书法写得瘦硬不难，而难就难在像林逋那样写得峭劲而有韵致。所以，宋明两代书法家如苏轼、黄庭坚、陆游、王世贞、沈周、吴宽、李东阳等，都对林逋的书法评价很高。当年，林逋虽是布衣平民，但丞相王随、杭州郡守薛映都敬重他的为人，又爱其诗，时常到孤山与林逋诗酒唱和，还拿出自己的俸银为他重建新宅。

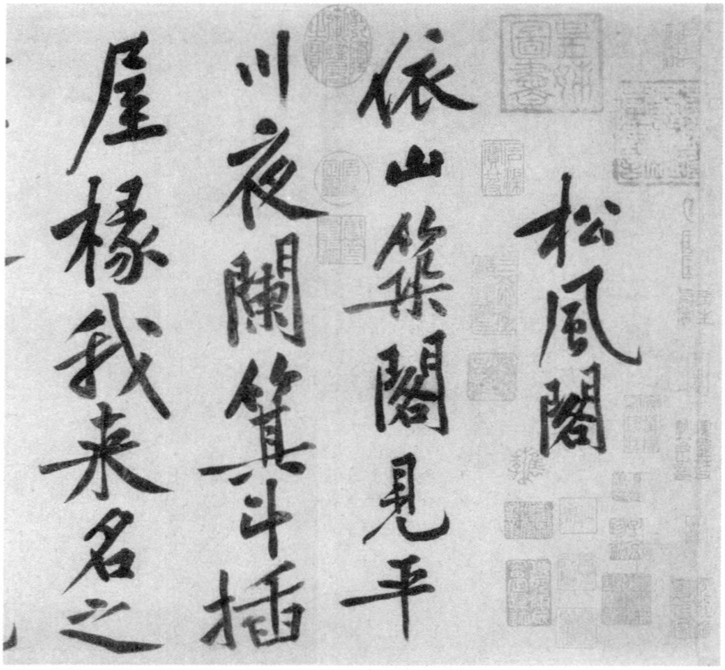

宋　黄庭坚《松风阁诗帖》

反唇相讥

晁端友，字美叔，与苏轼是同科进士。苏轼出任杭州通判的时候，晁端友是新登县令。有一次，晁端友带着儿子晁补之前去拜见这位上级兼同年，晁补之还带了自己的诗作让苏东坡指教，苏东坡十分欣赏晁补之的才华，赞许其“日后必将大显”，并与他成了忘年之交。后来，晁补之成为苏门四学士之一。晁端友与欧阳修、苏轼二人交情深厚，工于诗歌，又善于书法。有一天，他与人谈论书法的时候，讥讽黄庭坚的书法说：“山谷的书法只有‘韵’了，至于王羲之书法的笔法、点画，他一笔也没有学到。”哪知，这话被一个与黄庭坚亲近的人听到了，告诉了正在陈留的黄庭坚。黄庭坚听了哈哈一笑，反唇相讥：“若是说美叔的字很像王右军，那就像楚国的优孟抵掌谈笑，把自己装扮成孙叔敖的样子，也只不过是假装罢了。”

【八公山人语】

黄庭坚论书最重一个“韵”字，即书法作品表现出来的一种与书家特有的才情、智慧、风度直接相连，耐人寻味的风雅之美。他的书法刻意求新尚意。其楷行书，结字新奇，长撇大捺，用笔夸张；其草书长画短点浑然一体，或左或右，顺势成像。所以，无论是他的楷行书还是草书，都大大改变了“二王”书风的传统姿态，创造出了新俏瘦硬，清雄雅健的独特艺术风格，成为宋代书法四大家之一。所以，他虽学王羲之书法，但不求形似，而是求其“韵”同。“韵”是从魏晋时期的人物品藻和音乐美学中发展而来的一个审美范畴，它意味着超群脱俗的风雅之美。这也就是说，只有摆脱俗气、不落俗套，才能具有超逸的雅韵，达到书以韵胜的境界。所以，黄庭坚论书力戒俗气，曾多次以不俗来赞扬书法作品的成就和风格。

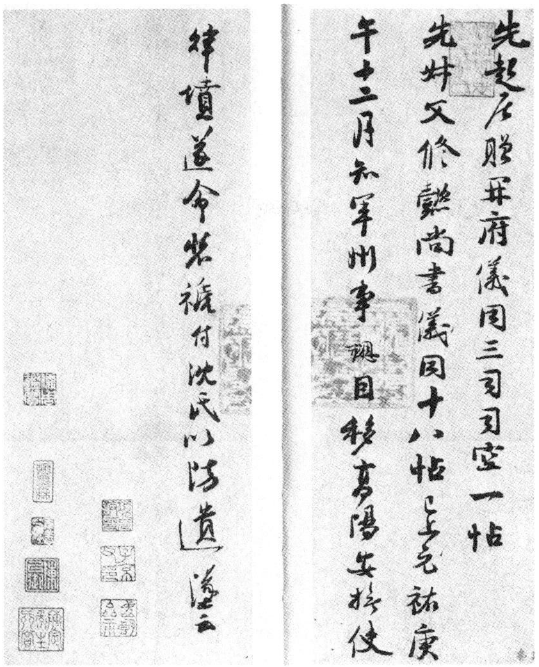

宋 钱勰题跋

钱勰直言

钱勰，字穆父，是北宋时期的诗文和书法名家。元祐初年，有一天，他与苏轼、黄庭坚一起到京城的宝梵寺游玩。吃完饭，黄庭坚书兴大发，挥毫写了几张草书，苏轼看了大加赞赏，而钱勰在旁边观看过后却说："鲁直的字接近于俗气。"黄庭坚听了很不高兴，就问："为何？"钱勰说："没有其他原因，就是因为您还没有看过怀素的真迹。"黄庭坚心里很疑惑，从此不肯再为别人写草书。绍圣年间，黄庭坚被贬谪黔州、戎州时，经过涪陵，在石扬休家里看到怀素《自叙帖》。他借回去废寝忘食地临摹了好几天，从此茅塞顿开，下笔飞动，写的字与元祐年之前的字有很大不同。这时他才相信，十年前钱勰说的话不是胡言乱语。但那时钱勰已经过世了，黄庭坚很遗憾他没有能够看到自己后来写的草书。

【八公山人语】

钱勰是太常博士钱彦远的儿子，累官至朝议大夫，熏上柱国，爵会稽郡开国侯。他与苏轼、黄庭坚、秦观、张耒等人有很深的交往，常有诗歌酬唱和书信往来。只是他性格耿直，朋友间说话也不留情面，一针见血地指出了黄庭坚草书的弊病。这让自鸣得意的黄庭坚最后醍醐灌顶。黄庭坚的书法最初师法北宋书法名家周越，而且长达 20 年，不自觉地沾染上了周越书法中起笔和行笔时，故作波折的习气。在他见多识广之后，对这一时期的书作深感"自厌"，觉得自己二十年来"抖擞俗气不脱"。自从见到怀素《自叙帖》真迹，反复临习，悟得草法，这才书艺大进。后来，他自我反省说："余在黔南未甚觉书字绵弱，及移戎州，见旧书多憎，大概十字中有三四差可耳。今方悟古人沉着痛快之语，但难为知音耳。"

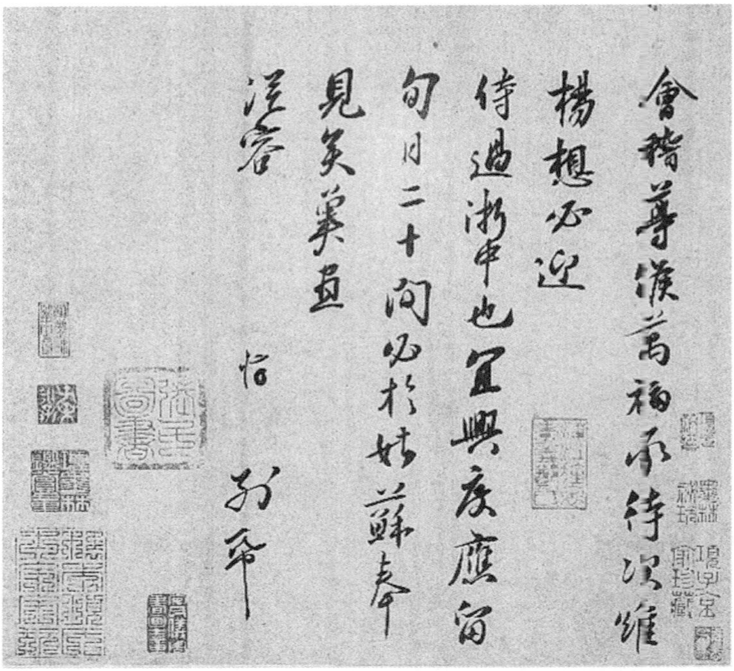

宋 章惇《承待次维杨》

临险书壁

章惇性格豪爽、真率，相貌英俊，声如洪钟，为人庄重，才智出众，学问渊博，宋哲宗时曾任宰相。他年轻时与苏轼关系很好。有一天，他与苏轼同游南山，俩人来到仙游潭下，潭的边上面临着万丈悬崖，而两岸也非常狭窄。这时，章惇对苏轼打躬作揖，要求苏轼下仙游潭在石壁上写大字留念，苏轼望着深潭和高耸的绝壁，十分害怕，不敢上去作书。章惇见状，不再谦让，把长袍往腰带上一掖，平步跃上，垂索挽树，摄衣而下，用漆墨在石壁上大书："苏轼章惇来游。"写完后，章惇从上面下来，面不改色，神采依旧。苏轼拍拍他的背说："您日后若做了官，必能杀人。"章惇问道："为何？"苏轼说："能自己拼命的人，就能杀人啊！"章惇大笑。果然，章惇做了宰相之后，把党同伐异、驱逐异己的手段用到了极致，就连当年的老朋友苏轼，都没逃过被流放的厄运。

【八公山人语】

写擘窠大字已属不易，在壁上榜书则更难，而徒手登高，在绝壁上书榜难上加难。章惇艺高胆大。一次，他与苏轼在一座山寺中小饮，有人来报说山上有虎。他俩饮酒癫狂，便不顾危险，策马前去观看。大约距老虎还有几十步远，马惊不敢向前。苏轼说："马都这样了，我们赶紧回吧。"于是，苏轼掉转马头走了。但章惇独自策马向前，快到老虎前，他拿起铜锣在岩石上摔打，老虎吃了一惊，慌忙逃窜。章惇回来对苏轼说："您的胆量不如我。"章惇的书法师法晋唐，《东观余论》中对他的书法评价很高："近世人书，惟章申公能传笔意，虽精巧不迨唐，而笔势超越，意出褚、薛之上，暮年愈妙，一以魏晋诸贤为则，正者殊类逸少。"从他的《会稽帖》来看，写得圆润秀美，行笔流畅而不失沉着，骨架劲挺而不失丰腴。

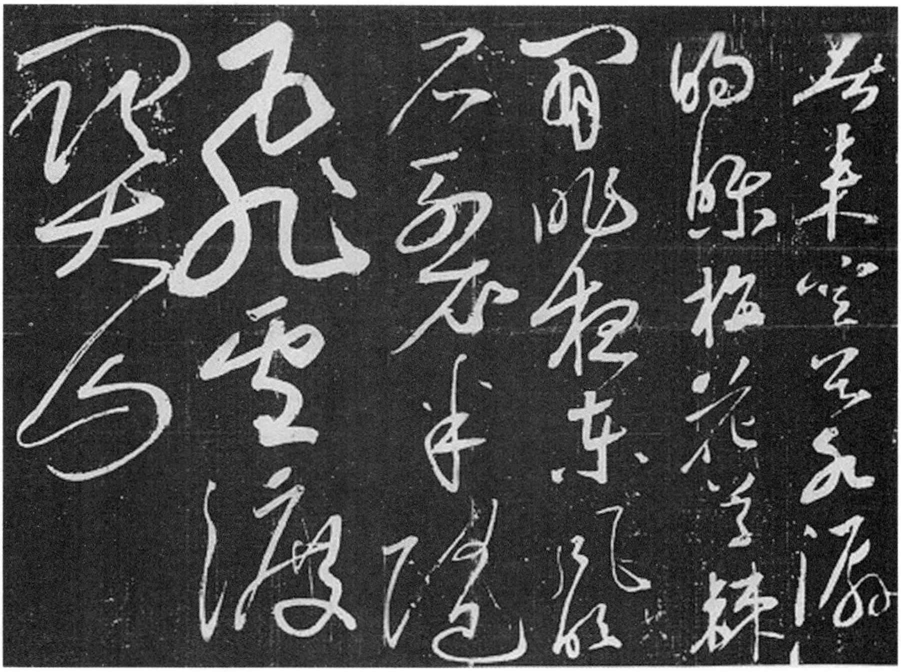

宋 苏轼《梅花诗帖》

求其适意

苏东坡出生在四川眉山县城里一个清寒的地主家庭，受父亲苏洵的影响，他少年时勤奋好学，熟读经史，并且将看过的经史书籍全都抄写一遍。他有一个习惯，每抄写完一本书就变换一种字体，等到将全部经史书籍抄写完毕之后，他的学问成了，而且书法也练好了。他曾经说：“遇到天气晴朗、笔砚和畅的时候，便适宜写几张草书，这并非仅仅表达自己心中的快意，而且也是为了百年之后与我同病相怜的人发现它。”他 22 岁时考取进士，后来在学士院供职。有一天，苏东坡在学士院中闲坐，忽然叫差役拿纸笔来，他挥毫用小楷书体，写下陶渊明的两句诗：“平畴交远风，良苗亦怀新。”先后共写了七八张。他掷笔叹息道：“好！好！”然后分送给左右的给事。这也是苏东坡为了抒发自己愉快的心情。

【八公山人语】

书法之道难在“取会佳境”，难在“达其性情，形其哀乐”。也就是说，书法之难就在于把文字书写变换成为对书法家自我情感和心意的抒发。这就是苏东坡所讲的“求适意耳”。孙过庭说，书法创作要有五种适合的条件，即：神怡务闲、感惠徇知、时合气润、纸墨相发、偶然欲书。苏东坡在学士院中作书，大概正是“五合交臻”，所以写起来是“神融笔畅”，难怪他自己也忍不住连连叫好。1085 年神宗病故，10 岁的赵煦继位，高太后垂帘听政，召苏轼回朝，由起居舍人，迁中书舍人，又迁翰林学士制诰，连连升他官职。在朝 4 年间，苏轼主持过学士院考试和进士贡举，提拔和举荐了一大批贤才进京，如黄庭坚、毕仲游、张耒、秦观、陈师道等。一时人才毕集，互相酬唱，苏轼俨然成为当时文坛和书坛的盟主。

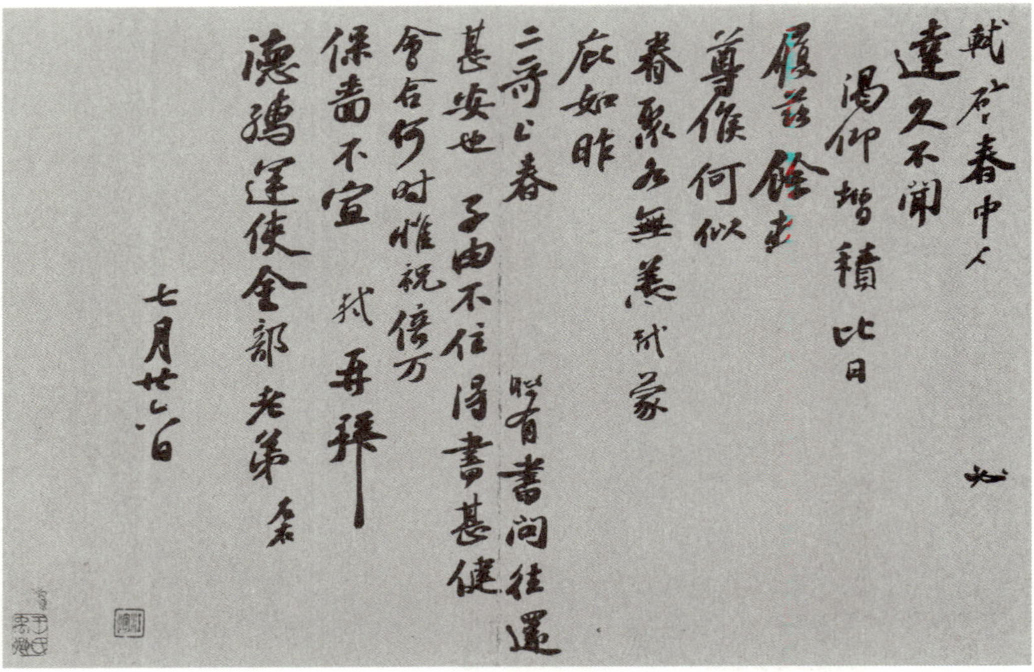

宋 苏轼书札

东坡书扇

苏东坡在钱塘任上，有一天，一个姓陈的男子前来告状，状告有人欠他绫绢钱两万不还。东坡便将欠钱不还的人叫来询问，为何欠账不还？审问后得知，原来那个人家里以制扇为业，恰逢父亲去世，又因为入春以来，阴雨连绵，天气寒冷，他制作的扇子卖不出去，并非故意不还钱。苏东坡察看他良久，判断说的是实情，然后就说：“你拿扇子来，我可以为你发市。”那人不明就里，也不敢多问，只好马上回去拿了一些扇子来，东坡拿过 20 把白色夹绢团扇，写行草书及画枯木竹石，顷刻而尽，然后交给他说：“你拿出去赶快去还你所欠的债务吧。”那人抱着扇子，哭着拜谢后走出去，刚出府门，好事者争着以千钱买一把扇子，20 把扇子立刻卖光。他用卖扇得的钱偿还了全部欠债。

【八公山人语】

欠债还钱乃天经地义，但是恰逢丧父和卖扇的生意难做，无力还债，这是实情。作为地方官的苏轼判了此案之后，也将面临执行难的问题。这当然是他已经想到的。岂料他灵机一动，竟想到为穷困之人书扇，东坡大人的名气和书画都附加在团扇上，原本无人问津的扇子，立刻变成了难得的艺术品，自然供不应求。卖扇还债，既了结了此案，又帮助了穷人，可谓一举两得。不仅如此，苏轼才华盖世，集书法家、画家、文学家、鉴赏家和政治家一身，而且每个方面都有突出成就。例如，他擅长画墨竹，而且作画时十分尊重客观事物的自然规律。据米芾记载，苏轼画墨竹与众不同，是“从地一直起至顶”。米芾问他为何不分节，他答道：“竹生时何尝逐节生？”

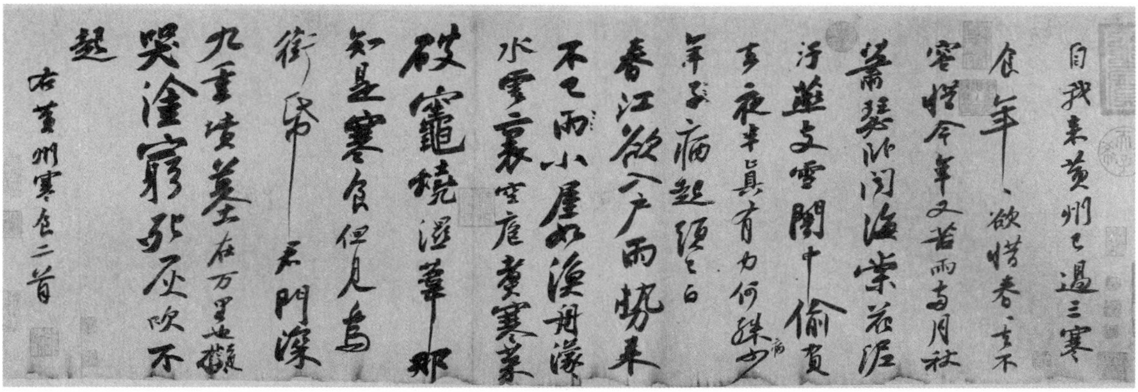

宋　苏轼《黄州寒食诗卷》

寒食诗卷

宋代元丰二年，一些小人从苏轼诗文中断章取义，诬告他“包藏祸心”，这就是“乌台诗案”。苏轼被诬陷入狱，险被杀头。幸而经过亲友多方营救，于年底出狱，贬为黄州团练副使。他在友人的帮助下，申请黄州城东的荒坡地数十亩，掘井筑室，躬耕其中，以解决家庭众多人口的生计困难。从此他自号东坡居士，故后来人称“苏东坡”。在苦闷郁愤、孤独彷徨之时，他信奉老庄佛学，得以旷达自适，但又不能真正忘怀现实。他到黄州的第四个年头，又逢清明前一日的寒食节。那一天，阴雨连绵，茅屋在云水蒙蒙之间，仿佛如一叶孤舟。苏轼面对破灶、湿苇、寒菜，百感交集，心中充满哀怨、屈辱、绝望、激愤之情，一时无法排遣，于是展纸挥毫，写下了两首《寒食》诗，这就是著名的《黄州寒食诗卷》。

【八公山人语】

“自我来黄州，已过三寒食……春江欲入户，雨势来不已。小屋如渔舟，蒙蒙水云里。空庖煮寒菜，破灶烧湿苇。那知是寒食，但见乌衔纸……”这幅《黄州寒食诗卷》倾注着苏轼在特定境遇下，百感交集的复杂感情，而诗卷又以错综变化的书法线条，将这种复杂感情和痛苦的内心世界勾画出来。他把幻想与绝望、旷达与悲哀寓于书，那浓重厚实的笔墨点画透露出在绝境中挣扎的顽强生命力。苏珊·朗格认为：“如果要想使得某种创造出来的符号（一个艺术品）激发人们的美感，它就必须以情感的形式展示出来；也就是说，它就必须使自己作为一个生命活动的投影或符号呈现出来，必须使自己成为一种与生命的基本形式相类似的逻辑形式。”苏轼此帖正是将书法与诗情融为一体，创造出了蕴含丰富的意境。

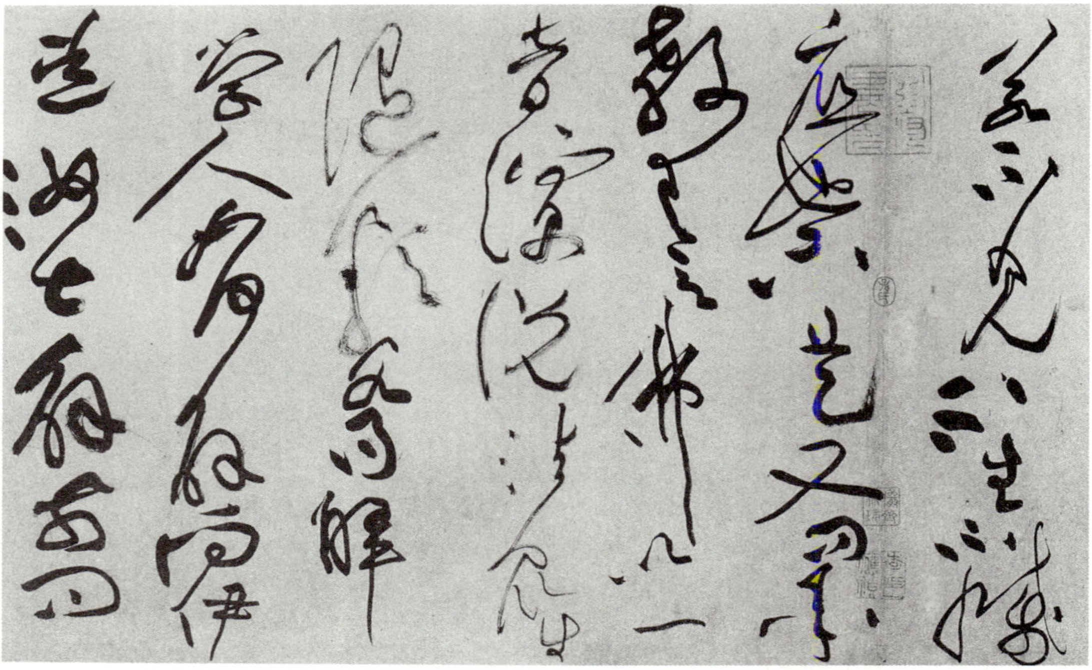

宋　黄庭坚　《诸上座帖》

蛇与蛤蟆

1085年，高太后垂帘听政，起用反对变法派，苏轼也被起用任登州太守，刚到任五天，就接到调回汴京的诏命。次年苏轼回朝，由起居舍人，迁中书舍人，又迁翰林学士制诰，一连荣升三次。苏轼在朝时大力提拔和举荐贤才。他提拔的一些新生力量都斐然有声，后被人称为“苏门学士”的黄庭坚就是其中之一。苏轼年长黄庭坚8岁，俩人辈分和职位上有长幼尊卑之别，但关系非常好，亦师亦友。一天，他俩在一起讨论书法。苏轼对黄庭坚说：“庭坚啊，你近来写的字虽然清劲，但有时写得太瘦，几乎就像挂在树梢上的蛇。”黄庭坚听了哈哈一笑道：“您老的字我当然不敢妄评，但有时觉得写得肥扁，很像是被压在石头底下的蛤蟆。”俩人相对大笑，都认为对方说中了自己书法的特色亦即缺点。

【八公山人语】

苏东坡和黄庭坚都是中国书法史上开宗立派的大家，由于苏、黄崛起于书坛，才冲破了宋初的院体俗书，别开生面，开辟了宋代书法的新天地。他俩的书法都有自己独特的艺术风格和审美特质。但是，特点往往又是缺点。苏轼书法如绵裹铁，藏巧于拙，字形偏于肥扁；而黄庭坚书法新俏瘦硬，清雄雅健，笔画纵长盘曲。所以，用“石压蛤蟆”和“树梢挂蛇”来形容苏、黄书法特色，确实生动形象。他二人彼此调侃对方，带来的反应不是恼怒、尴尬、不快，而是开怀大笑。这表现出他俩关系的亲密，以及大家的胸襟气度。正因为如此，它才成为千古美谈。今天书法界能做到苏、黄这般大度的，恐怕很少。对自己的书法，人们总是爱听赞美的话，而不爱听批评的话。这正是人性的弱点。

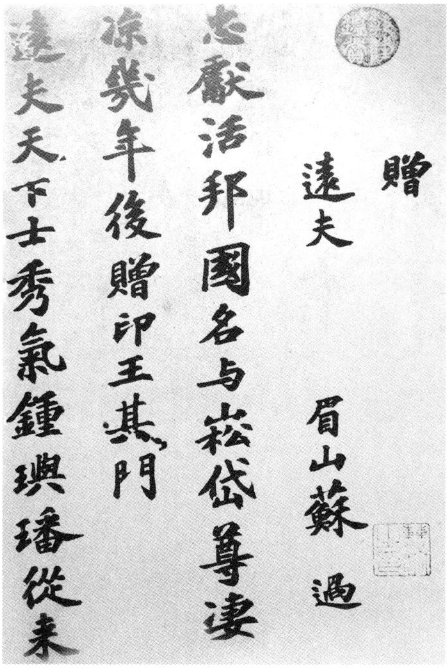

宋 苏过《赠远夫诗》

不误一字

1094年，重新掌权的变法新党，罗织罪名，撤掉了苏轼的学士官衔，把他远贬岭南做英州知州；接着一月之内再连续三次降职，最后贬为惠州司马。1096年，苏轼在惠州白鹤峰买地盖房，打算久居。哪知当权者仍不放过他，1097年，已贬官到惠州的苏轼，再次被贬到了琼州。他仅带上幼子苏过，渡海到海南岛的儋州。有一天，已在岛上生活了两年多的苏轼，对苏过说：“我曾告诉你，我决不为海外人。近日我觉得有回到中州的气象。”于是，他洗净砚台，找来纸笔，并且点上香，然后发愿说：“如果真如我所言，我现在写我平生所作的八篇赋，应当不漏不误一个字。”说罢，他展纸挥毫，一口气写完了八篇赋文，他读后大喜，果真不误一字。苏轼对儿子说：“我们要回去啦！”真的没过几天，宋徽宗宽赦元祐旧臣，苏轼即获召还。

【八公山人语】

过了7年流放的生活，年近66岁的苏轼已经身心俱疲，但是仍然记忆力惊人。八篇赋文洋洋万言，他竟能一字不误地背写下来，这已是非同一般了。他虽然幸运遇赦北归，但是路途遥远而又艰辛，再加上乘船时河水熏蒸，他在六月由金陵往常州的船上病倒了。七月二十八日，他逝世于常州。一代文星陨落了，各方痛悼，“吴越之民相与哭于市”，友人相吊于家中，太学生几百人还自动集会到讲舍举行奠仪。宋代以后，中国书法的品评特别看重书家的人格、人品，往往是书以人重。苏轼立朝处世，秉性忠直不阿，关心国计民生，深得人民群众的爱戴。苏轼死后，谥号“文忠”，与颜真卿谥号相同。后人因崇拜苏轼，加之他与颜真卿一样也是书法史上的大家，同是创新的巨擘，书风也有相似之处，故并称“颜苏”，流芳千古。

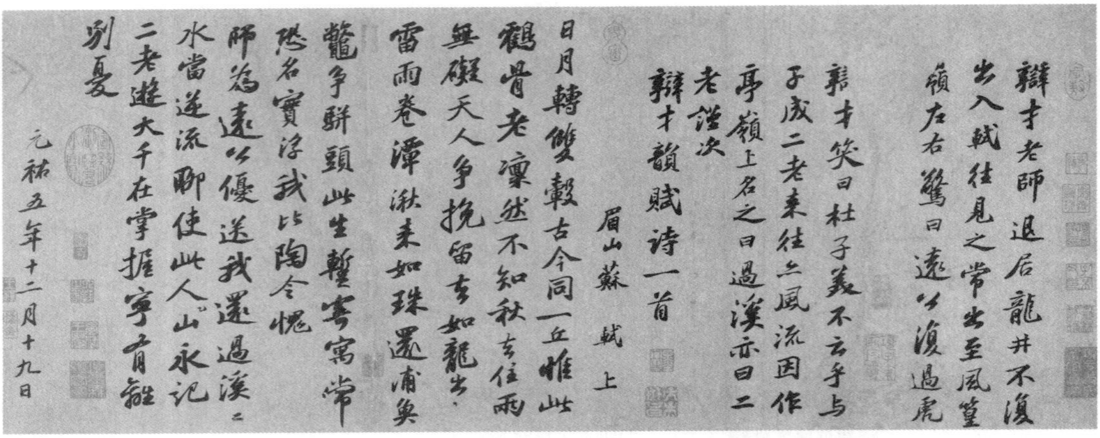

宋　苏轼《次辩才韵诗帖》

苏字换羊

宋代重文轻武，殿帅姚麟是个武官，文臣都不愿与他交往。可是他偏偏喜欢苏轼的字。那时，大理寺丞韩宗儒贪吃羊肉，却又不舍得自己花钱买。姚麟便对他说：“您要是得到苏轼的一张字给我，可以换给您几斤羊肉。”韩宗儒听了便答应下来，如何得到苏轼的笔墨呢？于是，他想了一个办法，就是给苏轼写信，苏轼收信后自然会回信。韩宗儒拿到苏轼的信札后去向姚麟换羊肉。就这样一来二去，时间长了消息便流传出去，被黄庭坚听到了。一天，他调侃苏轼说：“过去王羲之写字为‘换鹅字’，如今韩宗儒每得您一帖，就在姚麟那里换几斤羊肉。从此，您的字可谓‘换羊书’了。”苏轼这才明白为何韩宗儒老是来信，而且信使要等他回复才肯走，口头回复不行，一定要书信。不过，他也是一笑了之。

【八公山人语】

宋神宗熙宁、元丰年间，苏轼、黄庭坚、米芾三位天才书家相继出现，他们提出由唐溯晋，摒除帖学，才使得宋朝书法为之一振，面目一新，真正形成了宋代书法的尚意之风。苏轼就是领导时代新书风的主帅。门生陈师道诗赞说：“一代苏长公，四海名未已。投荒忘岁月，积毁高城垒。”苏轼才华盖世，名满朝野，那时许多人都想得到他的书法，出现“换羊书”是十分自然的事了。苏轼的书法着重内在的刚健，要求锋藏画中，力出字外，并重视笔墨纸砚的精良。他甚至喜欢用鸡毛笔作书，曾“惊叹此笔乃尔蕴藉”，非常称手。可见他用软毫笔的过人功夫。他曾评自己的书法“如绵裹铁”，说明其书具有外柔而内刚的特殊风格。《学古绪言》中则称他的书法是“藏巧于拙”，这又精辟地概括了苏体的另一方面特色。

宋　苏轼　《赤壁赋》

人墨相磨

早在殷商时期巫师就用墨来书写占卜的文字了；汉末魏晋始有“松烟墨”，韦诞就是那时的制墨高手；唐末五代战乱，墨工纷纷南迁，徽州成为全国制墨中心。凡古代书法家都是爱墨之人，宋代苏轼不仅爱墨而且还爱收藏墨，他自称“吾有佳墨七十丸，而犹求取不已，不近愚也。”宋神宗元丰元年，苏轼 43 岁时任徐州太守，其僚属徐州教授舒焕经常与苏轼酬唱交往。当他看到苏轼多年收藏的墨后，对苏轼藏墨之精、收藏之丰，大为惊叹，于是写诗致意。苏轼读罢也特地和诗一首，即《次韵答舒教授观余所藏墨》，其中有诗句写道：“此墨足支三十年，但恐风霜侵发齿。非人磨墨墨磨人，瓶应未罄罍先耻。”磨墨书写，日复一日，光阴荏然，不知究竟是人磨墨还是墨磨人。苏轼诗中的一番感慨，情真意切，发人深省。

【八公山人语】

古代书法家几乎每天都要与笔墨打交道，就像是现在人们每天要与手机打交道一样。长此以往爱墨生情是很自然的事。当然，苏轼收藏墨只是因为喜好，并不是为了使用。43 岁时，他自言收藏的墨已足够用 30 年，而他只活到 66 岁时就去世了。换句话说，他到死也用不完收藏的那些墨。的确，一枚好墨非常耐用。据说，一枚唐末李廷珪制作的“廷珪墨”，就是每天磨用，按日常书写信札的字迹大小，每天写 5000 字，也可以用上 10 年。据宋代庄绰《鸡肋编》记载，北宋翰林承旨吴正仲书写一部《华严经》，他“半用廷珪（墨），才研一寸。其下四秩，用承宴墨，遂至二寸”。由此可见，真是人磨墨，而墨也磨人啊！

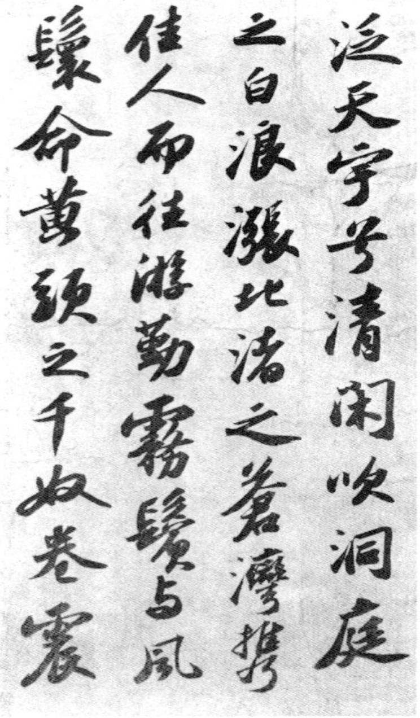

宋　苏轼《洞庭春色赋》

马眄代笔

北宋时，徐州有一位营妓马眄，不仅人长得漂亮，而且很有才艺，又善于书法，可谓色艺双全。1077 年，苏轼由密州知州改任作徐州知州。马眄是苏轼的铁杆“粉丝”，当她得知这一消息后，非常高兴。知道大书法家苏轼要来徐州，于是她天天临摹苏轼的书法，竟能写得很像。那一天，有人宴请苏轼，马眄正好也到场侍奉。席间，苏轼挥毫书写《黄楼赋》，还未写完，因事搁笔走开了。这时，马眄悄悄地拿起笔，模仿苏轼的笔迹，在上面接着写了“山川开合”四个字。苏轼回来执笔续写时，见了马眄写的四个字，哈哈大笑，自己并没有重写改正，而只是略为润色。所以，今天留下的苏轼《黄楼赋》碑刻，其中的“山川开合”仍旧是营妓马眄的笔迹。

【八公山人语】

营妓始于春秋越王勾践之时，其中不乏能歌善舞、雅好书画、色艺双全之人。在中国历史上，文人士大夫挥金如土，饮酒狎妓，放浪形骸，不但不为过，反倒会被人们津津乐道，看作是一种值得效法的文士风流，而如果有俗颜媚骨则定遭人们唾骂。黄庭坚曾经说过：“士大夫处事可以百为，唯不可俗，俗便不可医也。”所以，营妓马眄与苏轼的这段故事，便成了佳话。当年，苏轼才华盖世，名满天下，许多人临写苏体字是非常自然的事。就是在他死后，历朝历代直到今天，也还有许多人学习和临摹苏体。清代王文治则作《论书绝句》，热情洋溢地赞美苏轼杰出的书艺：“坡翁奇气本超伦，挥洒纵横欲绝尘。直到晚年师北海，更于平淡见天真。”

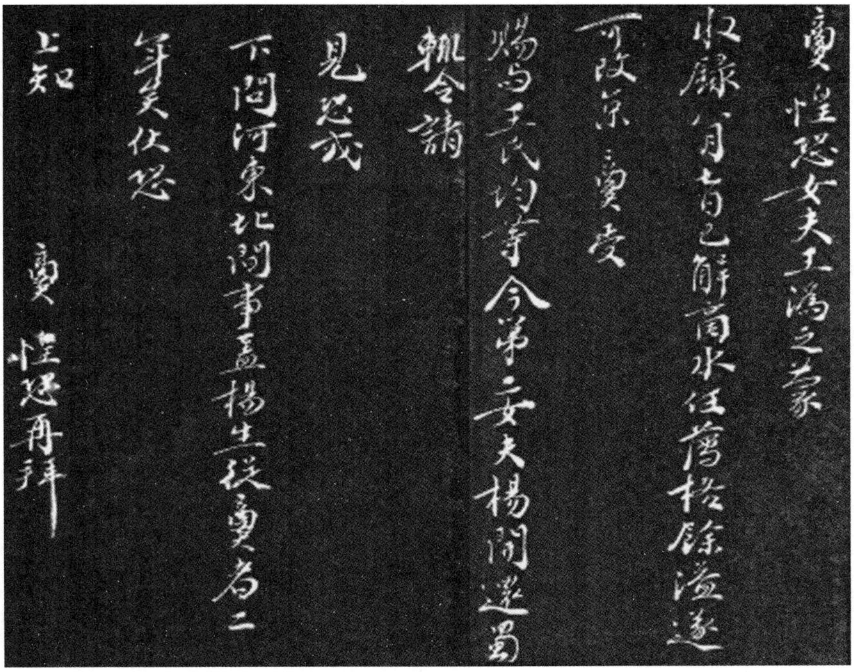

宋 张商英书札

胡不早问

北宋时的张商英，字天觉，号无尽居士，官至丞相。他能言善辩，身材高大，玉树临风，为人洒脱不羁，气节豪迈，傲视群贤。他很喜欢写那看起来无拘无束、恍如天马行空的草书，这倒是与他的性情十分契合。可是他又没有耐心认真临帖，一些草字书写得很不合草法，人们看了都讥笑他，他却不以为然。有一天，他吟诗时忽然得到佳句，赶忙向仆人要来笔墨，奋笔疾书，把想到的诗句写下来。一时情急，字写得非常潦草，很快便写完，满纸龙飞凤舞。他马上让侄儿把诗句抄录下来。当侄儿抄到笔画波折怪异的地方，感到迷惑不解，不知是何字，便停下笔来问张商英："这是什么字？"张商英仔细辨认了半天，也没认出自己写的是什么字，有点恼羞成怒，责骂侄儿说："你怎么不早一点儿问，你看我都忘记写的什么字了。"

【八公山人语】

自己写的草书不合规范，究竟写的是什么字最后连自己也无法认出，反倒怪别人为何不早问。这真是强词夺理！明代都穆《寓意编》中说："商英法颜，而自运为多。"可见，张商英是有楷书基础的，只是他不认真临帖，而是自己妄自挥运，不守法度。不过，写楷书如果点画写不到位，大不了字写得难看一些，还是可以让人辨认；如果写草书不遵守草法，自己随意发挥乱写，那结果可能就像张商英那样，最后连自己都无法认出了。俗话说："草书没有谱，就是鬼画符。"所以，孙过庭《书谱》中说："草乖使转不能成字，真亏点画犹可记文。"从某种程度上说，草书的书写要求比楷书严格得多，笔画写长一点或短一点都可变成完全不同的两个字，正如明代韩道亨《草诀歌》中说的"长短分'知''去'"，写草书者不可不慎。

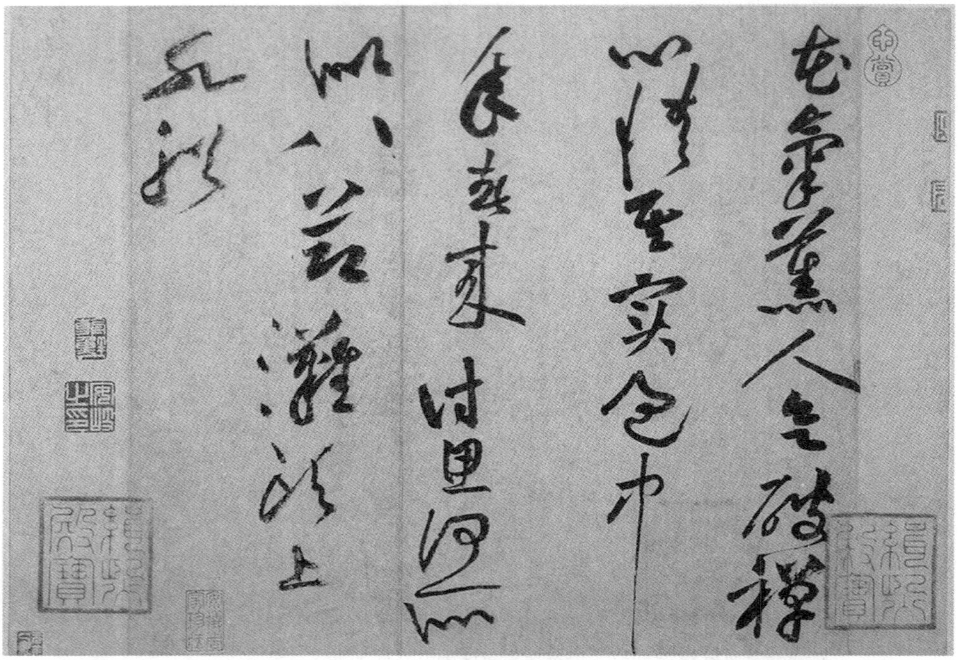

宋　黄庭坚　《花气诗帖》

背写千文

1103年，蔡京等人对政敌的迫害愈演愈烈，年近花甲的书法家黄庭坚因莫须有的罪名，受到“除名，羁管宜州”的严厉处分。宜州（今广西宜山）比他被贬的黔州更加偏远荒凉，这分明是要置他于死地。他只身前往宜州，先是在城中租房，因不被官府允许又寄身在寺院里，结果还是不准。被官府逼得走投无路，他只好搬到城墙上狭小的破戍楼里栖身。宜州通判余若著敬佩黄庭坚的人品和书艺，一直照顾他的生活，认为他就像汉代受党锢之祸的范滂等贤臣一样，所以请求黄庭坚书写《后汉书》中的《范滂传》，黄庭坚允诺。那一天，黄庭坚大声背诵《范滂传》全文，大书尽卷，千余字的文章背写下来，竟然仅有两三字疑误。崇宁四年九月三十日，黄庭坚就在这破戍楼里与世长辞了。这是他留给后世的绝笔杰作。

【八公山人语】

《范滂传》是《后汉书》中的名篇经典，黄庭坚能够全篇背写，可见他对此文之爱和学问功力之深。观看黄庭坚的书法作品，总觉得“郁郁乎文哉”，作品中弥漫着清新益人的书卷气。什么是书卷气？书卷气就是学养丰富的书法家作品中自然流露出来的清正文雅的气象，它是评价书法优劣高下的重要标准之一。清代书法家杨守敬在评论书法家时就说：“一要人品高，品高则下笔妍雅，不落尘俗；二要学问富，胸罗万有，书卷之气，自然溢于行间。”黄庭坚在几十年坎坷的仕途经历中，对书法学而不厌，精益求精。特别是他在因诗文被人罗织罪名，遭“文字狱”之害以后，促使他将整个身心和全部的精力都投入精研书艺中去，终于成为卓然独立的书法艺术大师。

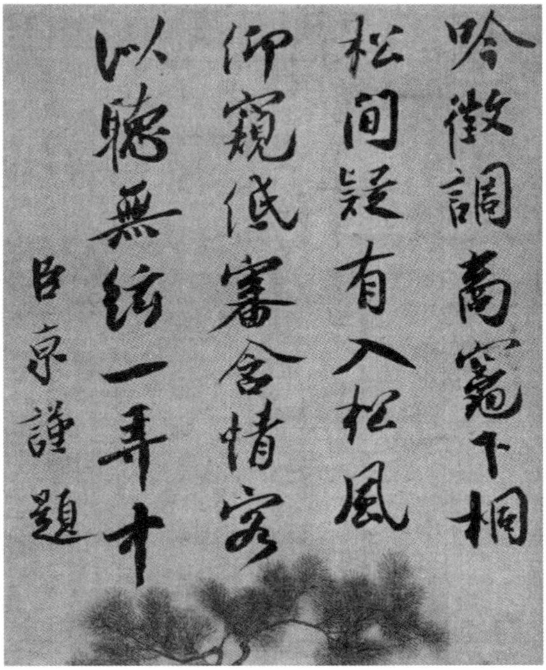

宋 蔡京《跋宋徽宗听琴嵊》

由愠而喜

蔡京的书法姿媚豪健，痛快沉着，风格独具。不过起初他书名并不显赫。他在北门的时候，手下有两个执役亲事的官吏，每天都很恭敬谨慎地侍奉他。夏天很热，他俩各拿一把白团扇为蔡京扇风纳凉。对此，蔡京心里很高兴，于是在他俩的白团扇上，各写了一幅杜甫诗中的联语。但是，这俩人却并不领情，反倒觉得团扇被蔡京墨迹污染而很不高兴。哪知，没过几天，蔡京忽然见到他俩穿戴一新，喜气洋洋地来见他。蔡京问他俩为何如此高兴，答说亲王用两万钱买走了他俩的团扇，所以想请蔡京再多写几幅送给他俩。蔡京听了笑而不答。宣和初年，宋徽宗在保和殿设宴，谈及此事的时候，他对蔡京说："你过去写的那两把团扇，朕已经收藏在御府中了。"原来亲王已将蔡京写的团扇进献给了皇上。

【八公山人语】

这事发生在蔡京尚未发迹之时，后来他曾四度出任宋朝宰相，推行改革，共达 17 年之久。他为属下书扇以答谢他们的辛劳，属下竟然愠怒。由此可见，蔡京的书法当时尚不为世人所知。不过，还是亲王有见识，出两万钱高价买去，后来还献给了皇上。而这时被后世誉为宋代书法四大家的"苏、黄、米、蔡"，蔡襄比蔡京年长 35 岁，已是当时书坛的泰斗，被誉为"国朝第一"；苏轼、黄庭坚、米芾的书法，当时也已是名满天下。由于蔡京被列为北宋"六大权奸"之首，因人废书，所以书迹传世很少，散见于一些绘画题跋上。此外，还有香山寺的镇寺之宝的《香山大悲菩萨传碑》，俗称"蔡京碑"。该碑立于北宋元符年间，由通义大夫同知枢密院事蒋之奇撰文，蔡京书丹，尚可看到蔡京书法"严而不拘，逸而不外，笔法姿媚"的翰墨风采。

宋 蔡京《大观圣作之碑》碑额

大笔如椽

宋哲宗元符末年，蔡京被免去宰相官职以后，欲东归却没有合适的居所，最后打算到仪真（今扬州）定居。他的舟船在江上徘徊了很久后，泊于岸边的亭下。这时，他的布衣老友米芾和词人贺方回来见。俩人刚坐下来，就跟着闯进一个恶汉，高声说道：“承旨（蔡京）书大字，举世无双。然而我想不过是依靠灯烛光影来放大的结果，哪有能使如椽大笔的人呢？”蔡京听了后笑道：“那我就写给你看。”米芾和贺方回也很乐意观看。蔡京命人做饭磨墨，待他们吃完饭后，刚好有两幅素绢，吩咐左右取大笔来。只见仆人掀起帘子取出一个竹筒，里面装有六七支如椽大笔。众人看了都很吃惊。蔡京徐徐调笔，问来客：“写什么字？”那恶客拱手说：“我想请您写‘龟山’二字。”蔡京大笑，一挥而就，众人莫不赞叹。

【八公山人语】

据记载，蔡京写完“龟山”二字后，当墨迹快干时，准备拿起来给大家看，贺方回抢先去用双手拿起来做张图状，忽然他又弯腰将字卷起来，拿着飞快地跑走了。蔡京被写入《宋史》中的《奸臣传》，人品不高，书品也就不高了，自然不在宋代书法“四大家”之列。但是，他的确善于书法，尤精大字，字势豪健，痛快沉着。史称他写的榜书“龟山”二字，“盘结壮重，笔力遒劲，巍巍若巨鳌之载昆仑，翩翩如大鹏之翻溟海，识与不识，见者莫不耸动，斯亦一时之壮观也。”蔡京被贬官流放后，在赴儋州贬所时，携带了大量金钱，但是他曾经的作恶多端招致老百姓的反感，在路上用钱也买不到吃的东西。因此，他不由得感慨：“京失人心，何至于此。”最终，80岁的蔡京饿死于潭州（今湖南长沙）崇教寺。

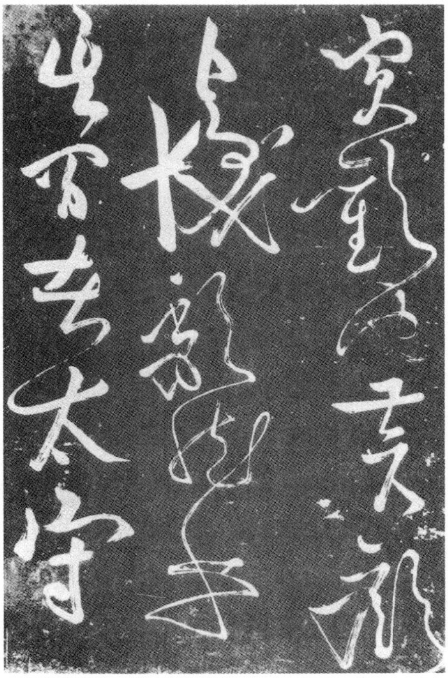

宋 苏轼《醉翁亭记》

一纸万钱

蔡京与苏轼同为当朝书法名家，但政见不同，蔡京是改革派，而苏轼是保守派，两者水火不相容。宋徽宗崇宁、大观年间，起用蔡京为相国，苏轼过去所书写的碣石碑文和墨迹全都遭到毁禁。有一天，宋徽宗御驾亲临宝箓宫醮筵，主持祭神礼仪的道士流拜章伏地很久才起来。宋徽宗感到很奇怪，就问他为何这么久才起身？他答道："刚才我去拜见上帝，恰好碰上奎宿在禀奏，他很久才讲完，所以我只好在一旁等待。"宋徽宗惊讶地问："何方神圣担任奎宿？他禀奏了何事？"流拜章答道："他说了什么我听不到，而担任奎宿的那个人正是本朝之臣苏轼啊！"宋徽宗听了大惊失色，遂开解党禁，并且广泛搜求苏轼的墨迹。但此时苏轼遗墨已经所剩无几，一纸可值万钱了。

【八公山人语】

崇宁元年，宋徽宗令中书省进呈元祐中反对新法及在元符中有过激言行的大臣姓名。蔡京将文臣执政官司马光、苏辙、苏轼、黄庭坚、秦观等共计 128 人，分别定其罪状，称作奸党，并由徽宗亲自书写姓名，刻于石上，竖于端礼门外，称之"元祐党人碑"。苏轼被贬，因人废书，但后来又宽赦元祐旧臣，苏轼恢复了名誉地位后，其书迹又一纸难求。宋徽宗时的宦官谭稹花了五万钱才购得苏轼写的榜名"月林堂"三个字。蔡京是宋代书法家蔡襄的从弟，同是福建仙游人（今莆田），其书法姿媚豪健、痛快沉着，冠绝一时，深得宋徽宗的称赞，徽宗常令蔡京在他的画作上题诗作跋。就连狂傲的米芾都曾表示，自己的书法不如蔡京。

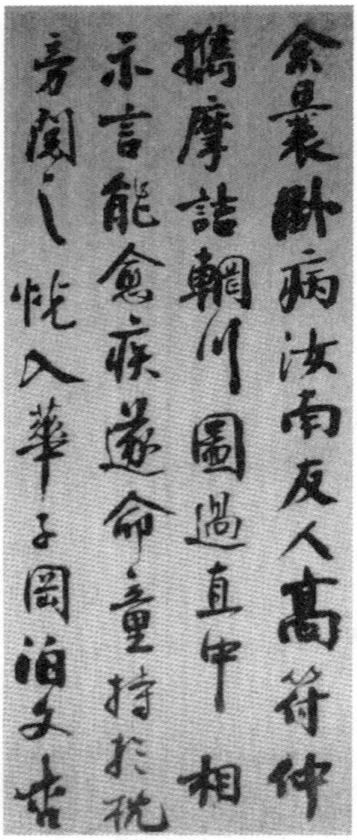

宋　秦观《摩诘辋川图跋》

题壁结缘

秦观，字少游，虽然15岁丧父，但从小就有远大抱负，博览群书，特别是研习经史兵书，诗词和书法写得都好。他非常仰慕苏轼的才华，只是苦于无缘相见。终于有一天，他得知苏轼将要经过扬州的维扬，于是他用他那一笔漂亮的行草，将苏轼的诗文题写在墙壁上。苏轼来到维扬时，看到满壁都题写着他的诗文，那字写得风流潇洒，妍媚漂亮，大有东晋风韵，大吃一惊。他没想到维扬这地方竟有此等高人。等他见到湖州知州孙莘老时谈及此事，孙莘老笑道，那位在维扬墙壁上题诗的人就是他高邮的小老乡秦少游。于是，他拿出秦观写的几百首诗篇给苏轼看。苏轼看了后，被秦观的书法和诗才所感动，叹息道：“那位在墙壁上题书的人，原来是这位青年啊！”他亲自到扬州与秦观一见，俩人从此结缘。

【八公山人语】

秦观一生仰慕和追随苏轼，他曾在《别子瞻学士》诗中写道：“我独不愿万户侯，惟愿一识苏徐州。”他二人结识后，与孙莘老、王巩亦相约游东岳庙，载酒论文，吟诗作赋，一时传为佳话。在苏轼的鼓励下，数度落第的秦观从此不再放浪江湖，勤奋读书，决心参加科考，终于在元丰八年考中进士，得以入仕做官。后来，在苏轼的举荐下，秦观升迁国史院编修，与黄庭坚、晁补之、张耒同时供职史馆，人称“苏门四学士”。赵孟頫说：“秦少游书如水边游女，顾影自媚。”秦观的书法师法钟王，就像他的诗词一样婉美萧散，姿媚遒劲，当时人都称好。苏轼更赞他“有东晋风味”，唯独钱穆父说他俗。那时，文人最恨的就是俗气，秦观听到后深以为恨，遂改法度，稍去俗气，渐趋平淡。只是他从来不向人们说起此事。

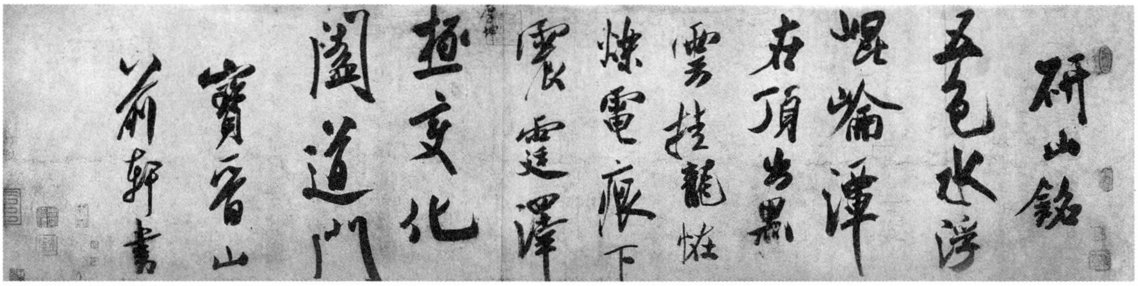
宋　米芾《研山铭》

揣砚入怀

米芾从小就随母亲入宫，因为他的母亲“侍宣仁后藩邸旧恩”，所以后来他得补浛光尉。他先后历任雍丘县知县、涟水军知县、无为军知县等职。由于他为人傲岸不羁，违世异俗，行为怪诞，有“米颠”之称，他性情痴绝，不似常人。一天，宋徽宗与丞相蔡京一起讨论书法，并召来米芾，命他用两韵诗草书在御屏上，并指着御案上已经研磨好墨的砚台说：“你就用它吧！”米芾次韵押中字韵，将诗书写在御屏上，从上到下其直如线。徽宗在一旁看着，非常赞赏，说道：“书学博士真是名副其实啊！”米芾写完以后，马上拿起御案上的那方砚台，揣入怀中，结果墨汁淋漓，把衣襟都染黑了。他向徽宗禀奏道：“砚台经臣下使用过，不敢再进陛下。臣敢请皇上拜赐给我。”徽宗看着他那狼狈的样子，哈哈大笑，答应将御砚赏赐给他。

【八公山人语】

大凡杰出的艺术家，其性格行为往往有些狂放癫逸、不似常人之处。且不说西方绘画史上，凡·高、达利这样的艺术大师是这样子，就连中国书法史上的张旭、怀素、杨凝式等大书法家也是如此。米芾更是性格痴癫、疯疯傻傻，与众不同。他的一些怪异的行为实在令人忍俊不禁。其实，在那表面癫狂之中却暗藏机敏，赚了一方好砚台。米芾喜爱收藏砚石，曾经得到一方“屹越成山，其麓受水可磨”的砚石，据考证，这是南唐后主李煜的旧物。米芾欣喜若狂，居然抱眠三日。他还即兴挥毫，用南唐澄心堂纸书写39个行书大字，这就是传世珍品《研山铭》：“五色水，浮昆仑。潭在顶，出黑云。挂龙怪，烁电痕。下震霆，泽厚坤。极变化，阖道门。宝晋山，前轩书。”

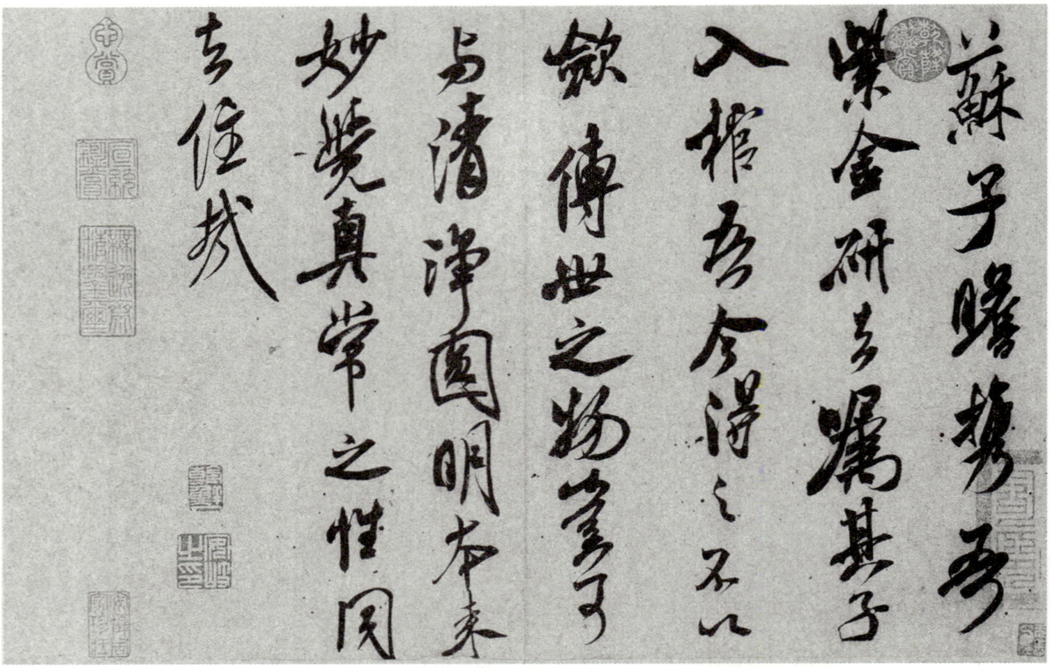

宋 米芾 《紫金砚帖》

巅峰对决

米芾没有参加过科举考试，因为母亲与宋英宗宣仁皇后的特殊关系，而直接入仕做官的。宋哲宗元祐末年间，米芾任雍丘县知县的时候，苏轼被朝廷从扬州任上召回，回京城时正好路过雍丘县，顺道来看望他。那天，米芾见到苏轼非常高兴，自然要设宴款待。不过，他准备了一个特殊的宴席：在大厅内主客面对面各设置了一条长案，上面摆上了精笔、佳墨和好纸三百，而将美酒佳肴放在一旁。苏轼一看这阵势不由得哈哈大笑，心里明白这是要与他比试书法。俩人遂即就座，每对饮一次，便各自铺开纸张，挥毫写字。米芾专门安排了两个佣人在旁边帮着磨墨，还供就不及。就这样，他俩边喝酒边写字，直到酒喝完了，纸也写尽了方罢。这时，俩人收拾好自己写的字，彼此交换带走，都觉得这些字要比自己平日里写得好。

【八公山人语】

米芾性情狂怪又充满机智，他安排的这场宴席可谓别出心裁。这是一场宋代书法最高水平的大家的巅峰对决。其实，米芾此时已 40 岁，比苏轼小 16 岁，两个人年龄相差很大。不仅如此，米芾并非科举出身，此时仅是知县，七品小官；而苏轼是进士及第，在此之前已做过吏部尚书。一个书坛晚辈，而且并没有政治上和文学上的显著地位，却敢于向前辈叫板，足见米芾的癫狂和苏轼的旷达。他俩都善于行书，风格各异。苏轼的行书外柔而内刚，如绵裹铁，藏巧于拙，扁方肥壮；米芾的行书英俊剽悍，八面出锋，沉着痛快。不过，米芾的书法成熟较早，38 岁时作《苕溪诗帖》，就有“快剑斫阵，强弩射千里”的气概，结体敧险中仍见稳练，通篇一气呵成，无复遗憾。可见，他中年时期就已经形成了特殊的书法风格，自成一家。

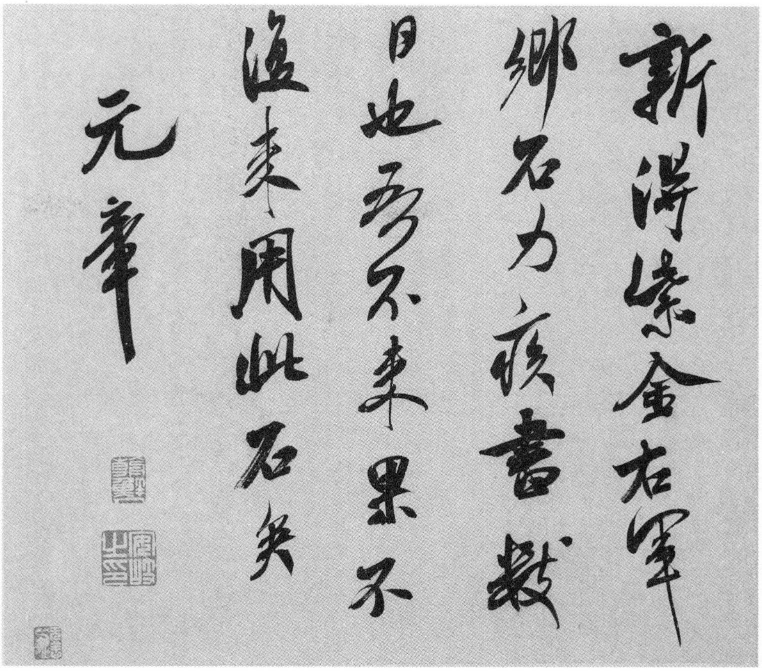

宋 米芾《紫金石帖》

自负狂傲

米芾自负狂傲，目空一切，曾经说他的书法要“无一点王右军俗气”。有一次，宋徽宗命米芾把《同官篇》书写在屏风上。米芾写完后，将毛笔向地上一扔，口吐狂言：“一洗‘二王’恶札，照耀皇宋万古。”还有一次，宋徽宗问他：“本朝以书法闻名于世的蔡京、蔡襄、沈辽、黄庭坚、苏轼这几个人，你看他们的书法怎么样？”米芾答道：“蔡京得笔而乏逸韵，蔡襄勒字，沈辽排字，黄庭坚描字，苏轼画字。”皇上又问道：“卿书如何？”米芾答道：“臣刷字。”有一天，蔡京问米芾：“当今能书者有哪几个人？”面对蔡相国，米芾当然不敢自夸，便答道：“公家兄弟（即蔡襄、蔡京）是也。”蔡京追问道：“那其次呢？”米芾道：“芾也。”蔡京听了哈哈一笑。

【八公山人语】

米芾对前辈书法家和书艺传统，表现出强烈的怀疑意识和批判意识，常常发出惊世骇俗之论，即便是书圣王羲之也未能逃脱他的贬损和攻击。他曾自言要“无一点王右军俗气”。对同时代书法家的品评，米芾更是直言快语，丝毫不掩饰自己的观点。他的批评虽然有点以偏概全，却也一针见血地指出了宋代那几位书法大家的弊端。艺术家身怀绝技，胸藏风云，大多自命不凡。米芾的自负狂傲，实为一个真正艺术家应有的胆识和气魄。他对前辈的批评并非是信口雌黄。没有否定就没有肯定，世界上一切事物都是在这种否定中求得自身的发展，书法艺术也是这样。因此，只有不但敢于否定前人，而且也敢于不断否定自己的艺术家，才是真正的艺术家。米芾正是这样。

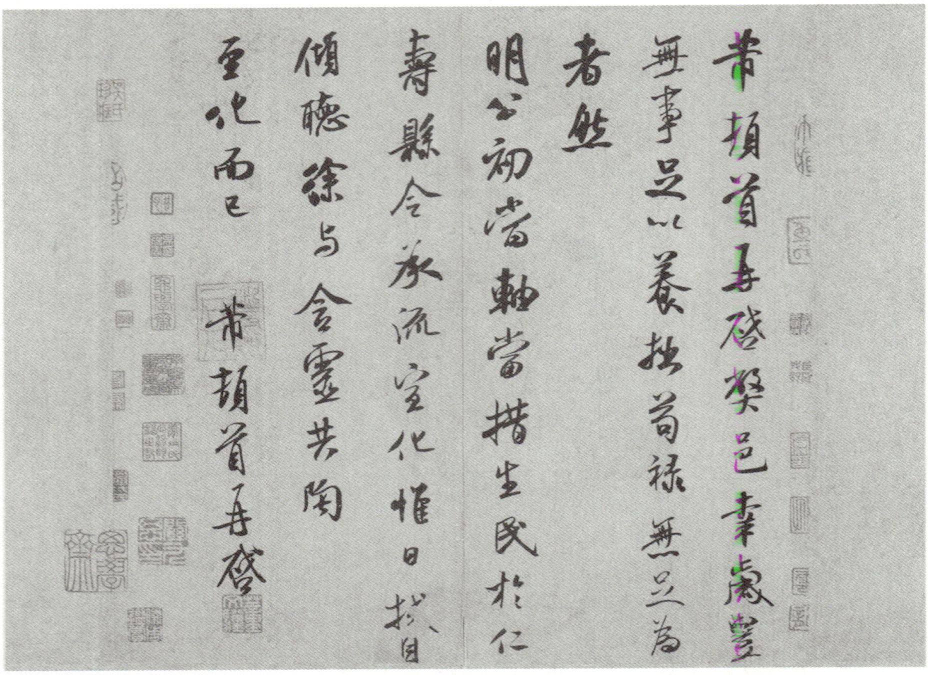

宋　米芾书札

寻死求书

米芾不仅是大书法家，也是大收藏家和鉴赏家，不仅他的书法不肯步唐人后尘，取法晋人特别是“二王”，而且他对晋人书迹也是广泛搜求，不遗余力。有一天，米芾到真州的一条船上拜谒宰相蔡攸（蔡京的长子）。蔡攸拿出王羲之《王略帖》给米芾欣赏。此帖写得气韵高古，苍雄沉着，豪逸奇崛。米芾看罢十分惊叹，请求以他收藏的名画来交换此帖。蔡攸听了面有难色，不肯跟他换。米芾说：“若不见从，某即投此江死矣！”说罢就大声呼叫着要投江寻死，并扶着船舷做出要跳江自尽的样子。蔡攸无奈，只好答应将《王略帖》与他收藏的名画交换。米芾得到此帖后，爱不释手，每天用心临摹，晚上睡觉前便将此帖小心收藏在一个小箱子里，还要抱着它入睡。

【八公山人语】

宋徽宗崇宁年间，米芾才入京城做了太常博士（为司祭祀礼乐之官），不久又召为书画学博士，赐对便殿。后来他因为进献儿子米友仁所作的《楚山清晓图》，而被提拔为礼部员外郎，出知淮阳军。米芾为人傲岸不羁，违世异俗，行为怪诞，人称“米癫”，经常会有惊世之语和骇人之举，就连皇帝对他也无可奈何。米芾看到蔡攸所藏的王羲之《王略帖》，本想以自己的藏画交换，但蔡攸就是不肯，无奈而又情急之下，出此下策，竟然要跳河自杀，连命都不要了。此可谓爱书如命，甚至可以为书舍命！米芾崇尚晋人书法，他得到谢安《八月五日帖》后，就将自己的书房命为“宝晋斋”；他还将谢安《八月五日帖》、王羲之《王略帖》、王献之《十二月帖》摹刻上石，可惜后来都损于兵火。今有他的《宝晋斋法帖》传世。

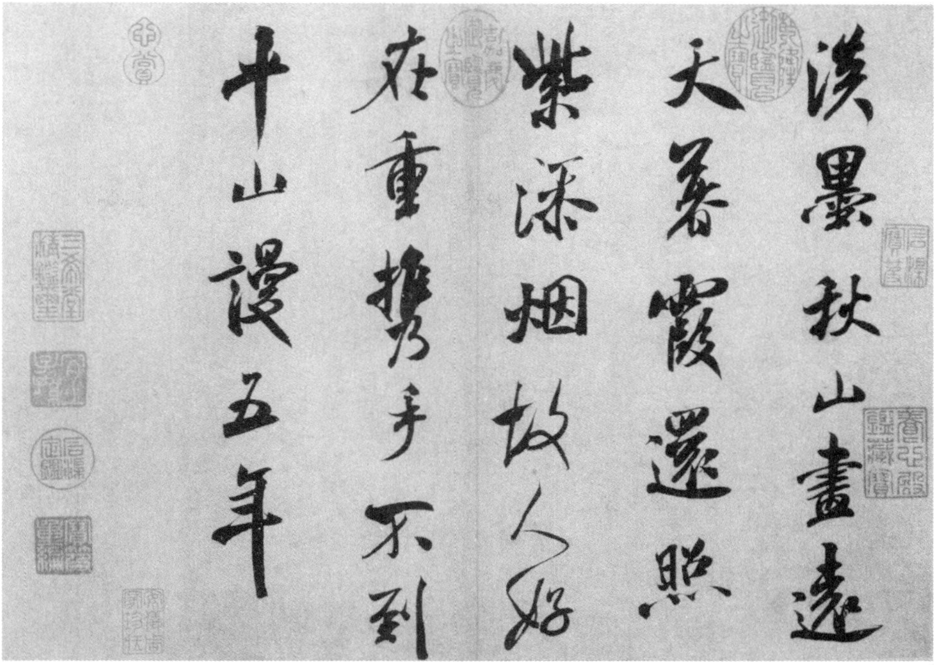

宋　米芾《淡墨秋山帖》

好洁成癖

米芾好洁成癖，声名远扬，连朝中的大臣和皇帝都知道这一点。他在雍丘县任县令的时候，御史徐天朔奉命到该县视察刑狱。徐天朔平生喜欢收藏砚台，在开封时他就听说米芾书法很好，而且也有收藏砚石的爱好。于是，他在欢迎宴会上乘着酒兴，提出要看一看米芾的藏砚。米芾看着徐天朔那幅邋遢模样，心中很不情愿，但是又碍于御史大人的情面，不好拒绝，只好将他带到自己的书房观赏。哪知，徐天朔一眼看中了那书案上摆放着的一方砚台，捧在手里看了又看，爱不释手。他忽然说要试试发墨如何，还未等米芾拿来清水，竟一口唾沫吐在砚堂里，拿起墨就着唾沫便磨起来。有洁癖的米芾见状脸色大变，对着徐天朔叫道：“您快把这方砚台拿走吧！”就这样，徐天朔赚得了一方好砚。

【八公山人语】

中国古代优秀的艺术家大多本着“达则兼济天下，穷则独善其身”的儒家处世原则，注意自我修养、自我完善，力图保持高洁的情操，哪怕是孤芳自赏也不与世俗同流合污。文人士大夫的这种清高自洁，一般都是表现在内在的精神人格上，而外在风貌却往往是粗服乱发，不修边幅。米芾却不同，不仅追求内在品质的高洁，而且在日常生活行为和外表风貌上，也同样清洁儒雅。他身处宋朝，而衣着却效法唐人，风神萧散，说话声音清畅，所到之处，人们常围着争相一睹他的风采。《宋史·米芾传》中说他“好洁成癖，至不与人同巾器”。甚至他的穿戴也不能让别人来拿。一次，他上朝穿的靴子偶尔被人拿了一下，心中很不高兴，非常厌恶那靴子，于是拿去反复地刷洗，以致把靴子都刷烂了。

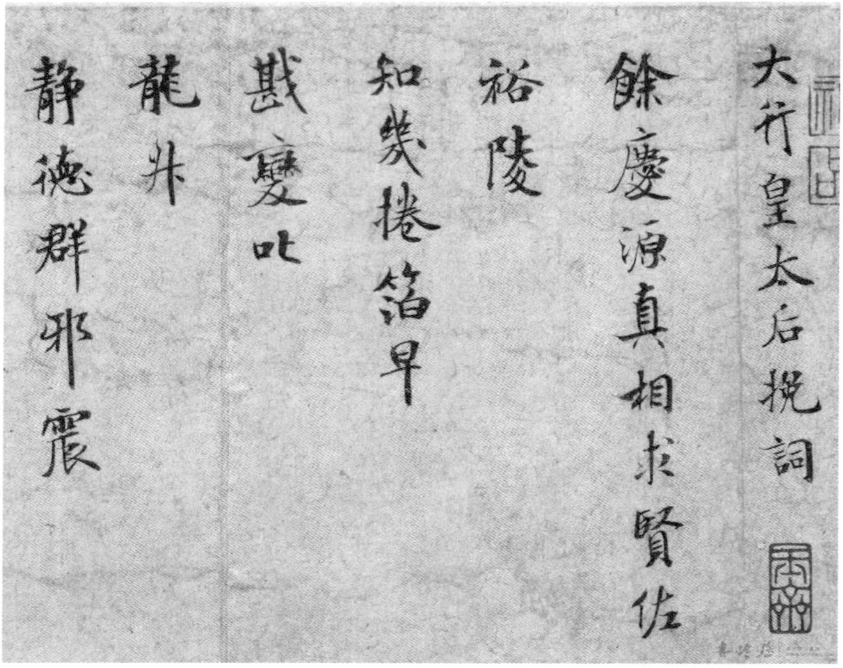

宋 米芾《太后挽词》

悬腕作书

宣城太守陈伯修，他有一个十分爱好书法的儿子陈寺丞。陈寺丞曾经在枕前的屏风上效仿米芾的笔法书写了杜甫的一首诗。有一天，米芾到访，看到陈寺丞写的字后，十分惊讶。陈伯修就叫儿子出来拜见米芾，米芾见到他非常高兴，便传授他提笔写字的方法。米芾说：“写字如果以腕着纸，则笔端有指力而无臂力。”陈寺丞好奇地问道：“提笔也可以写小楷吗？”米芾笑着看了看书童，叫他拿纸笔来。米芾端坐悬腕，写了一篇他的《黼扆赞表》，蝇头小楷，笔画端正严谨，而结体宽博就像是大字。陈伯修父子看了，非常佩服，于是向他请教方法。米芾说：“这不难，只要从今以后每写一个字都是提笔来写，时间一久，自然就熟练了。”

【八公山人语】

执笔与运腕是书法中的一个关键问题。米芾这里强调的是，无论写多大的字，执笔时都不要以腕着纸，而是要提笔悬腕作书，哪怕是写蝇头一般大的小楷也要这样。写小楷的基本执笔方法是要“指实掌虚，腕平掌竖”；而书写时要指死腕活，即运笔时，当指随腕动，心中但知有腕而不知有指，当以腕运笔，不可以指头挑剔。许多书法爱好者写字时常有的毛病就手指头太活好动，不知“指死腕活”的道理。悬腕写小楷已经不易，而能够悬腕悬肘写蝇头小楷，则更难了。一般说，大字贵在严谨雄浑，小字贵在清朗俊秀，所以通常写大字与写小字在结体和用笔上都有所不同。米芾的小楷体势雄浑大度，笔触沉着遒劲，难怪陈伯修父子见了要叹服。

宋　米芾　《蜀素帖》

米芾书素

北宋时，邵子中收藏了一卷蜀地出产的一种织有乌丝栏的素绢，质地精良。他将它装裱成手卷后，极其宝爱，只是在卷尾写了几句话，前面留下大片空白，想请书法名家来题写。但因蜀素罗纹较粗，滞涩难写，结果邵家传了三代，也没有哪位书家敢于染指。后来，此卷蜀素为湖州郡守林希所得。北宋元祐三年，林希邀请米芾同游太湖岸左的苕溪，说及此事时，一时高兴，便拿出那卷蜀素来给米芾欣赏。米芾见到如此美轮美奂的蜀素，书兴大发，哪里肯放过，而且林希也正中下怀。于是，他马上差人置酒布菜，与米芾痛饮三杯后，亲自扯着蜀素的边角，看着米芾挥毫作书。米芾当即用行书在上面挥笔写下自己的八首诗。这就是有名的《蜀素帖》。

【八公山人语】

米芾书此帖时 38 岁，正是意气风华之年。当年他乘兴而作，既洒脱快意、遒劲凝练，又英俊剽悍、八面生姿，充分体现了书法艺术的特色，成为流传后世的经典作品。黄庭坚看了此帖后评价道：“其势如刀剑出鞘，锐不可当；又亦如娇羞女子，婀娜多姿。”面对难得一见、如此精美又祖传三代的蜀素，米芾书写时当然是全力以赴，使出浑身解数，一字一画都笔笔精到，无一处败笔。难怪董其昌看了后说：“此卷如狮子搏象，以全力赴之，当为生年合作。”清代高士奇更题诗盛赞：“蜀缣织素乌丝界，米颠书迈欧虞派。出入魏晋酝天真，风樯阵马绝痛快。”米芾有“行书学博士”的头衔，他书艺成就最高的书体当然是行书，而《蜀素帖》正是他行书代表作品之一。

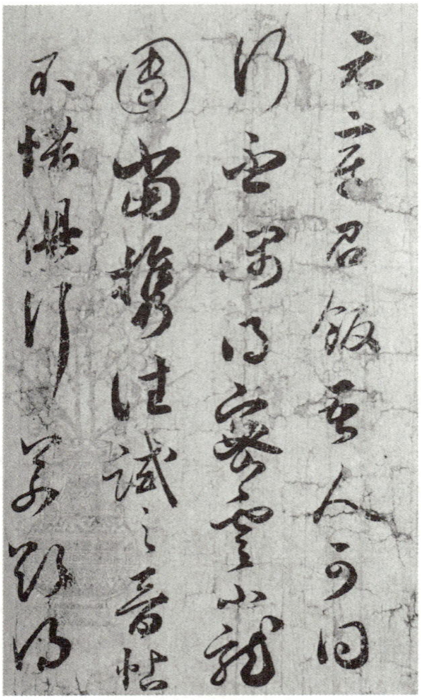

宋 薛绍彭书札

不可颠倒

薛绍彭官至秘阁修撰，出为梓桐槽。他是宋神宗时期的书法家，以翰墨名世，又善于品评鉴赏。薛绍彭与米芾是好朋友，都爱好书画，又都很较真，俩人经常在书画鉴定评赏的得失方面意见分歧，谁也说服不了谁。有一次，薛绍彭在写给米芾的信中说："现在，书画界久不见薛米了。"米芾看了他的来信后很不高兴，于是戏作一首诗回复薛绍彭："世言米薛或薛米，犹言弟兄与兄弟。四海论年我不卑，品第多知定如是。"米芾不乐意薛绍彭把当时人们并称他俩的"米薛"改为"薛米"，把自己排名在薛绍彭后面，所以写了这首诗讥讽薛绍彭。米芾认为"米薛"不能颠倒，无论年龄和书法的品第，不用说大家都知道米芾在薛绍彭之上。可见米芾如此计较。

【八公山人语】

北宋书坛，薛绍彭与米芾齐名，人称"米薛"。尽管如此，米芾心中对薛绍彭能与他并称，还是很不服气的。薛绍彭精行、草书，师法晋唐，特别是得"二王"笔意，书有雅意，行笔内擫，锋藏不露，笔致清润遒丽，有六朝遗意，历来书家对他的评价都很高。宋高宗《翰墨志》中说："苏、黄、米、薛笔势澜翻，各有趣向。"元虞集《道园学古录》中说："米元章、薛绍彭、黄长睿方知古法，长睿书不逮，唯绍彭最佳。"不过，在"宋书尚意"的大背景下，薛绍彭虽然超越唐人，崇尚"二王"古法，法度森严，但是变化较少，就创新意识上讲，仍不敌苏轼、黄庭坚、米芾。因此，他在宋代书坛的地位就没有他们那么高了。

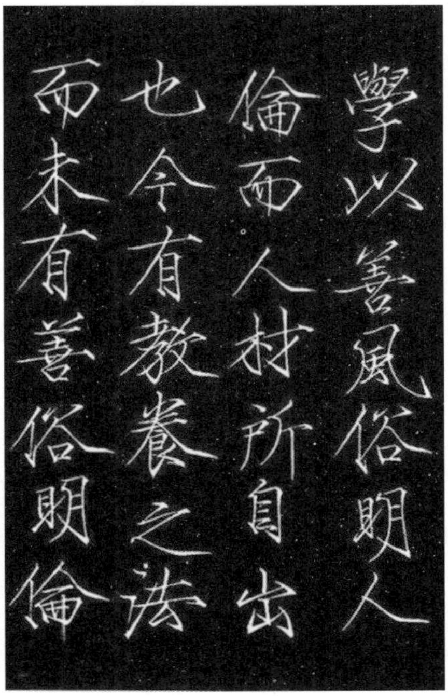

宋 李时雍摹《大观圣作碑》

簪花满头

宋代文臣李时雍是成都人，少年读书时就刻意于书画，后来多次因为善于书画在乡里中举，不过却屡试不第。最后，他还是沾了祖上的光，因为他的祖父李大临和父亲李陟之都曾是朝廷官员，这才得入仕途。宋徽宗崇宁年间，建立书学，当时李时雍的书名很大，便被提拔为书学谕，后来他向宋徽宗献颂有功，升迁为书学博士。有一天，他在宫中为女官书写“跨鳌”两个榜书大字，当时有许多宫女在旁边围观。字才刚写完一半，宫女们纷纷叫好，并且将花插在李时雍的头上，不一会便簪花满头了。当时，他与米芾同为书学博士，但是他的名气和才能都要高出米芾，深受徽宗皇帝赏识。盛名之下，自然求其书法者络绎不绝，甚至传到国外。李时雍不堪其扰，于是在手臂上套以绛纱，声言除非是圣旨便不能书写。

【八公山人语】

李时雍出身于书法世家，其祖父李大临进士出身，曾为国子监直讲、秘阁校理，他的父亲李陟之为朝奉大夫。李时雍在宋徽宗时代，因得到皇帝的赏识可谓名满天下，声名一度在米芾之上。特别是大观二年，徽宗为推行“八行取士”制度，亲自以“瘦金书”体写文，由蔡京书写碑额《大观圣作之碑》。因“圣碑”要立在宫学、太学、辟雍和各郡县，数量巨大，故徽宗钦点李时雍摹写他写的碑文，用以各地刻碑。这在当时影响深广，至今被发现的“圣碑”还有六块。李时雍的摹写比徽宗“瘦金书”更加瘦直挺拔，同时又不失飘逸，很好地体现了“瘦金书”特有的气韵。据《宣和画谱卷》记载，他“有书名，真行草俱工，苏轼尝以之为师”。因此，当年他与苏轼、黄庭坚都有交往，黄庭坚曾多次应其请索，为他作行草书。

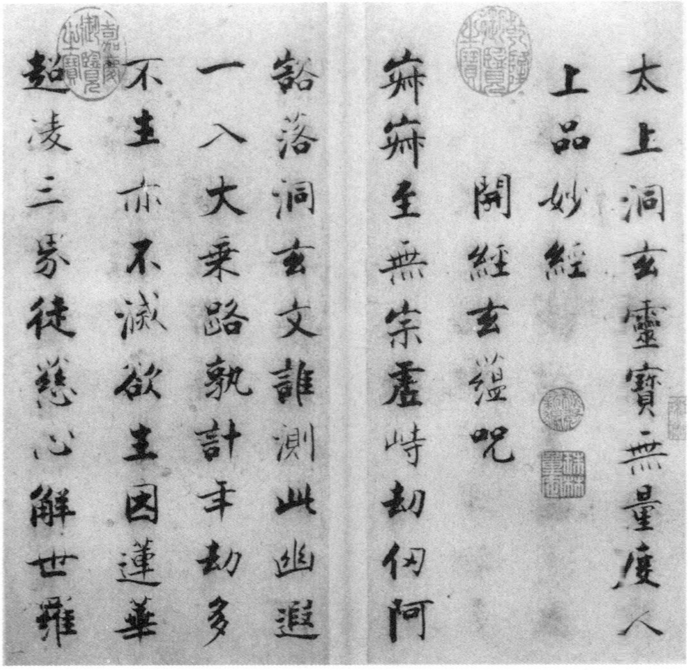

宋 张即之《度人经》

百万塔经

佛门僧人在读经修禅之余，也有人练习书法，把习字作为修身养性的一种手段。历史上不乏僧人书法家，南北朝的智永，隋朝的智苑，唐朝的高闲、怀素、亚栖等。宋朝时也有一位和尚叫释法晖，善于写小楷。宋徽宗政和二年天宁节，释法晖用很小的小楷书写了一座经塔，进献给皇帝，祝福万岁寿。这座经塔的每个字比半粒芝麻还要小，整整抄写了十部佛经：《妙法莲华经》《楞严经》《维摩经》《圆觉经》《金刚经》《普贤行法经》《大悲经》《佛顶尊圣经》《延寿经》《仁王护国经》。这座“宝塔”是由百万个小楷字叠合而成的经塔，而且书写者独具匠心，它从顶部起，直至趺坐，层层叠叠，鳞次栉比，分毫不差，恍如郁罗萧台。宋徽宗看了龙颜大悦，赐给释法晖一件紫袍。

【八公山人语】

经塔，是将佛经书写成宝塔的形状，塔身檐栏户牖，斗拱铃刹，宝塔的百千构件都是由工整的蝇头小楷密密麻麻地书写而成。每部塔经少则万字左右，多则十多万字，而释法晖书写的塔经竟达百万字，堪称中国历史上塔经之最。如此高难度的书写是如何办到的？据说，古代书写这样的微书塔经，是在一个密室的墙上打一个小孔，让光线从小孔照射进来，就在那一点明亮而不耀眼的光点内写字，才能够写出极细小的字来。抄写一座百万字的塔经，不能有半点疏忽大意，从头至尾不能有一字错漏，否则前功尽弃。要几年如一日地抄写，若非苦心孤诣、弘毅超卓，又内心极静极诚者绝不能成。中国佛教艺术史上，唐宋年间已有用佛经做塔的记载，但大都已湮沉于史海，今有明代文徵明《华经塔》、王淑民《金刚经塔》等存世。

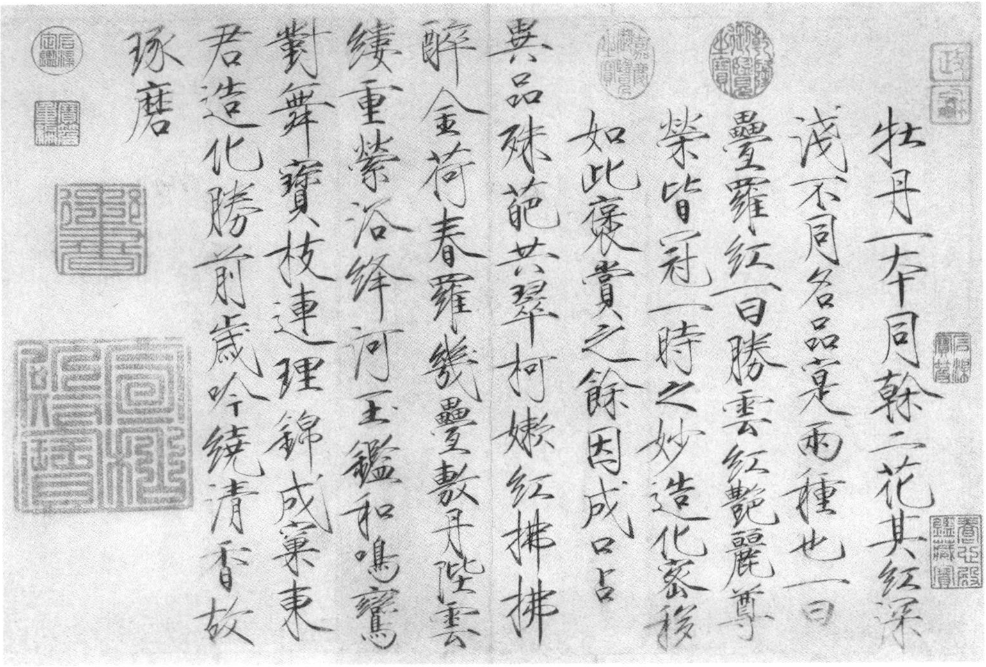

宋 徽宗赵佶题跋

诸事皆能

世评“宋徽宗诸事皆能，独不能为君耳”！这位古代少有的艺术天才与全才，楷、行、草均笔势劲逸。他初学薛稷、黄庭坚，又变其法度，自创“瘦金书”，写得意度天成，难以形迹求之。徽宗非常爱好书画，御府中收藏的书籍封签，都由他蘸着金粉写上精致的小楷标题。宣和年间，有一天，宝文阁待制赵子湨奏请铸小铁钱币，用来替代蔡京铸的沉重的夹锡币，并且将准备好的模型呈给徽宗，徽宗看了后大喜，亲书“宣和通宝”，字体包括隶书、篆书、行书以及他独创的“瘦金书”。徽宗不仅能书精雅的小字，大字也写得好。政和七年，徽宗亲自给国子监辟雍大讲堂题榜“大成殿”。宣和四年，徽宗还书《洛神赋》，并用行草书写自作的诗，那时许多书画家与他相比都黯然失色。

【八公山人语】

宋徽宗是中国历史上的一个悲剧性的人物。他诗书画三绝，于书法则真、草、隶、篆、行书各体皆精。王文治《论书绝句》赞他：“不徒素练画秋鹰，笔态冲融似永兴。善谏工书俱第一，宣和天子太多能。”编写《宋史》的史官，也感慨地说如果当初章惇的意见被采纳，北宋也许是另一种结局，并还说如“宋不立徽宗，金虽强，何衅以伐宋哉”。宋徽宗唯独当皇帝昏庸无能，重用蔡京、童贯、高俅等奸臣主持朝政，穷奢极欲，荒淫无度，最后导致“靖康之变”被金人俘虏而去，惨死金国。他为政的败笔还有：于崇宁元年间，蔡京拜相后，为打击政敌，将司马光、苏轼等 309 人之所谓罪行刻碑为记，立于端礼门，昭示天下。人们称之为“党人碑”，碑文由蔡京亲自书写，指司马光等人为“元祐奸党”。哪知，后来蔡京自己倒是被列入了《宋史·奸臣传》中。

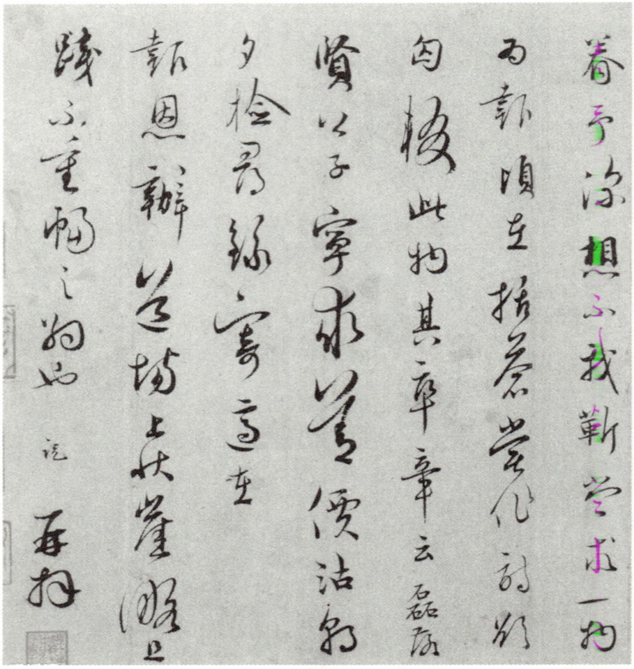

宋 吴说书札

吴说脱贫

南北宋之交，席大光与当时著名的文人墨客都有着密切的交往。他母亲去世以后，要立墓碑，就请当时著名书法家吴说来为他的母亲写墓碑。吴说在书写的时候，席大光就站在石碑的旁边看着。他唯恐吴说累着了，所以每当吴说写完几个字以后，他就一定要请吴说停下来休息一下，不休息还不行。几千字的碑文，吴说就这样写写停停，没完没了。有一天，吴说生病了，到了晚上，吴说觉得身体好些了，就悄悄起来，左手举着蜡烛对着碑继续书写。席大光得知以后，立刻起身侍奉在侧。碑文写完以后，席大光将自己的文房珍玩全都送给了吴说，而且还给了他六千贯钱作为润笔费，这可是相当于当时宰相 20 个月的现俸啊。有人就说，这下吴说脱贫了。

【八公山人语】

席大光对待吴说实在是恭敬有加，充分尊重书法家的劳动，而且出手大方。反观今日，许多人索书都不给润笔，都想要书法家免费赠送。吴说，字傅朋，他的书法在南宋时名气很大，与陆游、姜夔等齐名，尤其是他的行草书写得流利圆美，很有晋人的韵致。不仅如此，他还创造了一种新书体，即“游丝书”，写起来，一笔一行，连绵不断，状若游丝。虽然游丝书艺术性不高，不过是书法家的一种写字游戏，但是当时许多文人墨客都写诗称赞。启功先生也曾作诗夸赞道：“傅朋姿媚最堪师，不是羲之即献之。草法更能探笔髓，非同儿戏弄游丝。”“夫毫尖所行，必其点画之最中一线，如画人透衣见肉，透肉见骨，透骨见髓。”

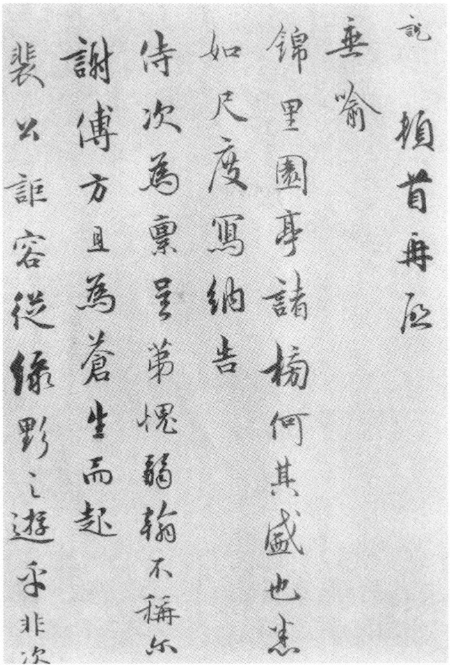

宋 吴说《垂喻帖》

自知之明

杭州西湖的北面有一处叫九里松的地方，据说唐代刺史袁仁敬镇守杭州时，在洪春桥至灵隐、天竺之间遍植松树，路边左右各三行，路长九里，由此一路苍翠夹道，人称九里松。为此，袁仁敬还请楷、行、草和榜书俱佳的尚书郎吴说，题写了一块牌匾。有一天，南宋高宗赵构皇帝到天竺寺去视察，也路过九里松，并且御笔亲书了一块牌匾，而把吴说写的那块牌匾撤换下来。不久，吴说受命到信州（今江西上饶）去当太守，进宫向皇上辞行。高宗趁便问他：“‘九里松’那块牌匾是你写的？”吴说连忙称是。高宗又说：“朕曾经写了三次，但看起来总没有你写得好。”退朝以后，高宗下令把吴说写的那块牌匾再竖起来。手下人到处搜索，总算在天竺寺的一个仓库里把牌匾找到了，于是重新竖在九里松道路旁。

【八公山人语】

赵构贵为皇帝，精于书法，善真、行、草书，并著有《翰墨志》一卷，对书道和书艺均有极高的造诣。他曾自评道：“余自魏晋以来至六朝笔法无不临摹，或萧散，或枯瘦，或遒劲而不回，或秀异而特立，众体备于笔下，意简犹存于取舍。至若禊帖，测之益深，拟之益严，姿态横生，莫造其原，详观点画，以至成诵。”可见，他对书法下了很大功夫，而且也非常自信。但是，他不善榜书大字。因此，“九里松”牌匾没有吴说写得好，也十分正常。难能可贵的是，皇帝有如此自知之明，当面承认，而且还马上改正。这样的事，就是放在科学文明的今天，也是许多人很难做到的。高宗之举，令人敬佩。吴说精于书榜，《虞集云》中评价说：“吴榜书深稳端润，非近时怒张筋脉、曲折生柴之态。”

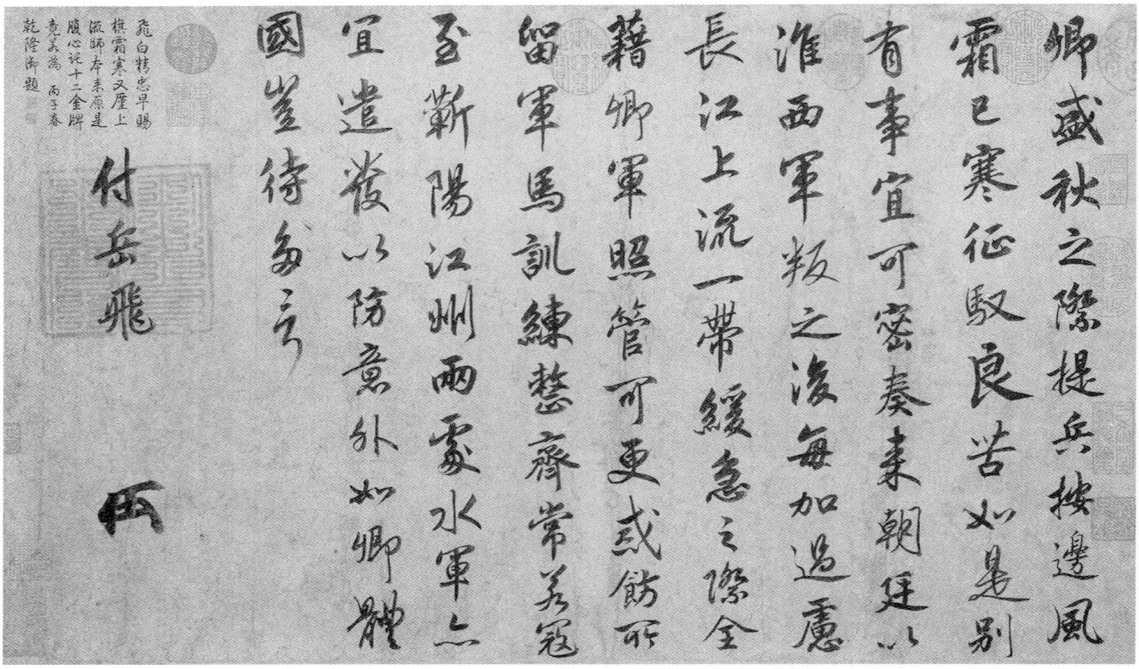

宋　高宗赵构　《赐岳飞批剳卷》

上行下效

南宋开国皇帝赵构政治上昏聩，但精于书法，笔法洒脱婉丽，自然流畅，颇得晋人神韵。那时，虽然与金兵战事正酣，但他仍然留心古雅，遍求天下法书名画，不遗余力。他经常在清闲宴客的时候将收藏的书画精品拿出来赏玩或令人摹拓，并亲撰《翰墨志》一卷。他说："学书以钟王为法，然后出入变化，自成一家。"因此，他亲自临写《兰亭序》，除了将它赐给他喜欢的大臣外，还赐给太子（后来的孝宗皇帝），对他说："可依此临五百本。"虽然赵构皇帝这样说，但他的书法喜好常有变化，而且他的喜好变化直接影响着全国的书法风气。起初他临写黄庭坚的字，故天下翕然学黄字；后来他又写米芾的字，故天下翕然学米字；最后他又写孙过庭的字，害得太子孝宗五百本《兰亭序》还没临完，马上又弃王学孙。

【八公山人语】

作为宋徽宗的第九子，赵构喜欢翰墨是十分自然的事了。他曾说："余自魏、晋以来以至六朝笔法，无不临摹，众体备于笔下，意简犹存取舍，至若禊帖，测之益深，拟之益严，以至成诵。"可见，赵构学习书法是极其执着认真的，他的确是遍临百家后，自成一家的。赵构学习书法数十年，除非有重大利害之事缠身，一般他每天都要执笔作书。晚年，他书艺已趋成熟，随手写来无论大字小字，他都能写得"肤腴瘦硬"，有"山林丘壑之气"；若是酒后作书，则更有佳妙。在赵构皇帝身体力行和积极倡导下，南宋几乎掀起了一个学习书法的高潮。但是，上行下效这种国人的通病，常被权贵的好恶而左右，往往失去自我独立之精神。南宋书法缺乏创新和发展，可以说与此不无关系。

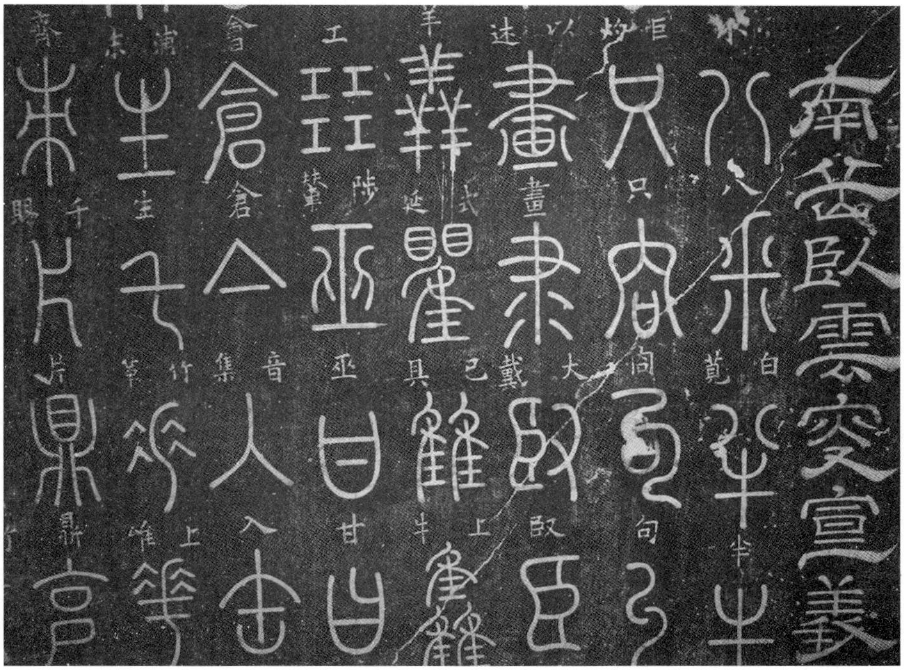

宋 梦英《篆书目录偏旁字源碑》

字不可易

北宋时有个道士名叫张有，字谦中。他从小就喜欢写篆书。他的篆书师法钟鼎文、石鼓文和秦代小篆，用笔圆劲，点画精微，转侧纵横，高下曲直都深得李斯篆书之法。书论中说他是“写篆而非画篆”，这已经是很高的评价了。张有脾气倔强，平生写篆书专门依据许慎《说文解字》，一点一画都不肯妄错。有一次，林中书请他为其母魏国夫人书写墓道碑。张有在书写碑文时，将“魏”字写成“巍”字，林中书看到后认为他写错了，并要求他改正。张有却说：“世俗以从‘山’者为‘巍’，不从‘山’者为‘魏’，非也。其实皆当从‘山’。盖一字有二音尔，《说文》所无。手可断，字不可易。”林中书看他如此倔强，强勉不得，也只好随他罢了。

【八公山人语】

的确，写篆书就像是写草书，毫发有差，则形声顿异。张有不肯随从流俗，就连出钱请他写字的林中书也拿他没有办法。依据东汉许慎《说文解字》来写篆书，不无道理。张有为了纠正俗字的错误，60 岁时专门编撰了《复古编》。历史上不仅篆书结字有俗字，而且书写也有俗书，即以隶书笔法写篆书便被认为是俗书。苏轼《文勋篆赞》云：“世人篆字，隶体不除，如浙人语，终老带吴。安国用笔，意在隶前；汲冢鲁壁，周鼓秦山。”北宋时，张有的篆书地位和影响很大，宋代何薳《春渚纪闻》中说：“吴兴张有以小篆名世，其用笔简古，得石鼓遗法，出文勋、章友直之右。所作《复古编》，以正篆隶之本，识者嘉之。”

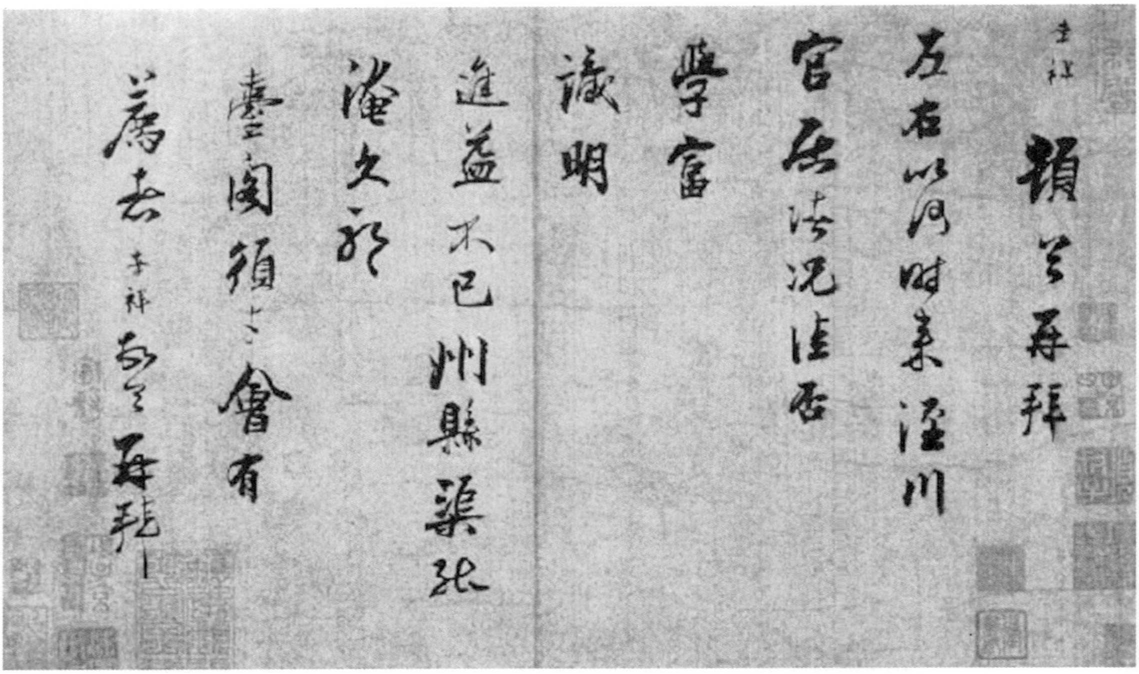

宋　张孝祥　《泾川帖》

临安殿试

张孝祥年方 23 岁就考取进士，即赴临安殿试。当时，南宋高宗亲自举行殿试廷对，进行策问。张孝祥前一天晚上喝多了酒，宿醒未解，但是他仍能濡毫回答皇上的策问，而且万言立就。高宗皇帝看他的卷子，字画遒劲，卓然如颜真卿在世。和他一起参加殿试的还有宰相秦桧的孙子秦埙。主考官原定秦埙第一，张孝祥第二。宋高宗审读策文后，认为秦埙之文全套秦桧的思想，而孝祥之文不但见解独到，大有杜诗遗风，而且笔墨精妙，书法精湛，大为欣赏，便擢张孝祥为头名状元。宋高宗还亲书《皋陶谟》以赐。秦桧后来对张孝祥说：“皇上喜状元策，又喜状元诗与书，可谓三绝。诗何本？字何法？”张孝祥回答道：“本杜诗，法颜字。”

【八公山人语】

张孝祥，字安国 南宋时曾任礼部员外郎、起居舍人、权中书舍人等官职。《宋史本传》中说他“文章过人，尤工翰墨”。南宋时，他的书法名气甚著，宋高宗看到张孝祥亲笔写的奏章时，说他‘必将名世”；孝宗皇帝在张孝祥去世后，见到他的墨迹，也“心实敬之”。诗人陆游说：“紫薇张舍人书帖为当世所贵重，锦囊玉轴，无家无之。”可见，他的书法在当时受欢迎的程度之高。朱熹说：“安国天资敏妙，文章政事皆过人远甚。其作字皆得古人用笔。使其老寿，更加学力，当益奇伟。”可惜他年方 38 岁就英年早逝了，否则，他的书法会取得更大的成就。

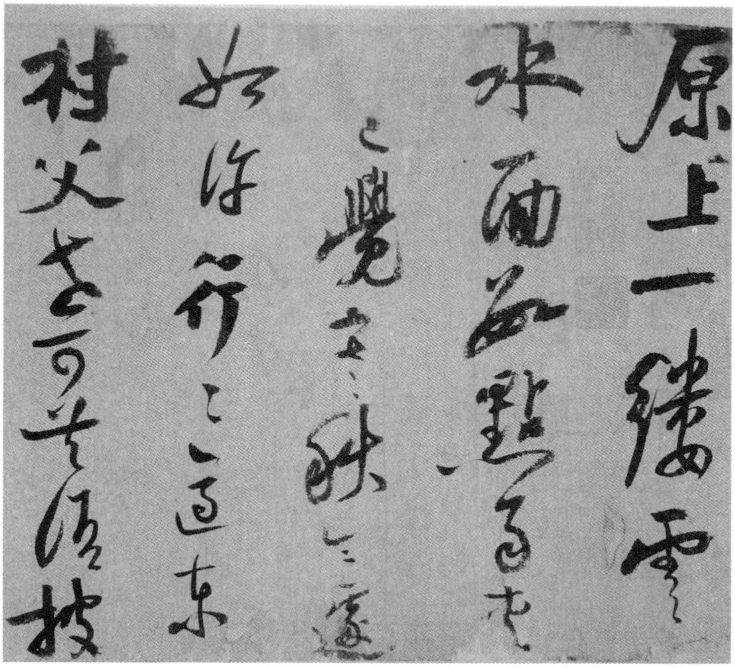

宋 陆游《自书诗卷》

孝祥拜师

宋代曾任户部侍郎、刑部侍郎的刘季高（刘岑），学问渊博，宽宏爱士，有古君子之风。他的书法笔精墨妙，独步当世，他的草书更是纵逸不拘，有自得之趣。刘季高因得罪秦桧，被废官。居住在建康的时候，张孝祥正好被任命为建康留守。他与刘季高过从甚密。有一天，张孝祥忽然盛装，登门拜访。刘季高听说张孝祥来了，而且盛装打扮，十分惊异，没有马上出来。他先叫人问张孝祥为何盛装前来？张孝祥说：“是特来拜刘季高为师，要向他学习书法。”刘季高知道来意后，也不辞让，穿着道服出来见他。张孝祥令人扶着刘季高，然后跪地对他行拜师礼，刘季高也不辞让。礼毕，张孝祥便向刘季高请教书法之事，刘季高告诉他，要好好临习唐代李邕的书法。

【八公山人语】

张孝祥是南宋的名臣，其书法深得高宗皇帝的夸赞，也是南宋书法名家。他学颜、学米，同时又遍学各家之长，融会贯通。他的书法有颜真卿书法遒劲雄伟、气势磅礴、苍劲有力之态，又有米芾书法笔势奔放、清俊秀拔的面貌。他勤奋练习，揣摩前贤，又能如此谦虚地拜刘季高为师，向他学习书法之道。张孝祥仅而立之年，其书法就已经各体兼备，尤其行草飘逸奔放，力道遒劲，有阳刚之美，同时又透露出清劲挺拔的英秀之气。曹勋《跋张安国草书》评其书如“枯竹折松，驾雪凌霜”，在南宋前期，张孝祥的书法有着承先启后的重要作用。

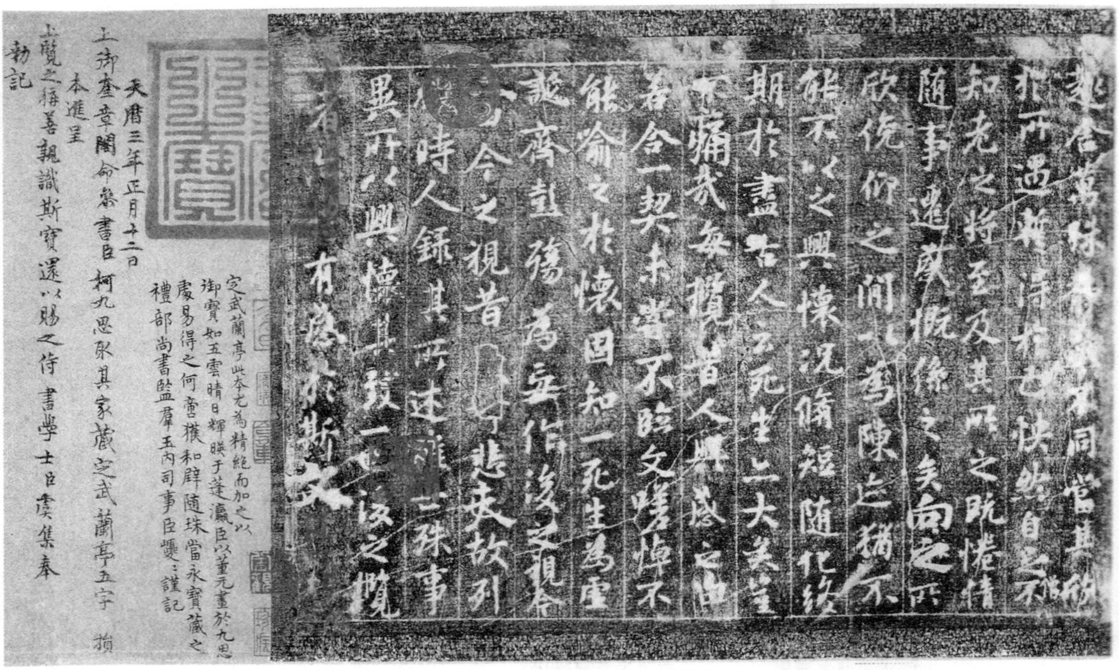

台北“故宫博物院”藏《定武本兰亭序》

定武兰亭

庆历年间，“定武兰亭”刻石在散失近百年后，落在栾城李某处。真定地方官用重金买下此石，藏在官库，世称“定武兰亭”。后任地方官薛师正，监守自盗，“狸猫换太子”，与儿子薛绍彭另外翻刻一石贮于库中，将真本藏在家中。他父子二人在翻刻时，故意将原石“湍、流、带、左、右”五字刻损一两笔，暗记其与真本不同。宋徽宗大观年间，宰相蔡京见官库中“兰亭石本”不实，得知薛家藏有兰亭原刻，便下诏索取。薛绍彭的儿子薛嗣昌不敢隐瞒，只得将原石呈进宣和殿。其后金兵入侵汴梁，宫中珠玉珍宝被掠一空，唯石尚存。后来，留守汴梁的宗泽将刻石送给正在扬州的宋高宗，高宗十分珍视。1129年，金兵进逼扬州，宋室仓促南渡，高宗命内臣将刻石真本投于扬州石塔寺井中，以备事后再取。此石从此下落不明。

【八公山人语】

东晋永和九年三月三日，王羲之写下的《兰亭序》，在中国书法史上不知演绎出多少动人的故事。且不说真迹或名家摹本，成为帝王将相苦苦追寻的对象，就是碑刻墨拓，也是一纸难求。与“定武兰亭”一样，许多中国书法的历史名迹能流传至今者，都是历尽沧桑，侥幸存世，我们应当倍加珍惜。记得小时候，“文化大革命”中我的家乡安徽寿县（寿春、寿阳、寿州），在这座千年古城中的广场上，曾举行盛大的古代书籍字画古董销毁活动。“造反派”把从各家各户搜掠到的古书画和古董集中起来，在广场中央堆积成一个大堆，然后一把火全部烧毁。记得当时有一个人举起一个很大的青花瓷瓶往地上一砸，“咣当”一声摔得粉碎。此情此景，至今历历在目，想来令人扼腕叹息！

元　刘贯道　《消夏图》

第六章　元　代

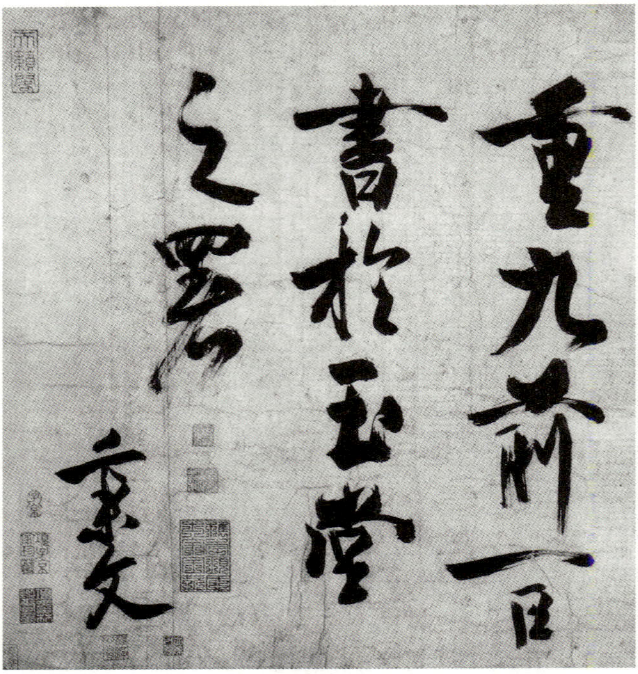

元 赵秉文《赤壁图卷题诗》

瞑目榜书

金朝时太原的书法名家王汤臣，官至大学士，诗人元好问少年时代就曾见过他，王汤臣惊呼元好问是神童。后来，元好问在学问上也曾受过他的指教。王汤臣很喜欢写擘窠大字，每当书写的时候，他都是微微闭上眼睛，然后挥毫写字，笔意纵放，势若飞动。有一天，他来到金朝礼部尚书赵秉文的府上，晚上临睡前向赵秉文要了一盘水墨。第二天早晨，王汤臣竟然不辞而别。赵秉文打开他昨晚休息的房间一看，只见地上留下长宽一丈的两个大字："龟鹤"。但是，王汤臣昨晚索要的水墨都还在，赵秉文怎么也想不出他是用什么墨水写下这两个大字的。

【八公山人语】

这两个大字是否是王汤臣事先写好带来的，今已不可得知。写榜书大字需要有大气魄、大笔力，放胆作书，而不能瞻前顾后，所以王汤臣才会"瞑目为之"。这就是说书写时要不看不想，放手挥毫。可惜，关于王汤臣的书法史书上少有记载，留下的资料极少。而人称"闲闲赵公"的赵秉文，是金世宗大定二十五年进士，书法与同时代的党怀英、王庭筠、赵沨齐名。王庭筠是米芾的外甥，书学米芾，并且很得形神，时人甚至说他的书法"不在米元章之下"。赵秉文早年诗与书法都深受王庭筠的影响，后来诗学李白、苏轼，书法更兼古今名家，到了晚年书艺大进。元好问评价赵秉文书法时说："闲闲公书如本色头陀，学至无学，横说竖说，无非般若。"的确，今天我们看到，赵秉文的书法潇洒率性、刚健有力。

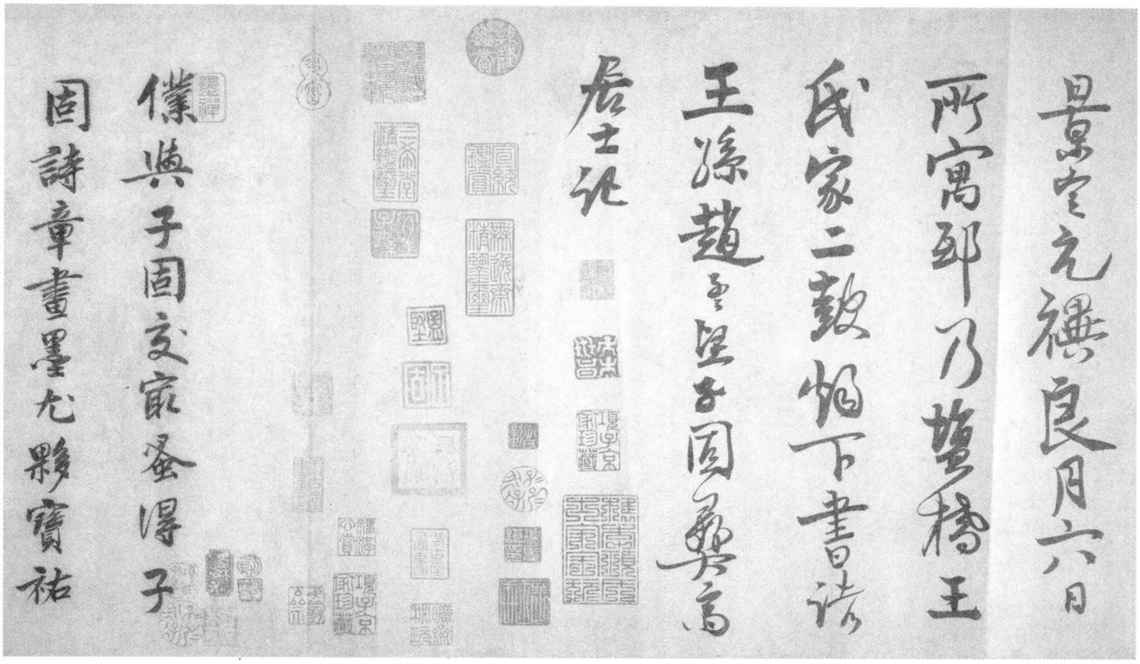

元 赵孟坚题跋

性命可轻

南宋末年，宋太祖十一世孙赵孟坚在理宗二年考中进士，官至朝散大夫、严州知府。他是书画家，又嗜好收藏书画古董，也是当时最著名的收藏家之一。他常用一只船载着书画文物及笔墨纸砚等好东游西荡，与好友们评赏书画古玩，吟诗作画。当时人称其舟为“赵子固书画船”。南宋开庆元年，有一天，赵孟坚从姜白石处购得白石旧藏“五字不损”本的《定武兰亭序》的墨拓本，当他乘船回家时经过霅溪牟山，突起大风，船翻了。赵孟坚掉进水中，浑身衣服湿透，但他高举着的一只手中拿着《定武兰亭序》。当他挣扎着从浅水中站起来时，高兴地对大家说：“兰亭在此，余不足惜也。”回家以后，他在《定武兰亭序》帖的卷首写下八个字：“性命可轻，至宝是保。”

【八公山人语】

唐太宗得到《兰亭序》后，曾命欧阳询手摹并刻石，立于学士院。安禄山内乱，六御蒙尘，郭子仪在皇宫里得到欧阳询的临本刻石，在至德初年，运到了灵武。五代梁时，这块碑石被移置汴都，后来在战乱中遗失。北宋庆历间，这块碑又被人发现，安置在定州州治。大观年间，宋徽宗命人将这块碑刻安放在宣和殿里。北宋灭亡后，这块碑石也就散失不传了。因为定州在宋代属定武军，所以当时人们称此石刻及其拓本为“定武兰亭”，其拓本十分珍贵，是传世至宝。难怪赵孟坚掉进水里后还说，只要有“定武兰亭”在手，其他的书画古玩没了，都不会介意，为了它甚至可以舍了性命。董其昌曾评赵孟坚书法：“子固以北海学子敬，病在欹侧。”

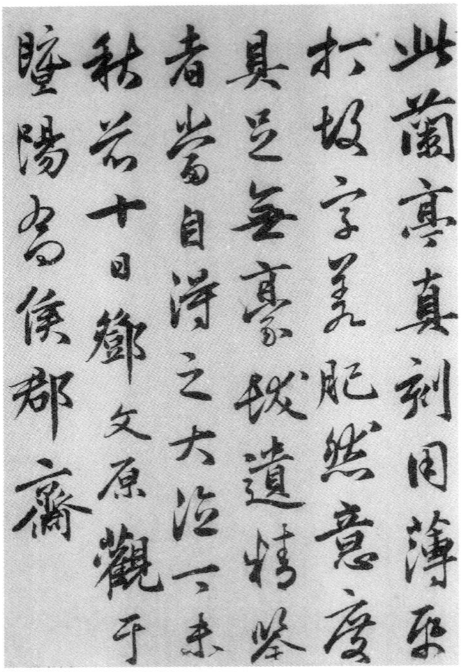

元 邓文原《跋定武兰亭》

大字为天

张伯淳的祖父和父亲都曾是宋朝的官员，他也在咸淳七年考取进士。南宋灭亡后，元世祖诏求江南人才，张伯淳与其内弟赵孟頫一同被推荐。至元二十九年，他应召入见皇帝。元世祖问冗官、风宪、盐策、楮币等大政，张伯淳对答如流，独具见地。皇帝对他很欣赏，授予翰林院直学士，同修国史。张伯淳从小就喜欢书法，他九岁的时候应童子科考试，那一天，主考官给了他一支大笔和一张大纸，要求张伯淳写大字。九岁的张伯淳拿起笔来，只写了一个大大的“天”字，然后送交上去。考官看后不解地问他：“为何只写了一个大大的‘天’字？”他答道：“您不是要我写大字吗？”孔子说：“唯天为大，唯尧则之。”一个九岁的孩子居然能说出这样的话来，让考官听罢啧啧称奇，大加赞赏。

【八公山人语】

童子科考试要考书法，考官给大笔、大纸，那自然是要写大字了。张伯淳偷换了概念，论大则天为最大，故他写了一个“天”字交卷。考试要求写大字而并非要求写一个大大的字，所以他写得明显不符合要求。张伯淳的聪明之处就在于，当主考官问他为何仅写了一个“天”字时，他用孔子《论语》中的话来作答。《论语》中载：“子曰：大哉尧之为君也！巍巍乎，唯天为大，唯尧则之。荡荡乎，民无能名焉。巍巍乎其有成功也，焕乎其有文章！”只有天最高大，只有尧才能效法天的高大。所以，张伯淳也算是巧妙回答，并显示出他小小年纪也有学问。据历史记载，后来他由宋入元后，在元朝做地方官时，处置得宜，颇有政绩。

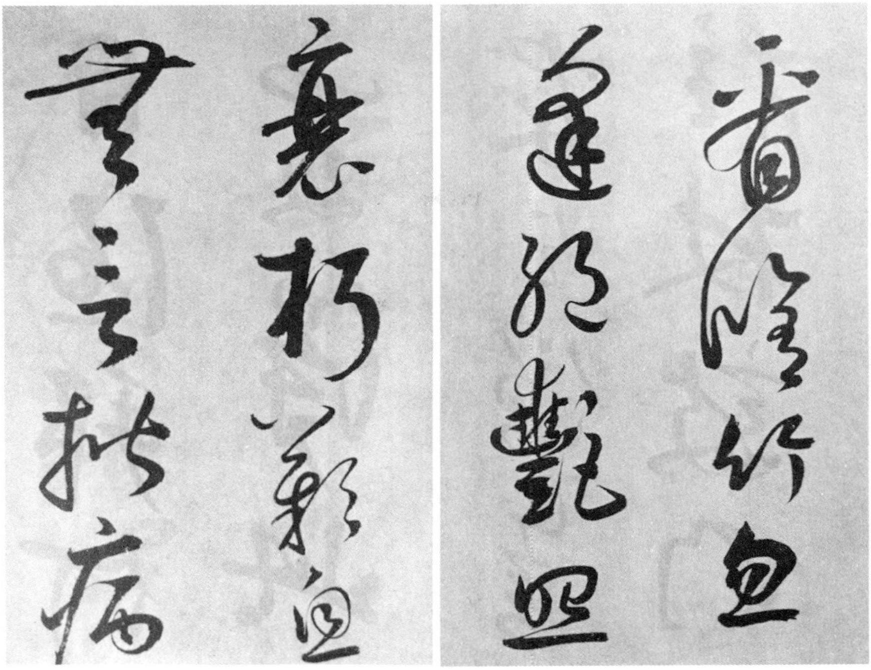

元　鲜于枢《苏轼海棠诗》

草书要胆

鲜于枢，字伯机，相貌魁梧，面带河朔伟气。元世祖至元年间，他28岁时就宦居杭州，在浙江行省里任一个都事小吏。他意气雄豪，性情刚烈，难以屈居人下，所以经常与上司争是非，一语不合，马上就扬言要辞官而去。这样，他当然得不到重用和赏识，怀才不遇，心情郁闷。于是，他在西湖边的虎林中建一室，命名为“困学斋”，闭门谢客，不问俗事，调琴作书，鉴赏古玩，欲以研读终了一生。鲜于枢能书、工诗、能画，又会作曲弹琴，常酒酣骜放，吟诗作字，奇态横生。有一天，国史院编修陈绎曾问他写草书的妙诀，他瞋目伸臂说：“胆！胆！胆！”

【八公山人语】

的确，草书尤以气胜，写大草必须有大气魄。书法家写草书时绝不能瞻前顾后，畏首畏尾。所以说，鲜于枢是一语破的。不过，同时他又反对草书“发疯动气”，所以，尽管他的草书师承张旭、怀素，但没有一点狂怪的习气，反倒写得点画分明，中规入矩。他的《石鼓歌》笔势连绵不断，通篇一气呵成，其艺术境界仿若张旭《古诗四帖》，正是他过人的胆略气魄的体现。他师法唐代张旭、怀素，笔力矫健，草法精熟，赵孟頫对他的草书非常佩服和推崇：“余与伯机同学草书，伯机过余远甚，极力追之而不能及。伯机已矣，世乃称仆能书，所谓无佛处称尊尔。”可惜，鲜于枢怀才不遇，心中郁结难平，正当他的书法创作达到旺盛时期，同时艺术上也趋于成熟的时候，却猝然而死，年仅48岁。

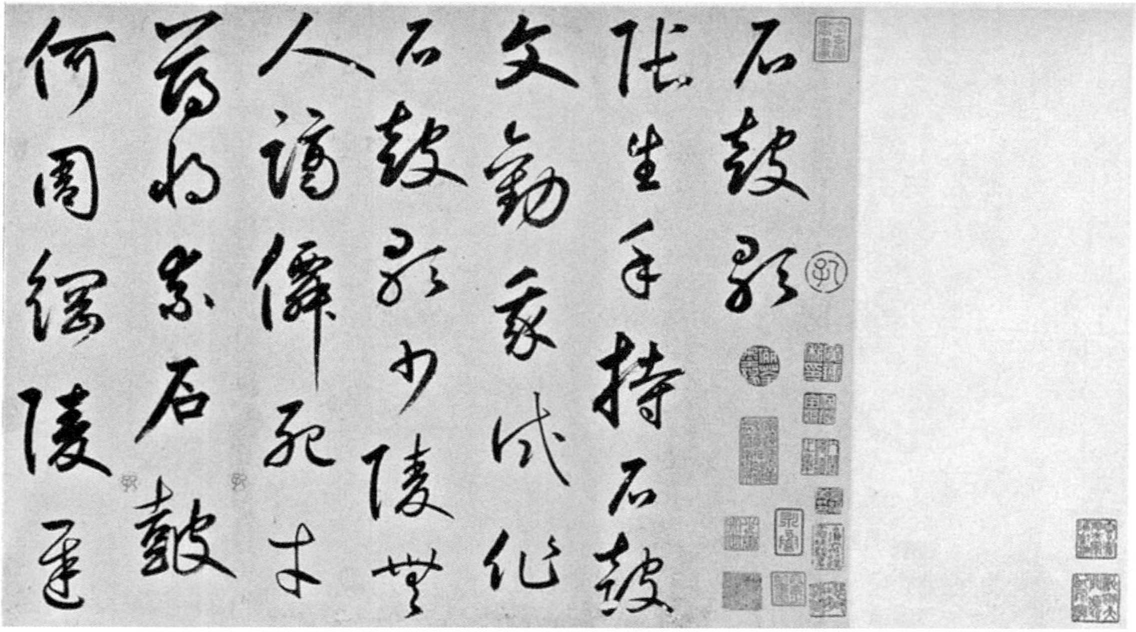

元　鲜于枢 《石鼓歌》

南赵北鲜

鲜于枢 20 岁时，在杭州结识了比他大两三岁的赵孟頫，俩人一见如故，引为知己，亲如兄弟，“春游每拏舟，夜坐常促膝”。鲜于枢曾亲手做了一架琴赠送给赵孟頫。鲜于枢善于草书，书学张旭、怀素的狂草，笔力矫健，草法精熟，线条纤浓合度，笔轻墨枯之处，大有怀素《自叙帖》的风格。赵孟頫擅长的书法是楷体和行书，他对鲜于枢的草书非常佩服和推崇。但是，还是有好事者想挑拨他俩的关系。有一天，有位客人到鲜于枢斋中对他说：“赵松雪每次都用自己的三幅书法，与人交换一幅您的书法，然后烧掉，以免压抑自己。”鲜于枢听了一笑了之。

【八公山人语】

鲜于枢与赵孟頫同为元代书法巨匠，交情深厚，俩人都主张法古，但是又同中有异，风貌不同。赵孟頫是以晋法为主，而鲜于枢却以唐法为宗，学习张旭、怀素的草书。鲜于枢早年学习书法，自愧不如古人。偶然有一天，他在郊野看见有两个人挽车行于淖泥中，看到那种情形大受启发，遂悟得笔法。明人吴宽评他草书时说：“困学多为草书，其书从真行来，故落笔不苟，而点画所至，皆有意态，使人观之不厌。不若今人未识欧虞，径造颠素，其散漫连延之，终为飞蓬蔓草而已。”这就是说，鲜于枢的草书是以楷书和行书为基础的，有了这等基础，写草书才不至于散漫和杂乱。鲜于枢楷书师法唐人，特别是受虞世南、颜真卿、褚遂良等书家的影响，功力深厚。

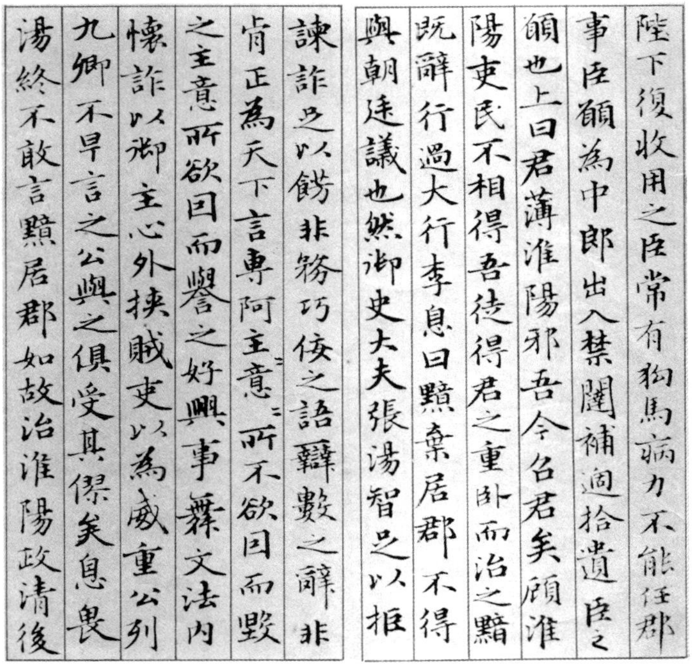

元　赵孟頫《汉汲黯传》

一日万字

赵孟頫曾经偶然得到米芾书写的《壮怀赋》一卷，中间缺了几行字。他便取来刻本，找出墨迹本中缺少的那几行字，对着临摹，准备自己补写到墨迹本上去。但是，他反复临摹了六七张纸，始终不如意。这时，他叹了口气说道：“今人比不上古人的地方多啊！”于是，他放弃了自己补写的想法，就用刻本中的字迹将它补齐。赵孟頫对古圣先贤心怀敬虔，刻意法古，书法功力极深，据说他可背临 13 位古代书法家的作品。长期临习古代名迹的实践，练就出他运笔、运腕的精熟技巧。因此，他写字时运笔神速，如暴风骤雨，一日能书万字。传他书写的《六体千字文》，两天就写完了。元代黄公望曾亲眼看见赵孟頫写字时的情形，他十分感慨地说：“如果不是亲眼看见赵孟頫落笔如飞的样子，不会相信世间竟有这等事。”

【八公山人语】

虽然说，唐代张旭、怀素都是以急如流星般的高速度进行创作，但是他们写的是狂草。赵孟頫竟能以如此之快的速度来写讲究提按顿挫的楷书、行书。不仅如此，他甚至写讲究细致精工的小楷也速度飞快，对自己写的楷书也非常自负。袁桷说：“承旨公作小楷著纸如飞，每谓欧褚而下不足论。”楷书要写得快自然难度比草书要大得多，这足以见他用笔技术的纯熟。赵孟頫历经元世祖、成宗、武宗、仁宗、英宗，可以说是“荣际五朝，名满四海”。吴兴姚式题赵书《过秦论》中说：“子昂善书名世，求者纷至，辄搔首称苦，然卒不能不为之为，民瞻盖所乐与者。”可见，他来者不拒，喜欢给人写字。从某种程度上讲，赵孟頫下笔神速，究其原因，有一半都是被求书者逼出来的。

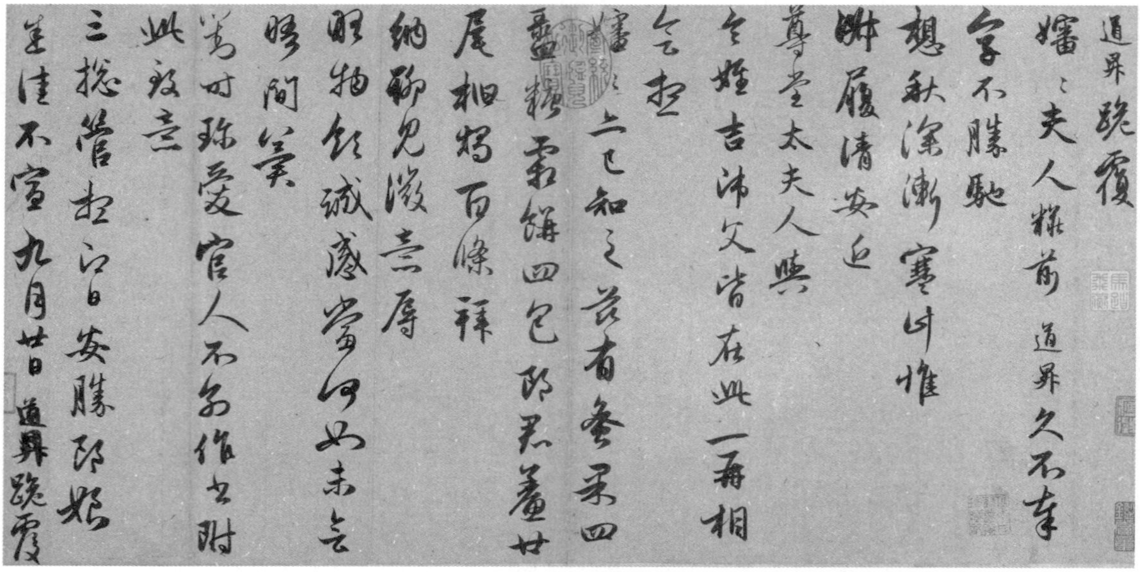

元　管道升　《秋深帖》

不学而能

女书法家管道升，是战国时期大政治家管仲的后裔、元代书法家赵孟頫的夫人，故世称管夫人。她聪明过人，翰墨辞章，不学而能。也许因为耳濡目染，管夫人的书法受赵孟頫影响很深，写出来的尺牍信札，与赵孟頫几乎一样，使人真假难辨。有一天，她用行书写了一封信给婶婶，信中说：“道升跪复婶婶夫人妆前，道升久不奉字，不胜驰想，秋深渐寒，计惟淑履请安……”此信写至末尾落款时笔误，涂改后才写上“道升”。这封被后世称为《秋深帖》的书信，写得太漂亮了，每一处的起笔、停顿、运势都有法度，笔力扎实，体态修长，秀媚圆润，畅朗劲健。人们便认为是赵孟頫代夫人回复家信，信笔忘情，末款竟写成自己的名字，发觉错误后才改成“道升”。真相如何，至今不得而知。

【八公山人语】

且不管《秋深帖》是否为赵孟頫代笔，管夫人善书倒是不争的事实。元仁宗曾命她书写《千字文》，然后敕玉工磨玉轴，送秘书监装池收藏。管夫人善书，赵孟頫更是元朝书法泰斗，而其子赵子雍也是书法家，难怪仁宗皇帝感叹道：“今后世知我朝有善书妇人，且一家皆能书，亦奇事也。”董其昌对管夫人的书法大加赞赏，说她写的书札几乎与赵孟頫一模一样，让人难分辨俩人的异同，晋朝卫夫人以后无人能够与她相比。她与赵孟頫中年婚姻危机，就在赵孟頫要坚持纳妾的关键时刻，管道升写了《我侬词》，表达了夫妻生死与共的深厚感情，打消了赵孟頫纳妾的念头：“把一块泥，捻一个你，塑一个我，将咱两个一齐打碎，用水调和；再捻一个你，再塑一个我。我泥中有你，你泥中有我；我与你生同一个衾，死同一个椁。”

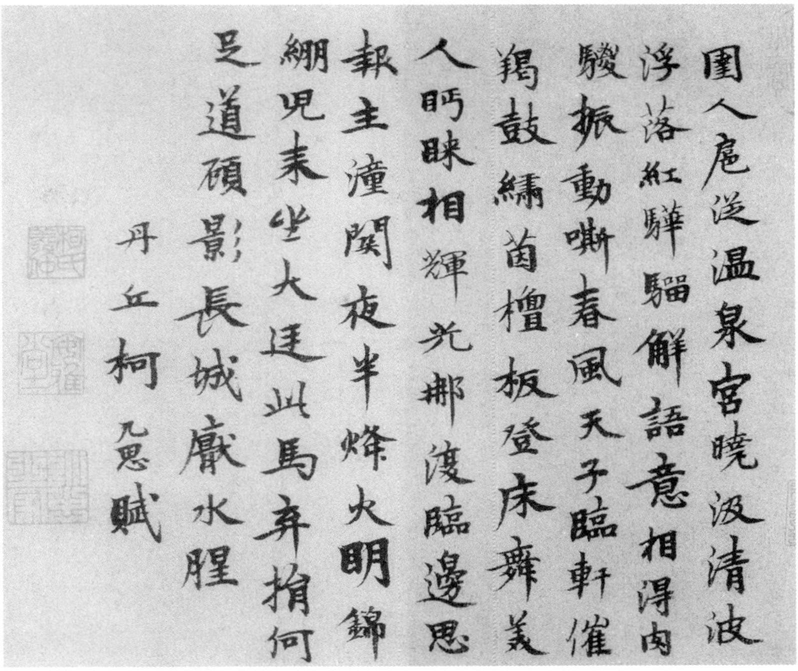

元 柯九思七言诗帖

金钟酌酒

元代潮阳县青洋山巡检吴福孙，虽是小吏，但自幼酷爱书法，摹习赵孟頫的书帖，深得其楷书妙法，并得到赵孟頫的称赞。他还兼工篆、籀，嗜好古董名画，家中收藏颇多。元文宗至顺二年，大学士阿荣将吴福孙所书的小楷数万字，献给文宗皇帝。那时，文宗虽然年轻，但是热爱汉文化，能书能画。他看吴福孙写的小楷后很高兴，要专门召见吴福孙。那一天，文宗在奎章阁召见吴福孙时，奎章阁大学士康里子山正好在阁中侍书，见到后，他便走上前去向文宗皇帝禀奏说："臣浪得书法名声，如果与吴福孙的书法相比，我还是有所不及啊！"能书会画的文宗皇帝看了吴福孙的书法后，也点头称赞，命令侍臣拿金钟来酌酒，赐给吴福孙饮下。

【八公山人语】

康里子山是元代蒙古族中少有的汉学家和书法家。他少年得志，一直在皇帝身边，曾任奎章阁大学士，得以进入内府亲览皇家所藏的历代名家墨迹和图书。这使他具备很高的书画艺术鉴赏水平。不过，未染文人相轻的恶习，在皇上召见吴福孙的关键时刻，不惜贬低自己，极力抬高吴福孙的书艺，实在难能可贵。正因为有这次皇上召见的机会，吴福孙被选调京城任职。吴福孙进京后，乐与文士交好，性格又豪迈不羁，善于演讲，热情好客，一时间登门求书者络绎不绝。可惜，未见吴福孙书迹传世，只有他的《古印史》等著述。元代宫廷书画活动以文宗在位时最盛。文宗能书会画，每天都到奎章阁。奎章阁里学士虞集，大学士康里子山、大学士鉴书博士柯九思更是常侍左右，以便随时讨论法书名画。然而，文宗短命，年仅 29 岁就病逝了。

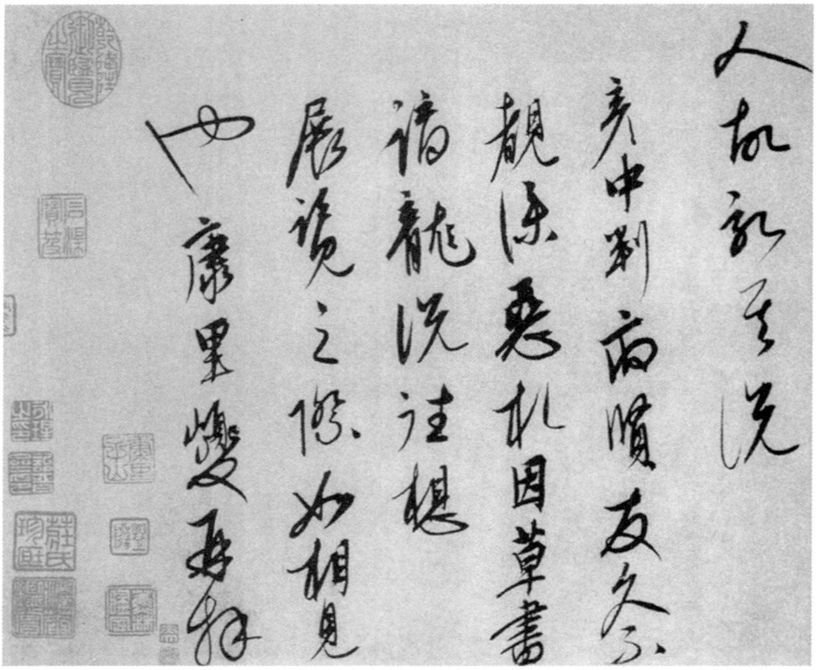

元　康里子山《谪龙说》

日写三万

康里子山（巎巎）出生于元代名门望族，曾任礼部尚书、侍书学士等高官，善真、行、草书，元代书法大家，也是中国书法史上少有的几位少数民族书法家。当时，他的单牍片纸，人争宝之，如获金玉一般。当时，赵孟頫书法称雄天下，人们都学赵字，唯有康里子山不仰其鼻息，独自豪逸。他对自己的书法非常自负，常以赵孟頫为对手，而其他人都不在他眼里。有一天，一位认识赵孟頫的客人到访，康里子山问他："赵孟頫一日能写得几字？"客人答道："听说赵孟頫学士一日可写万字。"康里子山听了哈哈一笑，说道："我一日可写三万字，其间都不会因为力倦而停笔。"所以，在元代以书法名世的人，除了赵孟頫就是他了，甚至有人将他与赵孟頫相提并论，称为"南赵北康"。

【八公山人语】

从传世的康里子山的书作看，"南赵北康"并非虚语。他30岁时就是从三品的秘书监了。秘书监掌管历代图借以供御览，与皇帝接触频繁，关系十分密切，同时自己也有机会饱览大内秘藏历代名家作品。这样的眼界和起点是许多书法家都不可企及的。康里子山虽是胡人，但却植根于深厚的汉文化土壤中，"幼肄国学，博通群书"。他的书法也因循魏、晋、唐书法传统，楷书是学虞世南，行草是学钟繇、王羲之并旁及米芾，不过却创造出了如雄剑倚天、光彩飞动的独特风格。如他的草书《述张长史笔法十二意》，笔势迅疾飞动，却又字字独立，笔锋劲利，线条圆健，时杂以章草笔法。当然，他的书法比赵孟頫还是稍逊一等，有点沉着不足、颉颃未熟。

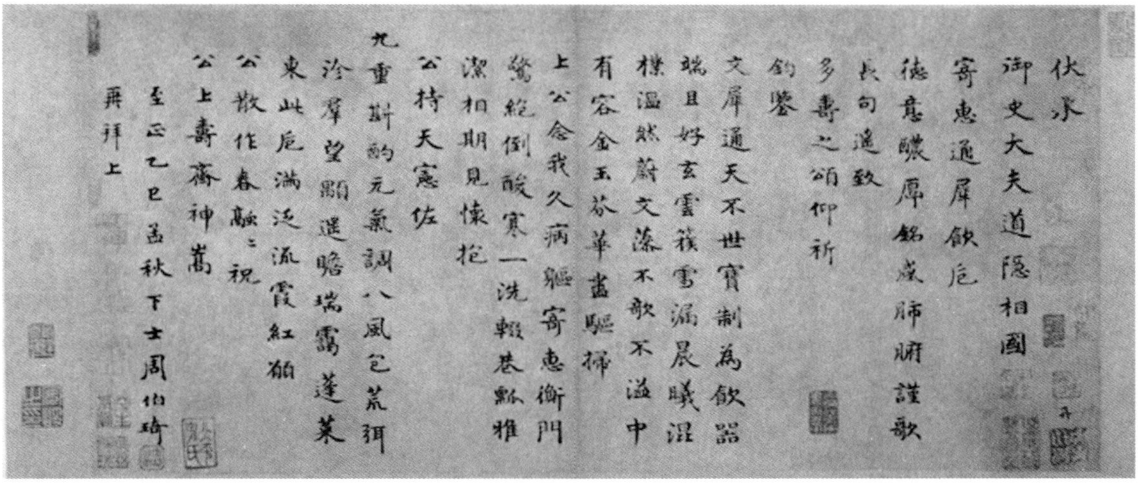

元　周伯琦书札

伯琦题榜

周伯琦，自幼随父宦游京师大都，入国学为上舍生，擅长篆、隶、真、草书。元顺帝至正年间，改奎章阁为宣文阁，当时，朝中大臣们都说，皇上必命康里子山来题写宣文阁的阁榜。这时，周伯琦虽然已由翰林修撰转任宣文阁授经郎，但是他的书名并不为皇上所知。康里子山找到周伯琦，要求他书写十几张宣文阁的阁榜，周伯琦起初并不知道他的用意。一天，皇上有旨，令康里子山书宣文阁阁榜。康里子山向皇上推辞道："臣所能写的是真书，不够高古。高古莫如篆书，而周伯琦篆书的水平，当今没有人能超过他。可让他来写。"并且，他把周伯琦书写的十几张阁榜书呈给顺帝看。最后，皇上听从了他的建议，召周伯琦，命篆宣文阁阁榜。从此，周伯琦得到皇上眷遇益隆，皇上经常称呼他"伯温"而不称呼他"伯琦"之名。

【八公山人语】

在中国书法史上，康里子山是少有的谦逊虚怀、真诚举贤之人。像题写宣文阁阁榜这样千秋留名的好事，他居然推辞不写，而是尽心尽力地举荐一个名不见经传的周伯琦来写。正是由于康里子山的推荐，周伯琦名显于皇帝，还有了宣文阁题榜的荣耀，从此书名大显于世。后来，周伯琦成为元朝文人重臣，顺帝还命周伯琦摹写王羲之《兰亭序》和智永《千字文》，然后刻石宣文阁中。周伯琦的篆书师法李斯、徐铉和张有，结体丰满，玉润可爱。《书史会要》中说他的篆书"行笔结字，殊有隶体"。周伯琦晚年留居平江后，更是位高声隆，书法地位也达到了顶峰。他的篆书还直接影响了元末明初吴中、松江一带的篆书创作。此外，他还著《六书》以校正《说文》《字原》二书中的错误。

明　杜堇　《玩古图》

第七章　明代

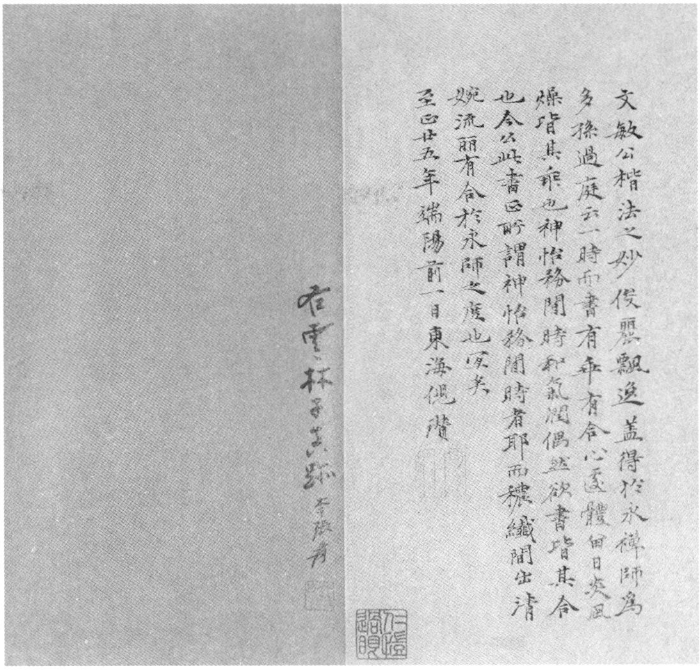

明 倪瓒题跋

作画题诗

倪瓒从小就很聪敏，早年专意读书，家中清秘阁藏书数千卷，经史子集、佛道经典，无不阅读批校，所藏法书名画，也悉心临学。倪瓒善画山水、墨竹，平淡天真，笔简意远，惜墨如金。与黄公望、王蒙、吴镇合称“元四家”。倪瓒书法从隶书入，天然古淡，有晋人风格。元顺帝至正初年，原本家庭富裕的倪瓒，忽然散尽家财，浪迹太湖一带。明洪武三年，有一天，年已古稀的倪瓒前往江阴梧塍造访老友徐直，不料徐直不在家，他十岁的儿子徐麒代表父亲，驾船将倪瓒接到家中。倪瓒见他小小年纪，眉宇间灵气飞扬，清秀不凡，预他今后必成大器，便为他取字为本中，当即为他绘了一幅《书屋图》，并题诗一首。这幅作品堪称诗书画三绝，“幽斋无长物，琴帙隐高松”。果然，这孩子成人后，便成为徐霞客的远祖、梧塍徐氏的九世祖。

【八公山人语】

倪瓒有洁癖，少近女色。一次，他忽然看中一名歌妓，带回别墅留宿，但又怕她不清洁，先叫她好好洗个澡。她洗毕上床，倪瓒用手从头摸到脚，边摸边闻，始终觉得哪里不干净，要她再洗；等她洗了，他再摸再闻，还是不放心，又让她去洗。结果洗来洗去，已经到了天明，只好作罢。字如其人，他的书法从隶书入手，又学魏晋钟、王，一如其画，枯淡清逸、简远萧疏、冷逸荒率。董其昌评价说：“古淡天真，米痴后一人而已。”不过，也有人非议，如项穆指责他：“下笔之际，苦涩寒酸。纵加以老彭之年，终无佳境也。”倪瓒 71 岁时所作的《静寄轩诗文轴》，笔力精致，毫无滞涩之处，结字略扁，内紧外舒，收笔时顿笔稳重，圭角突出，于质朴遒劲中带有很重的隶书笔意。

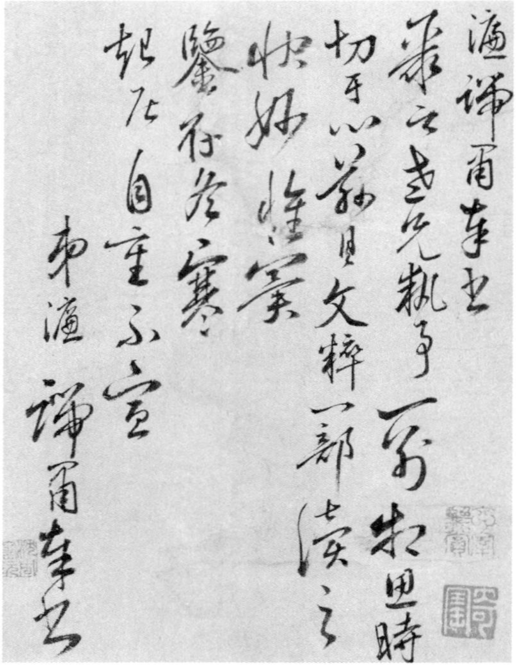

明 宋濂书札

书老夫名

明初被朱元璋誉为“开国文臣之首”的宋濂，少小时家境贫寒，但他非常喜欢读书。家中没有钱买书，宋濂只得去向藏书人家借书。借到书之后，他便一字一句地抄写下来，按时归还。冬天天气寒冷，滴水成冰，他家砚台里的墨水也已结冰，他的手指都冻僵了不能弯曲。为了借来的书能够如期归还，就是这样的严寒天气，他也抄书不止。宋濂书法的坚实基础就是这样练成的。他的视力特别好，竟能微书，曾经在一粒米上写下“孝、悌、忠、信、礼、义、廉、耻”八个字。他一生刻苦学习，“自少至老，未尝一日去书卷，于学无所不通”。后来，宋濂也教授次子宋璲练习书法，每当看到儿子宋璲写出令他满意的作品时，他便高兴地对儿子说：“你写的字若书上老夫名字，足可以传世啦。”

【八公山人语】

宋濂主要是楷书写得好，清古有法，行笔萧散，如绵裹铁。楷书本来就是功夫字，宋濂楷书之所以好，无疑要归于他少年时那样刻苦抄书练就的扎实功夫，但是，他对自己的书法还是自视过高了。其实，以书名传世，在明代书坛有很大影响的并不是他，反而是其次子宋璲。所以每读到此，便令人发笑。宋璲的书法各体兼善，他曾经见到梁草堂法师墓篆和吴天玺元年皇象书三段石刻，细心揣摩，废寝忘食，顿悟笔法。他篆、隶、真、行、草皆精，与明朝初年的书法家宋克、宋广并称“三宋”。虽然，宋璲不以父名而书已传世，但是他的家境以及学习的环境和条件，与其父宋濂当年家庭贫穷的状况已是天壤之别。宋璲起点很高，又有父亲亲授，青出于蓝而胜于蓝，是理所应当的事。

国子监集贤门匾额

太祖削趯

明朝洪武年间，铸印副使、后宫中书舍人詹希元是著名的书法家。他写小字虽然有点熟媚，但是善于写榜书大字，詹景凤称赞他的榜书：“于端重严整中，寓苍劲雅秀之趣，是为难能耳。”所以，当时明朝的宫殿、城门、坊匾的榜书，都请詹希元来题写。有一次，明朝最高学府国子监的大门“集贤门”重修后需要题写门额，于是就请最擅长榜书的詹希元来写。詹希元挥笔写下“集贤门”三个大字，字画遒劲，雄健有力，被摹刻于门额之上，观者都很称赞。有一天，太祖朱元璋皇帝经过集贤门，看见门额上的字以后竟然大怒，斥责道：“难道是要拦着我贤才的路吗？”原来，他看到“集贤门”三个字中，“集”字和“门”字都有一个雄健的趯钩，马上令人将“集”和“门”两字的趯钩削去，还好没有将詹希元治罪。

【八公山人语】

明朝初年曾两次建都，先是定都南京，后又迁都北京。每一次建都都要大兴土木，除宫廷匾额、堂署、楹联外，王公将相、名宦大臣、贵族富豪的府第、厅堂、楼台亭榭等都需要大字题署，所以那时，像詹希元这样的榜书名家特别引人注目。“永”字八法中的钩为趯，榜书写出来仿佛像一个人一脚踢出去的样子。詹希元将“集”字下面的“木”用趯，“门”字最后一画也用趯，而且雄健有力。本来没有什么，但是朱元璋看了后，有了联想，他想这不是要招贤入门，而是不让贤才进门，要把贤才踢出门去，所以他才大怒。当然，是他想得太多了，很像后来的“文字狱”。不过，牌匾榜书高悬门楣之上，犹如一个人的脸面，要有阳刚正大气象；切不可吹胡子瞪眼，一脸金刚怒目的模样。当然，那种写得歪鼻子斜眼，或者一脸寒酸相，也是不可取的。

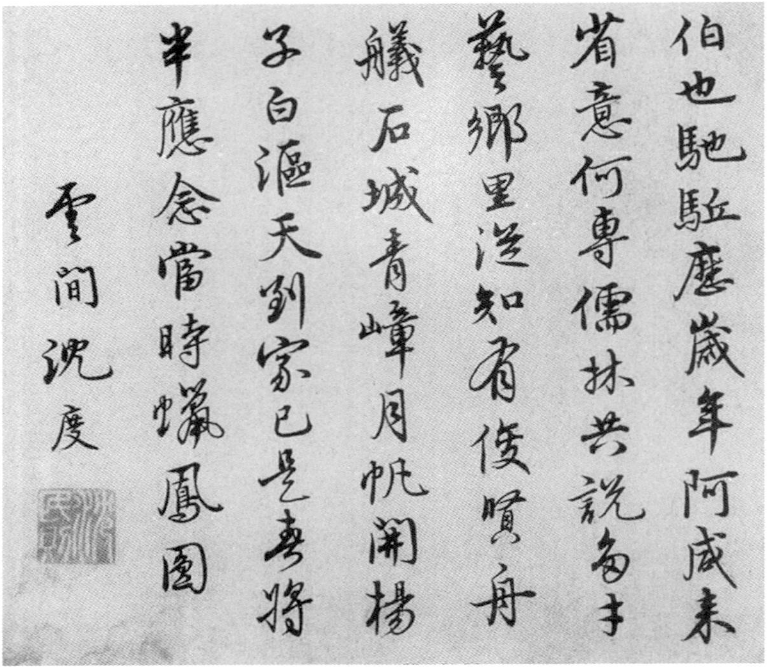

明　沈度行书七律诗

不肯落款

沈度及其弟沈粲同时因善书入选翰林院，院中书法名家云集，其中有解缙、胡广大、滕用亨、王汝玉、梁用行、杨文遇等，都是当时的书法名家。但是，明太宗皇帝最欣赏的还是沈度，甚至称他为“我朝王羲之”，其名气当然在其他人之上。皇上经常令他陪侍左右，凡是金版玉册，或者是用于朝廷、藏之秘府、颁诸属国的文件，必令他书写；还赐给他织金衣，并在他上朝用的笏板上，镂刻描金署上他的姓名，真是恩宠有加，何等荣耀！沈度性情敦实，行为严谨。有一天，好友介绍了一位叫季训导的人，前来向他求字。沈度写好后，那人请求落上沈度的名款。沈度沉思片刻说道：“难道这是写给朝廷的奏章吗？”当场拒绝。无论那人怎么请求，他也不肯落款。

【八公山人语】

明代是对公文的格式和文字书写最为讲究的一个朝代。明成祖即位之初，便招纳天下善写台阁体的书法家入翰林院，给予俸禄，专门让他们抄写公文。沈度就是此时入选，并且成为台阁体的鼻祖。《明史文苑传》中称沈度的书法“以婉丽胜”。台阁体主要用于公文书写，因此必为楷书，书写流利，清楚明了，字体美观。沈度之书最符合这些特点，故成为当时办理文书者追求的典范。台阁体作为公文书写的标准字体，本来无可厚非，但是，把这种公文书写的风格推而广之，成为社会上的流行书风，搞得千人一面，一片乌、方、光，而且如排算子，那么它必然走向穷途末路。王文治曾赋诗总结道：“沈家兄弟直词垣，簪笔俱承不次恩。端雅正宜书制诰，至今馆阁有专门。”

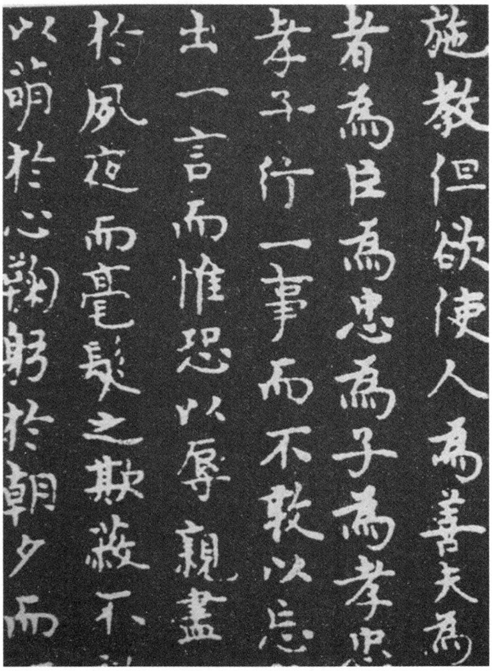

明 成祖朱棣《犊御制真实名经序》

不吝金笺

蹇义，初名蹇瑢，是名臣蹇叔的后代，洪武十八年考取进士，授官中书舍人。有一天，他上奏的事情很合皇上心意，朱元璋就问他："你是蹇叔的后代吗？"蹇瑢叩头不敢回答。朱元璋很喜欢他的诚实，特为他改名为义，并亲手写下蹇义之名赐给他。明朝永乐年间，有一次，朱棣皇帝亲手授予紫粉金龙纹笺，命他书写给外国的诏书。哪知，那天他面对皇帝亲授的紫粉金龙纹笺，书写时太紧张了，居然写漏了一个字。蹇义只好向皇上禀奏说："臣敬畏之深，才有此错误。"明成祖不但没有怪罪，反而替他开脱说："朕也有过这样的错误。此纸难得，姑且加注释吧。"但是，蹇义却禀奏道："这是要给外国看的公文，怎么能吝惜这张纸呢？"皇上也觉得他说得有理，于是再授予他紫粉金龙纹笺，让他重新写过。

【八公山人语】

据记载，明成祖朱棣的书名在历代帝王中并不显著，但却"好友喜书，书甚奇崛"。从他传世的书迹看，朱棣的楷书出于虞、颜，敦实圆满，有奇逸之气。他也曾用过这种紫粉金龙纹笺，御书赐太少师姚广孝七十寿诞诗二首。书法家面对非常难得的纸张，往往难以发挥出正常水平，写出来的字拘谨乏采，甚至出现错漏。这全是因为心在纸而不在笔，过于紧张的缘故。的确，如果给你一张宋代"澄心堂纸"，你敢下笔写字吗？所以，书法家写字用纸不必太好，一般就可以了。如果老想着一张纸就是几十元或上百元，如对一扎钞票，那样必定难以放手挥毫，难有佳作。蹇义是春秋时秦国右相蹇叔的后代，为人谨慎诚实。他写坏了如此珍贵的纸，却还能从外交礼仪的角度出发，反倒劝皇上不吝惜金笺，实在难能可贵。

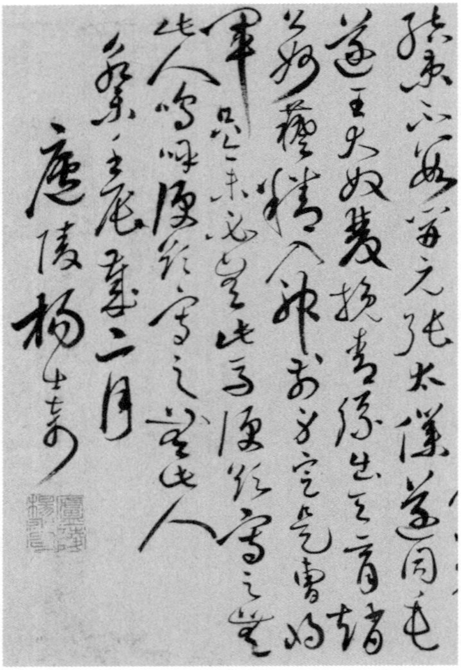

明　杨士奇草书

舍筏登岸

明代兵部尚书杨士奇的舅舅陈孔立，善于书法。他在乡里教人学习书法时，经常告诫人们，学习书法必须严格遵守法度，而且还强调说：“倘若还没有精通真书、楷书，就不可以去写行书、草书。”然而，人们看到他好像是从来都没有写过楷书，可是他的行书却写得特别好。有一天，还是青少年的杨士奇认为舅舅陈孔立说的与做的并不一样，困惑不解，就当面质疑他为什么不写楷书，而行书仍然写得很好？陈孔立听了后笑着说：“你既然已经是鲁男子，哪里还用得着说那个坐怀不乱的柳下惠啊？”杨士奇这才恍然大悟。

【八公山人语】

春秋时期，柳下惠坐怀不乱的故事已广为人知。而鲁男子也是春秋时期的人，他家邻居是一位年轻漂亮的寡妇。一天晚上，突然来了狂风暴雨，摧毁了那位寡妇的房子。这样，小寡妇就在鲁男子的窗外，央求鲁男子让她进屋中避雨，但是无论如何鲁男子也不让她进屋。鲁男子说，因为按照古礼，两位不到60岁的陌生男女，不能够单独同处一室。陈孔立用这个典故来说明他的观点：让初学者先写好楷书，那是要他们先练好用笔结字的基本功，懂得书法的基本法度，然后再去写行书、草书则不会胡乱涂鸦。他认为行书是比楷书更高一级，甚至是更难写的一种书体。既然行书都写得这么好了，那也就不必再写楷书了。陈孔立的看法是有道理的，他告诉大家学习书法要懂得适时“舍筏登岸”。

明　陈宗渊　《洪崖山房图》

由匠入士

明成祖朱棣从中书舍人中挑选了28位书法家，让侍读黄淮大学士带领他们，专门学习王羲之和王献之的书法。有一天，皇上问黄淮："你领着诸生学习'二王'书法，学得怎么样了？"黄淮答道："我只让他们用心勤奋练习。不过，翰林院中有一位叫陈宗渊的五墨匠，也每天临习'二王'法帖。他不敢跻身诸生行列，便跪在台阶下面临摹，写得很逼真。"皇上听了便问："卿带来他写的字了吗？"黄淮从衣袖中取出陈宗渊的字呈上。皇上看后很喜欢，问他是哪里人？黄淮答道："他是陈刚中的后人。"陈刚中是元代大儒，皇上早知其名，面色改容，良久之后说："如今应该让此人与那28人共同习书。"黄淮说："他还是个匠人身份，须照中书舍人的标准，供给他饮食、笔札。"皇上都同意了。从此，陈宗渊便入得士流。

【八公山人语】

古代等级森严，士人是文人知识分子，是社会的精英群体，而匠人是掌握某种技能的工匠，是社会下层的劳动者，因此两者之间的尊卑之分十分明显。五墨匠是朝廷从地方征召到宫廷内服役的工匠，一般是四年轮班一次，每次三个月，与此相同的还有瓦匠、油漆匠等。陈宗渊能不经科举，就由匠入士，破格提拔，全赖黄淮的举荐和他的书法。从此可见，明代对书法的重视。陈宗渊除去匠籍，入了士流，选入翰林院习书，没多久便成为中书舍人。他还师从王绂学习山水画，兼工写真，山水画风秀逸，水墨泅晕富于变化，构图疏密有致，饶有恬淡幽雅之趣。传世作品有《洪崖山房图》卷，笔墨苍秀，意境清远。

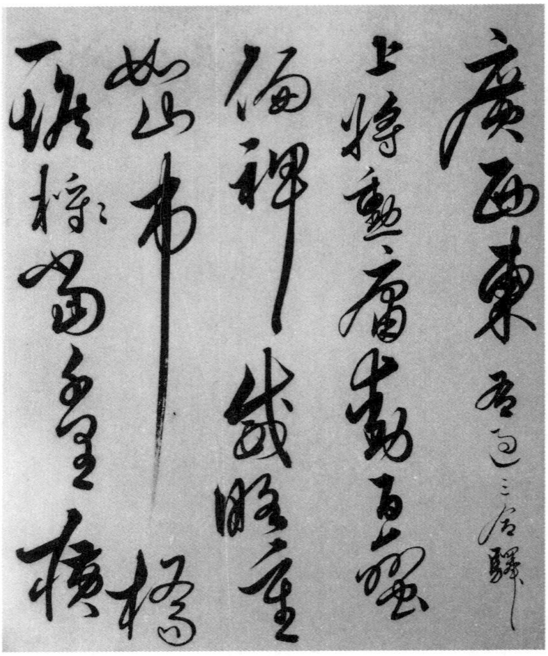

明 解缙自书诗

解缙补对

明洪武二年，解缙出生在吉水鉴湖的一个书香门第之家，从小就非常聪明。虽然他4岁才会说话，但一开口就说鸡的爪印是“个”字；5岁时父亲教他的书，就能应口成诵；7岁就能作诗文，写得就像大人一样；12岁尽读“四书”“五经”，故有神童之誉。他是明代能集诗文和书法之大成的人。其文雅劲奇古，诗豪放纵逸，书小楷精绝、行草皆佳，狂草也名噪一时。当年，他做税务官时，有一天，他到一富商家收税，商家调皮的小女儿知道后便在宅门上贴了一副对联，心想看你怎么进门。对联云：“闲人免进，盗者休来。”解缙看罢一笑，叫人拿笔来，在左右门联各添三字，便挺胸而入。富商的女儿出门一看，不得不佩服解缙文思敏捷，巧补天成。原来他将对联补写为：“闲人免进贤人进，盗者休来道者来。”

【八公山人语】

解缙是个才子，又善于书法，当年名噪一时，甚至能使赵孟頫的书法失价。他最擅长的是小楷和草书，特别爱写毫无法度的狂草，以中锋用笔，圆转精熟，行笔迅疾，气势奔放。明成祖非常喜欢解缙的书法，甚至在解缙书写时，还亲自为他捧持砚台。当时，有一位叫陆颖的老农善于制笔，解缙每次想要写一幅佳作，一定要用陆颖所制的毛笔。他一生所做的最重要的一件事，就是奉明成祖之命，纂修《永乐大典》。这是一部迄今为止世界上最大的百科全书，编纂历时6年，共收集了8000多种古代文化典籍，约3.7亿字，1381位文人参加编辑和誊录工作，共装订了11095册。全书是由1000多人用工整秀丽的台阁体一笔一画抄写出来，看起来竟如同出自一人之手。清代徐阶见到永乐本后，曾经赞叹说，旧本缮写得太好了，现在很难再找到这样的书手了。

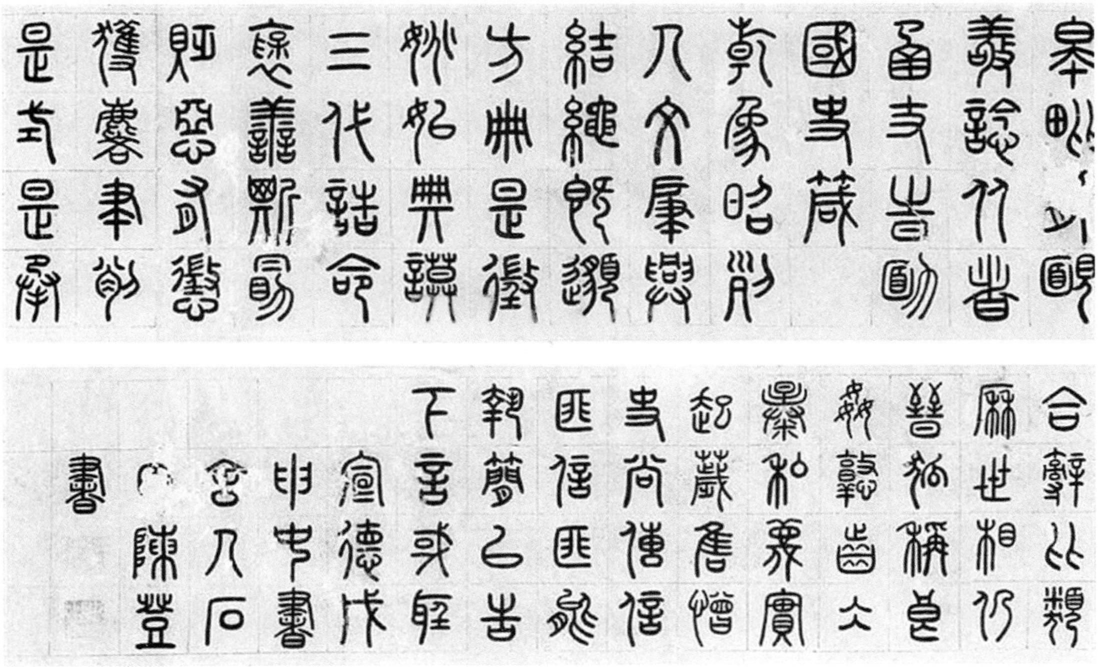

明　陈登篆书手卷

后发制人

明永乐初年，滕用亨、陈登因善书入选翰林。当时，滕用亨自视天下没有人的书法能超过他，而且还自恃年高，瞧不起后辈晚生，往往在大庭广众之下，使人难堪，让人下不了台。陈登也博考详究古文字，用力甚勤。他刚进翰林院时沉默谦卑，但连续三天在文渊阁里都遭到滕用亨的奚落和嘲笑，当时六卿大臣都在旁观，这让他很难堪。那一天，滕用亨又对他发难，陈登忍无可忍，脸上却很怡然，从容说道："我有幸在此亲受教益，不过对您说的我也有些质疑。"于是，他列举滕用亨说的十多处错误，引用东汉许慎《说文解字》娓娓道来。滕用亨自知忽视了这些问题，一时无言以对，便默不作声了。从此，滕用亨不再目中无人，而陈登声誉遂起，书名大噪，朝廷题匾都出其手，四方都向他求书。

【八公山人语】

从唐代以后到明末清初，篆书都没有大的发展，善篆者屈指可数。那时，人们基本上将它作为一种图案文字对待，能结字便可称工。明代朝廷也很重视篆书，朱应辰、卢熊、宋璲、解缙、王尹实，以及滕用亨、陈登等都能写篆书。滕用亨入选翰林院时已年近七十，善于篆籀和隶书，又精于鉴古。那年，明成祖召见时，他大书"麟凤龟龙"四个篆字呈献给皇帝，皇帝看了很高兴，即授予他官职翰林待诏。陈登对"六书"本源精考详究，在翰林院20年，跟他学习篆书的人很多，成为朝廷篆书学习的典范。那时，朝廷里的大匾基本上都是他写的，四方求书者终无虚日。后来的程南云、程洛父子，都是陈登的门人，他们成为宣德年以后篆书的领军人物。

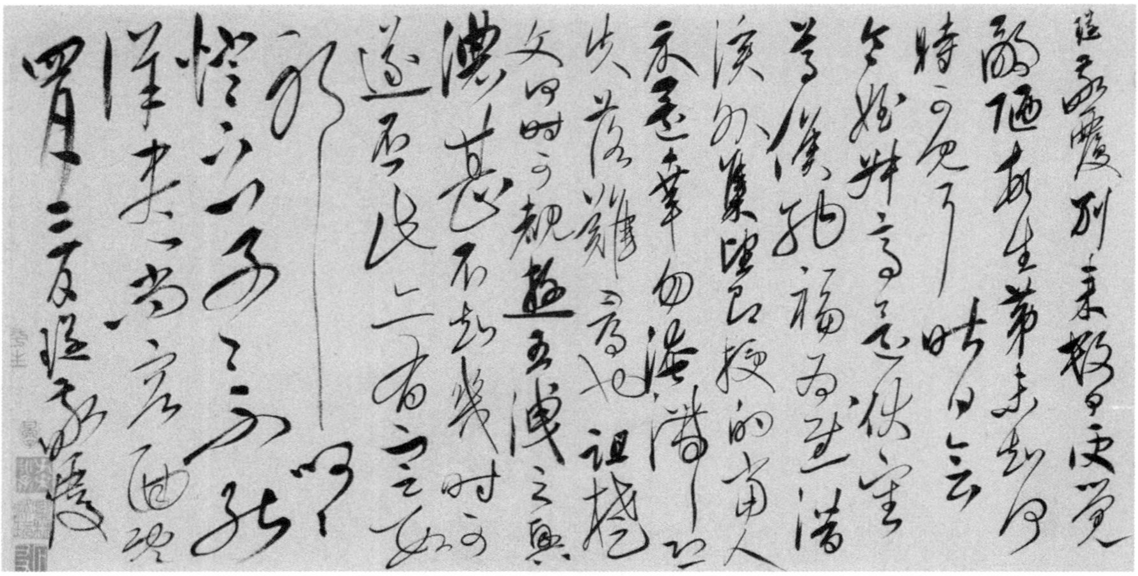

明　宋璲书札

善书授官

明永乐初年，朝廷向全国征召善于写官府标准书体——台阁体书法的人，让他们到翰林院书写内制（皇帝文诰），或者到中书院书写外制（中书机构所撰诏敕）。为了提高这些招收进来的人的书法水平，朝廷还拿出秘府收藏的古代名人法书，给那些有时间学习的人临摹。当时，朱孔昜就是因善于书法被选入翰林院中的书法家。他兼工榜书，书法很有詹希元的矩度风韵，伟然杰出。有一天，皇上到右顺门，召朱孔昜来书写大善殿的匾额。朱孔昜来到后，举笔立就。皇上非常欣赏并且嘉奖他，当天就授予他中书舍人的官职。第二天，皇上还降旨：凡是写内制者皆授中书舍人。可以说，明代因善于书法而授予官职，就是从朱孔昜开始的。

【八公山人语】

明代前期书坛，除宋克一脉文人书风外，突出表现为宫廷书风，即台阁体盛行。宫廷书法家如詹希元、宋璲、杜环等人的台阁体书法大多是端谨婉丽，已经失去了作为书法艺术本体的抒情性，而带有明显的宫廷应制色彩。到了永乐年间，朝廷对内制和外制公文书写的要求，更加严格规范，一大批书法家被征召入朝，充当写手。当时，被授予中书舍人官职的书法家多达四五十人，还不包括缮写《永乐大典》的一千多位台阁体书法家，可谓盛况空前。那时，“大小中书”“兄弟中书”“三世中书”“同门中书”在朝中屡见不鲜，台阁书风风靡一时。朱孔昜的书迹今已不见，但我们可以从宋璲的书迹中窥见，当年台阁书家也能写出如此潇洒的草书，并非千人一面、没有个性。

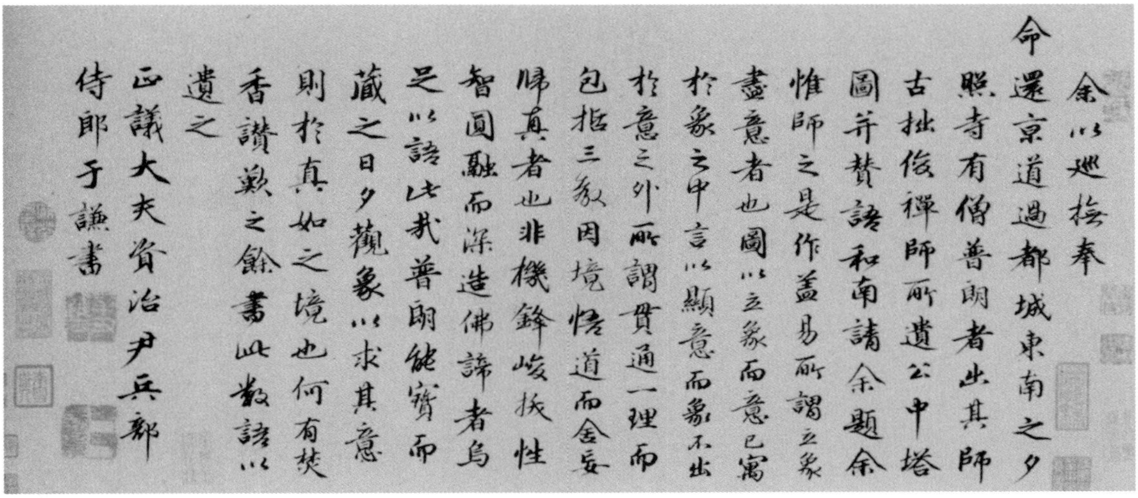

明　于谦　《还京帖》

于谦授意

明代林草仁本来是一个布衣平民，但他与当朝名臣于谦有亲戚关系。由于生活没有什么依凭和出路，他想到朝廷上下现在都很重视书法，于是就开始学习书法，想通过亲戚于谦的帮助，进入朝廷的中书科考，如能考中他就可以成为中书舍人了。但是一连几次都未能成功。有一天，于谦突然对他说："明日代宗皇帝钦考中书，你只管用楷书写'大明一统，圣寿万年'八个字就行了。"第二天，果然代宗皇帝亲自主持中书科考，林草仁按照于谦的嘱咐，用楷书体书写了"大明一统，圣寿万年"八个大字，当即交卷。当时，阁中的阅卷大臣看了林草仁写的楷书，尽管觉得字写得不怎么样，但是谁也不敢说他写得不好，因为他写的正是皇上的心愿，不好也好啦！于是，考官便把他置于上等。

【八公山人语】

于谦是明朝的名臣和民族英雄，曾任兵部尚书，加少保，总督军务，可以说是位高权重。史书上说他为官清廉，曾经因不肯向太监王振行贿，而受到陷害入狱，险些致死。不过，于谦到底还是一个凡人，他最终还是未能逃脱世俗人情的束缚。这一次，他帮助亲戚林草仁，就有作弊之嫌。不过，书法考试不仅要考技法技巧，书写的内容也的确十分重要。那时，明朝刚刚经历"土木堡之变"，英宗皇帝被瓦剌军俘获。幸有于谦力排南迁之议，坚请固守，最终大破瓦剌军，使英宗祁镇皇帝获得释放。所以，林草仁写的"大明一统，圣寿万年"八个字，正是代宗皇帝祁钰所思所想之事，怎么能说不好呢？当然，还是于谦了解皇上的心思。

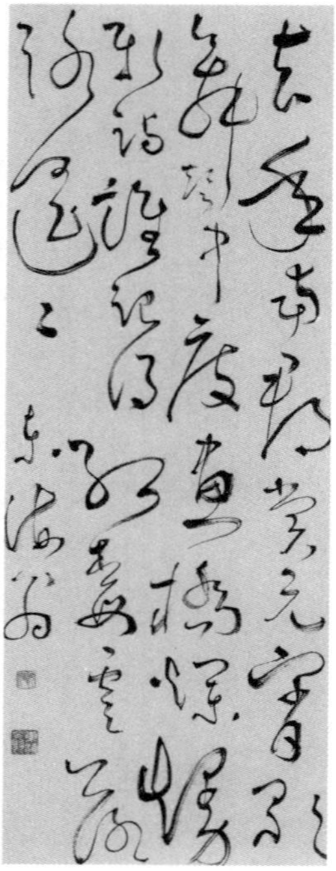

明 张弼草书轴

英雄欺人

张弼，自号张东海，明宪宗成化二年考取进士，任兵部员外郎，因议论无所顾忌，出为南安（今江西大余）知府。他晚年号东海翁，善草书，名震海内外。他还是一个诗人，只是作诗时大多不写草稿，信手纵笔；有时即便写出诗稿，但因为他是书法名家，草稿常会被人拿去。他任江西南安知府时，盗寇猖狂，各郡招兵买马时，一些武夫悍卒宁肯不要钱，情愿得到张弼的墨宝；甚至有些过往的客商遭遇强盗时，因为拿出张弼的墨迹送上，因而免遭诛杀、勒索。张弼喜欢写大字草书，每当酒酣兴发，顷刻能写数十张，疾如风雨，矫如龙蛇，世人以为“张颠”复出。可是，他经常对朋友们说：“吾书不如诗，诗不如文。”有一天，他的好友大学士李东阳听了这话后，开玩笑说：“英雄欺人，每每如此，不可信啊！”

【八公山人语】

古今一些多才多艺的艺术家都喜欢来一点自我评价，言辞之中不免流露出自得之意。齐白石曾自言：“我篆刻第一，诗第二，书第三，画第四。”吴昌硕也曾自我评价道：“我是金石第一，书法第二，花卉第三，山水外行。”这种自我评价都有一个共同特点：故意贬抑自己最擅长的、举世公认的艺术种类，极力抬举鲜为人知或者并不高妙的艺术种类。还是李东阳一针见血，直击要害，说这是英雄欺人，言不足信。《明史文苑传》中说：“弼工草书，怪伟跌宕，震撼一世。”张弼的书法冲破了台阁体拘谨呆板的书风，开启了明代中期吴门书法抒情浪漫的风气。但是，他的草书失于轻浮，劣作更入俗书。所以，陈献章评其书法曾有“好到极处，俗到极处”之论。

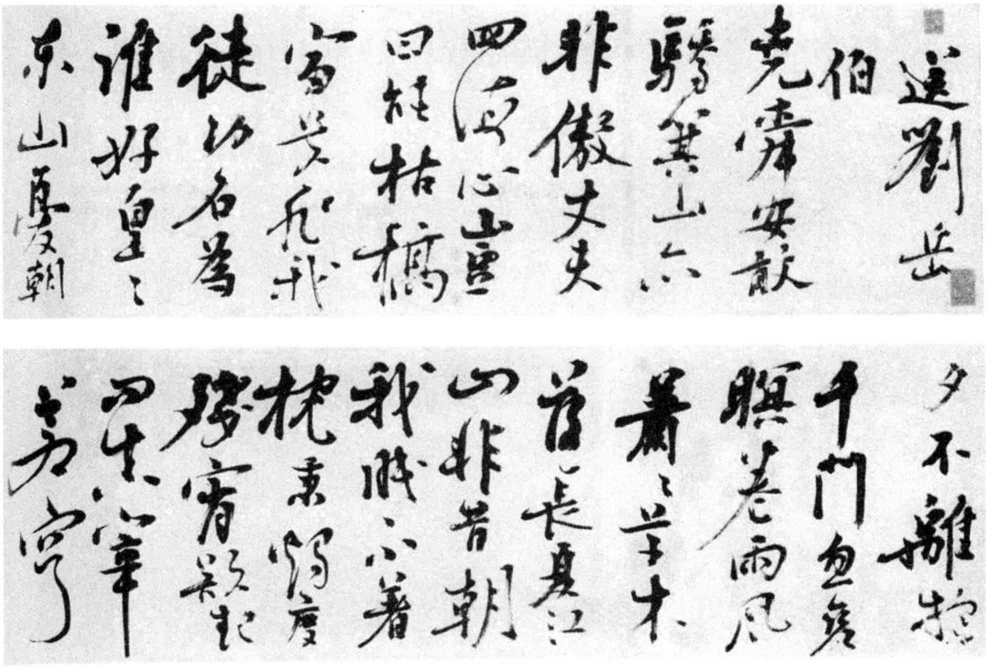

明 陈献章《自书诗卷》

茅草制笔

明代陈献章出生于广东新会都会村，10岁时随祖父迁居江门白沙村，故世称陈白沙。他20岁时在童试中考中秀才，同年秋天参加乡试，考中第九名举人。正统十三年考中副榜进士，进国子监读书。景泰二年，28岁时他第二次考进士再次落第后，遂返乡筑“阳春台”，立志隐居生活，终日静坐读书。为减少外界干扰，他十年足不出户，其饮食衣服均由家人从凿开的墙洞中递进。就这样经过十年寂寞清苦的学习、思考，他最终悟得心学之道。因长年居于山间乡野，又足不出户，不易买笔，怎么办呢？他看见他家屋后圭峰山上的石缝中生长着一种茅草，色白而劲。于是，他就叫人砍了些来，将茅草心束缚起来当作笔用。他用这种笔写出来的字挺健雄奇，多朴野之致，时人称之为“茅笔字”。后来，陈献章创制的这种笔，人们称之为“茅龙笔”。

【八公山人语】

陈献章是遗腹子，全靠母亲林氏抚养长大。他被誉为“岭南第一大儒”，是岭南入祀于孔庙的第一人。国子祭酒邢让见到他后，惊为真儒复出。陈献章的书法受到他“心学”的影响，也是得之于心，随笔点画，自成一家；而他创制的“茅龙笔”也一直沿用至今。茅龙笔，笔锋可长可短、刚健有力，适合写大字行草书，而且写出来的字有“飞白”效果。这也可以说是陈氏的一大发明。陈献章晚年喜用“茅龙笔”作书，天下人得其片纸只字，都藏以为家宝。他的老师吴康斋的女婿因贫困，求得他几十幅字出售，“每幅易白金数星”，终于渡过了难关。明代书法家张羽说：“公甫能作古人数家字，束茅代笔，晚年专用，遂自成一家。”当代麦华三曾经说：“白沙先生以茅龙之笔，写苍劲之字，以生涩医甜熟，以枯峭医软弱，世人耳目，为之一新。”

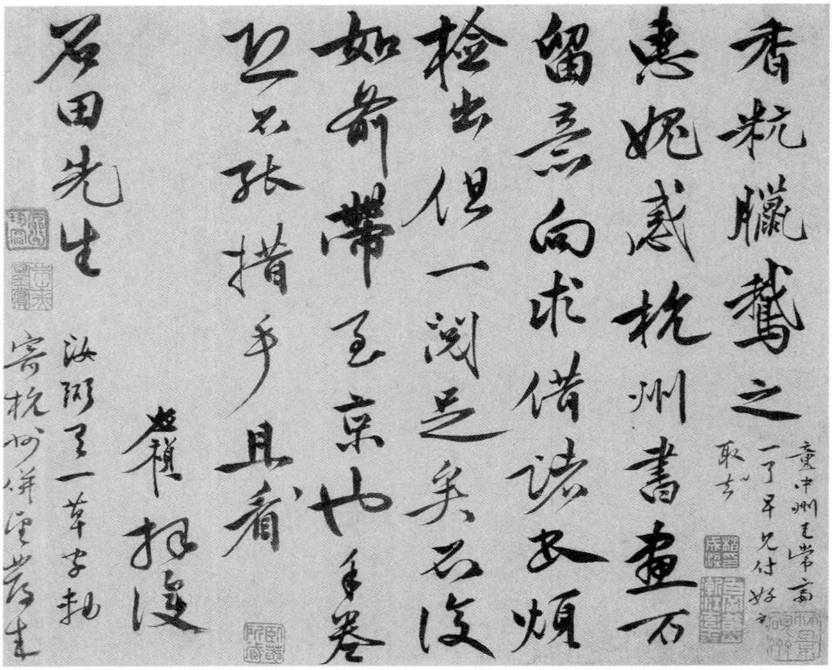

明　李应祯书札

少卿传法

李应祯在明代景泰四年的乡试中中举，入太学，22岁时因善书被选中，授中书舍人。他是一个很有文人风骨的人，非常不喜欢这个颇似抄书匠的职位。每当有人说他书法好，他便感到羞耻，因此有人求他书法，他多半不会答应而且还很愤怒。有一次，皇帝诏命李应祯写佛经，他竟然抗疏说：“只闻有九经，不闻有佛经。”李少卿楷、行、草、隶诸体皆精，他收了个徒弟，名字叫文徵明。那一天，他在书写《魏府君碑》时，忽然看着文徵明说：“我学书法四十年了，今天才有所领悟，然而我老了，没有用了。你应当趁自己年轻力壮、视力又好的时候努力学习。”于是，他纵论书法的运指凝思、吮毫濡墨，以及结字用笔的起落、转换、大小、向背、长短、疏密、高下、疾徐的方法，将它们全部传授给了文徵明。

【八公山人语】

文徵明22岁起跟从李应祯学书法，他称赞李应祯说：“公虽潜心古法，而所自得为多，当为国朝第一。”李应祯教授书法，鼓励博采众长，以期能够自成一家。一天，他见到文徵明写的一张字中有苏体的笔意，竟大声斥责道：“破却工夫，何至随人脚踵，就令学成王羲之，只是他人书耳！”李应祯还有一样绝活，那就是他写字时执笔用的是“三指法”，即大指、食指、中指指尖搦管，虚腕疾书，无人能及。后来，文徵明便学习继承了这种执笔方法。不过，书法执笔的方法有许多种，因人而异，苏轼《论书》中说：“把笔无定法，要使虚而宽。”李应桢的书法学欧阳询、颜真卿，得蔡襄用笔之法，用笔厚重遒劲，气势开张，颇有后世碑学气息；他的字多为横向取势，秀丽而又有气度，行笔自然大方，字的大小粗细变化自然。

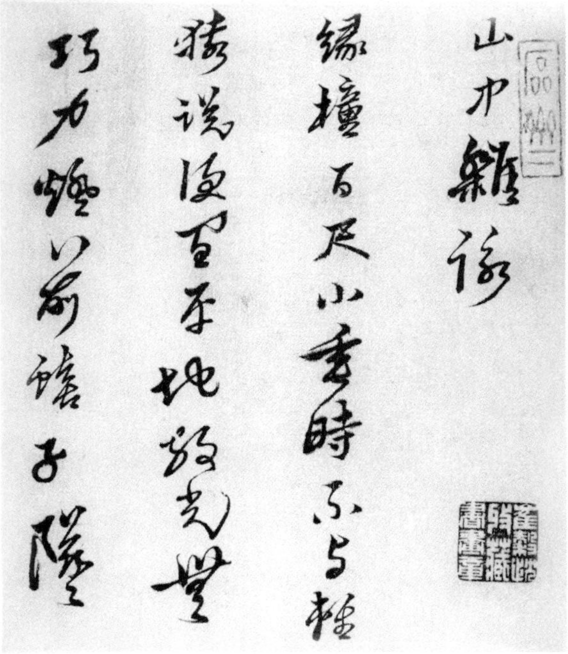

明 黄道周《山中杂咏》

神童写字

明代官府经常举办书法大赛，从各地选拔优秀的书法人才，以便培养可供朝廷官府使用的书法家。这样的大赛有时一些小小少年也会参加。明英宗正统年间，有一位书法神童，能写大字。于是，地方官便将他送到京城里，参加书法选秀活动。那天，朝廷的主考官员并没有拿这个小屁孩当回事，就想戏弄一下这孩子。主持活动的官员给了这孩子一块红丝罗，有一丈多长、一米多宽，要求他写一个与这块红丝罗一样大的字。试想一下，一个不到十岁的孩子如何能写这样的大字？只见这孩子将这块红丝罗铺在地上，望着它凝神静思了很久，然后拿起笔来，从上到下写了一竖，这一竖写得与红丝罗一样长。而后，他在一竖的右边写上一点，遂成为一个大大的“卜”字。在场的观众看了无不惊骇，天下传为佳话。

【八公山人语】

明代的书法基础教育非常扎实，读书人从小就要受到严格的书法训练，特别优秀者还会被选送进京，由皇帝亲自召试，若被选中即作为秀才，被送进翰林院接受正规书法教育。所以，明代是书法神童辈出的时代。这些儿童不仅善书，而且人也极为聪明机灵。宪宗时，宁波就有一个叫沈应奇的儿童，7 岁能写大字。宪宗皇帝召试，命他书写“皇帝”二字。沈应奇俯伏在地启奏说：“书‘皇帝’二字，乞求能赐给一张几（矮小的桌子），因为这两个字不能在地上书写。”沈应奇写毕，皇帝一时高兴，竟要授予他中书舍人官职。正在一旁的内阁万安连忙禀奏说：“当令他读书，不宜使 7 岁的孩子就有官职。”皇帝这才醒悟过来，改为将沈应奇送到应天府学习。沈应奇差点就成为中国历史上年龄最小的官员。

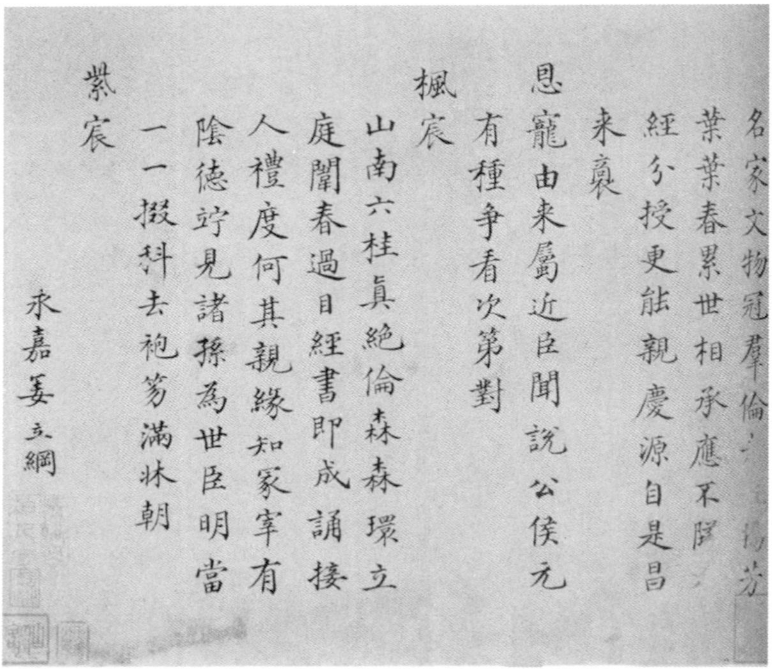

明 姜立纲楷书册

触景生情

在明朝天顺、成化、弘治三代，姜立纲名噪一时，凡宫殿碑额、内廷制诰，大多数都出自他的手笔，当时人们都称之为“姜字”。姜立纲不仅在国内书法的名气很大，就连海外也知道他的大名。有一次，日本国立了一扇 13 丈高的国门，国门上自然需要一块大大的牌匾。他们遍寻日本国都难以找到能够题写这块牌匾的书法家。这时有人建议请中国书法家姜立纲题写。于是，日本国专门遣使者来到中国，请求姜立纲书门额。姜立纲一挥而就，日本使者拿回去镌刻好了以后，许多日本人看了后都说：“这是中国惠赠给我们的墨宝啊！”有一天，姜立纲在靠近湖边的房舍中榜书“皆春”二字，恰好这时有人划船经过眼前的湖面，水面冲起波浪。他看了后大受感染，触景生情，马上将“皆春”二字写得大有风波行舟之势。

【八公山人语】

作书如作文，当触景生情，有感而发，方成佳作。姜立纲从小就天资聪明，勤奋好学，幼年他就是全国闻名的书法神童，已能写径尺大字，显露出了书法天才。明代英宗时，朝廷为了储备宫廷书法人才，不仅设置中书科考，选拔中书舍人，而且还开始选拔天下善于书法的天才少年，到翰林院中加以培养，以备将来使用。姜立纲年仅 7 岁，就被朝廷选为翰林院秀才，入学翰林院。可以说，姜立纲的书法是标准的科班出身，他从小就受到翰林院中良好的书法教育，以及宫廷书法的熏陶，受到台阁体书法的严格训练。长大成人后，姜立纲自然是“趋势吏手”，擅长楷书，字体浑厚，清劲方正，成为明代台阁体的代表书家。所以，他的书法与“二沈”当是一派风格。台阁体书法千字一面，写得再好，终因缺乏性情，必然沦为俗书。

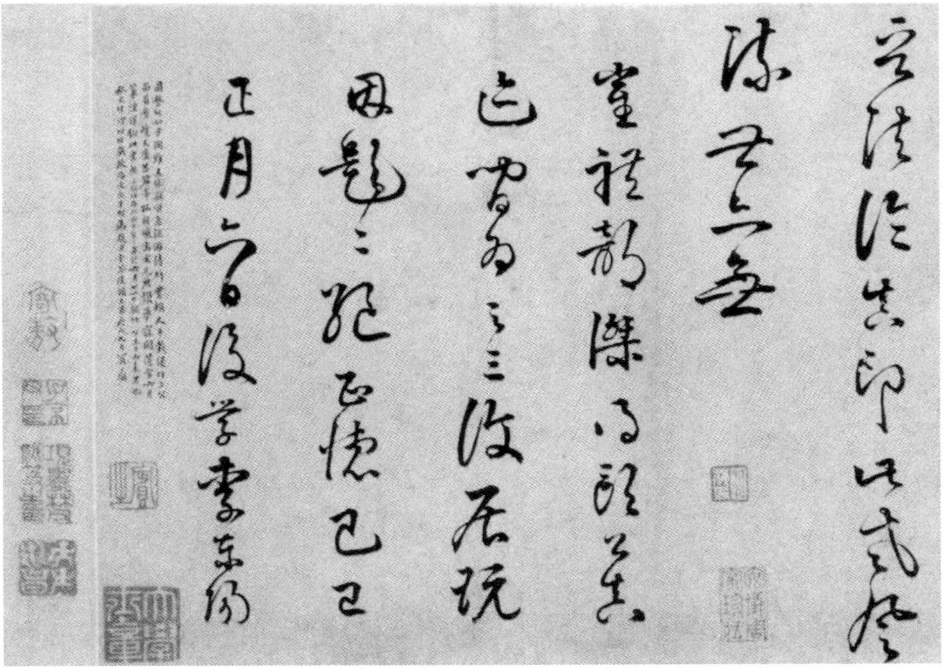

明　李东阳题跋

书为鱼菜

明代李东阳的家族本来世代都是行伍出身，而他却是个文官，成为明朝内阁首辅大臣。他长得相貌丑陋，但天资聪颖，读书一目数十行，而且成诵不忘，又幽默诙谐。他8岁时以神童召入顺天府学读书，又受教于翰林院的黎淳。他的书法篆、隶、楷、行、草皆精，名扬四海。他在朝50年，为官清节不渝，后来罢相归乡后，两袖清风。但是，许多人仍然慕名前去求购他的书法，经常填塞门户。李东阳正好拿这些笔润补贴家用。有一天，李东阳的夫人刚研好墨、铺好纸，等待他来挥毫，而他却忽然对整天写字感到厌倦了，便不想再写。夫人在旁边看他这个样子，就劝说道：“今天家里刚好要请客吃饭，桌上怎么能没有鱼肉酒菜呢？”李东阳一听，便欣然提笔，竟一连写了好几张应请索的字，方才罢笔。

【八公山人语】

李东阳小时候就极为聪敏，4岁就能写径尺大字，明景帝召他来面试，当内侍扶他迈过宫殿门槛时说：“神童腿短。”他应声道：“天子门高。”皇帝命他写“龙”“凤”“龟”“麟”等字以后，很开心，将他抱在膝上，赐给他珍果和钱钞。当时，他父亲已经站起来，在殿外的台阶下站着候命。皇帝看到后说：“儿子坐着，但父亲却站着，这合乎礼法吗？”李东阳答道：“嫂子掉进河里，小叔子去拉她，虽不合礼法，但这是权宜之计。”皇帝大笑。《明史本传》中说李东阳“工篆隶书，流播四裔”。李东阳的书法是从古篆中来，篆、隶、真、行、草，各体皆精。由于取法高古，因而能摆脱台阁体的束缚。他写得最好的还是草书，他的草书清流纯雅，玲珑飞动，笔力矫健，而无怒张蹈厉之态。

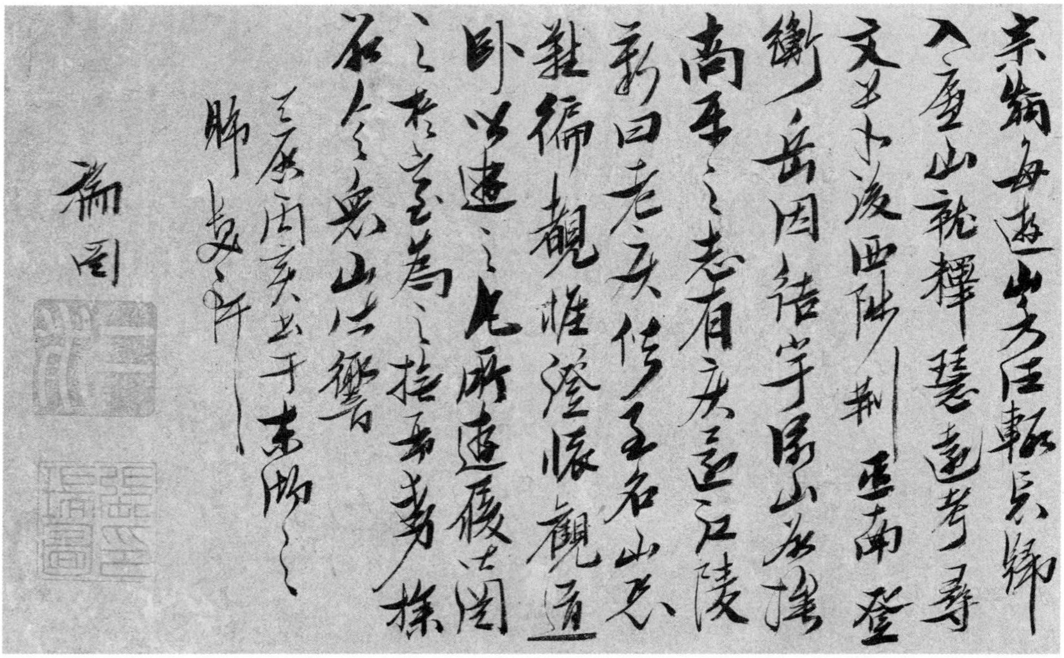

明　张瑞图书札

御殿写字

明代洪季和又叫洪钟，家境贫寒。他4岁时跟随父亲进京，经过山东临清州城，看见牌坊上的大字题额，就吵着向父亲索要笔墨自己来写。果然他有书法天赋，从来没有写过毛笔字的洪季和，竟然能够马上写得像模像样。父子二人到了京城以后，为了生计，这一老一少就在市场上摆摊卖字。宫中有人看到后，啧啧称奇，将此事禀报了皇帝。明宪宗听到这个消息也很好奇，便召见洪季和，并且要求这个年仅四五岁的孩子，在御殿中书写“圣寿无疆”四个大字。洪季和手执毛笔站在那里，面对地上铺开的纸张，半天也不下笔。皇上很纳闷，就问他：“你难道有不会写的字吗？”洪季和叩头答道：“小民并非不会写这几个字，而是不敢在地上写呀！”皇上听了哈哈大笑，就命内侍抬出案几，铺好纸，洪季和一挥而就。

【八公山人语】

正因为洪季和年纪小，初生牛犊不怕虎，面对皇帝竟能如此从容应对。后来，洪季和于明成化十一年考取进士，正德四年任刑部尚书，兼左都御史。明代书坛神童辈出，秦震、姚继、萧日宾、姜立纲、沈应奇、李东阳、祝允明、徐霖、张文宪、张天如、李世屿等，都是如此。这些神童除了从小得之于父辈教育和家庭熏陶之外，还与明代重视培养书法人才有很大关系。明朝书法教育从娃娃抓起，在翰林院中就特设有年少的书法秀才，这对当时的少年儿童有着很大的示范作用，大大激发了民间人士特别是青少年书法学习的兴趣。而且，明朝历代皇帝都爱好书法，善写大字，并对中书舍人、翰林院待诏等重要人员，都要亲自殿试书法。应试者一般都是写大字。所以，榜书大字在明朝特别兴盛。

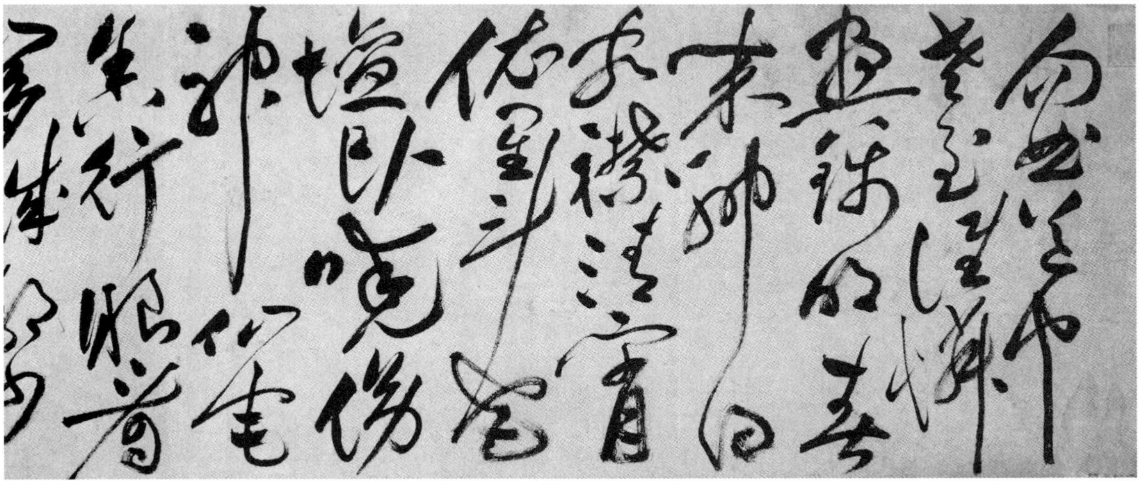

明　祝枝山　《句曲道中》

文士风流

祝允明出身于名门，他的外祖父是华盖殿大学士徐有贞，能诗善书；他的岳父是李应祯，以善书授中书舍人，官至太仆少卿，是文徵明的书法老师。祝允明两三岁时就跟随徐有贞学习书法，5 岁便能写径尺大字，后来又得到李应祯的指教，在此基础上，遍临百家，博采众长，终于自成一家。祝允明自恃才高，却科举屡败，于是饮酒狎妓，放浪形骸。中年以后，他在吴中时，海内外持币求书者常塞门户，但他一不高兴就闭门不见。一些求书者知道他的爱好，便趁他与妓女亲昵嬉游之时，暗中贿赂妓女，让妓女央求他写字，结果大有收获。晚年，他辞官还乡，生活窘迫，债主盈门，文徵明次子文嘉得知后，将他领到放着蚕丝纸和上等笔墨的书房中，允诺给他重酬，请他写字。祝允明见了大喜，乘兴写下《古诗十九首》这幅草书精品。

【八公山人语】

在古代，文人们常常在青楼里饮酒狎妓，这并不为过，反倒是一种文士风流的表现。祝允明放浪形骸，自然也是文士风流。他因为右手拇指旁增生了一个小指，便自号“枝山”，从他谐谑自嘲般的别号中，可见他玩世不恭的处世态度。他比文徵明、唐伯虎年长 10 岁，三人同居苏州，均才高八斗，遂结为好友，号为“吴中三才子”。然而，仕途多舛，三人都屡试不第。祝允明纵酒挥金，游戏人生，实为他借酒消愁，排解苦闷之道。好友唐伯虎 54 岁后去世，祝允明更加癫狂，荡尽资财。身后常有债主追逐讨债，他反而沾沾自喜，面无窘色。祝允明曾作《六体诗卷》，可见他书法各体兼善，尤其是草书豪气纵横，精熟过人，写得最好，实为草书的集大成者。

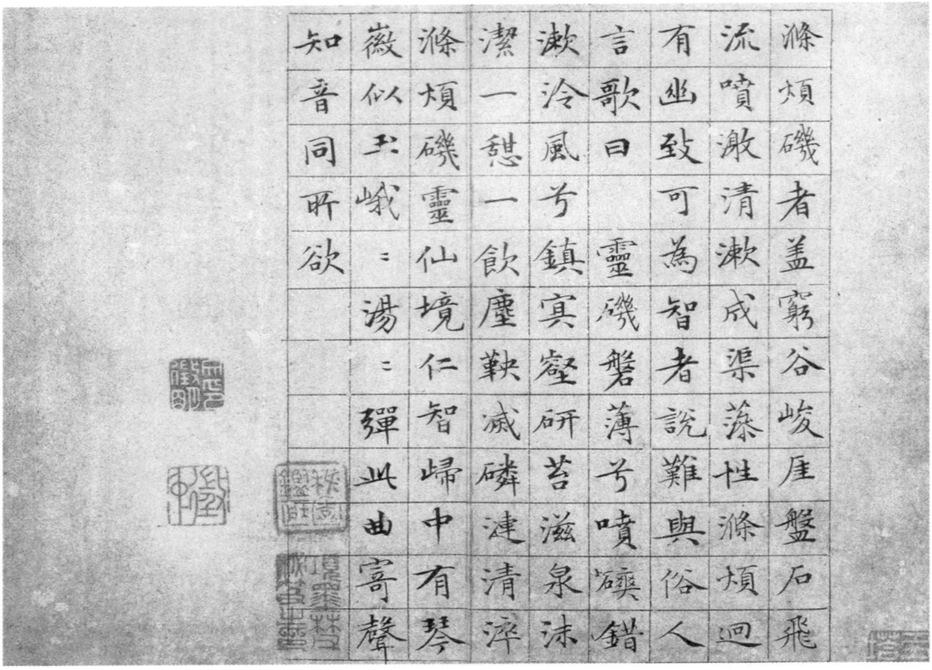

明 文徵明《草堂十志》

以此自娱

文徵明从小学习书法就非常认真。他初入郡学时，学官对学生要求很严，天一亮就入学，点灯时分才放学。学堂里的学生们大多数都坐不住，经常用饮噱、谈笑、唱歌，以及投壶弈棋来消磨时光，唯有文徵明独自临习《千字文》，每天要写10本才罢，也就是说他每天要写一万字啊！因此，他的书法大有长进。后来，即使已成了书法名家，他对于自己的书法也从不苟且，哪怕是回复别人的信札，写得稍不如意，必定重写，纵使写了几遍也不觉得厌烦。所以，他的书法总是随着他年龄的增长，愈老而愈发精妙。有一天，有人向他请索书法，他竟然写给他细如毫发的蝇头小楷。友人看见后劝他说：“哪里用得着这般辛苦，何不写草书应酬他算了？”哪知，文徵明回答说：“我是以此自娱，并非为了他。”

【八公山人语】

非常之人乃为非常之事，终成非常之业。许多大家名家的书法，老而衰弱破败，除了其身体的原因以外，有很大原因是在成名之后，妄自尊大，对自己的要求松懈，凡遇求书者则随便应酬，信手涂鸦。那破败的字迹与他享有的声名完全不相称，如果抹去题款署名，让你想不到此等水平的书法竟能享有此等大名！文徵明从小就能严于律己，刻苦学习，书法自然不断精进，老而弥坚。他年近九旬还能写蝇头小楷，最后在为人写墓志时，中辍无疾而逝。这足以成为当今书法家和书法爱好者的楷模。文徵明在明代影响很大，门生众多。以他为代表的“吴门派”书法，独霸了上下百年的明代书坛。即使后来董其昌登上书坛，文徵明的影响也依然存在；今天，仍然有许多人喜欢和学习他的书法。

明　文徵明行草扇面

三不肯书

从 26 岁起，文徵明到南京参加乡试，每三年一次，结果连续十次都没有考中举人。他 26 年闲居家中，直到他 52 岁时，由于工部尚书李充嗣的推荐，才做了“翰林院待诏”这样一个月薪仅有五石米的小官。因为不是进士出身，文徵明受不了同僚的白眼，于 57 岁时辞官返乡，筑室于舍东，名“玉磬山房”。他在庭院中栽了两棵桐树，常常徘徊啸咏其间。四方求书者接踵于道，一些达官贵人经过苏州，也都要去拜访他，以宝玩相赠，他却不肯收礼，都原封不动地退还。一些外国使者经过苏州时，也望里肃拜，以不获见为恨。文徵明不肯轻易为人作书，越是富贵的人越是求不到他的书法，尤其不肯给王府的人写字，他常常推托说：“此法所禁也。”据说，他平生不肯为三种人书，即“宗藩（诸侯）、中贵（皇帝宠爱的近臣）、外国”。

【八公山人语】

中国是一个把伦理看得比生命还重要的国家，一个人可以“杀身成仁”，可以“舍生取义”。所以，宋代以后，论书法讲究书品和人品，往往最为看重的是书法家的人格魅力，其次才是他的书法艺术。特别是文人书法家常常不随流从俗，有着自己的处世方式，具有独立不倚的人格，唯其如此，他才能创作出格调高雅，具有神韵的书法作品。文徵明不畏权贵，不捧富商，没有奴颜媚骨，这正是他人格魅力之所在，也是他书法魅力之所出。他的行书写得横平竖直、强劲刚利、清俊而有风骨，总令人觉得其中潜伏着一股强劲的毫不松懈的意味；小楷劲健，疏朗萧散，超脱俗尘。书如其人，这句话一点也没有错，文徵明的书法表达和反映出的就是他的人格理想和他的心性。

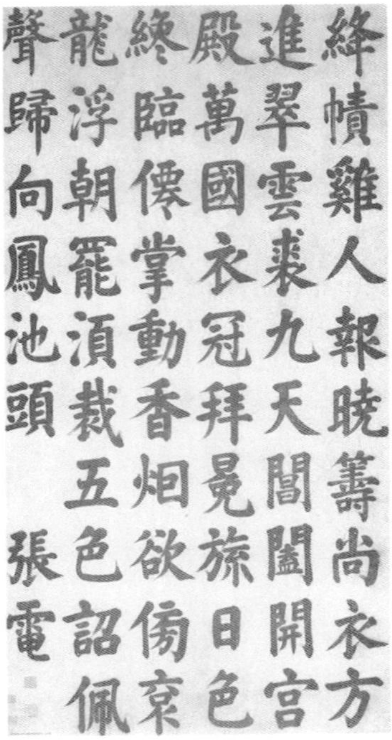

明 张电《楷书王维诗轴》

醉酒现形

张电本来只是一个布衣平民，因为善于书法被召入京城，在宫廷内做侍书。他很会摹写明代台阁书法家姜立纲的书法风格，字写得极为圆熟妍媚，很受嘉靖皇帝的青睐。明世宗非常聪明，尤其在书法和文辞修养方面都有很高的造诣，曾经组织重录《永乐大典》，所以他对张电厚爱三分、高看一眼。有一天，世宗皇帝令张电书写一篇古赋。张电写完之后，即获诏与世宗皇帝一起欢饮。这是何等的礼遇啊！哪知，张电受此龙恩，一时高兴，得意忘形，竟然放纵豪饮，直至烂醉如泥。世宗皇帝马上召来内侍搀扶着他，他才能勉强行走。皇上看着张电书写的古赋很高兴，但又看见张电醉酒后丑态百出的样子，连声大叫：“酸子而已！”马上吩咐侍卫，将张电遣送回去。

【八公山人语】

一个人喝醉了酒之后往往丑态百出，所以，古时相貌难看的人叫“醜（丑）”。这“醜（丑）”就是酒鬼。张电大醉之后，自然也是酒鬼、“醜（丑）”人了。张电的书法取法李邕以及姜立纲、“二沈”。如今可见到的就是他写的《楷书王维诗轴》，浑厚端严，骨力雄强，也有颜真卿《颜勤礼碑》风神，但过于平正拘谨，没有颜书横轻竖重的笔法变化。也有人说他的书法受明代书法家姜立纲影响很大，而范钦评姜氏书法：“立纲臃肿痴浊，大类算子。”今观张电书法也有此弊。他受世宗皇帝知遇，未经科举便供奉馆局，更官至礼部侍郎，其实仍是布衣俗人。皇帝赏识，书罢欢饮，但身为礼部侍郎，怎可不知君臣礼仪，哪能豪饮大醉？张电醉后粗俗的原形毕露，难怪皇上大呼：“酸子而已！”

明　项子京行草扇面

付免题钱

明代大收藏家项元汴，字子京，其“天籁阁”所藏法书名画古玩，价值连城，富可敌国。据说罕有的王羲之传世墨迹，他就收藏了8件，此外还有东晋顾恺之、唐代韩干的名画等。明神宗朱翔钧闻其名，“玺书征聘”他去京做官，他都坚辞不去。当时的社会名流都纷纷求访相交。大画家仇英年轻时曾在他家为仆人，董其昌年轻时也曾做过他的家庭教师，陈淳曾教他绘画，文徵明的儿子文彭、文嘉曾在他家里居住数年。有丰富的收藏和名家的影响，项子京当然也能书善画，其书法俊逸高古，也是当时的书法名家。他画画有一个习惯，每绘一画，必自题跋，但是词句累赘，还要盖上许多印章，往往破坏了画面的整体效果。有些求画者不想他这样做，便多出三百钱贿赂他的仆人，等他画完之后，立刻拿走，防止他在画上题写款识。当时人戏称这笔钱为“免题钱”。

【八公山人语】

题款和用印都应当服从于作品整体章法的需要，尽量少题字和少用印，以免画蛇添足，冲淡了主题效果。所以，好的题款就像是画龙点睛，要求做到准确、恰当、精彩。项子京因为自己的书法好，所以乐于题跋，大秀书艺。他不仅自己题画累赘，而且对于自己收藏的书画也常常是累累钤盖图章，因此曾受到书画收藏家的讥评：“钤印累幅，犹如聘丽人却黥其面。”他通常收藏书画使用的印章有40多方，如“天籁阁”“墨林山房”“项子京家珍藏”“项墨林鉴藏章”“项子京家珍藏”等。他死后55年，清兵南下，大兵至嘉禾，项氏累世之藏，全都被千夫长汪六水抢掠而去，荡然无存。项子京的书法师法“二王”，又学智永、赵吴兴，确实写得极好。

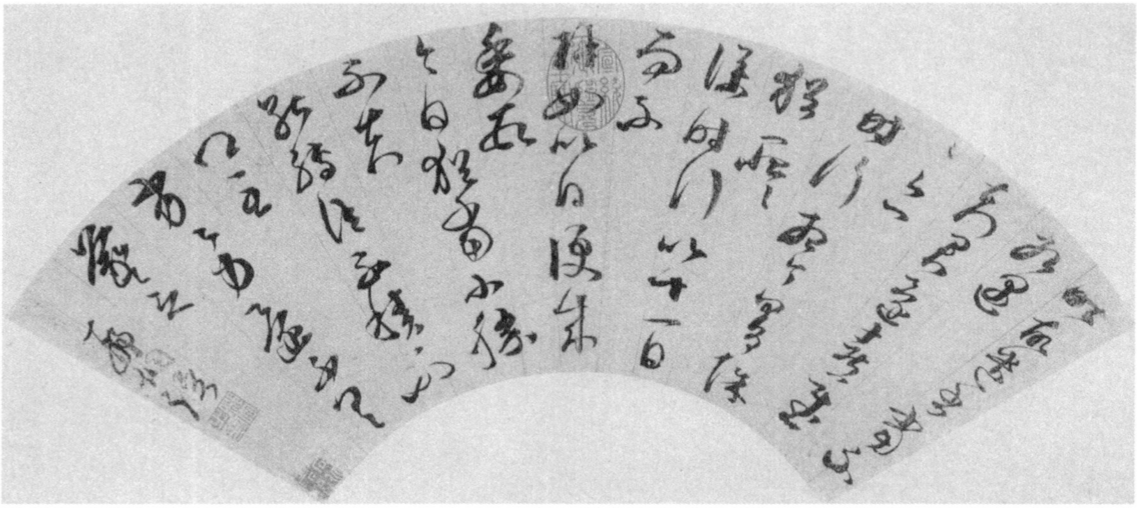

明　邢侗行草扇面

恨为女子

邢侗，字子愿，天资聪颖，7 岁能写擘窠大字；剑拔弩张，气势生动；13 岁学王宠楷书，14 岁能读家中的藏书。明代嘉靖四十三年， 山东督学邹安福到济南，见到邢侗的楷书后说："此儿书法有前辈风，是天下才也！"便召他到济南泺源书院读书，一时传为美谈。明万历三十九年，神宗皇帝很欣赏邢侗的书法，传令以邢侗字扇进览，看罢击节赞叹，又令女史学习他的书法，并且让画士绘图记录这件事。有一次，邢玠司马奉旨出使高丽，该国有一个李姓的状元的妻子得知后，托邢玠司马带了封信给邢侗。信中表示：她对邢侗的书法非常仰慕，十分愿意做他的弟子，跟他学习书法；但自恨为女儿身，不能到中国去从师学书。那时，邢侗的书法在高丽国已与黄金同价。朱宗伯出使高丽，曾顺便带去了邢侗的两幅字。他到了高丽后，这两幅字就被人以与黄金等值的价钱买去。

【八公山人语】

明代万历年间，邢侗书法在海内外有很大影响，他与董其昌、米万钟、张瑞图并称"晚明四大家"，又与董其昌齐名，时称"北邢南董"。邢侗书法祖述"二王"，尤得王羲之神髓，无论是擘窠大字还是蝇头小楷，他都写得好，大字雄强，小字道媚。而且，他篆隶、行草、章草无不精妙，笔力矫健，圆而能转。可惜，他虽临古极肖，但泥古不化，缺乏自己独特的个人风格。因此，他的创造力远逊于董其昌、张瑞图、黄道周。不过，在晚明书法变得越来越狂怪无度之时，邢侗能够继承魏晋传统，追踪钟繇、索靖和"二王"，辟除时弊，这使他在精神上已经能够超人一等。他特别喜欢王羲之的书法，深得其神髓。他说："与右军书坐卧凡三十年，始克入化。"明代周之士评论其书法时说："近代邢子愿书，精研'二王'，笔法恒仿佛《十七帖》笔意；即其卷素所书，迹多述王帖，可谓极意临摹者矣。"

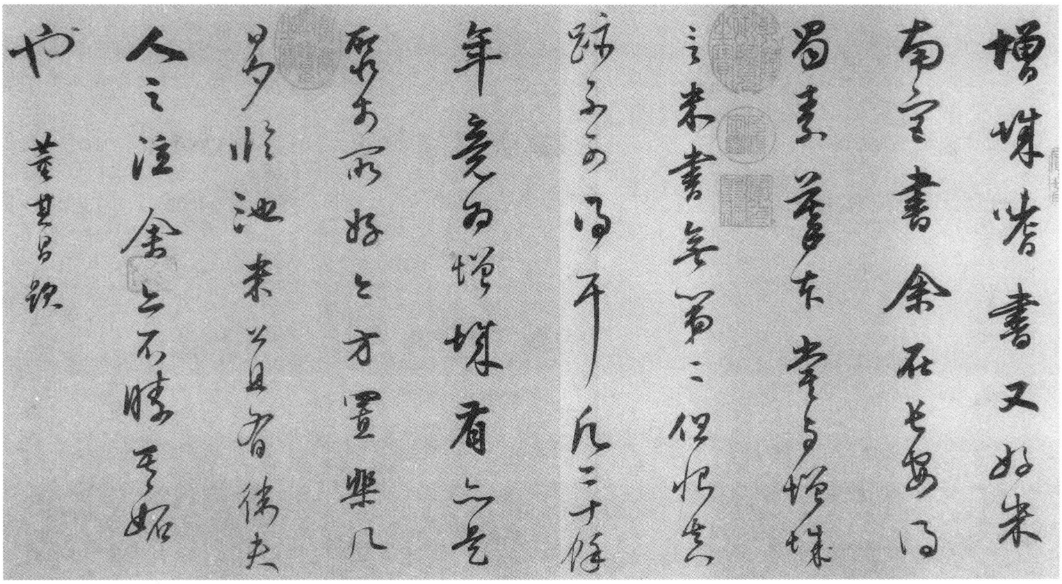

明 董其昌《跋米芾蜀素帖》

拒绝题跋

明代陈山甫，自号紫微居士，是当时的一位书法名家，诗文也写得很好，为人处世很讲原则。他曾经为一位朋友收藏的智永《千字文》书帖题跋，这事被一位名叫张江陵的人听说以后，便心生贪念，很想得到它，但是一时又没有什么好办法。于是，他就心生一计，找来一个智永《千字文》的赝品，拿到陈山甫那里请求他题跋。陈山甫一眼就看出张江陵拿来的《千字文》根本就不是智永写的，而是后人伪造的，就对他说："昔人谓孔光不识'进退'字，张禹不识'刚正'字，许敬宗不识'忠孝'字，柳宗元不识'节义'字。今江陵兼之，宁识我字耶？"张江陵丈二和尚摸不着头脑，不知道他说的话是什么意思，只知道陈山甫拒绝了他的请求，只好悻悻地离去。

【八公山人语】

原来，陈山甫引用了宋代儒学家李衡《乐庵语录》中的一段话，它的前面几句是："人读书须是识字，有读书而不识字者，如汉之孔光、张禹，唐之许敬宗、柳宗元。非不读书，但不识字。或问其说，先生曰……"陈山甫借用李衡的话来讽刺张江陵，说他就像当年孔光不懂得进退、张禹不懂得刚正、许敬宗不懂得忠孝、柳宗元不懂得节义一样，也不知礼义廉耻，竟然拿一幅赝品来诓骗他，让他题跋。张江陵本想凭借名家的题跋，将伪作变成真迹，却被陈山甫识破，因而遭到拒绝。当今也有一些作伪之人，拿着赝品去找名家题跋，想要弄假成真。所以，大家要小心提防这类"张江陵"。陈山甫的书跋今已不见，而流传的智永《千字文》有清代杨守敬等人的题跋。

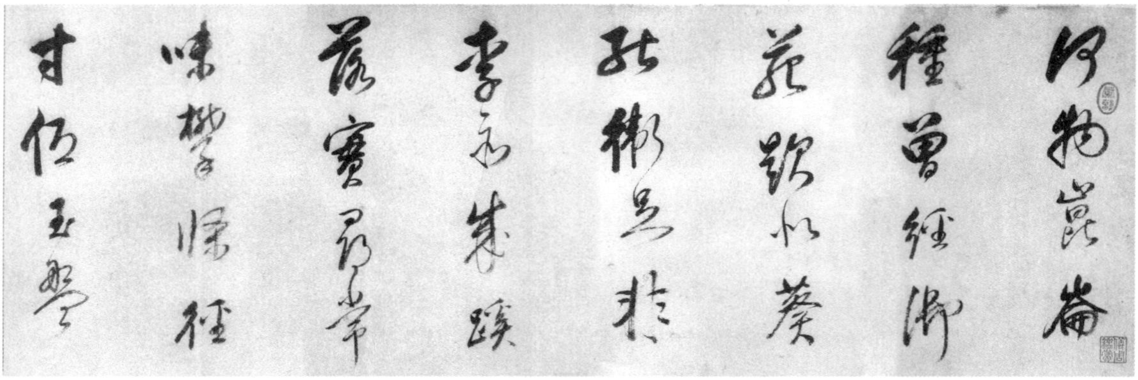

明　董其昌诗卷

知耻后勇

董其昌，字玄宰，是明代书法集大成者。明代晚期，他与同时代的著名书法家临邑的邢侗、顺天的米万钟、晋江的张瑞图，并称为“晚明四大家”，又有“南董北米”或“南董北邢”之称。不过，他学习书法起步却很晚，是17岁以后才开始发奋认真学书习字的。那是因为，17岁时董其昌与堂兄董传绪一起参加郡里会考，郡守袁洪溪在批阅考卷时，本来按照董其昌的文才可将他名列第一，但是袁洪溪嫌他考卷上字写得很差，于是将董传绪拔为第一，董其昌则降为第二。这件事大大刺激了董其昌，使他的自尊心受到伤害，从此发愤临池学书。他先后拜松江书画名家莫如忠、陆树声为师，跟他俩学习书画。最后他不仅考取了进士，而且在书法上也一举超越了沈度、沈粲、张弼、陆深、陆万里、莫是龙、莫如忠等明朝前期的书法家，成为名满天下的一代大家。

【八公山人语】

董其昌知耻而后勇学习书法，终于成为“帖学”书派的最后一座高峰。当时人们将他比作宋代的米芾、元代的赵孟頫。他对此也沾沾自喜，甚至认为自己平时写字比较随便，如果认真地写，“赵书亦输一筹”；还自负而又狂傲地认为，他的得意之作，“即便不能追踪晋宋，断不在唐人后乘”。的确，他的书法既有政治家的气度，敦厚稳重，又有文人才子的潇洒风流。这正是他能跨越元明前贤的重要之处。明代末年，在董其昌的带领下，终于把从赵孟頫到文徵明对于魏晋古法的追求精神，逐渐形式化而成为一种固定的平民化的俗体书风，给钟、王书法系统再次注入了新的生命。盛名之下，仿习作伪董其昌书法的人很多，但他对有损他名声的书法赝品毫不介意，处之泰然。因为他本来就不好书名，他的书法才有“淡”意。

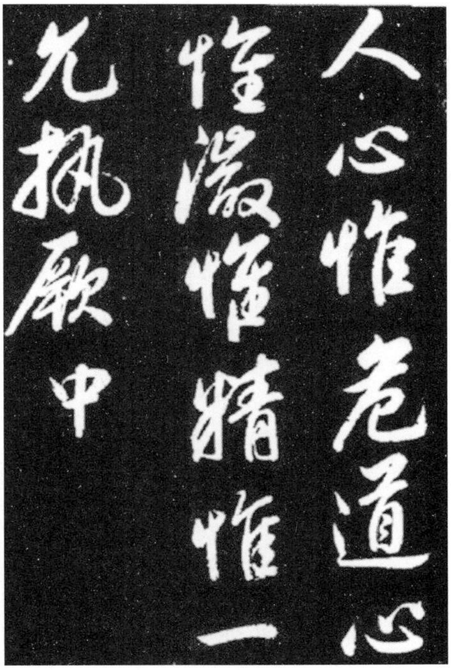

明 神宗朱翊钧书法

御汗渍纸

明神宗朱翊钧是明朝第十三位皇帝，10岁即位，年号万历，在位48年，是明朝在位时间最长的皇帝。由于慈圣皇太后与太监冯保都喜欢书法，所以，神宗很小的时候书法就练得极为工整。执政之初，他更喜欢写大字，字画遒劲，如鸾回凤舞。求他墨宝的大臣常常围在他身边，有时要写上几十张纸。但外廷臣僚却只有在充任内阁讲臣时，才有机会获赐墨宝。当他即位15年的时候，效法古代的帝王，在宫殿各个窗户上题写大经大法，字画径寸，波磔天成。有一天，他手书《金刚经》，由于天气炎热，脸上的汗珠滴在了纸上，留下汗渍。当时，紫柏大师正在内廷里，神宗派人去向他咨询。大师写了一幅偈语作答："御汗一滴，万世津梁。无穷法藏，从此放光。"神宗看了大喜，不再为自己的汗珠污染了《金刚经》而懊恼了。

【八公山人语】

神宗练习书法是认真的，《列朝诗集》中说：明神宗"留心翰墨，每携大令鸭头丸帖、虞世南临《乐毅论》、米芾《文赋》以自随。"当时，执掌詹事府的于慎行也说："上初即位，好为大书，十余岁时，字画遒劲，鸾回凤舞。"在首辅大臣张居正去世以后，神宗摆脱了翰林学士的羁绊；而且自从他成为父亲以后，慈圣太后也不再干预他的生活。这时，他变成了一个喜欢读书的人。他命令大学士把本朝祖宗的"实录"抄出副本供他阅读，又命令宦官在北京城内收买新出版的各种书籍，包括诗歌、论议、医药、剧本、小说等各个方面。亲政后，励精图治、生活节俭，有勤勉明君之风范，开创了"万历中兴"局面。但是，他后期竟然30年不上朝，对朝政不闻不问，终于使明朝逐步走向衰败。

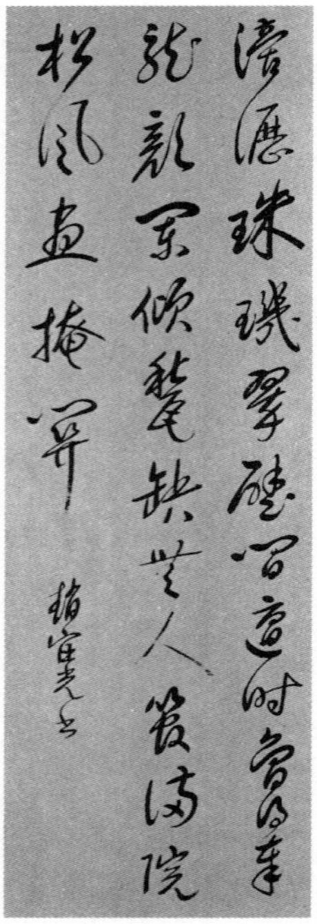

明　赵宧光行书诗轴

草篆受讥

明万历年间，赵宧光擅写篆书，而且还写草篆，名重当时，很多人都请他题匾。一天，有位朋友兴建了一个书店，特别请他题写匾额“柔翰林”三个字，很希望能得到他的佳作。赵宧光答应后，觉得这位朋友很在意他的书法，于是构思了整整一天才下笔书写。写毕，赵宧光看着自己草篆的“柔翰林”三个字，觉得大有飞动之势，非常满意，四顾踟蹰，志满意得。他儿子看了也觉得很好，舍不得将此原作送人，提出留下正本，给那人一个双钩本足矣。但赵宧光觉得既然已经答应了朋友，这样做不妥，最后还是将正本给了他。过了些日子，赵宧光再次见到那位朋友，却觉得他一脸不高兴。过了一会，那友人说道：“您为我写的那幅牌匾，就像是道士画符啊！”赵宧光这才明白，从此决心不再为世俗之人写草篆了。

【八公山人语】

赵宧光曾做过中书舍人，后来因为要为父守孝，在苏州枫桥寒山而筑“寒山别业”，从此不再入仕途。至今在寒山泉石上，还有他写的“千尺雪”三字，笔力雄健。乾隆皇帝为此专门写下赞词，“泉飞千尺雪千尺，山篆三字铭云峦”。在篆书不兴数百年后的明朝，他能不随流俗，独崇篆书，实难能可贵。更可贵的是，他还能够对先秦时就有的草篆古法大胆探索，将草书的飞白和牵连映带的笔意融入篆书，写成草篆。这种书体实为古隶，曾与小篆并行于秦国，它和小篆最大的区别，就是去掉了很多圆转的运笔而改为简捷的方笔，变弧线为直线，书写快捷。可惜，这种久已失传的草篆书法却被一些人视为异端，甚至还受到讥讽。究其原因，篆书讲究静穆庄重，草书追求率意流畅，犹如水火，两者很难相融。所以，他的草篆惊世骇俗，却不为一些人赞同，这是自然的事。

明　王猷定楷书扇面

书有天性

王猷定出身于明代官宦之家，是明太仆卿王止敬的儿子，其祖父辈均科名显达。王猷定也自幼聪颖，很有才华，但并不热衷于科举和追逐功名利禄，却耽于声伎，又好仙怪和陆博棋艺，结果终生只是一个拔贡。王猷定曾跟随大书法家董其昌学习书法，但是尽管下了很大功夫，学来学去也没有太大长进。有一天，他向董其昌请教这是为什么？董其昌对他说：“你知道古琴吗？当初我刚刚入仕做官时，有一位琴师高手暗中劝我去学弹古琴。一天，我把这件事告诉了严中舍，跟他商量自己要不要学琴。他听了后说：‘弹琴之事非常难，只要最初按下手指，一声不合，那你就一辈子都无法合得了那音律了。’我领悟了他说的道理，于是不再学琴。书道也是这样，最初下指时，一笔不合，以后也就难以再合法度了。”

【八公山人语】

王猷定以诗文闻名，甚至有人说他在清初文坛上独辟蹊径，自成一家，成就不在侯方域等人之下。对于他的书法，其友韩程愈称赞道“临池之技，可以笼鹅”，即很像王羲之。但是，他年少时沉迷于声伎，喜谈仙怪，又爱赌博；后来尽管收敛性情，晚年却又爱上一个丑肥妓女。人们都笑话他，他则说：“近代美人尚肥。”可见他骨子里还是个俗人。董其昌认为他之所以学习书法难有长进，是因为他缺乏应当具有的天分，即作为一个书法家的“淡雅”的先天禀赋、性情。而董其昌又不好直接说出来，于是就拿自己没有弹琴的天赋，决意不再学琴的事来做比喻，以此点拨王猷定。后来，他听从了董其昌的劝阻，不再下功夫习书，自然他传世的墨迹也就很少见了。

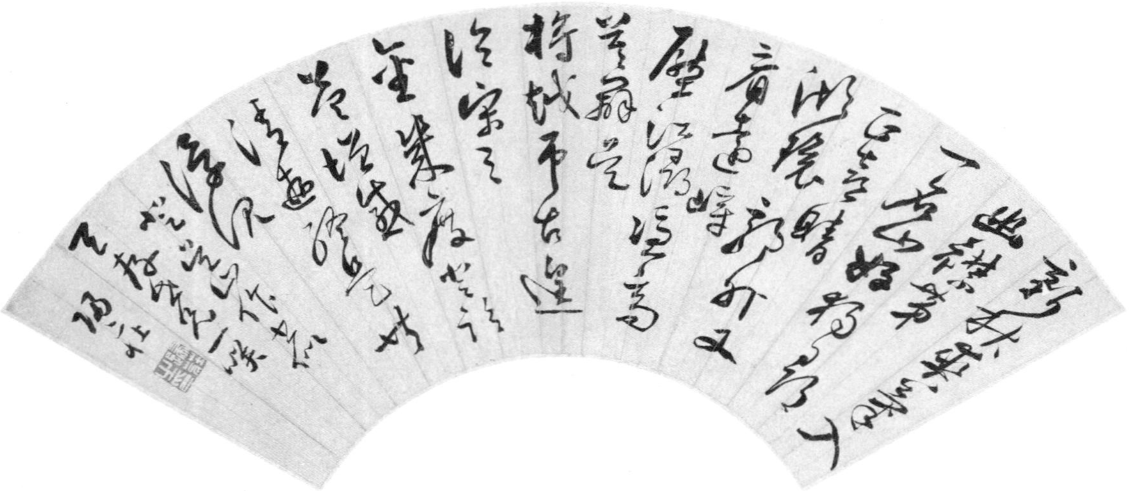

明　归庄草书扇面

才子好酒

归庄出生书香门第，是明朝散文家归有光的曾孙。他从小就通晓“五经”，书法各体兼善，而且性格豪放，嗜酒如命，酒酣之时往往下笔千言，不可遏止。青年时，有一次他参加童生的最后一级考试——院试。哪知，在考试的前一天晚上，归庄仍然一边备考一边喝酒，结果是“酒瓶累累笔墨间”。第二天他酒气熏天地赴考，头脑昏昏，半天都未能写出规定的八股文章，只好用真、草、隶、篆四种不同书体，写了“五经”中的一些文字。主持考试的提学御史元炜见状大怒，怪罪归庄并且取消了他的考试资格，将他逐出考场。但是，元炜看到归庄的书法的确很好，马上又后悔了。他爱惜人才，念及归庄是明代散文家、南京大理寺丞归有光的曾孙和书画篆刻家归昌世的儿子，而且也的确是个才子，便又将他召回来，允许他继续考试。

【八公山人语】

院试是全省府、州、县学的秀才们取得生员资格的考试，考试合格者将成为诸生，由官府供给膳食，分别到府、州、县学里学习。可见，这是一次决定考生命运的重要考试，但归庄差点因饮酒而名落孙山。明朝灭亡后，归庄绝不仕清，晚年归隐昆山，以卖书画为生，野服终身。他家茅庐柴门破烂不能掩闭，椅子也缺腿少面，只好用绳索捆绑起来。归庄的书法以行草书见长，尤其是狂草功力精深，时人以为绝伦。一些想求他书法的人，知道他爱酒，便带上好酒登门，请他喝酒。酒后，不管是长笺还是短幅，他都挥洒不倦。归庄在乱世中的唯一慰藉是有一位知心的妻子，感情甚笃。他曾把内室署名为“推仔楼”，人们都不解其意，询问他，他回答说：“才子佳人合抱也。”原来“推仔”二字拆开，就是“才子佳人”四字。

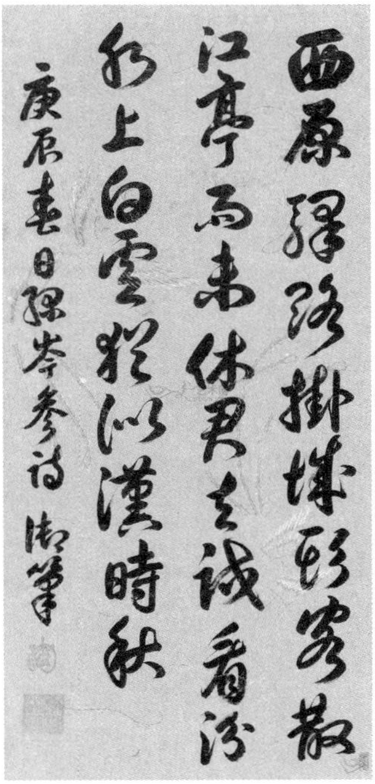

明 思宗崇祯《岑参诗轴》

建极之宝

明末崇祯皇帝面对的是一个内忧外患、灾荒连绵、气数已尽的江山。尽管他也曾励精图治，事必躬亲，又不好女色，但是刚愎自用，性格急躁，御下无才，最终导致明朝灭亡。不过，他的书法却写得笔势飞动，雄壮豪逸。流传于外的书迹上，都盖有“崇祯建极之宝”的印章。清兵入关以后，清世祖顺治皇帝对崇祯皇帝遗留下来的书法墨迹十分欣赏。有一天，清代禅宗高僧道忞（顺治皇帝赐法号“宏觉禅师”）前来向顺治皇帝请赐墨宝。顺治笑道：“朕的字写得没有什么好，明思宗之字写得那才叫好啊。”他马上命侍臣从内府中取来崇祯皇帝的书迹，总共有八九十幅，一一展示给宏觉禅师看。看着崇祯的遗墨，顺治皇帝十分感慨地说：“如此明君，身婴巨祸，使人不由得感到酸楚啊！”

【八公山人语】

南唐李后主、宋代徽宗、明代崇祯皇帝都属于亡国之君，三人又都善于书法，而且造诣精深。若论对于书法研究和练习，三人中宋徽宗可以说是达到了专业水平，书法精巧，所创“瘦金书”更是影响巨大，传世书迹最多；而崇祯和李煜只能属于业余爱好水平，他俩在书法上没有花多少时间。李煜词名卓著，尽管他的书法也很俊逸，但终为其词名所掩，一句“问君能有几多愁，恰似一江春水向东流”，千百年来家喻户晓。崇祯皇帝流传至今的书迹也非常之少，从现存的作品看，他学董其昌、颜真卿、柳公权书法，遒劲、雄逸、奇伟，气格上已经超出董体字；笔力刚挺瘦硬，虽然不及颜书雄壮，但形体气韵的庄严却在柳公权之上。因为，他毕竟有“杀身成仁”的气节，其书法才有如此气象。

明　王宠行草扇面

方寸千言

明代熹宗二年，民间能工巧匠王叔远曾刻出一个核桃舟，仅八分长，两个黄米粒高，却容有五个人、八扇窗、一顶舟篷、楫、炉、壶、手卷、念珠（一串）、对联（文）16字、船底（文）14字、篆章（文）。有人专门写了一篇《核舟记》来记叙这一件精巧的微刻作品。明代晚期，江阴也有一个叫邓彰甫的书法奇人。他的先祖原本是唐朝皇室宗亲，后因武曌之乱，逃避到日南（今越南中部），改李姓为邓。邓彰甫双眸炯然，皮肤白皙，两腮上长着卷曲的连鬓胡须。他有一样书法绝技，即善于微书。他的代表作品是在长宽仅一寸多的地方写下《洛神赋》，而且全凭自己的双眼目视而书，每个字都是写得丝分缕析，毫芒彪炳，八法精劲，全篇行伍井然。他还能在一粒米上写一首绝句诗。当时，人们看了都无不啧啧称奇。

【八公山人语】

用毛笔写出0.5~1毫米的字即为微书，它是中国书法艺术中的一朵奇葩，源远流长。从良渚文化时期，到各朝各代几乎都有过微书作品存在。据考证，早在公元前1046年至公元前771年的西周时期就出现了甲骨上的微书刻字，在指头大小的一片甲骨上刻了三四十个字，有的字小如芝麻，经放大十几倍、二十几倍才能辨认出来。所以说，微书的历史几乎与书法同步。书法史上最早记载的微书名家就是汉代的师宜官，据说他能在方寸间写下近千字。当然，能怀此绝技者很少，因为它不仅要求书者要有很高的书法功力，而且在没有放大镜，全靠目视的时代，视力要极好。但是随着年龄的增长，视力必然衰退，便写不了微书了。如今，有的工艺美术大师在陶瓷瓶上作微书，也可以做到方寸千言。

清　郎士宁　《弘历观画》

第八章　清　代

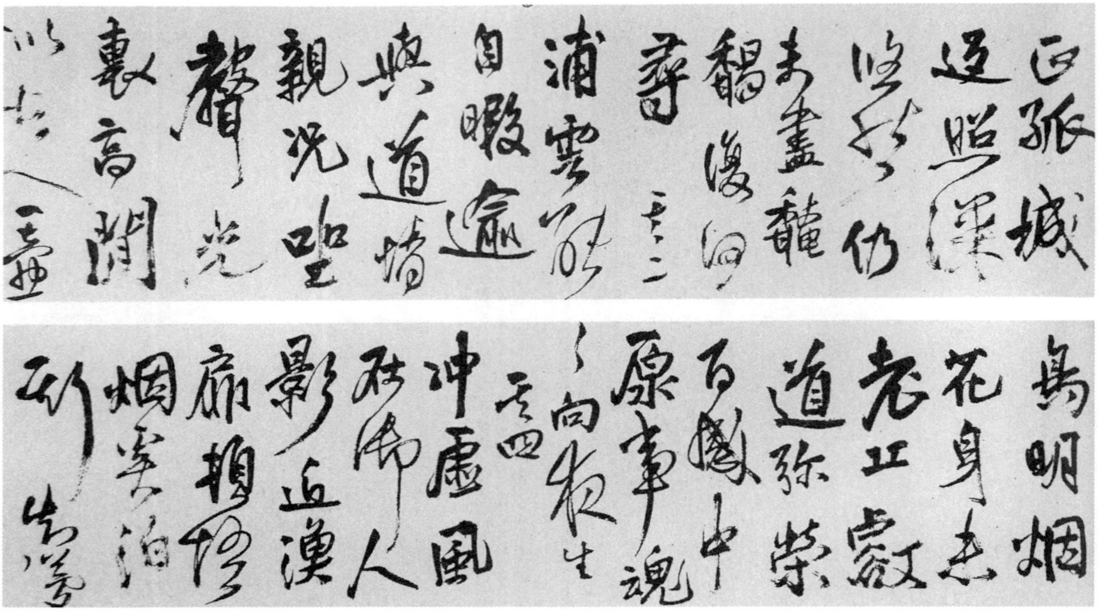

清　王铎　《行书五律诗卷》

吾家羲之

王铎终身都在学习“二王”的书法。他13岁时得到一部断本的《唐怀仁集王羲之〈圣教序〉》，于是勤学苦练了三年。由于王铎先世本是山西太原的望族，自其十世祖王成起由山西太原移居洛西，遂籍河南。大概因为王氏族姓均源于山西之故，王铎对“二王”书法有着特殊的感情，在临摹“王书”时，总爱标明“临吾家逸少帖”的题头，还经常称王羲之为“吾家羲之”。他十分执着地认为“二王”是与他同一谱系的先人，“二王”书法是他的家传。尤其是他认识到“二王”是书法的正宗，为历代书法家所法，所以他独尊“二王”，对“二王”法帖无所不临。他传世至今的70多件墨迹中，临写古代碑帖的占60%，而其中又有一半是临“二王”书帖的。他还为自己定下日课：“一日临帖，一日应请索，以此相间，终身不易。”

【八公山人语】

王铎一天小心翼翼地临写“二王”等古代名家的书帖，另一天则是无拘无束地自由创作，据说这就是他书法的成功秘诀。我们从他42岁写的《自书诗卷》，59岁写的《临王献之草书轴》，直到最后60岁写的《琅华馆帖序》，都可以看出他对“二王”书法的依依不舍。他一生都处于面临选择取舍的痛苦和焦灼不安的矛盾之中。他所精通的儒家“中庸之道”，与他所鼓吹的“怪力乱神”；作为明朝遗臣的守节，与他投降清朝的失节；取法古典的贵族气派，与表现出来的浪漫的粗汉般的书风；如此等等，相互交织，成就了王铎奇怪的天才。所以，书史上像王铎这样热衷于临习王羲之的书帖是十分罕见的，同时像他的书法那样脱离旧有的王书传统规范也是非常突出的。他一日学王羲之，一日又做反王羲之的练习，两者互为表里，矛盾统一。

清　世祖顺治《积善延年》

卅年建亭

郭宗昌，华州人，出身于明代书香官宦之家，性情孤僻，但善于鉴别书画金石，书法篆刻造诣也很深，为当时第一。他从小就聪颖好学，遇到疑难问题，四处求教；18 岁时成为贡生，但后来他在举人的考试中屡试不中。明代崇祯年间，朝廷征召未仕的士人为官，郭宗昌在京等候数年，只得到一个候补的小京官。他不屑就任候补得来的这个小官，于是回乡归隐。郭宗昌在白渡湖上建了一个园第，取名曰“沚园”。他从此居住其中，以著书自娱。后来，他在园中修建了一个亭子，亭子的柱础和石阶都刻上他自撰的款识、铭赞，而且是自己书写、自己镌刻。但是，每一次他写好刻毕，却马上又改写，再重刻。结果，过了 30 年，明朝都变成了清朝，这个亭子也没有建成。

【八公山人语】

大概他不差钱，又有闲，所以才这么任性，拿柱础、台阶当玩物罢了。郭宗昌博雅好古，爱搜集研究古代金文石刻，是当时“关中金石圈”中的中坚人物，著有《金石史》一书，对周朝至唐朝的 50 多种石刻金文进行了分析考证，并提出自己的独到见解，首开金石学中书法一派，在当时文人中有很大影响。由此看来，他是清代碑学兴起，开始研究、临摹金石碑版书法的先驱者。只是因为明代书法的余风尚存，清初皇帝喜欢董其昌和赵孟頫的书法，所以郭宗昌的研究和书法实践，并没有得到足够的重视。碑学的真正兴起是 150 年以后（嘉庆）的事了。郭宗昌隶书写得最好，《砥斋题跋》中说他的隶书“直逼汉人，不知有魏，无论唐宋，王孟津尝称为三百年第一手”。甚至说他的隶书有类似韩愈“文起八代之衰”之功。

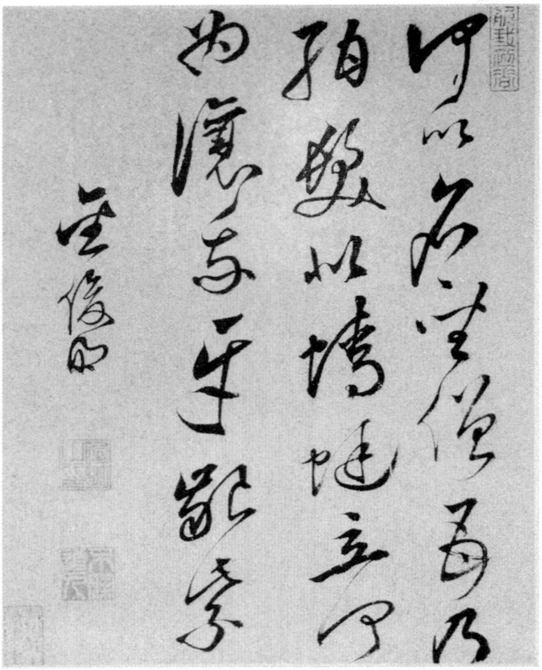

清　金俊明《花卉诗册》

辍学鬻字

少年时，金俊明随做官的父亲到了宁夏，往来于燕赵之间，以任侠自喜。后来回到家乡，一心读书，无不研究，在明末的复社中已小有名气。明亡后，本来他已经考取了秀才，是在学府中学习的诸生。然而，有一天，他按照《焦氏易林》中的说法，用蓍草占卦，结果得“蛊之艮”。这是一个不吉之卦，他长叹了口气说：“天是要我去做不侍奉王侯这样高尚志向的事情啊！”遂断绝了入仕做官的念头，离开学府回家，依靠替人抄写和卖字为生。久而久之，他成为吴中的书法名家，四方士大夫闻名向他求书者，络绎不绝。而乡里的穷人之子，尽管手无分文，也从早到晚一个接一个地登门向他乞讨书法。金俊明都欣然答应，一一满足他们的乞求。所以，三吴之地的碑版，以及僧坊酒店，大多有他的墨宝。那些得到金俊明书法的人争相拿出来，对人夸奖，觉得十分荣幸。

【八公山人语】

一次偶然的占卦竟然改变了金俊明一生的命运轨迹。从此，吴中多了一位书法家，而清朝官府中则少了一位官吏。书法家不用“摧眉折腰侍权贵”，完全靠自己的书法技艺吃饭，自给自足，自娱自乐；自己的作品，他想送给谁就送给谁，高兴了可以分文不要，不乐意时，你纵有千金他也不卖。金俊明终于实现了自己的高洁志向。金俊明好录异书，又工诗古文兼善书画，尤长于画墨梅。他曾写陶诗及画梅寄赠王士祯兄弟，王士祯如获至宝。那时人们称他是诗、书、画三绝。清初户部郎中汪琬评价金俊明书法时说：“先生初以善书著声吴中，小楷师《曹娥》，行草师《圣教序》，悉有法度，晚益自名一家。其激昂奇伟之才与傲兀不平之气，不得已寓于书画间。”汪琬阐明金俊明的书法源流，赞赏他不侍权贵的高尚品格。

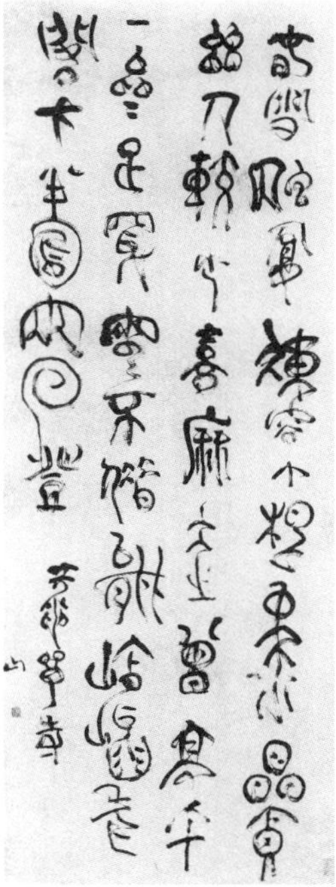

清 傅山草篆书轴

坠崖观书

明末清初的傅山不仅是一位书法家，而且精通医术，内科、妇科、儿科、外科均有很高的技术，并且著有《傅氏女科》《青囊秘诀》等医学著作传世。明亡以后，他决不仕清，行医卖药就成了他一家主要的生活来源。曾经有一次，他到平定山中给人看病，一不小心失足滚落山崖。跟随他的仆人吓得大哭道："先生死矣！"傅山坠崖后昏迷过去，醒来后站起身来彷徨四顾，只见有一个山谷风口，中间透着天光，有许多林立的石柱。他走近一看，原来石柱上竟然刻有北齐时书写的佛经，数一数石柱，共有126根。傅山大喜，完全忘记了刚才坠崖的惊险和伤痛。他擦去石柱上的灰尘，仔细观摩，到了傍晚天黑才走出山谷。直到这时他才感觉饥饿，居然一天没有吃饭了。可见，他对北魏碑书也如此痴迷。

【八公山人语】

当年，傅山在太原古晋城中挂牌卖药行医，曾书写"卫生堂药饵"五个大字招牌。他多才多艺，诗、书、画皆精，更因有绝不与清廷合作的民族气节，在整个山西乃至全国也称得上闻名遐迩，彪炳于后。在书法上，他提出"宁拙毋巧，宁丑毋媚，宁支离毋轻滑，宁真率毋安排"的艺术主张，也充分体现了他的叛逆思想，影响深远。傅山的书法不主故常，甚至字体也不统一，一册之中往往或行或草，或篆或隶，还有小楷间出，多种多样，全是即兴而书，兴尽则止，人称"杂书"。当然，他写得最多最好的还是草书。他借笔墨抒发情怀，以草纵情，以情驭笔，气势雄伟，笔力苍劲，墨色枯润全随自然，枯处尤见神采，无一笔懈怠。所以，在他留下的遗墨中，草书的艺术价值最高。

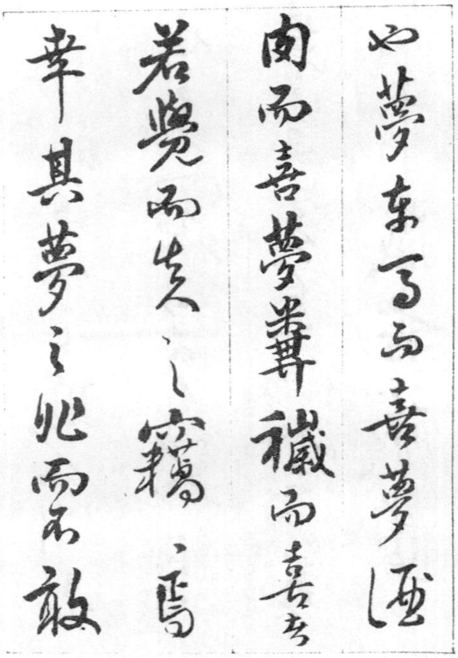

明 傅山《丹枫阁记》

一字千金

傅山出身于世代官宦书香之家，家学源远流长，先祖连续七八代都有治诸子或《左传》《汉书》而卓然成家者。明朝灭亡后，他坚决不和清朝政府合作。他拜寿阳五峰山道士郭静中为师，出家为道，道号“真山”。因身着红色道袍，遂自号“朱衣道人”。朱衣者，朱姓之衣，暗含对亡明的怀念。他居土穴，以奉养老母。康熙皇帝曾下诏免他参加科举考试，并赐封内阁中书官职，他也拒不接受，靠行医卖药为生。傅山十分珍惜自己的书法，不轻易为人作书，许多人纵然出重金也求之不得。后来，母亲去世，但因家中贫穷，他竟无钱办理丧事。当地有个官员代他出资，体面地办理了丧事，傅山仅书数行信札答谢。那位官员接信后大喜：“这是一字千金啊，我求傅山书法三年啦！”可见他对傅山的书法如此宝重。

【八公山人语】

书法家只有对自己的书法自重、自爱、自惜，不轻易当众挥毫涂鸦，不随便书写应酬，出手定当尽力，示人必为佳作，世人才会因不易求得而爱惜珍藏。傅山在太原地区乃至三晋大地几乎是家喻户晓，妇孺皆知，深受人民群众拥戴。他性格耿介如石，曾自号“石道人”，他对自己的书法“深自爱惜”，连地方官也很难求得是十分自然的事了。物以稀为贵，若写得滥、写得糟，得之者视为废纸一张，哪里会宝重呢？这只能败坏了书法家自己的名声。傅山书法传统功力深厚，各体皆精。他以任情恣肆、豪迈不羁、雄健奇崛的书法登上明清之际的书坛，有力地冲击了明代以来的“馆阁体”及以董其昌为宗的湿润娴雅的书风，抒发了一个明末遗民在亡国之后的悲愤抑郁之情。

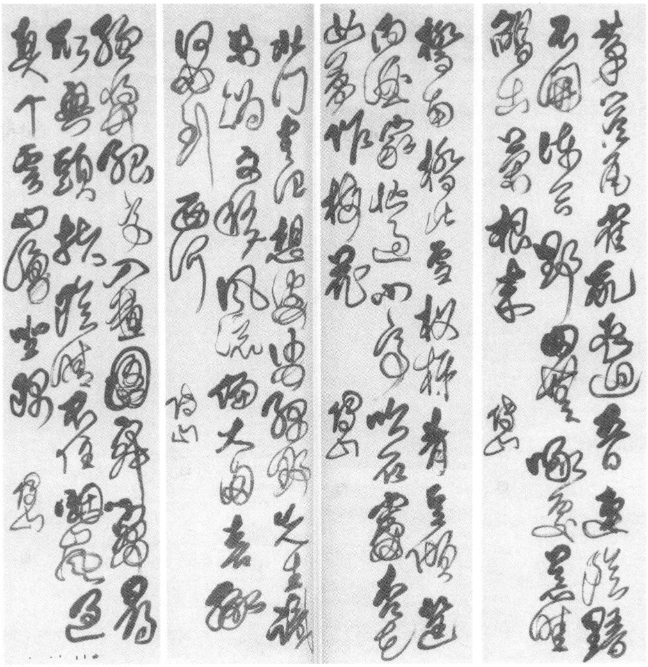

清　傅山草书七绝诗屏

傅山绝交

京城的打钟庵落成，庵内的老僧久慕傅山大名，想求他写匾额，结果被拒绝。那老僧想起甲某人与傅山交好，于是许以重金，请他代为求书。甲某答应后，心生一计。他买了好酒，又预先做好一首嵌着“打钟庵”三字的五言绝句，请傅山来喝酒。席间，等俩人微醺时，甲某拿笔书写那首诗，屡写屡弃。傅山斜着眼看着发笑。甲某说：“家有屏风，欲书此诗刻于其上，可惜吾不善书法。”傅山说：“这有何难，吾为你代笔如何？”甲某大喜说：“好！”傅山一挥而就。甲某又请傅山题上名款。后来，甲某刓下其中的“打钟庵”及名款，交与老僧。一天，傅山经过打钟庵，只见门额上赫然挂着自己题写的匾额，让他惊讶的是上面还有自己的署名。他注视着沉思了很久，忽然想起那天与甲某喝酒之事，才知道自己上当了，遂与甲某绝交。

【八公山人语】

傅山是个性情中人，好酒又善饮，常常是借酒消愁。他曾在《秉烛》一诗中写道：“醉起酒犹酒，老来狂更狂。”他曾把佛教徒分为四等，即：胜道沙门、说道沙门、活道沙门、污道沙门。第一等的胜道沙门，“行道殊胜，智慧第一”，是他尊重和交往的僧人，而对其他几等沙门均瞧不上眼，更不肯为之书了。而那位老僧因品行不端，正是他瞧不上眼的僧人，所以才不为他书匾。傅山不仅善于草书，而且工于分隶及金石篆刻。他学习书法，从小临习晋唐楷法，但总是学不像，后来得到赵孟頫墨迹后，稍加临摹就已经写得可以乱真了。在傅山看来赵孟頫是投降元人的“汉奸”，他不由得惭愧感慨道：“学正人君子难，而与坏人同游倒是很容易亲近啊！赵孟頫何尝不是学王羲之，而结果浅俗，那是因为他心术坏了。”

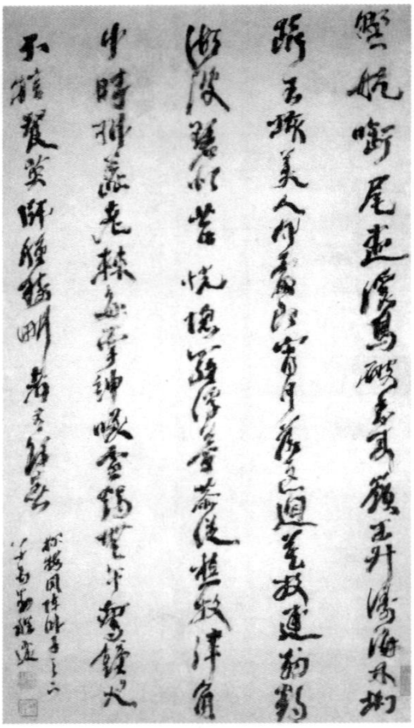

清　程邃草书中堂

神融笔畅

明清之际，程邃为人诚实正直，品格高尚，崇尚气节，不与阮大铖、马士英等奸党同流合污，而和戏剧理论家李渔、大学者朱彝尊交谊甚契，结为挚友。明亡后，他坚守遗民气节，终身不仕清，笃定好古，诗、书、画、印无一不精，尤以篆刻名垂青史，成为徽派开山之祖。他曾是陈继儒、黄道周的门徒，定居扬州后，纵情诗酒，名流如周栎园辈皆折节下交，海内名公巨卿以不见邃为耻。当时，许多人想凭借权势求得他的书法，但是经年累月而不可得；而碰上契合他心意时，则不惜欣然命笔。有一年春节，他酒酣起舞，白雪在窗，红烛在几，墨池中鱼龙跃跃欲飞，还响起爆竹数声，更加增添了喜悦的气氛。这时，程邃书兴大发，攘袖执笔濡墨，对客谈笑挥洒。来客求他写的大大小小的若干幅书法，立马写就，而程邃自己尚感意犹未尽，大家无不叹服。

【八公山人语】

书法家作字主要看“合”与“不合”。故唐代孙过庭论书有“五乖”“五合”之说，若“合”，则神融笔畅，千言立就。所以，索书者应当趁书法家心情愉快，“五合交臻”时求之，往往可得。若是违背书法家意愿，甚至想用权势强取其书法，定难成功，纵然可得，也无佳作。程邃从习篆字入手，精研六书，同时从古玺篆字造型上汲取营养，以大篆入印，实是前所未有，非同凡响，极大地启示了后人的篆刻创作，而且影响至今。他的书法，行书、隶书、篆书俱佳，尤其是作篆如草，这种草篆在当时堪称一绝。程邃艺术成就最高的还是他的绘画，山水画取法巨然，纯用枯笔，干皴中含苍润，中年后自成一家，对后世影响很大。黄宾虹评其画有“干裂秋风，润含春雨”之趣。

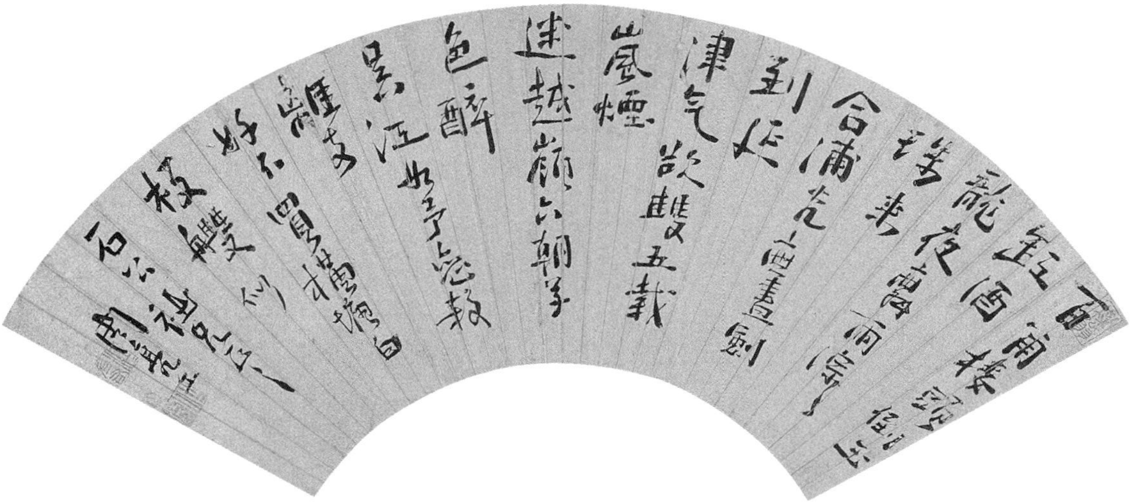

清　周亮工行书扇面

世间奇物

微书是书法的绝技，代不乏人。清朝康熙初年，杭州有一位名字叫祝培之的书画家，精于书画，尤其是微书微画十分精绝。他 70 多岁的时候，还在一个一寸见方的象牙牌上，书写了一篇陶渊明的《桃花源记》，全文将近 400 百个字，每一行字排列起来就像是一根细细的头发丝，几乎只要一粒微尘就可以遮住上面的一个字。不仅如此，祝培之还在文字下面留出一块空白来作画，令人叹为观止。当年，户部侍郎、书法家周亮工见到这块象牙牌后，惊叹道：“真世间奇物！《桃花源记》固疑佛疑仙，此器亦是似神似鬼。刘子骥见之，畏局促应攒眉而去，不复生问津矣。”祝培之古稀之年，已老眼昏花，还能做此细小微书，难怪周亮工要感叹为“世间奇物”了。

【八公山人语】

晋朝刘子骥听了关于桃花源的传说后，真的前去寻找，结果没有找到。周亮工说，刘子骥要是看了祝培之这块微书画牙牌的话，肯定会皱起眉头，觉得桃花源实在是太小了，不值得去找寻。当年，祝培之的微书画工艺堪称一绝，名气很大。清代书法家俞樾《茶香室续钞·祝培之画》中说：“浙杭祝玉成，字培之，年八十，画事入微。余得其一牙牌，长一寸五分，阔一寸。一面画虬髯下海……须眉毕具，上写曲一出，笔画分明；一面画二十小儿，种种游戏悉备。”已是老眼昏花的祝培之还能作微书，他一定是戴了眼镜吧！据记载，明代永乐年间，眼镜已随着西洋传教士和胡商传入中国，至乾隆以后，苏州工匠已能小批量生产，店铺云集。不过，这种微书画只是一种精湛的民间传统工艺，其作品有收藏价值，可供把玩，但难以以书法艺术论之。

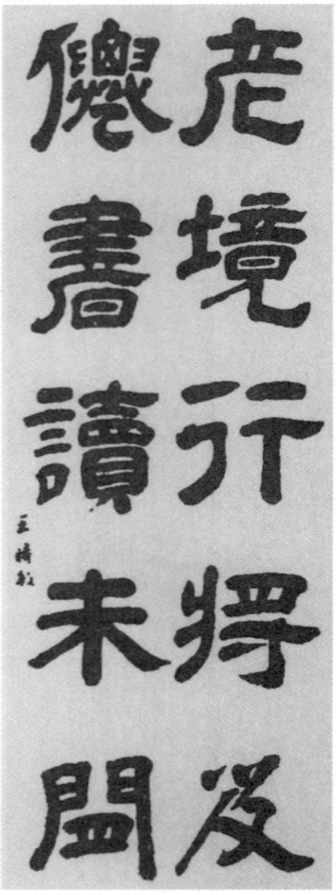

清　王时敏隶书五言联

三桂写字

吴三桂武举出身，为晚明锦州总兵吴襄的儿子，以战功及父荫授都指挥。明末，他曾带 20 多名家丁救其父于四万满洲人之中，孝勇之举遍闻天下，有“勇冠三军、孝闻九边”的美誉。他曾在北京短暂逗留，结识了许多公卿和文人，吴伟业称他为“白皙通侯最少年”。降清后，因在昆明诛杀南明最后一个政权桂王永历皇帝有功，被康熙皇帝封为平西亲王，成为南方“三藩”之一。吴三桂虽不善于书法，却喜欢临池写字，特别是成为“藩王”后，他所居住的苑中，花木清幽，从五间翠轩的窗户向外望去，是一片数丈宽的草坪，远处层峦叠嶂，直到天际。春秋时天气晴好的时候，吴三桂便带上笔墨，在轩中写擘窠大字，几十位侍姬美女环侍周围，一时间，鬓影钗光与屋外苍翠之色，交相辉映。吴三桂身在其中，仿佛在仙境一般。

【八公山人语】

当年，吴三桂为红颜陈圆圆冲冠一怒，献关降清，留下千古骂名。他在云南开藩设府，做起了割据云南、“世镇云南”的美梦。本是一介武夫，不懂书法，他完全是把写字当成风雅消遣之事。他若能就此消遣享乐下去，倒也可能善终，然而吴三桂绝非平庸之辈，他包藏的是一颗勃勃的雄心。当清廷削藩，触及他根本利益，使他的美梦破灭之际，他便起兵反清，并在衡州称帝。据说，他称帝时，忽然狂风大作，把临时搭建的帐篷都吹倒了。可惜，当两军大战正酣，吴军节节获胜之时，他却病死于衡州。倘若他不是早死，其结果也真未可知也。现在回头来想，当初吴三桂写字时如此铺排，那不过是他想用这种闲适的生活状态来迷惑清廷，消除清廷对他的警惕。

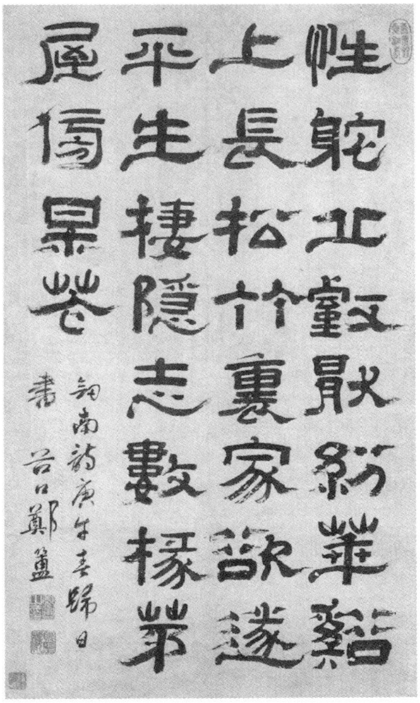

清 郑簠隶书中堂

如临大敌

郑簠是名医郑之彦的次子，深得家传医学，在顺治、康熙年间以行医为业，终生不仕。他从小就酷爱书法，立志学习汉隶，学汉碑达 30 年。郑簠求购天下汉碑不遗余力，可谓倾家荡产。家藏的拓片总共有四大橱，他都模拟殆尽。一到夜晚，他便在他的墨稼轩中掌灯写字。只见他正襟危坐，肃然恭敬，执笔在手，却不敢轻下；当他下笔时，很慢很慢，十分谨慎，完全不像他写出来的字那般飞动跳舞的样子。郑簠曾经说过：“写字最不可轻易，手执笔管，如掌控千钧弓弩，稍微放松就会败坏了。”有一天，郑簠要求刚刚拜他为师跟他学习书法的张在辛执笔写字，张在辛才写了一笔，郑簠便斥责道：“岂可如此写？”于是他自己坐下来，拿过笔，作如临大敌之状，半天才写成一画，每成一字，他一定是气喘数刻。

【八公山人语】

汉族文人在清朝统治的严酷现实面前，转而逃避，研究金石碑版。这不仅排解了心中的苦闷，而且也促进了清代碑学的勃兴，结束了帖学千年的统治地位，给糜弱的书坛注入了新的活力。郑簠是清初最重要的参与访碑活动并且致力于学习汉碑的书法家。当年，孔尚任在《郑谷口隶书歌》中说道：“汉碑结僻谷口翁，渡江搜访辩真实。碑亭冻雨取枕眠，抉神剔髓叹唧唧。”这就是郑簠爱碑如痴的真实写照 。他极力倡导并身体力行，秉着“诚心笃实、持敬为之”的精神，写出来的隶书一点也不呆板，反倒是“飘飘然如羽化登仙，铮铮然似曲音升华”，有着强烈的书写性和写意性，影响了他之后的一个世纪。当时，浙江学者朱彝尊的“曝书亭”里，到处都悬挂着郑簠所书的匾额、楹联，可以说是对郑簠倾倒之至。

清　徐枋草书扇面

驴售书画

清初，徐枋擅长行草，工于山水画，其父在明朝灭亡时湖虎丘后湖以身殉节，他遵从父命终身不仕清廷，布衣草履，终身不入城市，隐居天平山麓，以卖书画为生，清贫度日。徐枋品格高节，哪怕是家中绝粮饥寒，也不肯受人一丝一粟。他只愿意接受南岳僧人洪储的接济，他说："此世外清净食也。"但是不入城市怎么能够售卖书画？徐枋自有办法。他养了一头驴，很通人意。平时遇到需要一些日常生活的食用品时，他将自己所作书画作品放在驴背上固定的一个簏子里，然后将驴赶出去。这时，驴便会踽踽独行，待走到城门内瓮城的门边就会停下来，再也不走了。经常见到的人都上前逗弄，说："高士的驴来啦！"并马上取下书画卷，将日用所需物品都装入驴上背上的簏子里。这时，驴就会背负着簏子回家了。徐枋就是这样用驴来销售书画，活到了 73 岁。

【八公山人语】

《孟子·滕文公下》中记载，孟子与景春讨论什么是"大丈夫"时说："……得志，与民由之；不得志，独行其道。富贵不能淫，贫贱不能移，威武不能屈，此之谓大丈夫。"中国历史上出现过许多非常有气节的仁人志士，特别是当国家危亡之时，他们宁可杀身成仁，也不愿苟且偷生。徐枋就是这样一位具有民族气节的大丈夫。他性情峻介，隐居时对慕名来访的清官，全都避而不见；川湖总督蔡毓荣自荆州致书求其画，徐枋回信还币，不为他作画。他一生贫穷，却不肯接受富贵人家的资助，死后全赖老友戴易及门生潘耒才得以安葬。还是戴易最了解他，卖字筹资安葬老友后在坟前说："吾欲称贷富家，惧先生吐之，故劳吾腕，知先生所心许也。"徐枋的行草师法唐代孙过庭，追踪王羲之《十七帖》，笔势从容悠然，且有碑意。

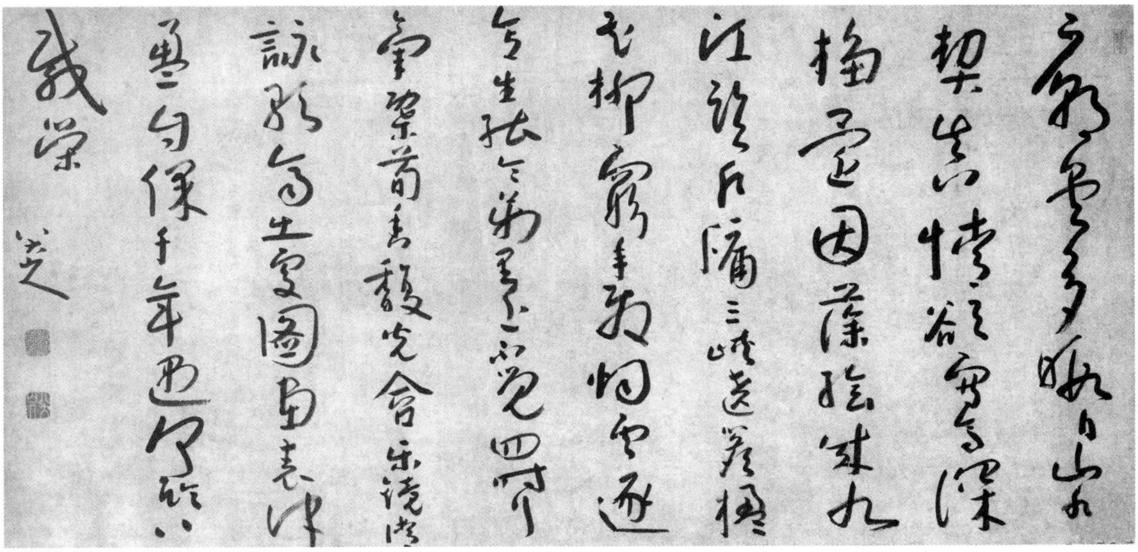

清　八大山人七言诗帖

唯我最大

朱耷59岁时便自号“八大山人”，其实根本没有“八大山”，而是他取意为东西南北、上下左右这四面八方唯他最大。可见，他性情狂傲孤介。八大山人性嗜酒，所以喜欢他笔墨的人便设酒招待他，并事先准备好纸墨，放在桌子的右边。他几乎每饮必醉，醉后见到纸墨就卷袖拿笔，狂叫大呼，洋洋洒洒，数十幅作品一挥而就。若是等他酒醒以后，你想要他片纸只字都不可能，哪怕将百镒黄金放到他面前，他也不会看上一眼。有一天，一位显贵拿着绫绢来求字，八大山人收下绫绢后说：“这正好是我做袜子的材料。”所以，当时显贵想求他的书画，反而只能从那些穷人、山僧或屠夫、卖酒人那里购买。一天，他忽然大书“哑”字，贴在大门上。从此他不说一句话，遇到可以说话的人时，则做手势或要来笔墨，在案几上对答，而且更加爱酒。

【八公山人语】

八大山人朱耷，是明朝宁献王朱权九世孙，世居南昌，明朝亡后，剃度为僧，决不与清廷合作。后来，他发病癫狂，撕裂焚烧了僧服，佯装疯癫，在市肆间流浪，被族侄认出后收留，待他病愈后还俗。八大山人孤傲不群、愤世嫉俗、唯我独尊。他写自己的名款，好像是“哭之”或“笑之”，以此表达出故国沦亡后，他哭笑不得的心情。他的绘画成就极高，影响巨大，其书法也自成一家，但是他的书名被他画名所掩。他可以写比较端正的欧楷，也可以写隶书、行书和草书。不过，他的书法最有特色的还是行草书。他常以秃笔写行草书，将绘画的意象变化融入书法中，遂出新意于法度之中，行笔时不加提按和顿折，只作平移，宛转流畅，平实秀润，意法相协，圆熟灵动，字形结体虽怪异却一点也不癫狂。

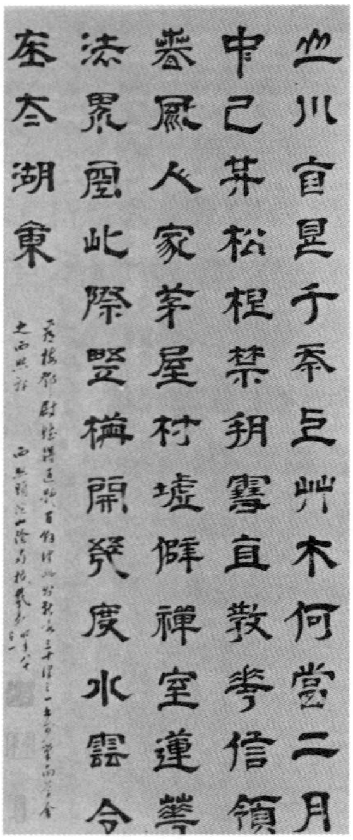

清　戴易隶书七律诗轴

鬻字葬友

清初戴易是山阴人，年少时曾师从明代最后一位儒学大师刘宗周学习，来到吴门时，已是70岁了。此时，戴易苍颜古貌，幅巾方袍，谈论娓娓，又善吟咏，能写篆隶。他有六个儿子，但不靠他们养活，全凭自己带着一个儿子及残书百卷，以卖字为生，生活十分穷困。他对卖字所得，“铢积寸累，不枉费一钱”。戴易独与前明举人徐枋为老友，徐枋73岁时去世，家穷，竟无钱安葬。戴易得知后特地赶去，在当地租了间房子住下，四处募捐，想为老友买一块墓地。结果，没有人愿意捐款。无奈，戴易决定卖字以买地。起初不知道他的人，大多不肯买他的字；而知道的人愿意出厚酬买他的字，他却不肯多收。戴易在租住的房门上贴出润格，一幅字仅售一钱银子，人们很乐意购买。历时两年，他终于筹集够了钱，买了棺材、墓地，将友人葬在青芝山下。

【八公山人语】

清初朴学之风、考据学和金石学兴起，那时，汉族文人面对异族统治，开始注重实际，钻研经史，也重新认识了汉隶；在书法上也开始追求趋古求实的风气，得以跳出帖学笼罩之外，为隶书的取法和创作开辟了新天地。顾炎武、黄宗羲、朱彝尊等人大力提倡和身体力行，使得搜集汉碑和取法汉碑成为一时风气，出现了一些书写隶书的名家。他们对寻访所得的汉代碑刻和收藏的汉碑拓片，心追手摹。如王时敏、郑簠、程邃、戴易、朱彝尊等出入汉碑，皆享名于时，其中王时敏、郑簠、朱彝尊更被誉为“清初隶书三大家”。戴易的隶书受郑簠的影响较大，带有清初时前明遗民书法共有的荒率恣肆的意味，显得独特而又倔强。只是他刻意出新，缺乏汉隶的风骨和古意，有点程式和习气，终难成大家，在清代也没有产生多大影响。

清　沈荃行书扇面

皇帝吮毫

沈荃是华亭人（今上海松江），品行纯洁，善书能诗，书学董其昌，功力深厚，独步当时，深得喜欢书法的康熙皇帝宠爱。他任礼部侍郎兼詹事府詹事时，康熙曾经召他入宫，在懋勤殿命他榜书“忠孝”两个大字以及“正大光明”四字行书各一幅；还在内殿给沈荃赐坐，与他讨论古今书法。有一天，他在御前为康熙皇帝示范临写米芾书帖，皇上看到他用的那支笔秃了，马上拿起一支新开的笔，并将笔毫放在口中，啜液吮湿，理顺笔毫，然后递给沈荃。此等恩宠旷古未有。有时，康熙皇帝书写大字，即命沈荃题书于后，甚至有时需皇帝御书时，便直接命沈荃代笔。这样一来，沈荃名动天下。当时御制碑匾、廷殿屏障，大多都是他写的；上下朝野都以能得到他的墨宝为荣。

【八公山人语】

沈荃与董其昌是同乡，所以他从小就喜欢并学习“董书”。入朝后，他既是侍读，又是掌管皇后、太子家族事务机构的詹事，还是皇帝信赖的近臣。康熙皇帝初学书法时，就曾受教于他。由于他性格刚直，敢于直谏，因而康熙回忆说“朕初学书，宗敬之父荃实侍，每一下笔，即指其失，兼析其由，至今每作书，未尝不思荃之劝也”。从此可知，康熙独崇董其昌书法，以至于“董书”风靡天下，人们影从成风，“董书”影响清代前期书法近百年，这与沈荃的推动以及他对皇帝的影响，有着很大关系。明末清初诗人吴梅村曾作诗夸赞道：“君也读书致上第，传家翰墨闲游戏。迸落长空笔阵奇，纵横妙得先人意。顿挫沈雄类壮大，双瞳剪水清癯异。”沈荃的书法独步当时，不过气韵上还没有“董书”那般萧散简淡。

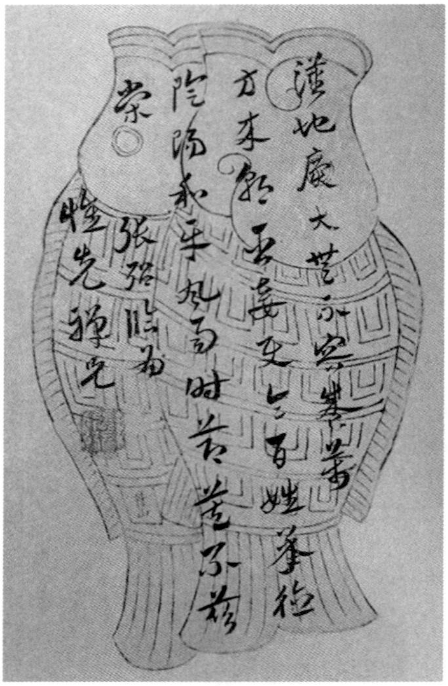

清　张弨临章草书帖

卧地拓碑

张弨，字力臣，在父亲的影响下从小就喜欢金石考古，明朝灭亡，不参加科举，不入仕途，潜心研究金石文字，就连大学问家顾炎武都说自己比不上他。康熙六年，秋冬时节，他去镇江考察摩崖石刻《瘗鹤铭》。该石刻在焦山“西足”，平时没于江水之中，只在冬天水枯时才能见到。等到“十月望后三日”，江水退到山岩下时，他走过去，积落叶席地而坐，先看剩下的二石，然后再到壮观亭旧址右边俯瞰，只见那里破石丛杂。他走下去看到“一石仰卧于前，一石仆卧于后，字在石下，卧地仰观，始见字迹，又一石侧立剥甚”。张力臣就在落日寒风中，仰面躺在沙石上，用墨将石刻拓下来。墨水落了他一脸，也全然不顾。就这样，他在石缝里周旋了三天，终于拓得四纸，比宋代金石家黄伯思、董彦远所拓还多了十几个字。他回家以后，终于写成了《瘗鹤铭辨》。

【八公山人语】

《瘗鹤铭》被书法界誉为“大字之祖”“书家冠冕”，字体厚重高古，萧疏简远，虽是楷书却略带隶书和行书意趣，是我国南北朝摩崖书法艺术的瑰宝。它究竟是何人所书，至今未有定论。曾有传说是王羲之为悼念死去的白鹤而写的。宋人黄长睿考证它为梁代陶弘景所书。张力臣以他的拓本，结合宋人补刻的文字，经过考证，指为唐代书画家、诗人顾况所书。这也是一家之言。因为《瘗鹤铭》书法绝妙，后来被人镌刻在焦山后山的岩石上，因被雷轰崩坏而坠江中。宋代淳熙年间石碑露出水面，被人捞起，竖立于原处，后来又坠江中。清康熙五十二年，由镇江知府陈鹏年募工再度从江中捞出，黏合为一，仅存残字 90 多个，被移置焦山观音庵中。

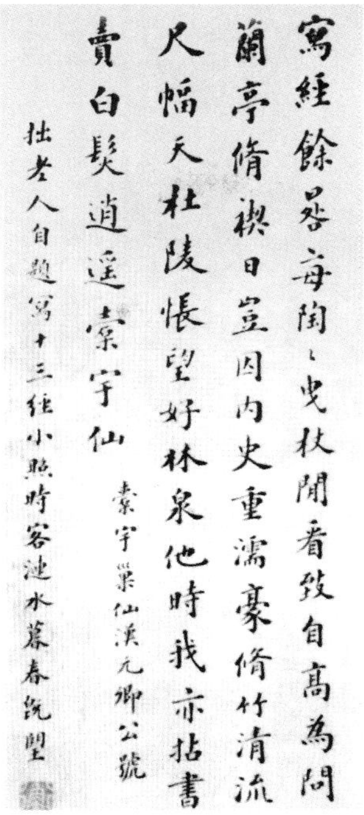

清 蒋湘帆《自题写经图》

十年写经

清初书法家蒋湘帆，自号拙老人，对书法自视甚高，曾说：“学书者不能为人宗祖，亦当与古人为弟昆，何至为人子孙，甚至甘同奴仆。”雍正年间，他书成《法华经》，拿给吏部王雨澍看，王雨澍看后戏说道：“儒者写释氏书，不足道，无已，书十三经乎？”蒋湘帆知道王雨澍轻视他，便点点头也没说什么。客人中有人笑话他被王雨澍愚弄，他也全然不顾。哪知，后来他选吉日，设宴席，祀先圣，与来客共庆他写《十三经》开笔。过了五年他书完《左传》，又过五年，《十三经》次第写成。十年间曾有两次为官机会，他为了写经，却都力辞不赴。书成后有人出巨资为之装潢成三百册，由河督高文良公斌进呈皇帝，得授国子监正衔，乾隆下旨将他书写的《十三经》刊刻在太学中。

【八公山人语】

数十万字的《十三经》是儒学教育的经典，历代都有校刊，但到清代各朝石经都已堙没，纵有者也已残缺。因为一句戏言，已是花甲之年的蒋湘帆竟立志写经，至此《十三经》又灿然完备。蒋湘帆书宗“二王”，又法欧阳询，功力深厚。可惜他虽有书名，却并不显著。日本长绮知事荒川君收藏其书尺牍一册，对其书法倾慕不已。清代文学家吴汝纶在长绮见到后为之作跋，大发感慨：“乡曲儒生，老死翰墨，名不出闾巷者，曷可胜道？其事至可悲，而为者不止，前后相望不绝也。一艺之成，彼皆有以自得，不能执市人而共喻之，传不传，岂足道哉？”

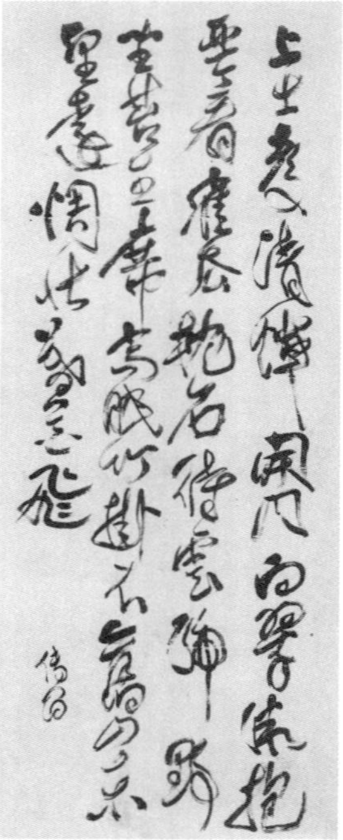

清　傅眉行书轴

书中气绝

傅眉是傅山的儿子，明朝灭亡后随傅山靠行医为生，闲时便同父亲一起研读经史，哪怕是出游在外，也与父亲一同挑灯夜读，直至成诵方罢。傅眉常入山中砍柴，柴担上挂着书籍，休息时便取下来阅读。有一天，傅山醉酒后乘兴写了一幅草书，然后就睡着了。傅眉也善书法，他悄悄地模仿父亲的书风，写了同样的一幅草书，放在案几上。第二天，傅山酒醒以后，看到案几上的那幅草书，愀然不乐。傅眉就问他为何，傅山叹口气说道："吾昨夜醉后偶书，今起而视之，中气已绝，殆将死矣。"傅眉听了非常惊恐，只好说出自己暗中换字之事。傅山听罢叹息说，你吃不到今年的新麦了。后来果然如他所言，傅眉在麦收前就去世了。真是白发人送黑发人啊！傅山写下《哭子诗册》，将丧子之痛寄托在几近癫狂的笔墨之中。

【八公山人语】

傅山的爱妻张静君 27 岁时就去世了，留下唯一的儿子傅眉，父子相依为命，一起生活了数十年。傅眉在书画文学方面均有所成，但常居山野，壮志难酬，郁郁寡欢。与傅眉朝夕相伴，身为医生的傅山对于儿子的身体状况和病情，了如指掌。他当然知道案几上的那幅字不是自己写的，当看到傅眉的字萎靡不振、气势微弱时，便借此说出自己心中的忧虑。1684 年，傅眉在傅山 77 岁时郁郁而终。傅山老年丧子，无比悲痛，连续写下《哭子》《哭忠》《哭孝》《哭才》《哭志》《哭书》《哭字》《哭画》《哭诗》《哭赋》《哭文章》《哭经济》《哭胆识》《哭力干》等 14 首诗，寄托自己无尽的哀思，真是一片哭声！沉重的打击使傅山于 5 个月后也溘然长逝，结束了他那充满传奇而又高洁的一生。

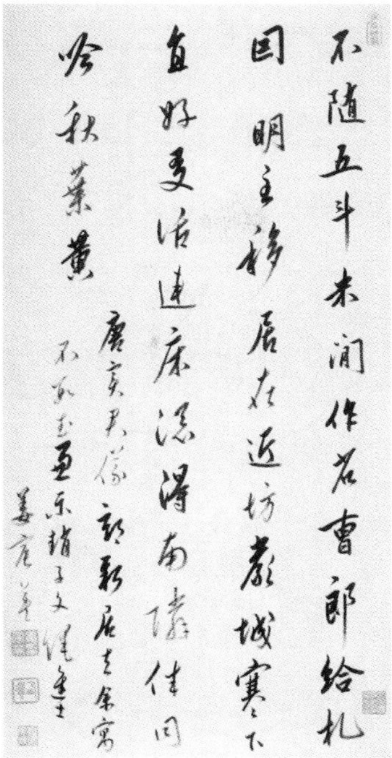

清 姜宸英五言诗轴

古稀进士

姜宸英是清初的名士，才思敏捷、博闻强记，书法精妙，尤善小楷，名重当时。他与朱彝尊、严绳孙并称“江南三布衣”。康熙年间，在平定三藩之后，清廷为稳定人心，网罗人才，特开博学鸿词科，只要学行兼优，文辞卓越者，不用乡试、会试，只要有一定品级的官员推荐，就可参加进士考试。姜宸英生性好酒，曾屡次参加考试，都因为喝醉酒，违反了科考规定，而被取消考试资格。但他并不气馁，直至皓首穷经。康熙丁丑年，70岁的他再次参加科考，可是他的答卷仍然违反当时规定的格式。那天，阅卷考官看了姜宸英书写的试卷后，叹息道：“此老今年若是考不上，又将是绝望而归啊！”顿起怜悯之心，暗中替他做了改正，姜宸英这才考取进士。在参加皇帝殿试时，康熙皇帝认得他的书法，特将他拔置为第三名，即探花。

【八公山人语】

姜宸英进士及第之前，已享有书名20年。不过，连日理万机的康熙皇帝也知道他的大名，而且还认得他的书法风格特征，这倒是非常难得的事。当时，人们对他的书法评价很高，说他“书法钟王，入神品”，更称他的书法为“本朝第一”，另将他与书法家汪士鋐并称“姜汪”。特别是他考取进士以后，书法大器晚成，小楷写得尤为精绝，能够以自己的性情融晋人的神理，看起来若不经意，但是非常耐看，越看越耐人寻味。而且，他执笔时是用三指撮管端，悬腕疾书，还能写得分行结体，疏密合度，足见他书法功力深厚，笔法精熟。他的书法学米、学董，有“稳不俗、险不怪、老不枯、润不肥”的美誉。姜宸英论“古人仿书有临有摹，临可自出新意，摹必重规叠矩”。他自己是“摹以为学，传与不传，殊非意中所计”。

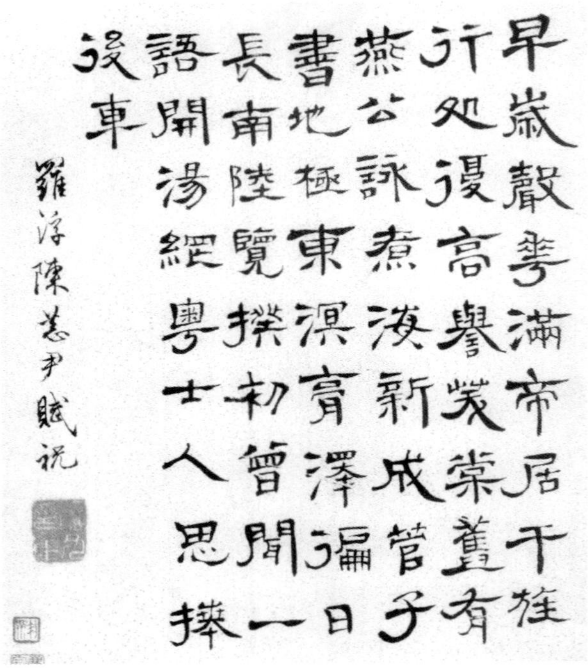

清　陈恭尹七言诗帖

写字放生

陈恭尹是广东顺德人。他的父亲陈邦彦是著名的明末抗清英雄，与陈子壮、张家玉一起，被尊为“岭南三忠”。后来，陈邦彦兵败被俘，被清军寸磔于市，全家仅陈恭尹一人逃脱存活。所以，他终身不仕清。陈恭尹长得“修髯伟貌，气局深沉”，善于写隶书，是清初广东隶书的第一人。晚年他在广州修道，经常结愿放生。凡是求他书法的人，只要手里提着一笼家禽或飞禽而来，他便欣然挥毫作书。但是，他写的作品尺幅的大小和字的多少，完全根据可以放生的笼中之禽的多少来决定。等他写完之后，会立即开笼放生。这时，陈恭尹会踌躇满志地看着逃生飞去的禽鸟。那时，他为广东各地题写碑版获得的报酬，也都被他用来购买放生之物，直到把钱财用尽方才罢了。

【八公山人语】

唐代李白《独漉篇》，写作者面对安史之乱，欲效法搏击九天之鹏的神鹰，一击成功，歼灭叛军，为国雪耻。陈恭尹与清王朝有血海深仇，特将居所取名为“独漉堂”，以暗喻家仇未报，匡复之志未灭之意。晚年，他由增城迁居广州，在育贤坊建小禺山舍，以前明遗民身份终老，他的墓在广州天河区沙河镇柯木朗杨屋村后山坡上，但后来在“清坟行动”中被误认为无主坟墓，遭到毁坏。陈恭尹还是清初的诗人，与屈大均、梁佩兰并称为“岭南三大家”。晚年更是寄情于书法和诗酒，有《独漉堂》传世。他的行草、隶书写得都很有法度，腕力甚劲。陈恭尹的隶书取法《夏承碑》，又参以《曹全碑》的秀润舒徐、《礼器碑》的刚健俊逸，并且还运用了行草笔法。因此，他的隶书不同凡响。可惜，他的书名被他的诗名所掩。

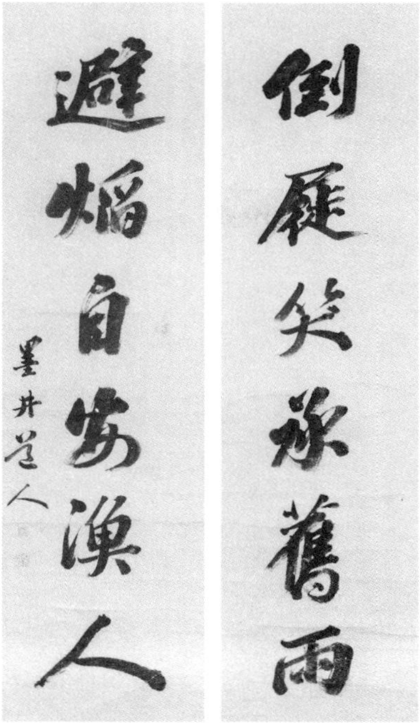

清　吴历行书六言联

临摹四日

吴历的祖上都是明朝官吏，后来家道中落。他早年多与西方的牧师、神父往来。明亡后，吴历曾决意随柏应理神父赴罗马觐见教皇，却未能成行，遂留居澳门，加入耶稣会，并受洗，名为西满·沙勿略，成为清代天主教中国籍的神父。他常居圣保禄教堂，吟诗作画，是清朝初年的书画家。在书法上，他特别喜欢苏东坡的字。有一天，他为了传教，同时也为作画汲取素材，来到吴兴。本来他准备去拜访吴兴郡守，但是先随便走走，信步来到一间僧舍，抬头看见墙上挂着苏东坡的墨迹《醉翁亭记》，心中大喜，马上在小屋内安顿下来，买来纸笔，在苏东坡墨迹下面布席展卷临摹起来。就这样，他在僧舍里住了四天，从早到晚反复临摹，然后满意而去。吴兴郡守知道吴历来到该郡，也想见他，派人到处打听，后来得知他已经走了。

【八公山人语】

康熙二十七年，吴历成为神父，后来被总部派往江南传教。他以上海为根据地，常常往来于嘉定、常熟、苏州等地。大概他就是这时在吴兴见到苏轼墨迹的。苏轼在世时已是北宋书坛领袖，由于他人格、人品的魅力，深得人民的喜爱，其书法也广为流传，历朝历代都有许多喜欢和学习他书法的人。苏东坡的书法在清代影响很大，乾隆皇帝在苏东坡《黄州寒食诗》帖中题识，称“东坡书豪宕秀逸，为颜、杨以后一人”。刘墉、翁同龢等书法家，以及两广总督张之洞等，都是取法苏体。就是一向尊碑抑帖的康有为，也称苏书是“开新”。王文治则作《论书绝句》，热情洋溢地赞美苏东坡杰出的书艺：“坡翁奇气本超伦，挥洒纵横欲绝尘。直到晚年师北海，更于平淡见天真。”从吴历的这幅行书对联看，他深受苏体书法的影响，但又更加老辣雄强。

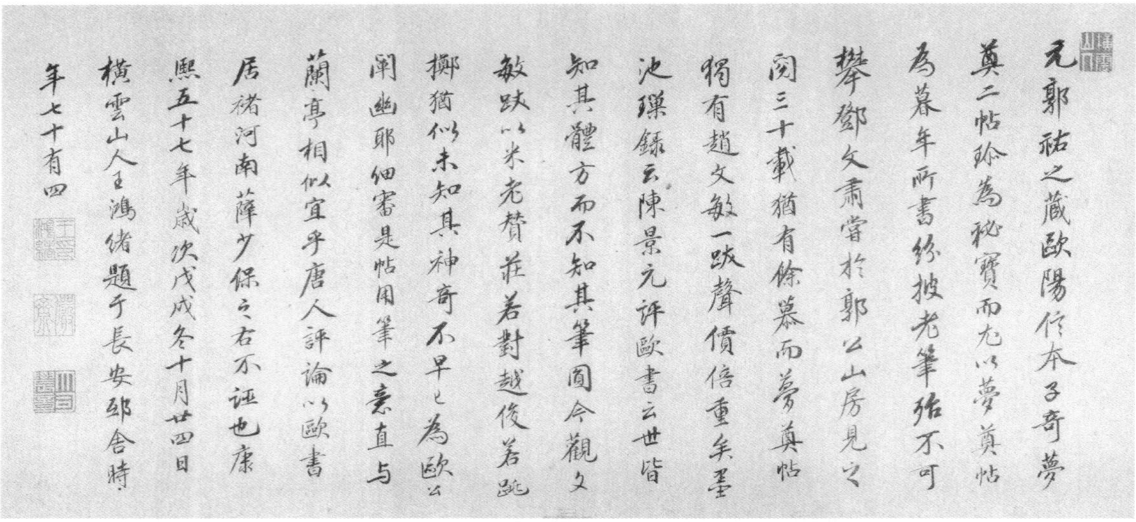

清　王鸿绪书札

吊绳悬肘

王鸿绪出于官宦之家。康熙十二年考取进士，后来成为康熙皇帝最为亲信的大臣之一。他的书法师承米芾、董其昌，得其笔法，行书写得丰腴而有姿致。所以他挥毫落纸，人人争藏。他有个外甥名叫张得天，王鸿绪每一次见到张得天写的字都要大声呵斥。张得天知道自己写得不好，就向舅舅请教笔法。王鸿绪说：“你只要临习古人法帖，自己就会懂得笔法了。”张得天见舅舅不肯教他笔法，于是就一连三天都躲藏在王鸿绪作书的楼上，暗中观察。只见王鸿绪先让人研好一盘墨，等人走后关起门，插好门闩，就从书箧中拿出一根绳子，系在阁枋上，将右肘架在绳上，然后开始写字。张得天窥视到舅舅如此写字的法门，便如法炮制。有一天，他拿着自己写的字给舅舅看，王鸿绪一见就笑道：“难道你看过我写字吗？”

【八公山人语】

悬腕悬肘写字是书法的基本功。这对于出身官宦之家，已考取进士，康熙时官至左都御史的王鸿绪来说，悬腕悬肘作书应当不在话下。他之所以这样做，是有意透露给初学书法的外甥一种练习悬肘的方法，但这种方法实在太笨啦。王鸿绪位高权重，眼光开阔，精于鉴赏。经他手的书画作品大都是真而精，因而他是当时书画鉴定的权威。王鸿绪诗文俱佳，又曾奉旨编修《明史》，但后人指责他对《明史》多有删改。王鸿绪比康熙大九岁，是康熙十分亲信的臣子。康熙曾给予他“密奏”的特权，他呈给康熙的奏折上，只写“密奏。臣王鸿绪谨奏”字样，不写官衔，所有公式套语完全不用。他在京城做官时，他所密奏的大都是他耳闻目睹的京城官员的不良情况。

清　王士祯行书扇面

惜墨如金

王士祯又号渔洋山人，是清初杰出的诗人、文学家、书法家，康熙时官至刑部尚书。一些人少年能书大字，已是天才，而王士祯九岁就能写草书。他成名以后，当时的书画家宋荦称他的“书法高秀似晋人”。不过，他却不愿意自己以艺事名家，许多人送上白绢求他书法，他便命门生弟子代笔书写，从不轻易给人写字。只有在三两个好友书信往来应答时，他才亲自书写。所以，那时门生弟子想要得到他墨宝，便借着向他请教学问的缘由，给他写信，遇到王士祯一时高兴则会随意回复几句。得到回信的门生弟子都奉为至宝。有的人得到的是王士祯写作书文的草稿，尽管上面有许多涂抹改写字迹，但他们也都小心地将它装潢成册，就像是获得了颜真卿的《祭侄文稿》一样。王士祯见到后也很高兴。

【八公山人语】

王士祯青年时便以诗文名扬天下，因力倡“神韵说”，以“不著一字，尽得风流”为作诗要诀，遂开一代新风，为一代宗匠，与朱彝尊并称为“南朱北王”；加之，他在朝廷位高权重，自然成为清初继钱谦益之后的文坛盟主。一时间新人后辈到京城后，都要请名师指点作品，而往往首先就要去拜见他。假如能得到王士祯的一言片字的夸赞，就会声名鹊起。王士祯曾受到康熙皇帝的召见，后来成为皇帝的侍读，出入南书房；康熙还下诏要他进呈诗稿，这在当年是罕见的殊荣了。因为他是有这样崇高地位的人，自然是惜墨如金，怎么会轻易为人作书呢？王士祯博学好古，能鉴别书、画、鼎彝之属，又精于金石篆刻，书法高秀，与晋人神似，萧散简淡。

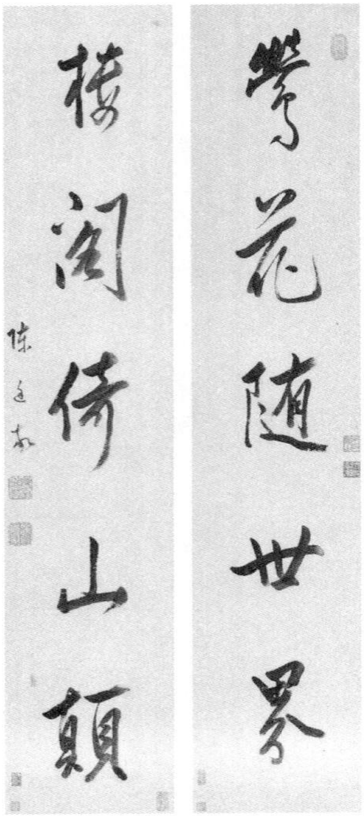

清　陈廷敬行书五言联

自书自买

清代陈随贞是康熙年间的吏部尚书陈廷敬的侄子，进士及第，官至翰林院庶吉士。那时在书法上，因为皇帝喜好的缘故，朝野上下都是唯董其昌书法为至尊。陈随贞平生也喜欢董其昌的书法，用心临摹，数十年不辍，直到写得惟妙惟肖。他有一个习惯，就是临习董其昌书法时，落款时不是书上自己的名字，而总是爱署上董其昌的名款。有一天，他去京城，在书市中偶然看见有一册董其昌的书法作品，写得萧散疏朗，气度娴雅，心中大喜，认为这是董其昌书法中最好的墨迹。于是，经过讨价还价，终于花了五百金把它买了下来。等到他回到家中以后，他将买到的那本董其昌书写的册页拿出来，仔细欣赏，这才忽然发现这册董其昌墨迹原来是他自己临摹的。陈随贞大呼上当，可是悔之已晚。

【八公山人语】

康熙、雍正年间，因为皇帝的喜好，天下人都学习董其昌书法，而董书的赝品也于此时为最盛。但是，像陈随贞这样一辈子都在学习董其昌书法，自己写的册页流散出去，后来连自己也无法辨识，反倒用重金购回，这也算是奇事一桩。今天我们已经难以找寻陈随贞的书迹，大概是他的书迹都已混迹于董其昌书迹之中了吧！所以，购买董书的人要小心辨识了。董其昌在世时就因其盛名，仿习者日众，作伪者亦多，但是他自己却对有损他书名的书法赝品毫不介意，处之泰然。大概他本来就不好书名，或者因为董其昌年轻时家贫，也曾临仿陆万里的书作拿到街市上去卖。直到乾隆年间，人们对纤弱的“董书”感到不满，而承平日久之后书风也渐趋丰润雄强，赵孟頫书体受到喜爱，“董书”方才退出舞台。

清　圣祖康熙榜书

以齿当先

康熙皇帝 8 岁登基，在位 61 年，是中国历史上执政时间最长的皇帝。康熙皇帝喜欢书法，特别爱临董其昌的字，写得高兴时也常常以自己的书法颁赐大臣，以此来密切融洽君臣关系。他第二次南巡时，江苏巡抚宋荦面奏道：“宋臣范成大蒙孝宗赐‘石湖’二字，后世传为美谈。我圣上乃尧舜之君，相与霄壤。臣功业不及范成大，遭逢之盛，自谓过之。臣家有别墅在城西陂，乞赐书‘西陂’二字。”宋荦是康熙皇帝最为信任的、关心的大臣之一，因而皇上听了之后，便欣然答应。这时，跟随在皇帝身边的大臣们，看到皇帝今天心情和气色都特别好，就纷纷跟着乞求皇帝赐书。宋荦一见这情况就急了，连忙禀奏道：“臣老矣，以齿当先赐臣。”康熙皇帝听了大笑，挥笔写下“西陂”二字，并马上颁赐给他。

【八公山人语】

宋荦是国史院大学士宋权之子，官至吏部尚书。他不仅是诗人、书画家，而且还是著名的收藏鉴定家。康乾年间，北京古董商举物以宋尚书（宋荦）鉴定为荣耀。他自己甚至说：“余尝云黑夜以书画至，摩挲而嗅之，可辨真赝。”你看，他有着闻闻气味就可辨别真伪的本事。宋荦以清廉和超人的才干，深得康熙的恩宠，康熙曾多次赐给他御书扇。康熙喜欢董书，上行下效，使得董体大行天下，笼罩书坛。因此，科举考试的学子以及在官府供职文秘人员无不学习董其昌书法，甚至把它当作是入仕、升职的捷径。康熙在全国搜求董其昌书迹，但因董其昌字玄宰，而康熙名为玄烨，所以要是董其昌书迹上仅署名“玄宰”者，官员们都不敢进献给皇上，致使还有一些书迹流落民间。康熙的书法虽有董书面目，但似乎比董书更加清劲挺拔，端正秀丽，有正大气象。

清　陈邦彦题签

自不能辨

陈邦彦小时候就成了孤儿，由伯父陈元龙抚养成人。他在康熙四十二年考取进士，授翰林院编修，入值南书房，后升侍读学士；乾隆初官至礼部侍郎。他的书法出入“二王”，又深得董其昌神髓。陈邦彦为自己定下书法日课，从小到老每天都要临写董其昌书法，以至于写了千万本。当时，人们将他的这些“董书”的临本拿回去，截去某人临的款字，就当作董其昌墨迹，卖得好价钱，收藏家也难辨真假。那时，康熙皇帝也是最爱董其昌书法，每次收到外地官吏进呈的董书时，他都暗自沉吟道：“其为陈邦彦书耶？”后来，乾隆皇帝对此也有所闻。有一天，他召见陈邦彦，令人拿出内府收藏的几十轴董书，对陈邦彦说：“其中孰为汝所书者？”他诚惶诚恐，审视了很久，汗流浃背，自己也分辨不出来，慌忙叩头谢罪。从此，他再也不敢临董字了。

【八公山人语】

康熙皇帝特别喜欢董其昌书法，而陈邦彦对董书如此用功临习，写得那么多又那么好，再加上他为皇帝近臣的缘故，所以康熙至乾隆年间，陈邦彦的书法名倾天下，就连边疆少数民族的土司，也都要用重金购得他的书法作为传家的宝贝。当时，临仿他书法，以及炮制他书法赝品的人，数以百计。陈邦彦知道了也不计较。因为他自己临仿董其昌书迹的作品，也时常被人拿去当作董书真迹买卖。特别是他晚年写的行书册页，大有董其昌书法的神韵，真可以假乱真。书法鉴定在缺乏科学手段的情况下，非常困难。像陈邦彦这样的大书法家，甚至连是否是自己写的书迹都辨认不出。所以，收藏家或买家还是要努力提高自己的鉴赏水平，购买时不要重名气名头而轻书艺，以免上当受骗。

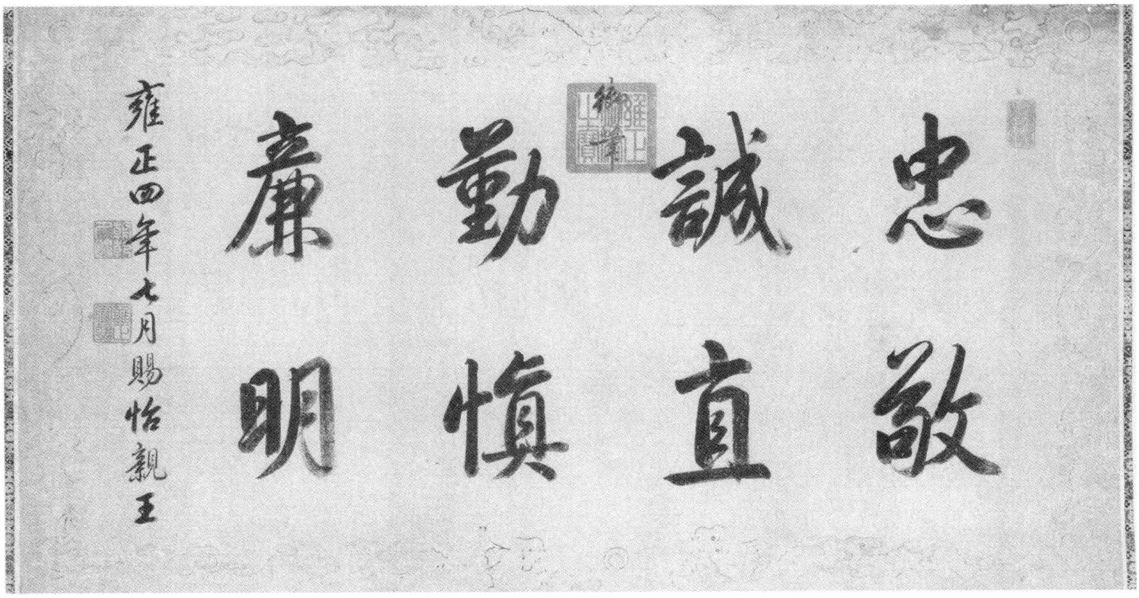

清　世宗雍正赐怡亲王行书匾

得志毋忘

雍正还是皇子的时候，有一次，他微服私访到杭州西湖，在涌金门见到一位很有书法功底的卖字书生，便叫他写一副对联。联语中有个“秋”字，书生写时将“火”移位到左边。雍正问道：“得毋误否？”于是，书生便列举名帖为证。雍正觉得他多才，就给了他几块马蹄金，要他别再卖字，回家读书，参加科考。书生千恩万谢收下金子，一心读书参加考试。雍正皇帝即位后，那一年他在审阅新科进士名单时，看到这位书生名字，马上召来。他写了一个“和”字，将“口”移位到左边，问书生对否？书生竟然没有认出他来，就说是错字。雍正皇帝笑而不言。第二天，书生便获得任命，到浙江任职。浙江巡抚受诏后发现，皇帝在诏书中写道：“命此书生在涌金门卖字三年，再来供职。”此时书生才恍然大悟，可是为时已晚。

【八公山人语】

通过将字的偏旁、部首位置变换移动，而改变字形，但意思不变，这是书法中常用的艺术手法之一。但是，并非任何一个字都可以如此改变。一般来说，“移位”的字需于史有据，约定俗成，否则便成错字。所以，写“和”便不能将“口”移位，而写“秋”字则可以将偏旁换位。雍正皇帝故意写了个移位的错字给他那位书生看，想以此来唤起他对往事的记忆。哪知，那书生考取进士，得志以后，竟然忘记了当年资助他的恩人，难怪皇上要让他再去卖字三年。雍正皇帝是康熙皇帝的第四子胤禛，从小即受到良好的书法教育。他写的字中规入矩，中锋圆笔，结体秀逸，章法疏朗，一派流美婉畅、悠然从容的气象。很明显，这是受到他父皇康熙喜欢董其昌书法的影响。

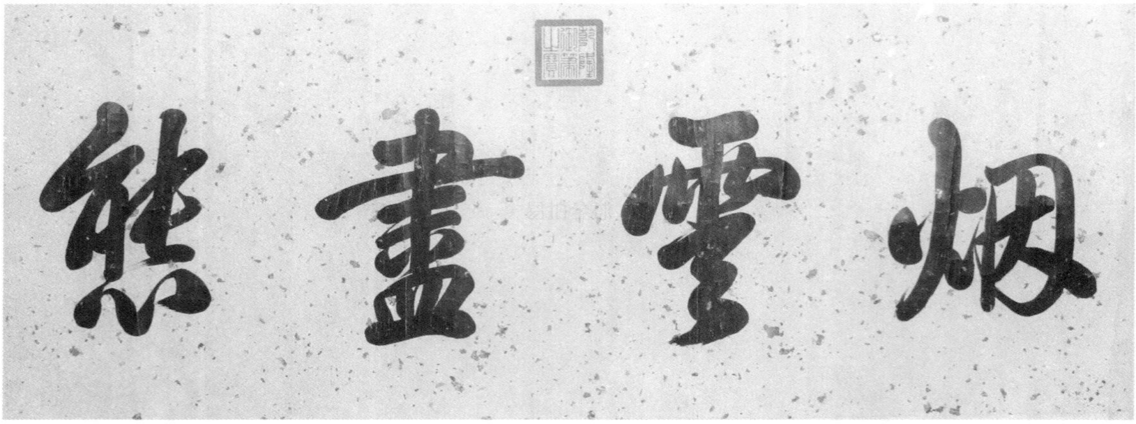

清　高宗乾隆榜书

公堂立碑

马荣祖，江都人，从小就有奇才，善于书法，雍正十年举人，乾隆元年举“博学鸿词”，入仕做官，成了阕乡知县。当时，江淮间人们多治诗，他独治古文，曾模拟刘勰《文心雕龙》作《文颂》百首，又作《演连珠箴》百首，轰动一时。马荣祖任县令的时候，喜欢上了一块古碑，于是请人摹刻了一块石碑，竖立在公堂案台的旁边。后来，他调离阕乡，到别处任职。接替他的后来的县令，见到公堂案台边竟然竖立着一块石碑，觉得不成体统，很不高兴，就叫人打碎了它。马荣祖得知此事后，就向大中丞某公告了那位后任的县令一状。大中丞便写信给那位县令，要他拓此碑一百本。那位县令接信后大惊，万般无奈，只好急求那块碑的旧拓本，重新摹刻了一块石碑，立于公堂案台一侧。此事这才罢了。

【八公山人语】

清代自顺治开始，中经康熙、雍正、乾隆三朝，250多年间，少数民族掌权的清朝，对汉人控制极严。文人学士在文字中稍露不满，或皇帝疑惑文字中有讥讪清朝的内容，即兴大狱，常常捕风捉影，广事株连，制造了200多件冤案，株连数万人。在这种情况下，很多文化人为求自保，都含毫结舌；许多文人官吏也转而搜寻、摹刻、研究古碑。金石出土的数量也日益增多，各种摹拓金石的拓本也广泛流传开来，成为一时风气。起初对于金石碑版，人们只是用它来作为考据的资料，后来更多的是把它作为书法学习临摹的范本。这样一来，金石学和碑学同时兴盛起来。马荣祖竟将摹刻的石碑立于公堂之上的荒唐之举，得到上司的认可，以至于他离任后，后任的县令都不可将石碑拆除。清代碑学之盛于此可见一斑。

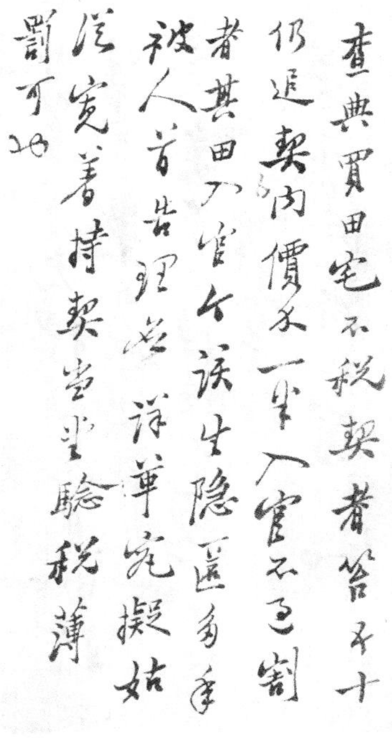

清 郑板桥《判词》

板桥润格

童年时期，郑板桥（郑燮）曾生活在农村，家境贫困，后来他开始学习书画，以后就在扬州以卖书画为生。由于得到朋友们的帮助，才有了读书的机会。清代乾隆年间，44 岁的郑板桥考取进士，但因为官位稀缺，直到 50 岁他才出任山东范县县令。12 年后，被人诬告，一气之下辞官回到扬州，重操旧业，与 20 年前一样，靠卖书画为生。他自定润格，按作品尺幅大小明码标价，而且喜收白银。他的笔榜小卷上写道：“大幅六两，中幅四两，小幅二两，书条对联一两，扇子斗方五钱。凡送礼物食物，总不如白银为妙。盖公之所送，未必弟之所好也。若送现银，则必中喜悦，则书画皆佳。礼物既属纠缠，赊欠犹恐赖账。年老神倦，不能陪诸君子作无益语也。”郑板桥通篇写的都是大实话，同时也显示出他幽默风趣的性格特点。

【八公山人语】

郑板桥 12 年为官清廉，后来辞官回乡。失去官府俸禄的郑板桥，出售自己的书画作品是他唯一的生活来源。他是靠自己的艺术创造性劳动吃饭，非常光彩。而那些想得到他书画作品的人，付出相应的银两，是天经地义的事情。这也是对书画家的劳动创造应有的尊重。郑板桥学习书法曾付出许多辛劳，他从张旭练习草书的经验中悟得，必须“精神专一，奋苦数十年”，才能达到“神将相之，鬼将告之，人将启之，物将发之”的出神入化的境界。他提醒自己也告诫他人：“不奋苦而求速效，只落得少日浮夸，老来窘隘而已。”从这里大家可以明白，为什么他说“画竹多于卖竹钱，纸高六尺价三千”了。

清　郑板桥闲章

郑燮闲章

书法作品中除了书者落款时需用姓名章以外，还经常会用到一些闲章，或引首，或压角，或点缀，或补白。郑板桥的闲章非常之多，有的是自己的别号、斋号、籍贯，如："板桥道人""扬州兴化人""四凤楼""雪浪斋""然藜阁"；有的是表明官职，如："爽鸠氏之官""潍夷长""乾隆东封书画史"；有的是说明心志，如："二十年前旧板桥""无数青山拜草庐""所南翁后""所好在六经""以天得古""畏人嫌我真""敢徵兰乎""心血为炉熔铸古今"；有的是自嘲，如："七品官耳""私心有所不尽鄙陋""恨不得填满了普天饥债""燮又何力之有焉"。甚至他还在印文中刻下他的生日或履历，如"与雪婆婆同日生""康熙秀才雍正举人乾隆进士"。可以说，他是古代书法家中用印最多最活的人之一。

【八公山人语】

郑板桥的印章都是有来历、有讲究的，决不随意，而且生动机趣，别开生面，恰切真实，如其姓、如其地、如其事、如其心，总之印如其人。例如，他的生日是在农历"小雪"节气前后12月25日，当地人都以此日为"雪婆婆生日"。于是，他就刻了一方"与雪婆婆同日生"的印章。因出身于农家，参加科举是他唯一的出路。康熙年间他考取秀才，雍正年间即他30岁以后又考取举人，直到乾隆元年他44岁时，终于考取了进士。他很以此为荣，竟把自己漫长的科举经历刻进了印章，加以炫耀。他的一颗印章的印文就是"康熙秀才雍正举人乾隆进士"。他的印章都是出自当时的篆刻名家之手，高凤岗、高凤翰、潘西凤、沈凤都曾为他制印，对此郑板桥甚为得意。为纪念"四凤"的大作，他特地将自己的书斋取名为"四凤楼"，遂刻"四凤楼"印以志。

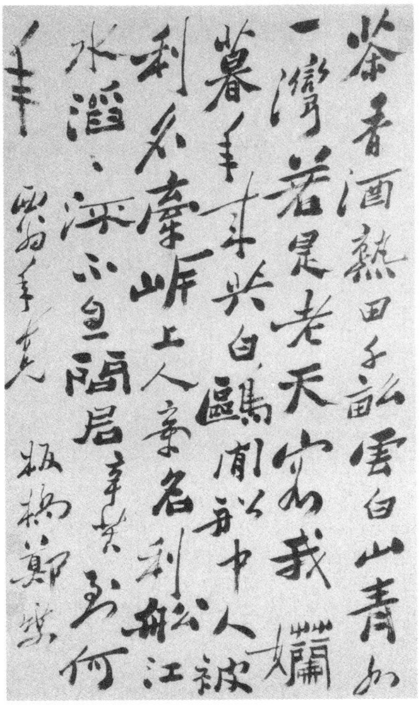

清 郑板桥《七言诗轴》

板桥中计

扬州有个盐商喜欢郑板桥的字，辗转购得几幅，但无上款，终是缺憾。为了确心愿，他终于想出妙计。一天，郑板桥出游经过竹林中的一个院子，听到琴声悦耳，进门见一高雅长者正危坐弹琴，一童子烹狗肉，刚熟，香气四溢。板桥大喜说："汝亦喜狗肉？"老人说："百味莫佳于此！子似亦知味者，请尝。"于是俩人并坐大嚼。板桥看四周素壁，问："何以无字画？"老人道："难得佳者。闻有郑板桥，老夫未见其迹，亦不敢求也。"板桥笑道："郑板桥即我。请为子书可乎？"老人说："善！"即出纸笔。书毕，复请题款。板桥说："此某盐商名也？"老人说："吾取此名时，某盐商尚未生，且同名何妨？"板桥题款而别。一天，盐商宴客，强请板桥光临，见四壁悬挂的都是自己的作品，细看，就是那天为老人写的，方知上当。

【八公山人语】

扬州盐商喜爱郑板桥的书法，但郑板桥却不喜欢他。盐商通过别的途径购得作品，但因未题上款，没有面子，闷闷不乐，终于想出奇招。因郑板桥爱吃狗肉，于是他专设一局，请君入瓮，一番演绎，可谓煞费苦心。此可谓投其所好，骗书不为骗，只是为了爱。可爱！郑燮怪杰奇书在当时及后世产生了很大影响。《兴化县志》中说他"一缣一素，不独海内宝贵，即外服也争购之"。后来，许多书法爱好者也纷纷追随"板桥体"。"板桥体"却并不是一种容易入门的书体；恰恰相反，它的书写难度是相当高的。它要求书者必须具有篆、隶、楷、行、草书等多种书体的功力，还要有古文字学的知识，以及绘画用笔的基本功；此外还要对艺术章法有整体的良好的感觉。而这些并非一般人所能达到的。郑板桥称他独创的这种书体为"六分半书"，即不够人们所说的"八分书"（书法），实为玩笑语。

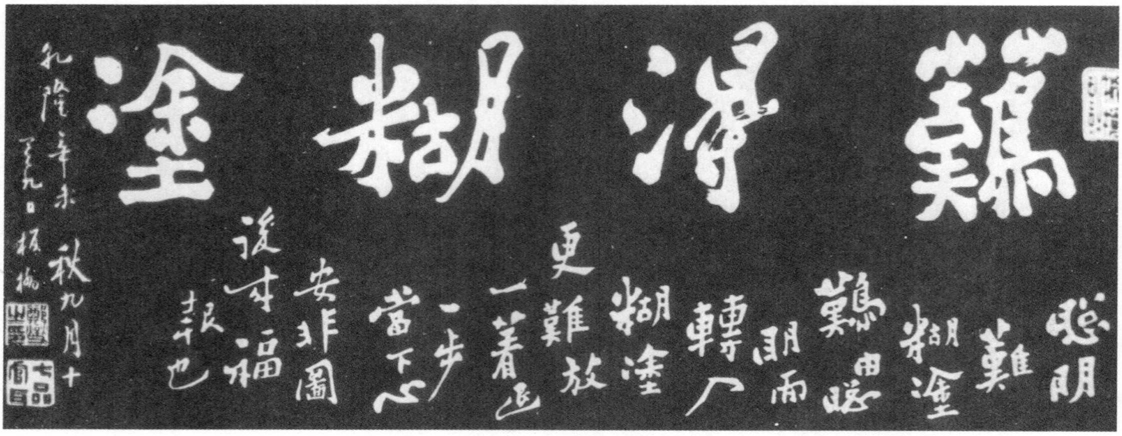

清　郑板桥　《难得糊涂》

难得糊涂

乾隆十六年，山东潍县知县郑板桥专程到山东莱州云峰山观看《郑文公碑》。他流连忘返，天黑了，不得已在山间的一户人家借宿。主人是一位儒雅老翁，自命“糊涂老人”，出语不凡。郑板桥看到他家中陈列了一块有桌子那么大的砚台，石质细腻，镂刻精良，十分叹赏。老人请郑板桥题字以便刻于砚背。郑板桥认为老人必有来历，就挥笔写下“难得糊涂”四字，并盖上“康熙秀才雍正举人乾隆进士”的方印。因砚台还有许多空白，他请老先生写一段跋语。老人便写了“得美石难，得顽石尤难，由美石而转入顽石更难。美于中，顽于外，藏野人之庐，不入宝贵之门也。”他用了一块方印，印上的字是“院试第一，乡试第二，殿试第三。”板桥一看大惊，才知老人原来是一位隐退的官员。有感于“糊涂老人”的命名，见砚背上还有空隙，便也补写了一段话：“聪明难，糊涂尤难，由聪明而转入糊涂更难。放一著，退一步，当下心安，非图后来福报也。”

【八公山人语】

郑板桥《难得糊涂》这幅横批可以说是家喻户晓，这是他在辞官前不久写下的名作。“难得糊涂”是正直、率真、廉明的郑板桥面对黑暗的官场时的无可奈何心理的真实写照。乾隆十一年，潍县发生灾荒，出现了“人相食”的惨状。郑燮决定大兴修筑，招收远近饥民赴工就食，命令邑中大户轮流开厂煮粥供给饥民；又令有粮食储备的富豪将粮食平价出售，拯救灾民。他还断然决定开仓放粮，救活万余人。不料，郑燮的一系列措施得罪了上司，同时也损害了土豪劣绅的利益。后来，他们诬告他贪污舞弊。他一气之下辞官回乡。离开潍县时，他在一首题画诗里写道：“乌纱掷去不为官，囊橐萧萧两袖寒。写取一枝清瘦竹，秋风江上作渔竿。”郑燮做了 12 年的县令，的确“两袖清风”，一尘不染。他回到扬州定居后，像他二十年前一样靠卖字画为生，做起了“职业书画家”。

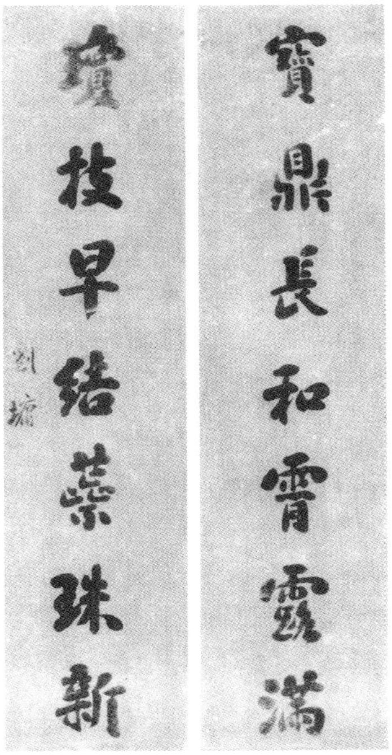

清 嵇璜行书七言联

巧拒和珅

嵇璜，乾隆时官至礼部尚书，晚年入阁为大学士，为官清廉。当时正值贪官和珅专权，因为他从不阿谀和珅，所以，和珅就进谗言，使他遭到乾隆的责备。嵇璜精于书法，很多人向他求字。和珅也爱慕嵇璜的书法，派人送来上等好纸，求他的字。嵇璜不好拒绝，便心生一计。那一天，他召来几位翰林在他府上宴饮，席间，家童来告："墨已研好。"他斥责道："有客在安能作书？"客人们却说："吾等正想见您如何挥毫用笔，以便效法。"于是，嵇璜就当场挥毫，刚写到一半，捧砚的家童不小心将墨倒在了和珅送来的上等好纸上，嵇璜大声责骂，客人纷纷劝解方才罢了。第二天，嵇璜向和珅道歉说："吾写坏了您送的好纸。"因为他请来的那几位翰林都是和珅的门生，都亲眼所见并已告诉了和珅，和坤也就算了。

【八公山人语】

嵇璜是一个水利专家，但他的书法在当时也享有盛名，其书法基础是唐代楷书，他写得端严工整。清代袁枚称他"精小楷，能于胡麻上作书"。清代包世臣《艺舟双楫》中将他的书法列为"真书佳品上"。嵇璜与和珅不是一路人，所以不愿意为和珅作书，但又惧和珅权势，不好得罪他，才出此策。和珅大概已心知肚明，也不好说，故不了了之。和珅是乾隆皇帝的宠臣、大贪官。据说，和珅的相貌俊秀，举止合度，颇似当年雍正皇帝的爱妃马佳氏。而马佳氏正是乾隆喜欢的又是因他而死的女人；和珅的脖子上也有一个与马佳氏一样的胎记，又更传言他出生之年，正好是马佳氏死去之年。乾隆更加确信"和珅莫不是马佳氏转世？"这位风流皇上，想要把欠马佳氏的情，一股脑地还到和珅身上，这便造就了和珅一生的荣华富贵。

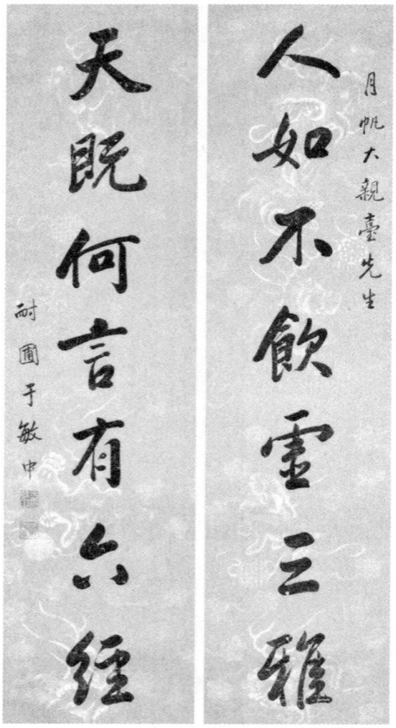

清 于敏中行书七言联

精心构思

于敏中在乾隆二年，23岁时就考中状元，后来官至户部尚书、首席军机大臣，成为当时朝野尽知的第一权臣。他初入懋勤殿（皇帝经常在那里读书、批阅奏本及鉴赏书画的地方）时，奉圣命书写“华严经宝塔”。这是要求将这部四万五千页的《华严经》，写成一座宝塔的形状。怎么写呢？他要先画出宝塔，宝塔的栏柱、檐瓦、窗阶、铃索等都有画格，而且经文的字数与画格数要相等；然后用小楷将经文填写在画格内，宛转依线，无一错漏，读之成文。这还不算难，更难更妙的是，经文中的每一个“佛”字，都要恰好填写在宝塔的柱顶或屋檐边际等尊贵处，不得乱填写。这是一项难度极高的浩大工程。于敏中用了两年时间来安排计算宝塔上的那些画格和字，又用一年时间用小楷书写完了整部《华严经》，终于完成这部鸿篇巨制。

【八公山人语】

这是于敏中初入仕途的又一次“殿试”，是乾隆皇帝专门给他出的一道难题。一个状元初入仕途，定是踌躇满志，而皇帝一开始却要他坐冷板凳，这可要耐得住寂寞清贫，对他的心性是极大的磨炼。看来这道“试题”他是考了满分。他深厚的书法功力、精巧的艺术构思、严谨的工作态度、沉静的精神境界等，都在完成这项皇命中得到集中的展示。他不负圣望，出色地完成了任务。书如其人，他也因此取得了乾隆皇帝的信任，为今后的仕途发展奠定了基础。由此可见，古代那些考中进士或者考中状元者，并非只会读书的呆子，而都是有真才实学之人。于敏中的书法师法赵孟頫，浓润圆熟，淳厚古雅，志气平和，有时他也会逸笔草草，豪纵奇古，完全没有清初馆阁体的媚态。

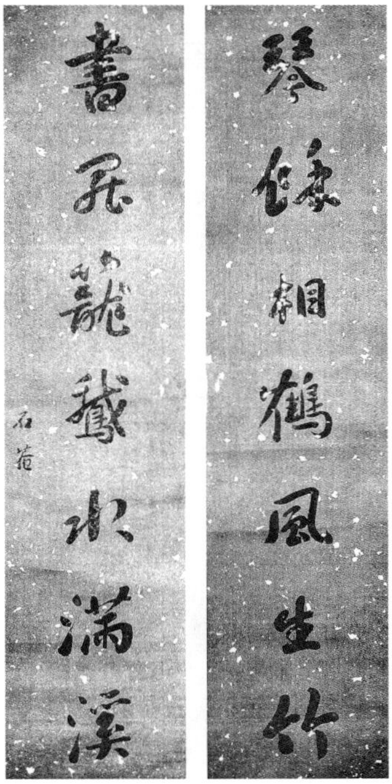

清 刘墉行书七言联

浓墨宰相

刘墉在中国是家喻户晓的人物，民间有许多关于他的故事传说，又因一些电视剧更使他成为街谈巷议的话题。刘墉出身于相门之家，是乾隆、嘉庆年间的重臣，85 岁时无疾而终。他的书法用墨厚重，故人称“浓墨宰相”。当时人们对他的书法评价很高，称他是“一代书法之冠”，因为他能够融汇历代书法大家而自成一家，成为乾嘉时期书坛泰斗。《松轩随笔》中说他的书法“貌丰骨劲，味厚神藏，不受古人牢笼，超然独出”。乾隆年间，他与翁方纲并称书坛。翁方纲的女婿戈先舟学士是刘墉的门生，有一天，他拿着刘墉的书法来见翁方纲。谨遵古法的翁方纲责问他：你的老师的书法哪一笔是古人？戈先舟回来后就把这话跟刘墉说了。刘墉听了以后说道：“我自成我书耳，问汝岳父哪一笔是自己？”

【八公山人语】

刘墉与翁方纲同为清代书坛巨擘，但翁方纲的书法墨守成规，只是在技巧上下功夫，不求创新，而刘墉学习赵、董、苏诸家，又曾临北魏碑版，能够融会贯通，自出新意，中年后更自成一家。他的书法貌丰骨劲，味厚神藏，不受古人牢笼，超然独出，人称“浓墨宰相”。刘墉很忌讳别人说他的书法是学董其昌的。有一次，书法评论家包世臣到江阴拜访他。刘墉称赞他评论古代书法家无一不当，“何不一论老夫得失乎？”包世臣直言道：“中堂书可谓华亭高足。”刘墉说：“吾子何轻薄老夫邪？吾书以拙胜，颇谓远绍太傅（钟繇）。”包世臣则说：“钟繇的书法流传下来的只有两块隶书碑刻，其他楷书都是后人的伪托，您怎么肯去学习它呢？董其昌书法晚年近古淡，而您的书法则用巧，所以比董其昌要差。”包世臣面对相国大人竟能做到不虚美、不隐恶，难能可贵。

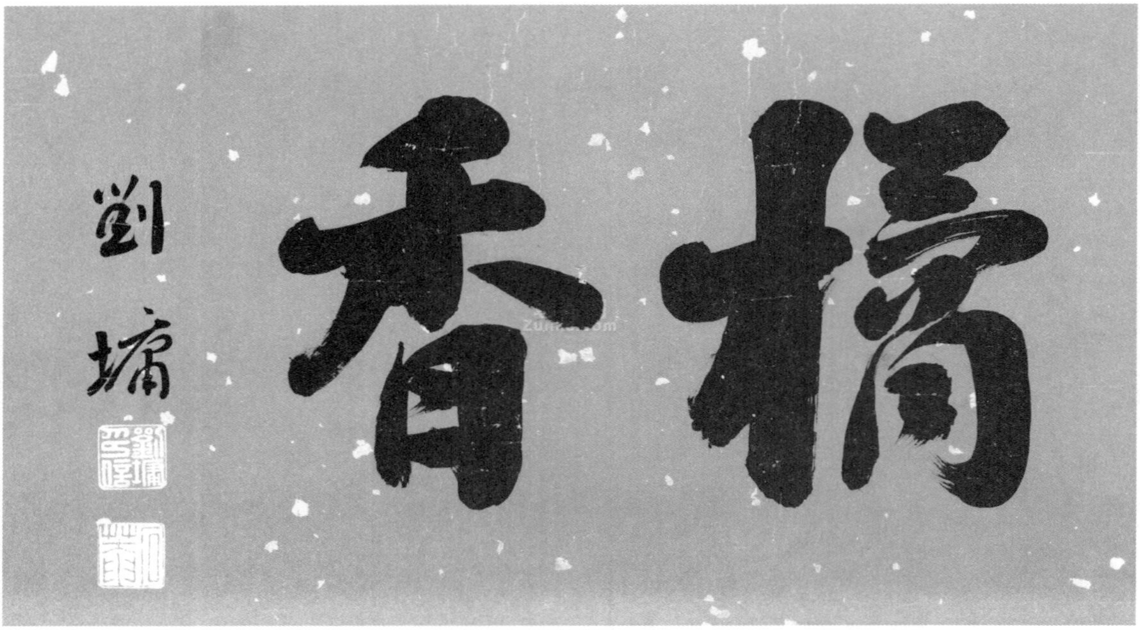

清　刘墉榜书

妻妾代笔

刘墉是山东诸城人，故人称“诸城”。他精通经史，学富五车，于乾隆十六年考取进士，官至宰辅。他的书法丰泽厚重，笔力雄壮，用墨浓润，貌腴骨劲，有庙堂之气，时人称之为“浓墨宰相”，名重一时，是当时帖学的泰斗。如此盛名，求书者自然是摩肩接踵，以期求得一纸为荣。刘墉整天穷于应付。好在他曾教授身边的妻妾练习并临摹他的书法，不得已时便让她们代笔应酬。包世臣《艺舟双楫》中称：“诸城有夫人黄氏，笔势极似，诸城晚年书多出黄手，小真书竟至莫辨。”《清稗类钞》中也说，他有三个小妾，都能代笔，几可乱真，外人难分真假。刘墉晚年书法代笔更多，有人说，但凡署名“石庵”二字以及用长脚石庵印的书法作品，都是代笔。

【八公山人语】

刘墉书法的代笔不仅有其妻妾，而且还有一位叫瑛梦禅的人，他本是相门子也，又是巡抚伊江阿之弟。但隐居不仕，其书法极似刘墉。瑛梦禅也曾为刘墉代笔作书。当然代笔与作伪不同，代笔是得到了原作者的授意，是被动的，不是主动去临摹他人，制造赝品。所以，刘墉对未经他授意就仿冒他的作品，就很不高兴，当面斥责。据记载，他任吏部尚书时，对于批阅的公文，若同意，就画一个“十”字。有一位司员竟模仿他的笔迹批阅公文，被他一眼看出为伪，于是斥责道：“吾画不可伪也。”书法名家苦于应酬而请人代笔，大约自王羲之开始，他们一般都找临仿其书法的高手代笔，但也有人请家人代笔的。如元代赵孟頫的主要代笔人就是他的夫人管道升。

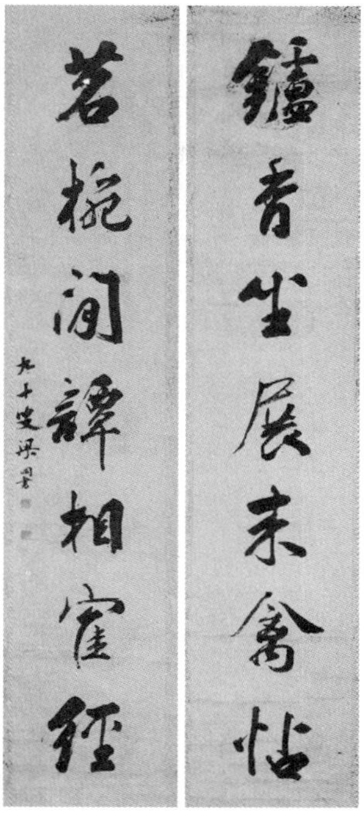

清 梁同书七言联

山舟结交

梁同书是清代大学士梁诗正的儿子。虽然他考取了举人，但未能通过会试，乾隆皇帝仍赐他为进士，参加殿试，得入翰林，官至翰林院侍讲。他 12 岁就能写大字，有人求他父亲的书法，有时就由他来代笔。有一次，他偶得元代文学家贯云石书写的行楷“山舟”二字，便将它高挂在厅堂中。来访的文人墨客遂称他为“山舟先生”，梁同书此后作书也常用“山舟”为名号。后来，阳羡县的任礼堂经过松江府时，在天马山周氏那里看到石刻“山舟”二字，字迹就像飞白书，非常奇古，是元代大书法家赵孟頫的手笔。他久慕山舟先生大名，马上手拓一本，托朋友带到杭州，赠送给梁同书。梁同书与他素未谋面，得此书法名迹，遂与任礼堂结交。

【八公山人语】

书法家大多在姓名之外还有别号，这是古代文人的传统。当年齐白石原名齐纯芝，27 岁时去见老师胡沁园，胡沁园就问他：“你怎么没有别号呢？画画题款，总得有个别号，这是祖宗传下来的老规矩。”于是，就为他取“白石”为号。结果，齐白石大名享誉天下，他的原名齐纯芝反而没有多少人知道了。书法家有的是以其官职为号，如王羲之又号王右军；有的是以其籍贯为号，如王铎又号王孟津；有的是以物为号，例如，吴昌硕收到朋友赠送的一个古瓦缶，遂自号“缶翁”；还有的是以别号表明心意，例如，当年沈曾植听闻清政府下立宪诏时，叹道：“乾坤之毁，一成而不可变。”于是，自号“睡翁”，表明自己不忍见、不能见的心意。总之，书法家的别号都有其来历，甚至深藏故事。

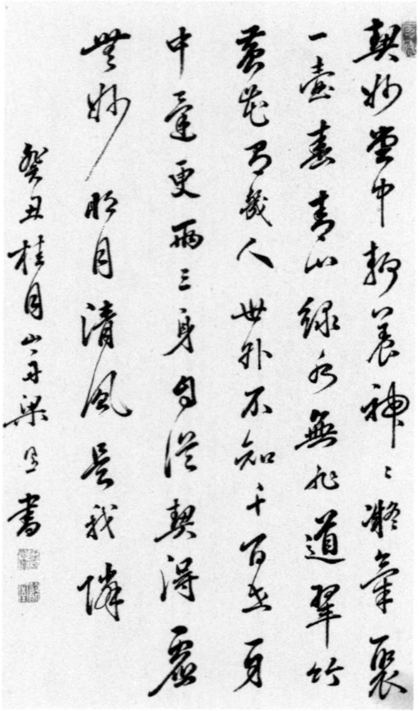

清　梁同书行书中堂

精力过人

梁同书天生颖异过人，端厚稳重，精力过人，耄耋之年还能写蝇头小楷。他曾经对人说：“古善书者皆有代笔，我独无。盖不欲以伪欺人也。”而且，他善写大字，字越大，结构越严谨。91 岁时他为无锡孙氏书写家庙匾额“忠孝传家”四个大字，每个字都是三尺见方，魄力深厚，观者无不叫绝。他 93 岁去世，就在他去世的前几日，还自书讣辞，笔法苍劲，与平日一样。乾隆年间，梁同书名满天下，日本国有一位王子喜欢书法，特地委托商船将自己的书法带至中国，请梁同书指点。还有在太学里留学的琉球学生毕业时，很想见梁同书一面，被拒绝后，叹息说：“来时王命必一见公而归。今不得见奈何？”于是，请求梁同书能写几个字，让他带回去，以便回复王命。

【八公山人语】

梁同书是一位高寿而又无疾而终的书法家，享有书名 60 年。有人说，他能够保持精力旺盛的诀窍有两个，一是生性不近女色，二是不喜欢请宴客人或赴宴。他成名以后，乐为人书。当时，东南一带士大夫的碑版以及琳宫梵宇题额，他都是有求必应；而各个地方军政官员们的请索，有时要等上一年才有结果。每天他都收到成捆的求书者送来的纸张，每天都要书写几十张纸。但是，他写字只喜欢用许虚白纸、夏岐山和潘岳南笔，刻石必请陈云杓、陈如冈、冯鸣和。以至于这些造纸和制笔之人都因此发财致富了。梁同书的书法取法颜、柳、苏、米、赵、董诸家，而自成一家。梁同书书法名气很大，《清史列传》中说：“同书工书法，为当世独绝。”他与刘墉、王文治并称“刘梁王”。

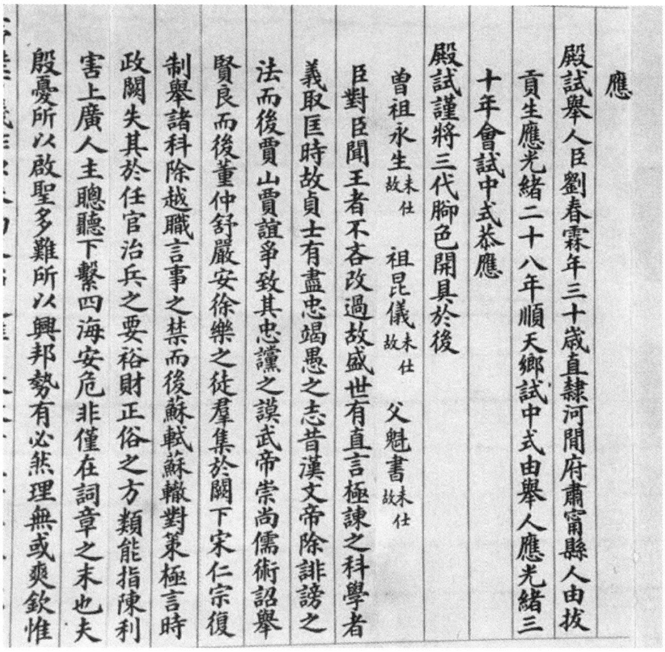

應
殿試舉人臣劉春霖年三十歲直隸河間府肅甯縣人由拔
貢生應光緒二十八年順天鄉試中式由舉人應光緒三
十年會試中式恭應
殿試謹將三代脚色開具於後
曾祖永生未仕故 祖昆儀未仕故 父魁書未仕故
臣對臣聞王者不吝改過故盛世有直言極諫之科學者
義取匡時故貞士有盡忠竭愚之志昔漢文帝除誹謗之
法而後賈山賈誼爭致其忠讜之謨武帝崇尚儒術詔舉
賢良而後董仲舒嚴安徐樂之徒羣集於闕下宋仁宗復
制舉諸科除越職言事之禁而後蘇軾蘇轍對策極言時
政闕失其於任官治兵之要裕財正俗之方類能指陳利
害上廣人主聰聽下繫四海安危非僅在詞章之末也夫
殷憂所以啟聖多難所以興邦勢有必然理無或爽欽惟

清末状元刘春霖殿试试卷

五文状元

一般来说，在科考中能进士及第者，无不善于书法，但也有例外者。无锡秦小岘书法很一般，但是博学好古文，文章写得好，而运气更好。乾隆年间，皇帝东巡泰山，有试典之诏，秦小岘也赶去应试。船过清江浦时，他上街散步，偶然见到书摊上有本破书，记的都是零星典故，就花了五文钱买了下来，以解旅途寂寞。他看到书中有一条记载说，东方有三大者：泰山、东海、孔林也，当时并未在意。哪知考试这天，试题正是《东方三大赋》。考毕，考官选了十多篇试卷送去御览，乾隆皇帝一篇也没有看中，他问道："通场试卷竟无知题意者？"考官答道："有一卷分点三大，因书法太劣被摈除了。"乾隆问道："学问如何耳？何以书法为哉？"命人马上拿来看，乾隆看罢秦小岘的试卷，称善，亲笔圈点，拔置为状元。

【八公山人语】

明清两代科举考试，都要求考生楷书答卷，字迹要方正、光洁、乌黑且大小齐平，方便阅卷，人称"干禄体"。这种应试书体虽精致秀丽，但缺少个性，千人一面，万字雷同，所以沈括《梦溪笔谈》中批评说："求其佳处，到死无一笔也。"不过想想也是，应试书法本该如此，考生答卷如果书写不工整规范，个个都要表现个性，横涂竖抹的话，那么岂不是难为阅卷的考官？清晰、漂亮、规范、工整的书写，定能给考官良好的第一印象。正因为秦小岘不善此体，险些名落孙山。但他买对了一本书，成为全场唯一答对试题的考生，又遇上了一个好皇帝，竟拔得头筹，以至于有人称他是"五文钱买了个状元"。可能正是因为秦小岘不善书法，所以今天我们难以找到他的书迹。不过，我们可以看看当年其他科举进士的书迹。

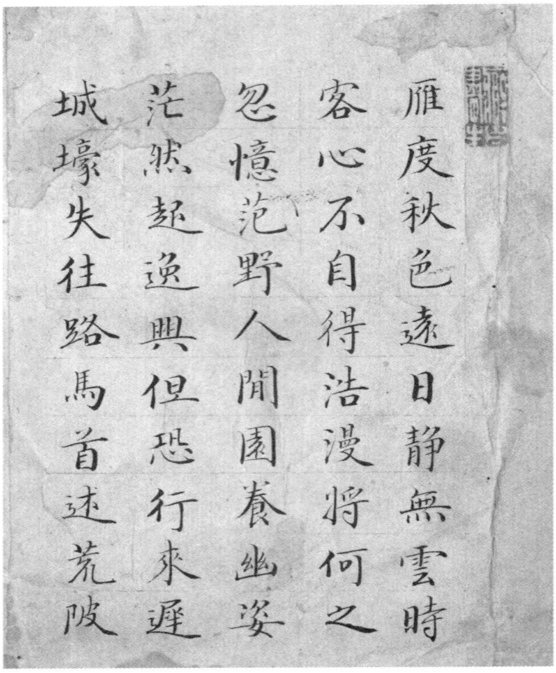

清 桑芝农《杜诗册页》

马上作书

清代实行督抚制度，督抚均获得单独的参劾权及上奏权，既是地方最高行政长官，也是地方所有政务的监察长。督抚向朝廷上奏章揭发属下官吏的罪状时，由专写奏折的幕友用小楷誊正，人名下面空数字，以备督抚亲自填写评语。但年老的督抚或手颤，或眼花，填写的字大小悬殊。不过康熙、雍正年间，充任记室的人则能在马上书写奏章的绝技。他们在马鞍上放一块木板，伏在上面书写，任凭马匹绝尘而驰，写的字也是行列整齐，一点也不会错误。乾隆年间的书法家王日杏也有此等绝技，他是军机处的办事员，每当跟随军机大臣外出围猎，遇到有紧急公务需要处理时，他就坐在马上，盘起一膝，将纸张放在膝上，随手写小楷，而且迅疾如飞，工秀独绝，同事们看了都自叹不如。

【八公山人语】

写小楷已是难事，而能于马上屈膝写小楷，而且还能写得运笔如飞、工整秀丽，则难上加难。王日杏此等绝技当然来自于他的勤学苦练。据记载，他于“魏、晋以降书迹临摹毕肖”。古代中书官吏是靠书法吃饭的人，没有金刚钻，怎揽瓷器活？所以，一般人都有这么两下子。所以，日常用处最多的小楷，自然就是一般文人写字的基本功夫。这幅《杜诗册页》就是清代江浙一带的地方名家桑芝农所书，可见一斑。而能于马上甚至奔马上写小楷，那更是其中的佼佼者。王日杏是举人出身，曾任贵州铜仁知府，其书迹很少留传下来。今天我们还可以见到他画的《瀛洲遗兴图》，方知他还是个画家。

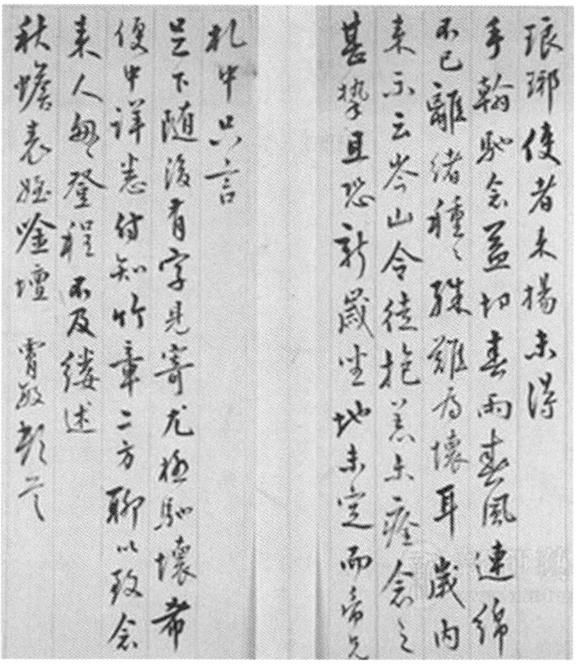

清 汪肤敏书札

设局求书

清代乾隆年间，江都（今江苏扬州）汪肤敏，书画皆精，名噪一时。他性情耿介，不轻易为人作书。当地大盐商安麓村喜爱书画，曾多次盛情邀请汪肤敏为他作书，但都遭到拒绝。安麓村亲自登门，汪肤敏还是避而不见。无奈之下，安麓村便安排人在汪肤敏平常进出的必经之路上等待。一天，当汪肤敏经过时，守候的人就上前架住他的胳膊，强行将他带去见安麓村，然后要他书写几出戏目。汪肤敏没有办法，只好从命，书写后交给了安麓村。安麓村却并没有放他回去，而是命人将他带到一间密室里。过了很久，来了一位仆人，将汪肤敏领到一间屋前，安麓村早已在台阶上迎接。安麓村说："先生是古君子，我只是与先生开个玩笑。"接着，请汪肤敏上堂就座，喝茶饮酒，笙歌竞呈，演唱的戏文都是汪肤敏所书写的戏目。最后，两人尽欢而罢。

【八公山人语】

盐商安麓村为了求书竟然绑架了汪肤敏，好在最后两人尽欢而散，汪肤敏后来还为安麓村母亲书写寿序一通。至乾隆年间，扬州已成为我国东南沿海的大都会和全国重要贸易的中心，富商大贾云集，尤其盐业兴盛，富甲东南。由于深受扬州文化气氛的熏染，盐商们也附庸风雅，喜欢收藏，尤爱书画，极力搜求。流风所及，当地中产之家乃至平民中稍富有者，亦求书画悬之室中，以示风雅，民谚有"家中无字画，不是旧人家"。而且，盐商与当地文人墨客多有交往，甚至结下深厚友谊。一些书画家生活窘迫时，盐商也会慷慨资助。这在李斗《扬州画舫录》中多有记载。例如，郑板桥当年家贫，为躲债来到扬州，盐商马氏兄弟得知后，爱其才艺，暗中资助郑板桥200纹银，帮助他还清债务。后来，郑板桥得以诗、书、画三绝名扬天下。

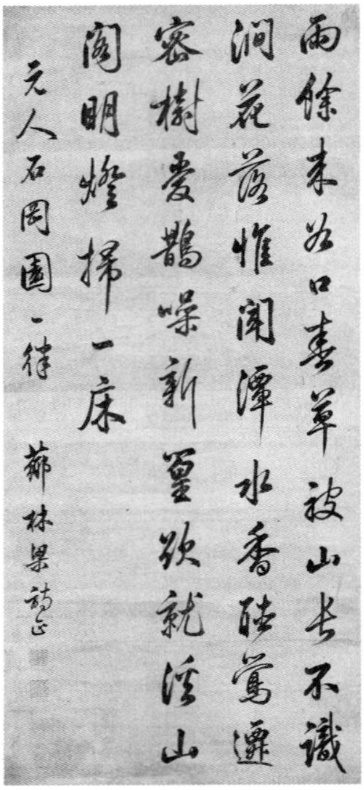

清　梁诗正《元人五律诗轴》

诚实授官

乾隆年间，常州书生杨瑞莲善写篆隶，但居乡间，郁郁不得志。于是，他到京城投靠亲戚大学士梁诗正。当时，梁诗正奉敕纂修《西清古鉴》，并设馆，杨瑞莲就被送入馆中充当缮写官。一天午后，馆中的人都去参加乡试会试了，只有他一人在馆。忽然“一伟人科头白袷，徐步而至”。他不知何人，便行礼请那人就座。那人问他馆中的人都去哪了？又问他为何就他不去会试？他说：“恐内廷有传写事件，所以就留下了。”那人又问他姓名、籍贯，他都一一作答。那人又看了他的书法，然后大加称赞。这时，忽然几位宫中内侍闻声寻来，杨瑞莲这才知道眼前的人原来是乾隆皇帝，立刻蒲伏叩头谢罪。乾隆笑了笑走了。第二天，乾隆对梁诗正说：“汝亲戚杨某甚诚实，篆隶亦佳，不得与试，殊可惜，可赏给举人。”就这样，杨瑞莲当上了湘潭县令。

【八公山人语】

看来做人要诚实，要是杨瑞莲对着来人胡吹乱侃，那可能会掉了脑袋啊！他写的篆隶今天已不可见，倒是梁诗正有书法传世。梁诗正当过乾隆的侍书，官至东阁大学士。他曾主持编修《西清古鉴》，这是一部著录清代宫廷所藏古代青铜器的大型谱录。梁诗正初学柳公权，继而又学文徵明、赵孟頫，晚年则师法颜真卿、李北海，写得苍秀俊逸。一天，他到上书房为乾隆作擘窠大字，刚好宪皇太后驾到，诸臣鹄立以俟，宪皇命梁诗正作书，他不小心将墨水滴在了袖子上，宪皇太后又命乾隆将他的袖子拽开。梁诗正大受荣宠。

清 纪晓岚行书五言联

作诗自嘲

纪晓岚以才学名世，号称“河间才子”。他 4 岁就开始启蒙读书，11 岁随父入京，21 岁中秀才，31 岁考中进士，官至礼部尚书、协办大学士，曾任《四库全书》总纂修官，撰写了《四库全书总目提要》。可以说，他是乾隆、嘉庆年间的著名学者和重要政治人物。他活到 82 岁，嘉庆皇帝御赐他的碑文中夸赞他“敏而好学可为文，授之以政无不达”。但是，纪晓岚一辈子与笔墨打交道，却不愿意以书法名家。因他名气很大，经常有人向他求字，他却很少答应。他的书斋里有一方砚台，砚匣上刻着他写的两首诗，他时常用它提醒自己，莫以书家自居。其一是：“笔札匆匆总似忙，晦翁原自笑钟王。老夫今已头如雪，恕我涂鸦亦未妨。”其二是：“虽云老眼尚无花，其奈疏慵日有加。寄语清河张彦远，此翁原不入书家。”

【八公山人语】

历史上关于纪晓岚的传说故事很多，如今再加上电视剧的百般演绎，他已成为家喻户晓的人物了。当然他在世时，从小就是神童，能言善辩，入仕后又位高权重，绝对是个著名学者、文化名人、公众人物。既然他能考中进士，且为殿试第四名，那当然字也写得很好。从他的这幅行书七言联来看，他的书法是董、赵一派的帖学面目，写得流利圆融、雍容华贵，置之清代书林，并不比那些代表人物逊色多少。难能可贵的是，他并不以书法家自居，相反却公开承认自己字写得不好，还作诗自嘲。其人格魅力更加令人尊敬，也足以显示出他内心的自信与强大。书法不同于日常书写，因为书法讲究法度，需要长期专门的练习，对此纪晓岚心里十分清楚，所以他才不以书法家自居。

清 毕沅行书七言联

侥幸夺魁

清代乾隆年间的一天，一同参加会试的毕沅、诸重光、童凤在军机处值夜班，诸重光忽然对毕沅说：“今晚应由你来代我等值班。”毕沅问道：“为何？”诸重光说：“我俩书法好，可望名列前茅，故要回寓所静候佳音。你书法差，就别想了！”说罢，他与童凤头也不回地走了。毕沅无奈，只好代值。凌晨，忽然接到陕甘总督黄廷桂关于新疆屯田事宜的奏折下转军机处，正无聊的毕沅便拿过来仔细阅读。第二天，会试放榜，毕、诸、童三人又一同参加殿试。哪知，毕沅打开试卷一看，考题“时务策”正是策问新疆屯田事宜。他胸有成竹，挥笔立就。因他条对翔实，备受关注，阅卷大臣拟列为第四名。后来，乾隆皇帝对毕沅的卷子极为欣赏，擢为状元。诸重光为榜眼，而童凤名列第 16 名。当诸、童二人得知毕沅那晚的事后，无不嗟叹。

【八公山人语】

科举考试对考生书写的字体，以及字迹的工整、美观、清晰等方面有一定要求，这才导致科场上工整秀丽的“馆阁体”盛行。只要看看流传至今的清代进士考卷可知，一方面惊叹他们深厚的书法功力，另一方面又觉得千人一面，缺乏个性。当然，考试答卷不可能是进行艺术创作的书法作品，考生的书写需要符合考卷对书写的规范要求。不过，即使是在清代，考官评卷也并不会执着于书法，答卷的内容才是最重要的。毕沅的楷书不太好，但立论高深，才备受读卷大臣和乾隆皇帝的关注。当然这与他头一天晚上碰巧阅读了那份奏折有很大关系。乾隆二十五年，状元及第后，他官至湖广总督。毕沅博学多才，为官之余，又潜心研攻经史并旁及语文学、金石学、地理学，并善诗文，一生著作颇丰。毕沅十分敬重文士，尤好扶植后进，“一时名儒，多招至幕府”。

清 王文治行书五言联

淡墨探花

王文治努力学习书法，姚鼐说他达到了“遗得丧，忘寒暑，穷昼夜”的地步，20岁即享有书名。乾隆皇帝南巡时，看到王文治书写的《钱塘僧寺碑》，大为欣赏，非常喜欢。宫廷中有人告诉王文治，皇帝想召见他，他却不答应。因为有乾隆皇帝的赞赏，他的书名迅速提高。周煌出使琉球，因仰慕他的书名，特邀请他同往。王文治欣然答应。琉球人素好书法，得知中国书法名家来到，纷纷出重金求书，视为珍宝。当时人称“天下三梁，不及江南一王”。“三梁”即梁同书、梁巘、梁同治，都是全国的书法名家。乾隆二十五年，王文治考取进士，名列探花。当时，刘墉相国的书法讲究魄力，而王文治太守喜欢用长锋羊毫和青黑色的淡墨来写字，专取风神，所以当时就有“浓墨宰相，淡墨探花”之说。

【八公山人语】

王文治少年时就因文才而享誉江南，二十几岁其书名就已名动京师，翰林全魁周煌出使琉球，曾邀他同行，结果琉球人纷纷以重金求购他的墨宝。王文治官至云南临安知府，在仕途上没有太大的作为，罢官返乡后变得越发风流倜傥，终日有歌伶相伴。他的书法在清代乾隆年间名气很大，与梁同书并称“梁王”，连梁同书自己都觉得天分不及王文治，常“自谓不如”。王文治的书法取法“二王”、董、赵等家，秀逸天成，风流潇洒，正如其人。但是，他晚年得到宋代书法家张即之墨迹后，刻摹学习，结果坠入轻佻一路，尽显柔弱姿媚习气，一副秋娘粉黛模样，遭人诟病。这与他晚年自滇罢官回乡后，“买僮度曲，行无远近，必歌伶自随”的生活方式，有很大关系。可见，一个人的生活方式，也会影响到他的书法风格。

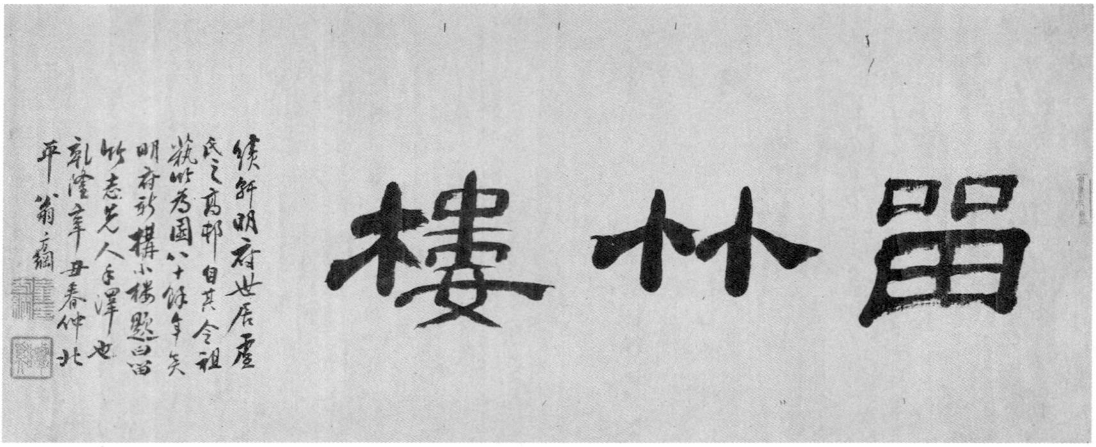

清　翁方纲题匾

微书瓜子

翁方纲是清代乾隆年间的进士，官至内阁大学士，擅长考证金石，书法也名噪一时。他的书法师法唐代书法家欧阳询、虞世南，谨守法度，特别善于隶书，与刘墉、梁同书、王文治齐名，并称：“翁、刘、梁、王”。翁方纲的视力极好，六七十岁还能在灯下写小字，看蝇头小字也不用戴眼镜。从他 50 岁时候起，他便有一个习惯，每过五年时的元旦，他一定要在西瓜子仁写四个楷书字：50 岁时写“万寿无疆”，60 岁时写“天子万年”，到了 70 岁还能写“天下太平”。有一次，友人亲眼看见他在一粒胡麻子上书写下“一片冰心在玉壶”7 个字，真是天赋异禀。最后一年元旦，当写到第七粒西瓜子时，眼睛因疲劳看不清东西了，他感叹道：“吾其衰也！”真的，他刚好活到了 85 岁高龄就去世了。

【八公山人语】

乾隆、嘉庆年间讲究训诂考据的经学派系——乾嘉学派，给清代书坛以强烈的震撼，而翁方纲就是其代表人物之一。尽管人们对他的书法“讲究无一笔无来”而有讥评，但是历史上对一位书法家品评向来都是不仅看书法水平，而且还要看他的品格、作为、修养、资历，所以是一个综合性的评价。当年翁方纲以位高、学富、年长而成为书坛泰斗式的人物。那时，北方的碑版几乎都是请他来写。他的书法初学颜真卿，又学欧阳询，隶书取法汉碑，谨守法度，工整厚实，朴素沉静，小楷写得尤为精绝，但因缺乏自己的笔法，所以遭人诟病。包世臣说他的书法“只是工匠之精细者耳”；杨守敬批评他“微嫌天分稍逊，质厚有余而超逸之妙不足”。但无论如何，他都与刘墉、梁同书、王文治并称书坛，都是清代中期书坛正宗书派的代表人物之一。

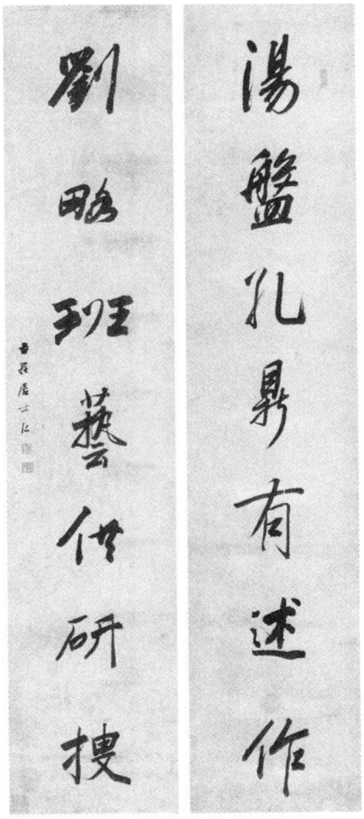

清 蒋仁行书七言联

白发苍颜

乾隆年间，浙江仁和（杭州）的蒋泰，因为得到一枚汉代“蒋仁”铜印，他便效法明代篆刻家汪关，遂改名为蒋仁。他性格孤高，不苟言笑，不慕功名，一生大多数时间隐居艮山门外，息交绝游，布衣终身。他书兴大发时挥毫作书，仿佛墨汁倾纸，甚至难辨字迹，但观者无不为之倾倒。尽管蒋仁清贫度日，但富贵之人想求他片纸只字都不可得。有一次，一位中丞大人以重金求书，他坚拒不应，后来这位大人因受贿而被治罪，人们都佩服蒋仁的见识。乾隆五十八年，阿林保官运使仰慕蒋仁的才艺，高薪聘请他到官府做事，使他窘迫的生活状况得到改善。有一天，他为阿林保书写苏轼诗，当写到其中一句“白发苍颜五十三”时，顿生感慨，遂以生病为由，辞职回家，与妻女过着极其清贫的生活。最后，他在贫病中死去，刚好是53岁。

【八公山人语】

“白发苍颜五十三，家人强遣试春衫。朝回两袖天香满，头上银幡笑阿咸。”这是苏轼《和子由除夜元日省宿致斋三首》中的一首，蒋仁书写至此，大概感慨自己已经年过半百，看起来“白发苍颜”，还在为了生计为官人作书，所以借病辞归，仍与妻女住在原宅。家中房屋年久失修，倾斜破落甚至连风雨都难遮蔽，但书床井灶都尽在身边，可享天伦之乐，不知穷为何物，他终日埋头于自己所嗜。这位被誉为“西泠八家”之一的蒋仁，一生追求的是精神上的富足与自由，不屑俗务，哪管生活上穷愁潦倒，贫病交加。不过，现实毕竟是残酷无情的，他最后还是被生活击倒。蒋仁书画篆刻皆精。从他留下的书迹看，既有“二王”挺拔俊雅的笔意，又兼颜真卿的苍浑自然，还有米芾的欹侧以及杨凝式的散佚空旷，清雅绝俗，正如其人。

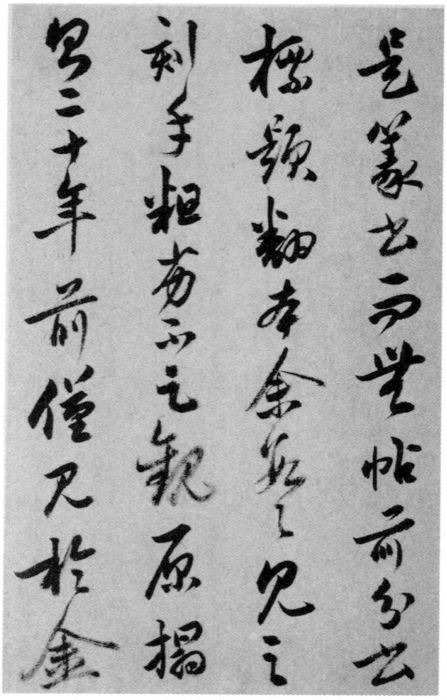

清 梁巘《宝晋斋帖跋》

梁巘识才

清代乾隆年间，32 岁的邓石如以鬻书刻印为生，从家乡怀宁浪游到安徽寿州（今天的寿县）。在此之前，他在安庆霄汉楼见过梁巘写的中堂书法，钦佩不已。这时，梁巘正在寿州城中的循理书院主讲。邓石如苦于无人引见，只好在书院门前摆摊，为书院学生写字刻印。一天，梁巘见到邓石如书写的扇面后，大为赞叹：“此子未谙古法耳。其笔势浑鸷，余所不能，允其才力，可輘轹百年钜公矣。”随后，他赶紧召见邓石如，并且写信介绍他去见江宁（南京）大收藏家梅镠。由于梁巘的举荐，邓石如便客居梅家。梅镠尽出秦汉以来金石善本收藏，又资助他衣食褚墨的费用。邓石如笃志临摹，每天清晨起床，研墨盈盘，直到半夜将墨写尽才睡。他寒暑不辍，在梅家整整过了八年，书法大成，卓然名家。

【八公山人语】

今天一些成功的青年书法篆刻家在初闯江湖之时，都曾有过与邓石如相似的靠鬻书刻印以及教学为生的艰苦经历，只是很少有像梁巘这样的贵人相助，也难有像梅镠这样的大收藏家尽出所藏、慷慨资助，更难有像邓石如那样自甘寂寞，刻苦习书，八年如一日，遍临秦汉碑版刻石拓片。所以，在书法篆刻艺术发展史上，邓石如尽管是一介布衣，但是他能够打破千百年来官员和文人书法的垄断，成为开宗立派的大家，就像一座巍峨耸立的高峰。他的成功是有其道理的，很值得后学之士从中领悟。他所开创的“邓派”篆刻，刚健婀娜，雄厚华滋，开一代写意之风。而这些主要归因于他有着可以与他的篆刻艺术比肩的书法水平，他是用自己的书风入印，他的篆刻正是“印从书出”的典范。

清 邓石如篆书四条屏

上蔡重现

邓石如40岁时离开南京梅镠家，再次遍游名山大川，寻访临摹古碑。一天，他来到黄山脚下的歙县，在街市上售卖他的篆书。恰巧编修张惠言正客居在歙县修撰金榜家中，张惠言精通篆学，在街上看到邓石如写的篆书后，回来对金榜说："今日得见上蔡真迹。"金榜惊奇地询问缘故后，马上与他一道冒雨寻访到邓石如栖身的荒寺里，礼请邓石如到他家中居住。当时，金榜修建了一座很大的金氏家庙，石柱上的对联和悬额榜书都是他精心书写、百易而后定的，本来他认为没有比这更好的了。当他看到邓石如的书法后，马上叫来工匠，斫去横额上的字迹；又支撑起房屋，放倒石柱，以便磨治；然后请邓石如重新写过。等到邓石如写好并镌刻后，重建家庙。可见，金榜对邓石如的书法如此佩服，他还挽留邓石如在他家住了一年。

【八公山人语】

秦汉以后，篆书和隶书逐渐被楷、行、草书所取代，不再是通行书体。魏晋、唐、宋、元、明直至清代初期，一千多年间，善写篆隶而且能够成名成家者寥寥无几，纵有像李阳冰、韩择木、徐铉这样的名家，但在当时没有产生太大的影响。比较起来，邓石如能篆善隶，气息高古，难怪张惠言要惊呼"上蔡重现"！清代中期，在举世尚帖之时，而邓石如因为需要篆刻制印的缘故，书法独取秦汉刻石，虽无师承，但他以古为师，自通书法堂奥。他一生浪迹江湖，靠为人刻印作书为生。可他运气非常好，能够碰到一些贵人，如梁巘、梅镠、张惠言、金榜，还有后来的曹文敏等。可以这样说，如果没有这些贵人相助，也就不会有一代书法大师邓石如，而邓石如也就可能沦为一个民间默默无闻的书匠。

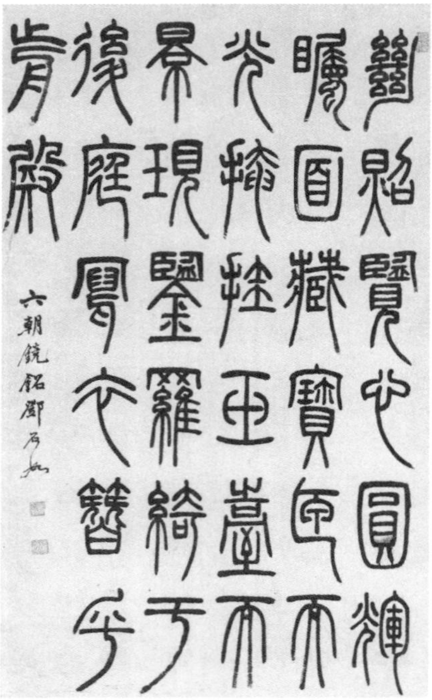

清 邓石如篆书中堂

骑驴进京

正在家乡皖南的户部尚书曹文植，看了邓石如为他写的四体《千字文》横卷，大为叹绝。这时，乾隆皇帝80岁大寿，曹公要进京祝寿，特邀邓石如同去。但邓石如不愿意与曹公的车马大队同行，而是在三天之后，戴草帽、穿芒鞋、骑毛驴独自前往京城。曹公的大队人马因山东水灾耽误，遂与邓石如在开山相遇。这时，山东巡抚以下的官员都到郊外迎接，正当邓石如骑驴通过辕门时被门卫喝止。曹公在堂上远远望见，马上赶来领他进来，入堂之后，让他上座。曹公对周围的官员说：“此江南高士邓先生也，四体书皆国朝第一。”在场的官员大惊，马上要为邓石如准备车马随从。曹公解释道：“吾屈先生甚，乃肯来都，卒不肯同行。愿诸公共成其志。”休息后，大家送邓石如出辕门骑驴而去。

【八公山人语】

翰林院修撰金榜叹服邓石如的书法，并将他推荐给了正在家乡的曹公，这是邓石如的机遇啊！曹文植善诗文书画，他特请邓石如为他写四体《千字文》。篆、隶、楷、行四种书体，加起来有四千字，而邓石如一天就写完了，字大径寸。可见，邓石如的确非常了得！一个是正部长级的高官，爱才惜才；一个是平民书法家，不愿意攀附权贵，要保持自己的布衣本色。邓石如进京后，相国刘墉、左都御使陆锡熊见到他的书作后大惊，都纷纷登门求见。俩人都称赞邓石如的书法：“千数百年来无此作矣。”邓石如的书法上承秦汉绝学，下开一代新风，使古老的篆隶书法，重新焕发出生机和活力，在京城引起了很大震动，备受推崇。邓石如进京，大概就像唐代怀素进入长安一样，由于王公将相的推崇，遂在社会上产生了很大影响。

清 邓石如隶书八言联

布衣本色

邓石如身材高大，长髯飘胸，性格耿介，不媚权贵，始终保持布衣本色。他得到户部尚书曹文植的帮助，来到京城，获得了很高的声誉。但是，当时人们都以内阁学士翁方纲为书法正宗，而翁方纲也能写篆隶。邓石如却不愿意攀附权贵，到了京城后就是不去登门拜访翁方纲。翁方纲心中自然忌恨，对邓书大加贬抑。邓石如知道之后，一笑置之，说：“不与较也。”曹文植将邓石如推荐给兵部尚书、两湖总督毕沅做幕友，并教他儿子读《说文字原》。当时吴中很多名士都在那里，个个衣着光鲜，唯独邓石如布衣棕笠，与人论道艺，常据理力争，丝毫不让。邓石如实在不能适应那个趋炎附势的官场，三年后辞归。毕沅挽留不得，叹息道：“山人吾幕府一服清凉散也，今行矣，甚为减色。”在座的贵客公卿听了无不惭愧动容。

【八公山人语】

邓石如是一介布衣平民，依靠自己的天才与勤奋，以及良师益友的帮助，崛起于清代中期书坛。他上承秦汉李斯之篆、蔡邕之隶绝学，下开嘉庆、道光碑学新风，成为承先启后的重要书家。他集篆隶之大成，又兼善行草，而且他的篆刻艺术在徽、浙两派的基础上，取法秦汉、宋元印章和六朝碑版，异军突起，别开生面，创立了流美多姿和静穆端庄的风貌。当时，虽然邓石如有京城高官的推举，也产生了很大影响，但是他出身贫贱，社会地位低下，学识修养也不如翁方纲、刘墉、梁同书、王文治等文人学者，还不被书坛大家承认。直到后来，清代包世臣、康有为等人在书坛上力倡碑学，尊碑抑帖，极力推崇邓石如；包世臣在《国朝书品》中，更将邓石如的篆、隶书法列入“神品”，这才奠定了他在书坛上的地位。

清　钱坫篆书七言联

梦中神授

钱坫早年并未学习篆书，直到他到京城看望堂叔钱大昕，钱大昕才教他临习李阳冰《城隍庙碑》。他日夜临摹，三个月过了还是写得不成样子。一天，他忽得怪病，医生诊脉却没病，但手脚冰冷，瞪着两眼，微有鼻息。就这样卧病七天，那天半夜他忽然跃起，濡墨作篆字，写了一幅《周易》中的乾卦象，写完又躺下睡了。早上，钱大昕来看他，见案上的篆书大惊，便叫醒他问病情。钱坫说，他并没有病，只是梦见一个唐代人打扮的老人，向他传授篆法，还亲自批改，整整七天七夜。钱坫最后写成乾卦象时，老人说："可矣。"钱坫指着案上的篆书说道：这就是我"追忆笔势，中夜作此幅"。钱大昕细问梦中老人的形象，方才知道就是唐代李阳冰。当时，能写篆书的翁方纲得知后，取来钱坫写的篆书一看，叹为神授。钱坫因此一举成名。

【八公山人语】

钱坫的堂叔钱大昕是乾隆时期的詹事府少詹事，还是18世纪中国最为渊博和专精的学术大师，他在生前就已是饮誉海内的著名学者，在经史学研究方面有极大成就，被誉为"一代儒宗"。钱坫早年并没有学过篆书，能够得他的亲炙，实为幸事。他假托自己的书法来之于神授，以增加自己书法的神秘色彩，这在中国书法史上不乏其人，东晋王献之就是如此。钱坫的篆书虽取法李阳冰，但又融入金文古朴苍厚的韵味，自出新意，因而称雄当朝，对清代篆书的崛起起到了推动作用。后来，邓石如登上书坛，篆书艺术才真正走向高潮，重新受到人们的重视。钱坫对自己的篆书非常自负，曾刻一小印曰"斯冰之后直至小生"。《国朝先正事略》中说他"工小篆，不在李阳冰、徐铉下，晚年右体偏枯，左手作篆尤精绝"。

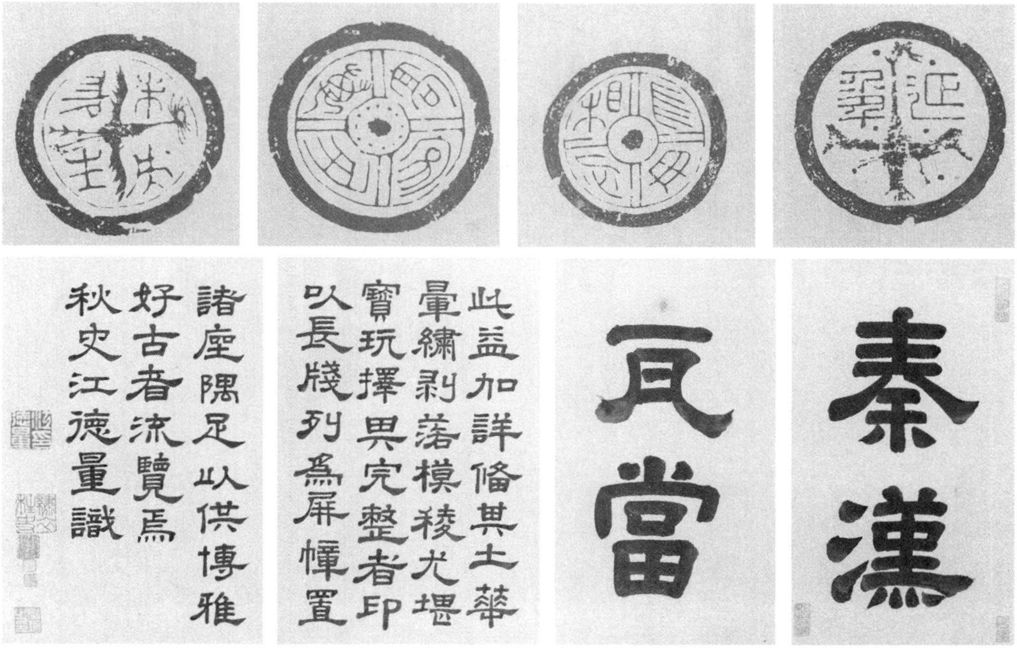

清　江德量制秦汉瓦当

刻碑成谶

古代殿试取中的前三名进士，分别俗称为状元、榜眼、探花，合称“三鼎甲”。清朝扬州府仪征县在雍正、乾隆、道光这三朝完成了“三鼎甲”齐全的壮举，考中者分别是状元陈倓、榜眼江德量、探花谢增。江德量精于小学，又善篆隶，嗜好古代碑帖、钱币。乾隆壬子年间，一天，他得到一块两三寸高的青田石，可能因他的父亲江恂去世不久，于是灵机一动，按照汉碑的形制，将它雕琢成一块精巧古雅的石碑，极为可爱，而且上刻：“君讳德量，字量殊，江都人，太守君之元子也。举进士，官御史。世精古文，金石竹素，靡不甄综。乃于乾隆五十七年霜月之灵，刊兹嘉石，以传亿载。”没想到，第二年他真的在京师病逝了，年仅 42 岁。知道的人都认为是“碑谶”的缘故。

【八公山人语】

我国先民向来有两种崇拜，即一是祖宗崇拜，二是文字崇拜。在古代先民看来，文字可以上达神明，当文字产生的时候“天雨粟，鬼夜哭”，惊天动地。所以，对文字要心怀敬虔，不可乱写乱刻。江德量在石碑刻写那段文字，很像是自己墓碑的铭文，这便成了“碑谶”。江德量官至监察御使，一生好金石，工刻印，擅书画，能诗词，在钱币方面造诣颇深，是清代最早著书的名泉家。他用毕生心血著成《钱谱》24 卷，《古泉志》30 卷，还有《广雅疏》等，但因他谢世过早而未能刊行。他的这些爱好都是因为受父亲江恂的影响，江恂以拔贡入仕途，曾在清泉、长沙、泾县、凤阳、徽州等地为官。江恂在金石、书法、鉴赏上都有很高的造诣，如今泾县清弋江畔马头古镇的一个临江突兀的石矶上，镌刻的“泾川锁钥”四个雄健的大字，即为他所书。

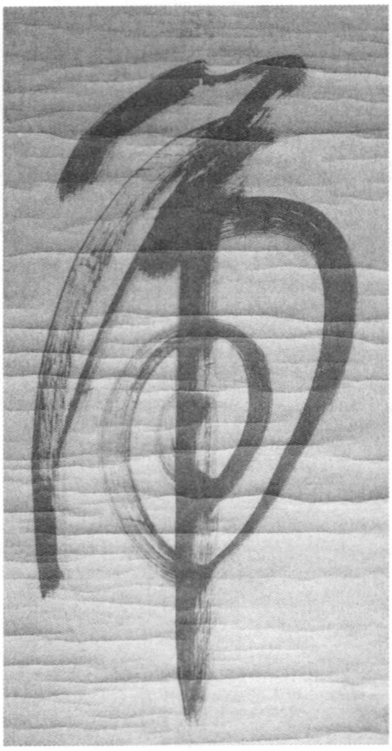

清 松筠榜书《虎》

捡漏合璧

清代乾隆、嘉庆年间，京城里有一位鉴赏家，名叫濮栩生，有收藏金石书画的癖好。有一天，他在一个旧物摊上的败纸堆中，搜寻到一幅只有一句下联的残联，上面写着“竹声爽到天”。联语写得笔致飞舞，一看就知是明代大书法家倪元璐的手笔，印章和题款字都与倪元璐的真迹无二。因为是残联，他便以很便宜的价钱买了下来。当时，与他交好的军机大臣松筠正在西城养病，于是濮栩生带上素缣，去求他补写上联。松筠欣然答应，大书“酒痕浓于雨”，并跋50多个字，跋语中详细交代了这幅残联的来龙去脉。松筠上联写得飞洒奇古，看起来与倪元璐的下联风格相似，不相伯仲。这副对联拿到荣宝斋装裱时，观者如堵。高丽贡使郑元容欲出重金2000两购买，濮栩生都不肯卖给他。

【八公山人语】

倪元璐是明代末年书法家，在明末官至户、礼两部尚书，最后在李自成破城时殉节而死。他的书法突破了明末柔媚的书风，创造了具有强烈个性的书法，尤其他的行草超逸苍浑，欹侧多变，于浓墨之中又间有渴枯之笔，风格独特。后人对他有“三奇”（笔奇、字奇、格奇）“三足”（势足、意足、韵足）之评价。他与王铎、傅山、黄道周、张瑞图并称“晚明五大家”，成为明末书风的代表。濮栩生于小市上购得倪元璐的残联，可谓“捡漏”，又能求得松筠相国补写上联，可谓“合璧”。可惜，这副对联今天已不可见。史料中称松筠是蒙古正蓝旗人，清代嘉庆年间官至兵部尚书、军机大臣。大概因为他是武将出身的缘故，所以喜欢写擘窠大字，尤其好书大字草书“虎”字，字势雄奇。

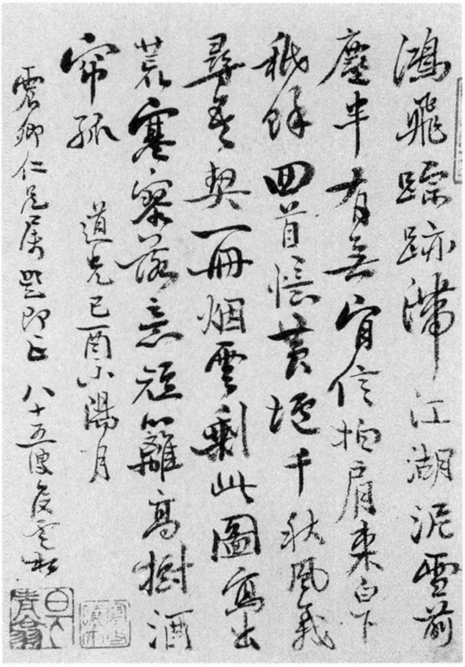

清 侯云松题跋

填词明志

清嘉庆时的举人侯云松，字青甫，善书画，每天家中求其书画者很多，户限为穿。他年事已高，每日应接不暇，许多亲友索要书画又不付笔润，侯云松无可奈何。于是，他写了《金缕曲》词二阙，张贴在家门上。其一曰：“对客频扮手，愿君收回绢素，那容分剖。书画辞章三绝技，此语最难消受。况八十龙钟衰朽，终日涂鸦不了，惯直从辰巳交申酉。问所得，几曾有？尤多亲友之亲友，贴签条某翁某老，不知谁某。积压纵横旋散失，寻觅几番搔首。愧爽约又将谁咎？要不食言原有术，或先将润笔从丰厚。问破钞，可能否？”其二曰：“润笔由来已久，古人一丝一缣，不嫌情厚。翰墨生涯论价值，不出板桥窠臼，于廉惠何伤之有？风雅钱仍风雅用，向荒园老屋添花柳……”

【八公山人语】

侯云松晚年家居鬻书、画自给。此词写得情真意切，又极为风趣，相信他所遭遇到的这种情况，对于当今许多书画名家来说定是感同身受。书画家的书画创作看似简单，实是一种经历过艰苦磨炼的创造性的劳动，理应得到尊重。而对于那些不尊重书画家劳动的无偿索取，就是要像侯云松这样大胆地公开说：“不！”许多书画家往往碍于情面，或是害怕被人说他爱财，对领导、熟人无偿索取的现象往往是忍气吞声。其实，还是侯云松说得明白，书画艺术是有价值的，书画家收取笔润，这跟他廉洁与否一点关系也没有，这是自古以来就有的行规，只是一些人假装不知道罢了。

清　张廷济篆书七言联

润格苛刻

张廷济于嘉庆三年考中解元，但以后的会考却屡试不中，遂回乡归隐，以藏书、书法和研究金石为娱。他草隶写得非常好，求书者络绎不绝。不过，他定的润格甚为苛刻：扇面和对联每件需银若干，如署款须称“大人”者必须另加银若干。有一位富有却很吝啬的友人，偶然拿一副对联请他书写，因没有付署款的钱，张廷济遂不书“大人”二字。一天，张廷济来到这位友人家中，忽然看见那位友人的仆人李元正侍候友人装烟，而他手里拿着一把非常精致的扇子。友人问仆人：“汝何时制此佳扇？是何人为汝书？”仆人答道：“是求张老爷书的。”友人拿过来观看，忽然对张廷济说：“君亦太自亵矣。何至贪银乃称奴辈为大人？”张廷济大惊，一看果然有“某某仁兄大人”字样。他这才明白自己是被这位朋友捉弄了。

【八公山人语】

书法家为人作书收取合理的笔润，无不可，但是如此苛刻的润格实属少有。书法家题款一定得弄清对方的身份，以及与自己的关系，恰当称谓。像张廷济这样认钱不认人，必然成为人们的笑柄。张廷济能写篆、隶，又精于行、楷。他的书法初学钟繇、王羲之，五十岁以后又学颜真卿、欧阳珣，更情倾米芾，为自己取号为“海岳庵门下弟子”。不过，他写得最好的并非是行书，而是草隶，为当时一流水平。隐居乡间的张廷济，精于金石考据，尤其擅长文物鉴赏，是一个大收藏家和鉴赏家。从商周到近代，凡金石书画之属，他无不搜集，收藏彝鼎、法书、名画很多。他的藏书名闻一时，还专门建了一座“清仪阁”，收藏那些图书、古器、金石书画。阮元在任浙江督学时，对他极为推崇，来往密切，定为金石之交。

清 高垲《滕王阁序》

置杯腕上

乾嘉年间，钱塘人高垲是一个职业书法家，号爽泉。早年他就放弃走科举考试的道路，而专心致力于学习书法。他非常刻苦，严冬时节，手指冻得僵硬，身上衣服又穿得很多，衣袖一层又一层，写起字来很不方便，但是他仍然坚持练字。夏天的夜晚十分炎热，蚊子很多，他找来两个瓮，装上水，将两只脚放在里面，这样既清凉又防蚊，使他能够专心习字。为了练习平稳悬腕悬肘写字的功夫，他将一只装满水的杯子放在执笔的手腕上，使自己的笔势不可欹侧，没过几天，他便驾轻就熟了。经过勤奋学习，他终于成为当时的书法篆刻名家。前来求字和拜访的客人常常坐满厅堂，他能够一边与客人说笑，一边挥毫作书，神闲意暇，下笔千言，众人都赞叹其神妙。

【八公山人语】

从高垲的传世作品《滕王阁序》来看，他的书法是得欧、褚神髓，特别是褚遂良的飘逸灵动，又参以赵孟頫的妩媚味道和虞世南的温润气息，写得点画精到谨严、一丝不苟，而且笔致灵动秀逸，方圆兼具。的确，如果没有他早年刻苦练习，哪来这等功夫？但是，书法仅靠手上的功夫精熟还是不够的，书家的才气和性情同样重要。高垲的书法不免受当年“欧底赵面”台阁书风的影响，缺少个性的张扬和自家面目。嘉庆年间，阮元任浙江巡抚时，曾请高垲校金石文字，并手写《薛氏钟鼎款识》并释文考证。一时间，大江南北名胜碑版多出自高垲之手。此外，他还精于篆刻，治印古秀苍劲，自成一家。

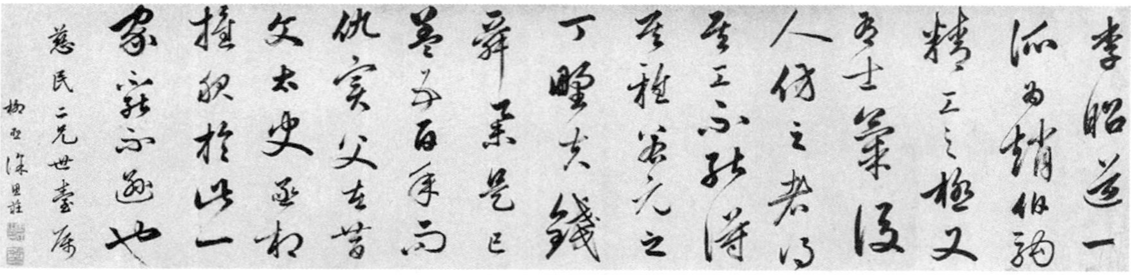

清　徐思庄行草横披

欧底赵面

清代道光年间，唐楷受到重视，学书者大多以欧阳询的楷书为基础，再学赵孟頫书法的柔媚秀丽，人称“欧底赵面”，风靡一时。当时，各地经常需要给京城写骈丽工整的贺信，因此地方官府一般都供养着十多个善写“欧底赵面”字的青年书法家。这些人个个都能写一手华实挺秀的字，看起来如出一人之手。每当要写长函时，大家分头抄写，一会工夫便可写就，合起来一点也看不出是众人所书。就是贺信的起草，也可以先打好红线字格，预留字数，方便大家分头抄写。其中写得好的人，哪怕是写给京城的奏折，也可直接写，纸下不用衬格子，而且立等可取。一时间，文人墨客争相摹习，“欧底赵面”遂风靡天下，而徐思庄就是此中顶尖高手。他馆选后便被留在京城，任翰林院国史馆纂修。

【八公山人语】

清代“馆阁体”盛行，于此可见一斑。这种馆阁书体原本是官府行文时采用的一种标准书法字体，它清晰、端正、漂亮，作为公文往来时使用也无可厚非。官府青睐的书风字体“馆阁体”也受到民间举子的效仿，即成为应试书体。所以，当时许多人都能写一笔这种书风的字。徐思庄能够不拘泥于“欧底赵面”一路，博采众长，特别是他入得国史馆后，与何子贞等名家交游，书法大进；加之又取法右军和米芾，独具匠心，运之以神，终自成一家，当时人称之为“徐派书法”。曾国藩对徐思庄的书法十分推崇，要求他的儿子曾纪泽专门学习徐派书法。徐思庄还曾做过咸丰皇帝的书法老师。一次，他回乡省亲，正逢咸丰皇帝派人下江南采购物资，特地嘱咐钦差，长途跋涉到龙南看望徐思庄。可见，皇帝对他恩宠有加。

清 何绍基行书四条屏

回腕执笔

晚清时的何绍基出身于书香门第，其父何凌汉曾任户部尚书，是知名的藏书家。他兄弟四人均习文善书，人称“何氏四杰”。何绍基是一位非常自负的书法家，胸有主见，决不步人后尘。他潜心揣摸古人执笔用笔的方法，最后给自己选择了一条回腕执笔的艰苦道路。这种执笔的方法也叫反手执笔法，就是腕肘提起，把手掌折转过来，指背朝左，虎口向上，用食指、中指、无名指、小指和大拇指相对夹管作书。可见，这完全是一种违反人的生理的错误的执笔方法。不过，何绍基并非不知道自己的错误，他曾说：“每一临写必回腕高悬，通身力到，方能成字；约不及半，汗浃衣襦矣。因思古人作字未必如此费力，直是腕力笔锋天生自然。我从一二千年后策驽骀以蹑骐骥，虽十驾为徒劳耳，然不能自已矣。”他这是明知不可为而为之。

【八公山人语】

中国书法艺术发展到了清代晚期，的确几乎是无以复加了，想攀登古代书法艺术的高峰是相当困难的。何绍基自负自信，性格傲岸，目空一切，他虽有点生不逢时之感，但因酷爱书法不能自已，于是不得不采取“反其道而行之”的方法。几千年来书法家们的执笔用笔都是顺应手腕生理和毛笔的特性，而何绍基趋难避易，偏要用腕力笔锋都不自然的回腕法。他的别出心裁、惊世骇俗之举，不出所料地带来了书写的艰苦和他人的攻击，却又出人意料地获得了正常执笔法所没有的奇丑奇拙的艺术效果。他硬是用回腕法和羊毫笔创造出具有生动趣味、奇崛超逸的独特风格。真是化腐朽为神奇！当然，这种回腕执笔是不足取法的，而何绍基不畏艰苦、刻意求新的精神却令人敬佩，值得学习。

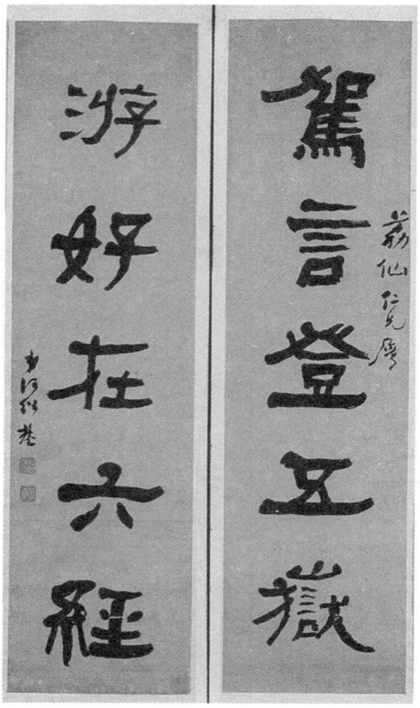

清　何绍基隶书五言联

喜书联语

何绍基好为人书。他罢官回乡以后，哪怕是农村妇孺登门求书，也来者不拒，而且不择纸笔。他为人作书喜写对联，且能根据不同对象，临池即兴联句，随吟随书，联出书成，新隽工切。某公嗜酒如命，力戒不能，他便写道：“爱书不厌如平壑，戒酒新严似筑堤。”既勉其学业，又帮助他戒酒。乡里有一位老监生是他的同学老友，晚年失明，前来索书，他便写道：“老来尚读华林略，暗里能摹有道碑。”既以南北朝时的祖珽嘲讽他失明，又以中郎赞誉他的勤奋。但是，何绍基平生瞧不起武夫，即使给重金也不写。一次，清军名将郭子美奉上千金请何绍基作书，何绍基不允，后来郭将军竟拔剑相威胁。他不得已才书一副对联给他，对联是：“古今双子美，前后两汾阳。”他是暗中借杜甫、郭子仪来嘲讽这位郭将军。

【八公山人语】

据记载，何绍基一生先后为人书联，数以千计，无一雷同。他任福建、贵州、广东乡试正副考官以及提督四川学政时，每当外出视察工作，都轻车简从，也从来都不废笔砚。对于沿途州县官吏及缙绅之求书者，他都是随到随遣；行馆侍者或不愿得赏金而愿得书者，他也笑而予之书。有时，他酒酣兴至，一天可写百余联，而且无懈笔、无倦容。可见，他才思如此敏捷，在中国书法史上实属罕见。任何艺术都依赖于审美对象（接受主体）而存在，在出版印刷技术还很不发达的古代，艺术爱好者和欣赏者更是最重要的传播媒介。何绍基好为人书，无论贵贱，这无疑也扩大了他的声名和影响，赢得了民众的喜爱；而且，这对于那些自诩高妙，将自己的书法视为不传之宝而拒人以千里之外的书法家，也是一剂良药。

清　杨翰行书七言联

不博一饱

杨翰，别号息柯居士，20岁举秀才，30岁中举，不久考中进士，入翰林院，做编修。刘墉曾称其有三绝：题跋、诗、书。在他任湖南永州知府时，有一天，罢官回乡的何绍基从邻近的道州出发，前去拜访这位老友。在距离永州城还有几里路时，何绍基忽然觉得饥饿疲惫。于是他停下来，便在路边村店里歇息吃饭，而让随从带着资装先进城。等他吃完饭，店主要他结账付款时，他摸遍全身，这才发现自己身无分文。何绍基无以应对，只好跟店主说自己愿意为他写一幅字，以抵饭钱。哪知店主根本不知道何绍基的大名，不答应。万般无奈，何绍基只得把自己的外衣脱了交给店主作抵押，这才得以脱身。到了杨府，杨翰见何绍基的狼狈样，问明之后大笑道："何先生的书法有时也不博一饱啊！"

【八公山人语】

杨翰与何绍基交情深厚，而且刻意模仿何绍基的书法，我们从他流传至今的书迹可见，他的书法的确与何绍基神似。何绍基是湖南道州人，道州与永州相邻，可是店主没有什么文化，自然也没有听过何绍基大名。对书法艺术一无所知的乡村店主看来，一幅毛笔字怎么能抵得上他吃的一顿饭钱。所以，何绍基提出要为店主写一幅书法作品，这无疑是对牛弹琴。何绍基的尴尬遭遇说明，书法作品的艺术价值和商品价值，永远是与作者的名声（名气），以及收藏者或买家的审美鉴赏能力密切相关；甚至从某种程度上说，它是书法家与审美欣赏者共同创造的结果。所以说，同样一件书法作品会因为审美主体审美观念、审美能力的巨大差异而产生不同的审美结果和价值判断。

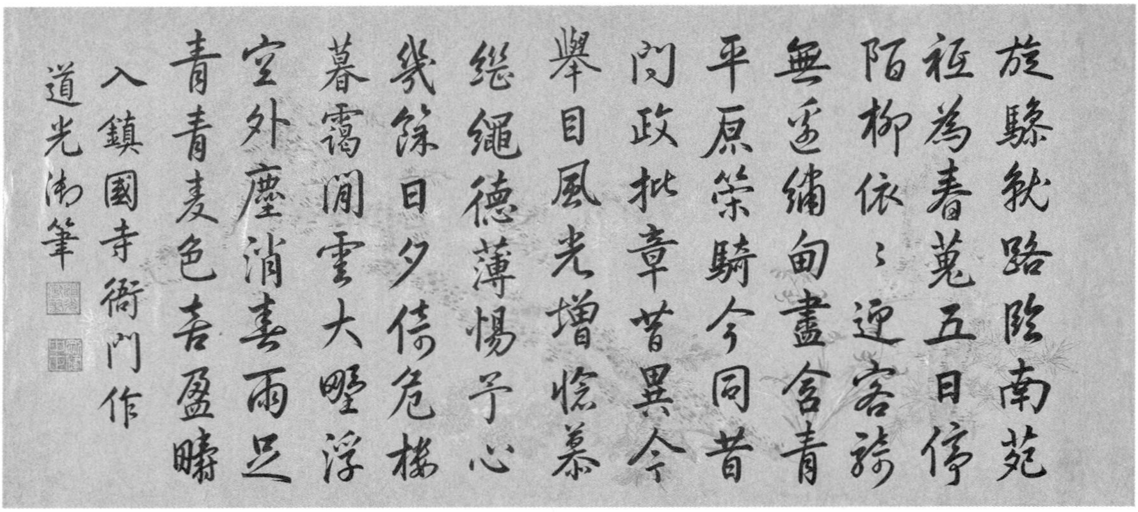

清　道光皇帝　《入镇国寺》

节俭务实

道光皇帝是清代唯一一位以嫡长子身份即位的皇帝。登基后，他励精图治，节俭务实，振衰除弊，对抗海外列强。他刚刚继位时，内府按照惯例给他准备了40方砚台，砚背上刻着“道光御用”四字。一天，他看了这些上等的砚台后，认为平常写字哪里用得了40方砚台，责备内府预备的砚台过多了，闲置可惜，于是将它分赐给各位大臣。至于御用的笔，内府原来也是选择最硬的紫毫特制而成，并在笔管上刻上“天章云汉”四字，价格昂贵。这种紫毫笔并不耐用，笔毫容易折断。道光看了后认为它不合用，命人找来民间老百姓常用的毛笔试试。结果，他选择了羊毫和兼毫两种笔，命人模仿制作，再在笔管上刻字，并且要求命名不要加虚饰，刻上“纯羊毫”或“兼毫”即可。

【八公山人语】

如此节俭务实的皇帝实不多见。道光皇帝对于文房四宝并不讲究，但却讲究字的结构法度，主张厘定字体，要求字的点画不能有谬讹。他自己也身体力行，行书清俊沉劲，写得有板有眼。一时承旨，全国闻风而动，竞讲字形结构。在这样的风气下，唐代法度森严的欧楷盛行，虞、褚、颜等家也受到人们的青睐。从道光的墨迹中，我们可以明显地看到唐楷的影响。与此同时，北碑的造像、摩崖、墓志等碑版也被陆续介绍出来，顿豁陈目，引人入胜。可见，清代道光年间，在中国书法史上实是一个唐碑与北碑并重、相互交融的重要时期。羊毫笔廉价耐用，在清代道光以后大行天下，这与道光皇帝的推举和使用也有很大关系。当然，羊毫笔柔软而难以掌握，需要书家有良好的功力。不过，正是“唯其柔软而奇怪生焉”。

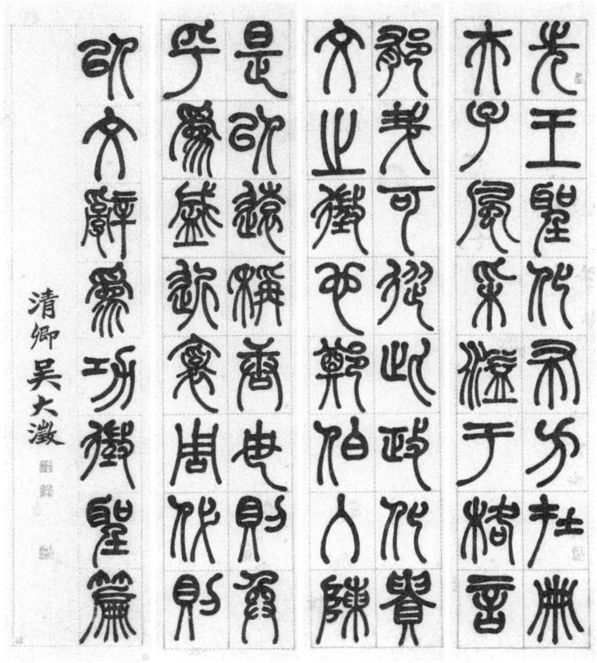

清　吴大澂篆书四条屏

古篆作札

吴大澂，字清卿，清代同治七年考取进士，光绪时官至广东、湖南巡抚。他精于篆书，早期学秦代小篆刻石，书法酷似李阳冰，后来又受到清代书法家杨沂孙的启示，将小篆与金文相结合，并且用这种古篆书写《论语》《孝经》。甚至，平常写给人的信札，他也用古篆书写。他的同乡潘祖荫得到他的信札最多，不到半年就有四大册。有一天，吴大澂来到潘祖荫府上，刚坐下，潘祖荫就调侃说："老弟以后写信还是写草书吧，半年来我付的裱费开支巨大。"过了几天，潘祖荫却又写信给吴大澂说："老弟古文大篆精妙无比，俯首下拜，必传，必传，吾不能也。"后来，吴大澂任湖广巡抚时，有时判事的公文也写大篆，手下的小吏不认识，往往拿回来向他请教，他却不厌其烦地口讲指画，逐一讲解清楚。

【八公山人语】

吴大澂是清代官员、学者、金石学家、书画家，善画山水、花卉，书法精于篆书。他的大篆写得大小参差、渊雅朴茂，实得之于西周晚期的《散氏盘》。据说，他曾临过《散氏盘》一百通。《散氏盘》铭文有三百多字，以三天临一通算，临百通也要历时一年左右，可见他所下功夫之深。但是，当年也有人批评他的篆书如排算子，下笔并无古意。潘祖荫是光绪时的工部尚书，也是一位书法家和藏书家。他在给友人的信中对吴大澂大加赞赏："清卿大篆之工，国朝二百年无及之者，可传无疑。至篆隶一道，前明已绝，至不足道……清卿造诣至此，真奇才也。"不过，古文大篆就是汉代人也已不能认识，更何况清代府衙中那些文化程度不高的小吏。吴大澂批复的公务文书都以大篆书写，那真是难为那些向他请示的小吏了。可见，吴大澂也是过于迂腐。

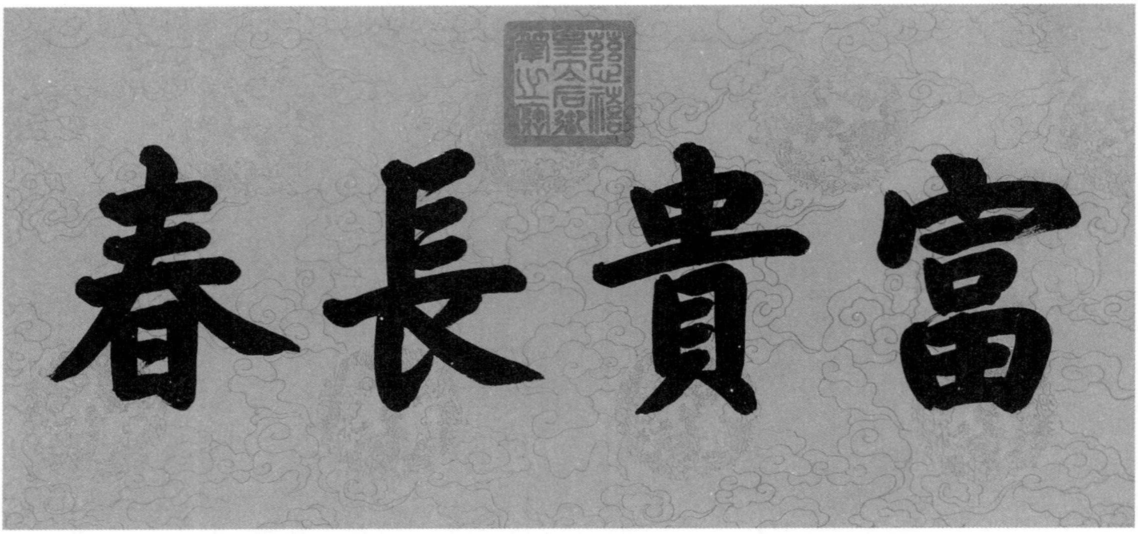

清　慈禧太后榜书

慈禧学书

慈禧太后原本是咸丰皇帝的妃嫔、同治皇帝的生母。光绪中叶慈禧垂帘听政以后，她忽然喜欢上了书画，学画花卉，又学写擘窠大字。慈禧在书画上是半路出家，没有多少书法和绘画基本功夫，但是她天资聪颖，经过一段时间练习摸索，进步很大。她经常写“福”“寿”等大字，赏赐给她喜欢的内外大臣。于是，许多大臣亲信开始向她求书。有一天，慈禧忽然想找一两个可以代笔的女子，下诏各省寻访，选拔女书画家入宫，教授和陪伴她学习书画。在缪嘉蕙等女书画家入宫以后，因为有人指点，慈禧书画水平日进。只是慈禧作书绘画有一个习惯，每每一落笔便叫道：“坏了，坏了。”这时，一旁伺候的众太监就会喊：“好！好！”于是，慈禧就高兴起来，这才完成全幅作品。否则，她就会将字画撕碎。

【八公山人语】

慈禧的书法基本还是属于习字水平，而且她不喜欢写小字，而爱书大字，因为大字有气势，可以掩拙。从她留下的墨迹来看，虽然带有初学者的稚嫩，但是在凝重中不乏端朴的味道。在她留下的墨迹中也有写得较好的，不过那往往是她召入宫中的女书画家代笔所书。据记载，缪嘉蕙随丈夫宦蜀，后来夫死子幼，她回到云南家乡，以弹琴、卖画为生。她长于花鸟画，秀逸清雅，小楷也写得很有法度，妍媚漂亮。慈禧下诏书在全国寻访善于书画的女子，四川督抚派人将她送到京师。慈禧亲自对她面试，大为喜欢，就将她安排在身边，朝夕不离，并且免其行跪拜之礼，赏三品服色，月俸二百金，遂为福昌殿供奉。从此以后，慈禧太后赏赐给大臣花卉扇轴等物，都出自缪嘉蕙手笔。

清　杨守敬题匾

月夜拓碑

清同治三年，杨守敬 23 岁中举，从次年起曾先后 7 次参加京城会试，直到 48 岁也未能考中进士。不过，他一生酷爱金石碑版，每次入京赴考期间，都乘机遍游京师书肆，节衣缩食地收购碑刻拓本，然后研究评论。他第二次入京会试落榜，流落京城靠教书糊口。每天散学后，他便走到琉璃厂法帖店，物色碑版文字，等到晚归时街上已寂无行人；他回到馆舍时已是深夜，旁观者都笑他是呆子。第四次赴京会试落第后，当时他在京城搜求汉魏六朝金石文字已略备，就差后魏卢无忌《修太公庙碑》。正巧返乡时车过姜太公故里汲县，他忽然看到路边有座太公庙，庙前树有石碑。等车到站后，已是月夜，他马上携带毡墨，独自走回太公庙去拓碑，等他回到旅店时，同行的人都已鼾睡。次日大家知道，都笑话他。

【八公山人语】

“嗟呼，燕雀安知鸿鹄之志哉？”非常之人方能成非常之事！杨守敬虽屡试不第，但是他胸怀大志，在困厄颠沛中，倾心研究金石碑版和《水经注》，不仅写出皇皇巨著《水经注疏》，而且于金石学也是一代大师。他曾随使团到日本，仅四年就成为“日本现代书道之父”，旋风般地影响日本书坛，当时日本的书法名家都纷纷投奔他门下学习书艺。而且，他在日本倾其所有，搜集购买散佚到日本唐宋元明时的古籍碑帖，多达数十万册，全部运回祖国。他的书法兼碑融帖，熔汉铸唐，各体皆善，正如陈上岷评价的那样：“既有金石碑碣的苍劲，如刀劈斧削，又有法帖的秀逸，颇有英姿而无媚骨。”从他的这幅榜书《怀烟》来看，的确有碑书的风骨。

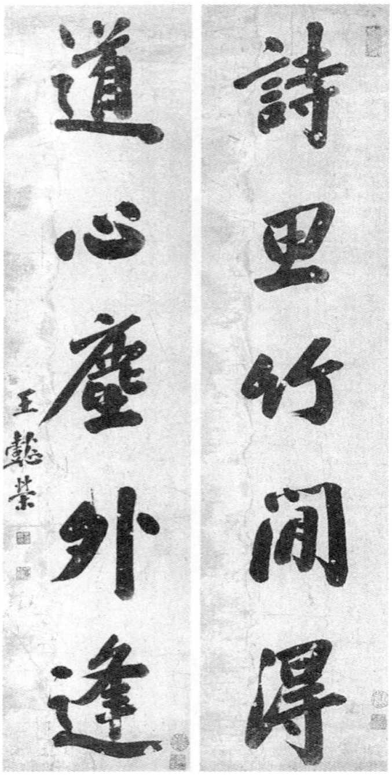

清 王懿荣行书五言联

惊天发现

清末国子监祭酒王懿荣得了疟疾，京城一位老中医给他开了一剂药方，家人去中药店取药后，煎好了汤药。这时，王懿荣被药方中一味叫“龙骨”的药材所吸引，想看个究竟，可惜药渣已被家人倒掉了。没过几天，古董商人范维卿来访，正好带来了数片有刻画的龙骨给他。王懿荣发现那些龙骨实是龟甲牛骨，上面有许多刻画的道痕。经过几天的左右端详、苦思冥想和遍翻各种史料典籍后，他终于明白了这就是上古时代华夏先民祭神时占卜用的龟板，上面刻画的符号就是上古文字。他马上吩咐家人到北京各个大药房，专拣带字的龙骨买下，开始收集研究上面刻画的文字，并一一辨认出来。那天，王懿荣特邀京师著名的学界名流，到他府上，向他们发布了他的惊人发现——中国3000多年前的甲骨文字。

【八公山人语】

甲骨文是殷商时代人们用铜刀或玉刀刻画在龟甲或兽骨上的文字符号，它是用来记载商代王室遇事占卜的结果，通常都被涂上颜色，红色表示吉利，黑色表示凶险。甲骨文的书体结构，早期象形文字居多，晚期形声字增加；笔画任意增减，偏旁也不固定兼有合文；结字多作相向型，追求笔画肥瘦相间，形体、布局美妙协调。甲骨文以它比彩陶纹饰更为纯净、自由、多样的线的曲直运动和空间构造，表现出种种形体姿态、情感意兴、气势力量，终于形成了中国特有的线的艺术——书法和最早的书体。王懿荣是皇家大学国子监的最高长官，学识渊博，对金石、版本、书画都有很深的造诣。他酷爱文物，为搜求散失在民间的古物几乎花尽了俸禄。由于他在1899年首先发现甲骨刻辞，并断为古代文字，因此成为我国第一代甲骨学家。

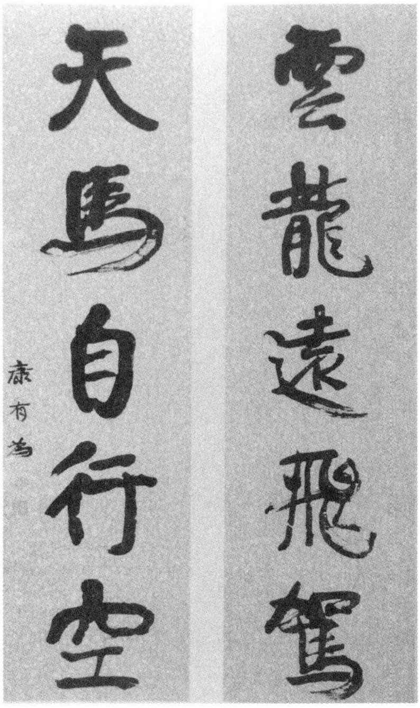

清 康有为行书五言联

吾手有鬼

康有为11岁时闲暇便练习书法，初临王羲之《乐毅论》及欧阳询、赵孟頫的书法，因为家中没有好的拓本，所以练了很长时间也长进不大。后来，他跟同乡朱九江学书法，才开始学会正确执笔、运笔；又读了包世臣《艺舟双楫》懂得了临碑的方法；又受内阁中书张裕钊的影响，学会了如何下笔用墨。他学习书法非常勤奋，白天用手指与手腕做各种提、按、起笔和收锋的姿势，夜晚还用手指在被褥上画，几个月后书法变得自然起来。康有为居京师后，喜欢逛琉璃厂，购买了大量的碑版拓本，尽见秦汉以来南北朝各种碑刻，以及唐宋碑帖。他细心品赏，幡然醒悟，明白了帖学的缺点，于是极力推崇碑学。他的笔下开始远离俗气。不过，他对自己的书法曾经有过这样的评价："吾眼有神，吾手有鬼，终未能跻古作者之堂也。"康有为明白自己是眼高手低啊！

【八公山人语】

康有为尊碑抑帖，力倡碑学，对碑学复兴贡献极大，影响了中国书坛近百年。他收藏和见识丰富，学养极深，交游极广，使他对书法艺术的认识远甚于常人，比同时代很多书法家也高出许多。因此，他常作惊人之语，可谓"大言欺俗"，当别人都是傻瓜。有人说，他在《广艺舟双楫》中所列的那些碑，其中有许多他自己根本就没有临写过，不过是用来吓唬人罢了。这里康有为倒是说了真话。眼高手低是许多学者书法家通病，康有为也难免自叹自己笔不从心。他的书法有时因腕力不强，作字如秋蛇行地，好像有鬼在拖着他的手腕似的，往往是夭娇的姿态有余，而飞腾的意味不够。因此，他的"康体"也被白蕉讽讥为"烂草绳"。符铸评其书法"肆而不蓄，矜而益张，不如其言之善也。"

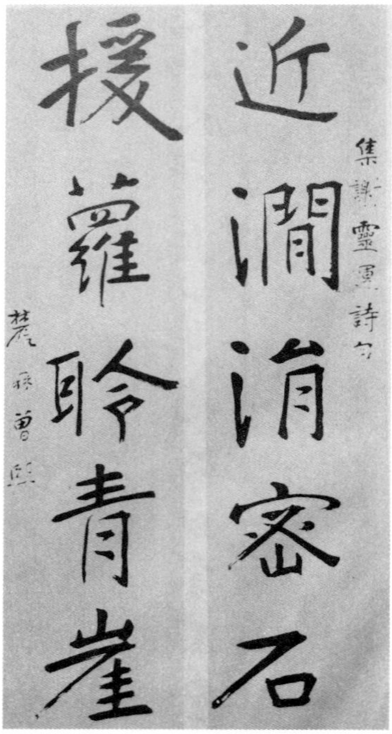

清 曾熙行书五言联

劝友鬻书

晚清民初的书画大家曾熙，因为晚年留了一脸的大胡子，故自号农髯。曾熙在前清朝做官时，与大臣李瑞清同好书法，李自称“北宗”，曾则号称“南宗”，俩人过从甚密，经常论书。辛亥革命以后，李瑞清以前清遗老自居，在上海鬻字为生。一天，李瑞清在杭州西湖碰见流落到那里的曾熙，便对他说：你“今老且穷，还称儒生，高言孔孟之道，此饿死相也”！马上劝他也到上海以鬻字为生，他说：“鬻书虽末业，内无饥寒之患，外无劫夺之忧，无捐金之事，操三寸之觚，有十倍之息，所谓不赍贷之子钱，以劳易食者也。”曾熙听后说：“写字生意皆被你做去，我尚何足卖？”李瑞清说：“天下生意天下做，我何能尽？”曾熙哈哈大笑道：“敢不如子言。”于是，他也就留在上海，靠鬻书写字为生。

【八公山人语】

曾熙与李瑞清年轻时即为好友，后来又同在清朝为官，现在又都成了前清遗老。在巢倾卵覆之下，他俩虽流落江湖，但凭书法一艺和名气，可于上海立足，并且仍然取得很高成就，世人并称为“曾李”。张大千在上海时，也曾是他二人的门徒。患难之时，他俩寓居上海，能够互相扶持。有人请曾熙写字时，他却向来人极力推荐李瑞清，说李瑞清写得比他好，去请他来写。李瑞清对曾熙也大加推崇，把他比作是汉代的大书法家蔡邕。他说：“农髯先生今之蔡中郎也。中郎为书学祖，髯既能蔡学，复下极钟王以尽其妙，所临夏承碑，左右倚伏，阴阖阳开，奇姿谲诞，穹隆恢廓，即使中郎操觚，未必胜之。魏晋以来，能传中郎之绝学，惟髯一人。”曹丕说：“文人相轻自古而然。”但是曾李二人的高风亮节着实令人敬佩！

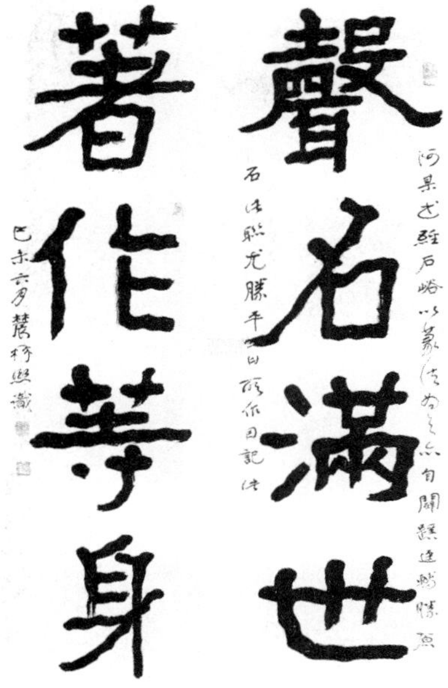

清 李瑞清四言联

朝颜暮褚

李瑞清出身于书香门第，从小喜爱书法特别是大篆。但他性情痴绝，二十多岁还像个孩子，独与曾熙交好。他俩入京参加会试，中贡士，因李瑞清不善于写应试书体而留在京城习书，准备参加殿试。每天早晨起床后，曾熙就叫他练习书法。然而写不到三行，他就会伸懒腰、打哈欠、要睡觉。如果强迫他练习，他就会光着脚上床，像孩子般跳舞。他临习书法朝颜而暮褚，或左欧或右虞，一卷还未写完，便作起画来，或者用浓墨写几个大篆字。一天，他的仆人小冯曾抱着李瑞清写的字，长跪问道："先生何为'百衲体'？以大篆书'臣闻臣对'，而以汉魏六朝唐宋各家体书其余，当得状元。"在座的人听了无不大笑。为了应试，后来他转学钱南园书法，但写出来的字如饿鹰饥犬，狼藉满纸，友人戏称为"螃蟹书"。

【八公山人语】

这位很不安分、又不专一的李瑞清，在后来参加科考的时候，他写的"螃蟹书"却不知怎的，对上了考官的胃口，加之策论写得又好，遂被置于二甲前。李瑞清别号清道人，从小学习训诂学，钻研文字学，看到那些古代的青铜器后，立刻喜欢上它的瑰玮。于是，他就开始临习先秦大篆，长大后又习汉魏碑版，以及唐宋各家书法。有一次，他到黄山看到云雾变幻，忽然有所领悟。他的突出之处就在于虽以北碑名家，实则是以篆籀笔法行于北碑，开启了一个前所未有的艺术境界，揭开了中国现代书法史的序幕，成为清末民初"金石书派"的一代宗师。吕凤子、胡小石、张大千、李健等都是他门下的高足，后来成为民国时期重要的书法家。李瑞清一派的书法可谓薪火相传、百年不衰。不过，他行笔时故作颤抖，是个坏习气。

清　赵之谦隶书四言联

徽商书家

汪涛，皖南休宁县人，是做大米生意的商人，但是酷爱书法，真、草、隶、篆各种书体，以及“二王”、欧虞颜柳、苏黄米蔡各家书法他都无所不精，而且无论写哪一家他都能模仿得很像，决不会掺杂别家别派的笔法。他可以写径丈的大字，又能写方寸千言的小字。时人称赞说：“铁笔之妙，包罗百家，前无古人。”早年，有一天他到楚中贩大米，完事后闲逛来到一座寺院内，只见十来个衣冠楚楚的人在佛殿前，用沙子在地上聚拢成三个径丈的大字“岳阳楼”。汪涛看了后笑道：“可以墨来写成，何苦搞成这样没有笔法的东西。”众人一听大惊。有人告诉了郡守，郡守便请汪涛到公署里来，并煮好了一缸墨。汪涛来到后，用碎布裹成大笔，醮墨书写在大匾之上，顷刻写成。郡守看了叹赏了很久，要求他在后面落款。汪涛即署“海阳汪涛书”。

【八公山人语】

汪涛名不见经传，是一个地地道道的徽商。可是，他秉承了徽商重儒尚文的传统，书法如此之好令人惊叹。明清时期，徽商中爱好书画的人大有人在，在经商之暇，只要有时间他们便挥毫泼墨，寄情书画。据记载，如休宁的汪志德，绩溪的章策、倪穆、方辅、汪已山等徽商都能书会画。这大概是徽商与晋商、浙商、粤商的不同之处吧！徽商雅好书画，一方面与“贾而好儒”的独特的徽商文化有很大关系，徽商骨子里向往的还是“学而优则仕”；另一方面，明清时期书画收藏风气日盛，徽商们从书画收藏中看到了无限的商机，并且获得了丰厚的利润，这也大大刺激了徽商对书画的爱好，并且研究书画。当然，经商所积累的资本，也为徽商书画收藏和挥毫泼墨，提供了财力支持；而书画为媒，也使得徽商在经营中如虎添翼。

清 俞樾隶书四条屏

非篆即隶

清代名医辈出，而且常各有癖好。傅山爱花、叶天士爱斗蟋蟀，而苏州名医江艮庭则爱写篆隶，当时人称他为“江篆隶”。因为他写字非篆即隶，从不写当下社会通行的楷书。有一天，他写了一张药方，叫仆人去买药，因药方都是篆字，药房人不认识；仆人回来说明后，他又用隶书重新写过，那人仍然不识。江艮庭气愤地说：“隶书本来就是用于徒隶，你们连徒隶也不如啊！”晚清时的大儒俞樾，也有江艮庭之风，平常写给人的书信全是用隶书来写。一天，李筱泉中丞赠给俞樾一支笔，并附信说：“长头羊毫，昔姚伯昂先生最善用之，弟苦不能用。管城子叹失久矣。公精篆隶，必能任意挥洒，为此子一吐其气也。”哪知，俞樾却并不领情，认为他送错了人，回信道：“承惠笔极佳，然佳毫入拙手，仍未得所。公之位置此子，似小失之矣。”

【八公山人语】

魏晋以后，楷书取代篆隶，成为社会上通行的字体，汉字书体的发展从此定型。一千多年来，再也没有出现过新的通行书体。江艮庭将社会上早已不能辨识的篆字，运用于日常事务中，自然会遇到麻烦。特别是他还是医生，经常要开药方治病救人，万一药房的人认错了字，抓错了药，岂不是要害人性命：清代中期以后，在阮元、包世臣、康有为的倡导下，碑学大兴，秦篆、汉隶、魏碑一统天下。不过，那只是在书坛上，社会上人们日常书写还是楷书和行书，而俞樾全用隶书也是另类。俞樾在书法上轻技重神，不囿时风，不讲究书写工具，故以“拙手”自谦。其隶书虽貌似阮元，实则崇古尚朴。此外，他还是考据学大师、学术领袖，又是历任乾隆、嘉庆、道光三朝的重臣，地位显著；还于书院执教30多年，所以在当时有很大影响。

民国　蒋兆和《流民图》

第九章　民国

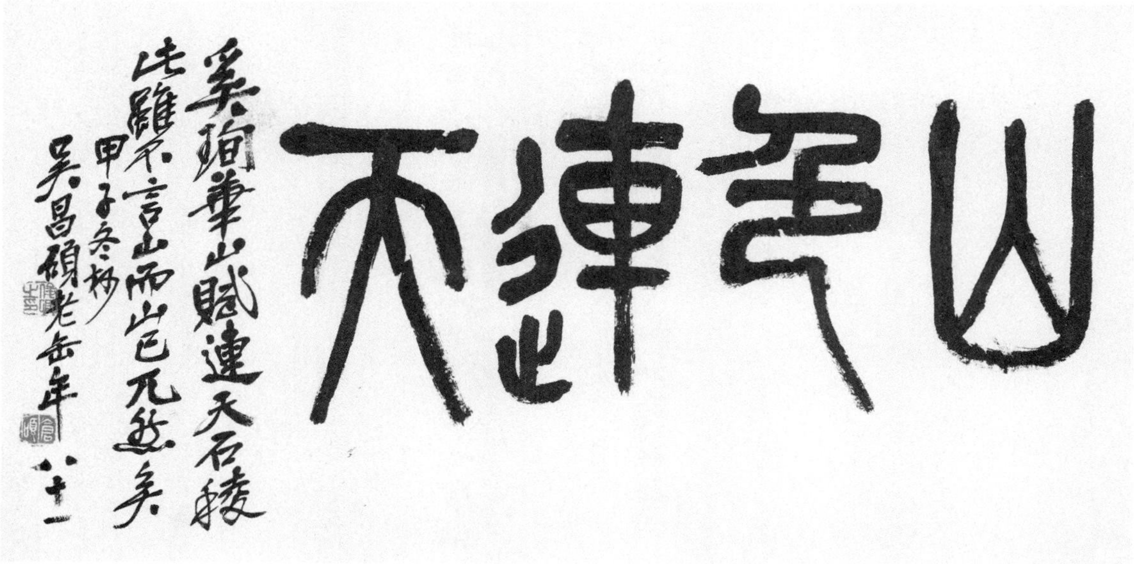

民国　吴昌硕篆书横披

误成佛像

日本雕塑家朝仓文夫酷爱吴昌硕的书画金石，特为他塑造了一尊半身铜质胸像，并亲自送到杭州。吴昌硕观看后，赞叹不已，并在铜像之后题字道：“非昌黎诗，咏木居士；非裴岑碑，呼石人子；铸吾以金，而吾非范蠡，敢问彼都之贤士大夫，用心何以。”之后，塑像被置于西泠印社的小龙泓洞内。一天夜晚，皓月当空，沿湖的亭台楼阁一片幽静。晚饭后，吴昌硕与弟子王个簃出门散步。突然，只听吴昌硕一声惊呼：“哎哟，我头好疼。”王个簃不觉一怔，正想发问，却见他手指前方。王个簃朝所指方向一看，只见幽暗的小龙泓洞里亮着数支蜡烛，微弱的烛光映出一位正在合掌跪拜的老妇身影。原来，这位老妇错把吴昌硕的胸像当成佛像了。吴昌硕皱眉道：“见此情景，我怎能不头痛呢？”

【八公山人语】

吴俊卿，字昌硕，集诗、书、画、印四绝于一身，大器晚成。1912 年，吴昌硕已年逾古稀，身穿不新不旧的黄冠道袍、头挽小髻来到上海，第二年重阳，便被推为西泠印社首任社长，达到了人艺俱老的巅峰。他一生的成就主要是绘画，而他书法则是取法《石鼓文》，并突破《石鼓文》结字体式，变得上下左右参差不齐，用笔率意遒劲。但是也有人说吴昌硕是用画梅法写大篆，纵挺横张，村气满纸，缺乏含蓄淳厚的古意。其说不无道理。吴昌硕在日本书法界有很大影响，日本近代书道之父日下部鸣鹤，日本著名汉学家、西泠印社早期社员长尾甲，日本雕刻家朝仓文夫等人曾与吴昌硕来往密切，对他推崇备至。吴昌硕在日本被称为印圣，与书圣王羲之、画圣吴道子、草圣张芝齐名。

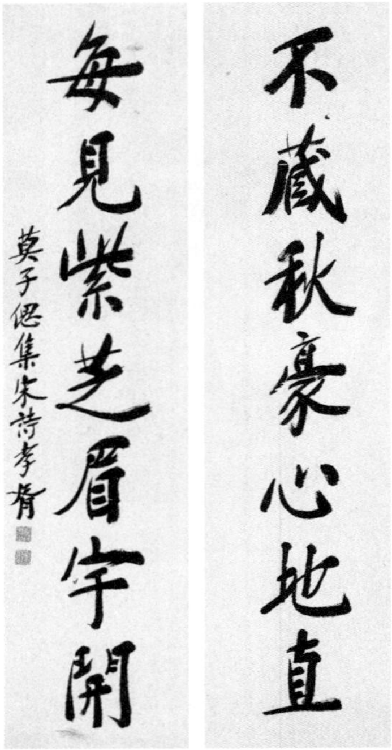

民国　郑孝胥行书七言联

付之一炬

清光绪八年，郑孝胥考中举人，曾历任广西边防大臣、安徽广东按察使、湖南布政使等。辛亥革命后，他寓居上海，以前清遗老自居，取苏东坡“万人如海一身藏”诗意，自号“海藏”，1911 年他的寓所也题名为“海藏楼”。因为他曾是前清改革派政治家，又是书法家和诗人，是诗坛“同光体”倡导者之一，所以当时名气很大。在上海，他以鬻字为生，尽管字价很高，但求字者仍络绎不绝。他为交通银行题写“交通银行”四个字，润笔费为 4000 两银子。1915 年刊印的初版《词源》两个字，他即收润笔费 500 两白银。为商务印书馆题写馆名，每个字要 200 两。尽管已经写了，可是由于商务印书馆要求其题款时应注明于“民国某某年”，这下激怒了这位大清遗臣，他当场将墨宝付之一炬，一万两白银就这样付诸东流，可他毫不在乎。

【八公山人语】

郑孝胥的书法早年学颜真卿和苏轼，后来，与晚清许多文人士大夫一样，也崇尚碑学，特别喜欢《石门颂》，并参以张裕钊之法，形成一种清刚、遒劲、凝练的风格。他用笔荒率，风骨凌厉、瘦硬洒脱、卓尔不群，透露出他骨子里的执着和率性。民国初期，他与于右任并称为“北于南郑”，而且他比于右任大 27 岁，属于前辈，名气远在于右任之上。当时，曹聚仁、徐志摩、林语堂等社会名流，都曾是他的门生。1926 年，他路过青岛时，在聚福楼大宴同僚。郑孝胥心血来潮，提笔为聚福楼写出一副名联：“驱车试过即墨路，觅醉须登聚福楼。”写毕，满座惊叹不已，在青岛港一时引起轰动。店主更是将其对联奉为至宝，高悬店中，风光一时。聚福楼从此声名远扬，一跃成为青岛港中的中餐老大。

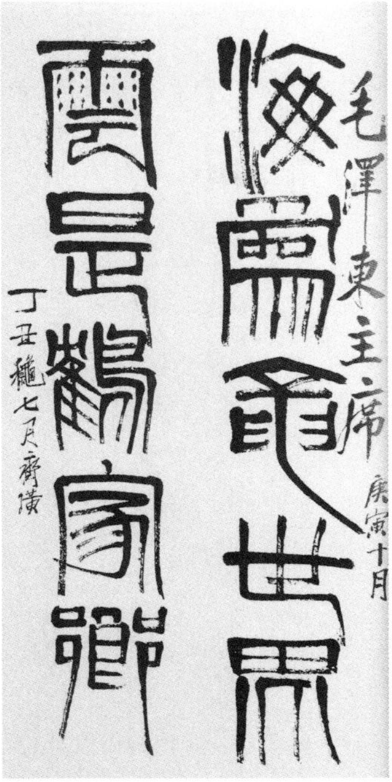

民国 齐白石篆书五言联

旧作新解

1937 年 7 月，齐白石曾书写篆书对联一副：“海为龙世界，云是鹤家乡。”写得“老辣纵横、力能扛鼎”，堪称他篆书的代表作品。他对此作很满意，一直收藏在身边。直到新中国成立，恰逢毛泽东主席 60 寿庆，齐白石便将这幅作品补上款识，配以《苍鹰图》作为贺礼，赠给毛泽东。过了几天，收藏家张伯驹来访。齐白石高兴地谈起此事，张伯驹听了说：“您写错了一个字。”原来此联出自清代邓石如，下联原句为“天是鹤家乡”。齐白石一听就紧张起来，送给主席的寿礼竟然写错字，非但不恭，还要贻笑大方！张伯驹忙安慰他说：“您这个‘云’字改得比邓石如的‘天’字好。他上联的‘海’字，恰与您的‘云’字相对。我们不必拘于成格，改动古人成句自古有之，毛主席也许会称赞您改得好呢！”经这么一说，齐白石心情才平静下来。

【八公山人语】

书法家书写时因笔误而写错字，这如同画家作画时误落墨点一样，是常有的事。关键是能否“救”得过来。“云”与“天”均是名词，同是平声字，文理上也说得通，所以张伯驹才说齐白石“改”得好。蒋介石 60 寿庆时，齐白石也曾以《松鹰图》及篆书对联“人生长寿，天下太平”相赠。那副篆书对联浑厚自然、端庄大气，且文意极佳，也是他书法的精品佳作。齐白石书、画、印三绝，他的书法早年学何绍基，后来又取法金农、李邕、米芾、黄庭坚和王铎，自成一家，风神凛然，破空横行，一派名士气象。他的篆书看似破败荒率，粗服乱发，但表现出的都是白石老人的真自我、真性情。这大概就是清代刘熙载所说的“名家贵精，大家贵真”吧！不过，当你还不是一个大家的时候，还是先扎扎实实、精益求精吧！

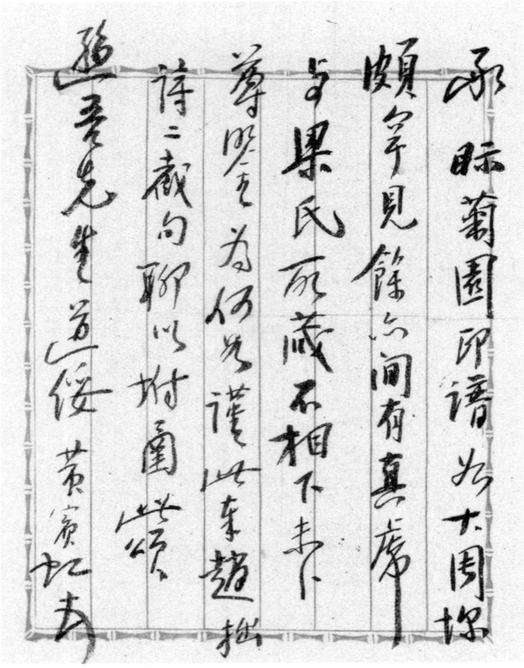

民国 黄宾虹书札

君学民学

民国时期，黄宾虹在上海担任刊物编辑，曾先后执教于新华艺术专科学校、上海艺术专科学校，并任暨南大学中国画研究会导师。他论书法曾提出“君学”与“民学”之说，十分精辟，发人深省：“君学重在外表，在于迎合人。民学重在精神，在于发挥自己。所以君学的美术，只讲外表整齐好看，民学则在骨子里求精神的美，含而不露，才有深长的意味。就字来说，大篆外表不齐，而骨子里有精神，齐在骨子里。自秦始皇以后，一变而为小篆，外表齐了，却失掉了骨子里的精神。西汉的无波隶，外表也是不齐，却有一种内在的美。经王莽之后，东汉时改成有波隶，又只讲外表的整齐。六朝字外表不求其整齐，所以六朝字美。唐太宗以后又一变而为整齐的外表了。借着此等变化，正可以看出君学与民学的分别。”

【八公山人语】

黄宾虹倡导以书入画，精于书法，晚年于篆书、行书取得很高成就。正因为他有崇“民学”轻“君学”的艺术主张，所以，他于书法自然喜爱蕴含天地人万物之象的商周大篆、自由奔放的西汉隶书、自然烂漫的六朝行书，又取法王献之、颜真卿的行草和《郑文公碑》、《石门铭》、褚遂良等楷书，博采众长，出以己意，浑朴沉雄之中蕴含着清刚秀逸。他的篆书用笔、结字随意自如，表面看似无力，实则力藏于内；表面看似略有松脱，实则铁骨铮铮，确实悟通了“内力”之妙。他并不追求字体表面的规整妍丽、圆匀秀劲，而是注重内在神韵。从表面上看，他的篆书往来点画似有缺落，貌似支离破碎，实则暗含“内美”，而这种内在精神的美，需慧眼识得，很难形容。

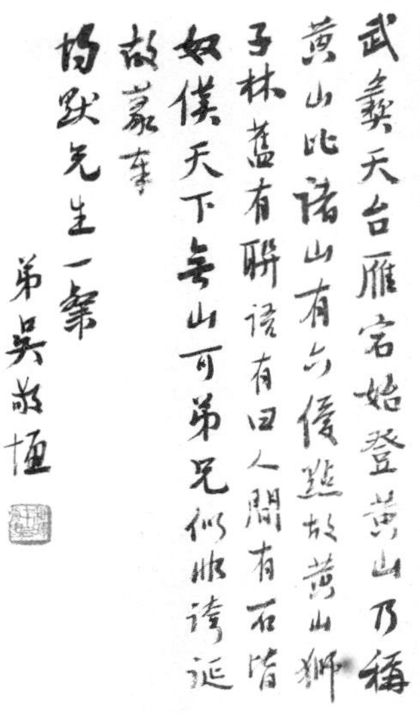

民国 吴稚晖书札

卖字度日

吴稚晖一生追随国民党革命，却一生都没有到国民政府中做官。抗战时期，他也随国民政府来到重庆。这位国民党元老、书法家吴稚晖生活十分困难，因为不是政府官员，没有薪水，于是便在重庆《中央日报》上登了一则广告，表明开始要鬻字为生。直到抗战胜利，他回到上海时，还是生意兴隆，字很好卖，被人戏称为“书画托拉斯”。他卖字得润笔金有五六万之巨，生活水平大有提高。可是到1948年全国通货膨胀，法币贬值，许多人纷纷将法币兑换成金圆券。这时，吴稚晖听信了蒋经国的话，把真金白银都兑换成了金圆券。哪知，不久金圆券又雪崩贬值，几成废纸。吴稚晖随国民党败退到台湾后，他7年来辛苦卖字所得，结果只换得台币147元。吴稚晖只好继续卖字，以维持一批随他去台湾的亲戚们吃粥的日子。

【八公山人语】

吴稚晖（吴敬恒）是“民国四大书法家”之一，与于右任、谭延闿、胡汉民齐名。他从小就临习大篆，民国时他书名盛大，是一位可以和清代书法家匹敌的大家。他的篆书是从《石鼓文》中化出，落笔清新纯净，结体安然闲静，线条平直而略微弯曲，字势灵动而有天趣。在重庆时，蒋介石请他写“蒋金紫园墓碑”。全文800余字，那时他已77岁，仍能凝神贯注，用两个半天一丝不苟完成。陈布雷赞赏说：“圆浑凝重，苍劲有力而力不外露，是楷书篆化的精品。”吴稚晖是中国近代资产阶级思想家、政治家、教育家、书法家，民国“中央研究院”院士。1962年联合国教科文组织授予吴稚晖“世界学术文化伟人”称号，他是20世纪获此殊荣的首位中国人。

民国 罗振玉大篆书轴

意外收获

1924年，前清遗臣罗振玉应清废帝溥仪所召，入值南书房，这被他视为一生的荣耀。罗振玉自幼便对经史、训诂潜心学习，留意金石古物，尤倾心于经史考据之学，研究经史文字。20岁起专力研读古碑帖，写成《读碑小传》。1890年，他在江西一个姓丘的巨绅家教书，而这位巨绅又是个收藏家。在丘家教书的第三年，这位巨绅突然去世，罗振玉十分哀痛，表示要用他一年教书的薪酬充做奠仪，并愿留下东家的几件旧书和字画，作为纪念。女东家并不懂得家中古书字画的价值，认为罗振玉心眼太好，就请他自己到藏书楼任意挑选。于是，罗振玉精选出几筐“纪念品”，内有百余卷唐人写经、500多件唐宋元明的字画，满载而归。从此，罗振玉便一跃成为一个古玩字画收藏家和鉴赏家。当然，也有人因此说他是一个骗子。

【八公山人语】

在中国书法史上，罗振玉是以甲骨文入书者之一，并且篆、隶、楷、行皆精，所作小行楷题跋也精严工稳，笔力充和，字字珠玑。特别是他的金文书法，深得钟鼎古文之理法，圆润沉着，安闲古雅。他在跋《孔宙碑》中说：“古人作书无论何体，皆谨而不肆，法度端严，后人每以放逸自饰，此中不足也。卅年亦蹈此弊，今阅古既多，乃窥知其此旨。”此论发人深省。此外，他还是一位著作等身的学者，20岁时就写成《读碑小传》，由此开始著书立说，倾心于经史考据之学。他一生著作达189种，校刊书籍642种。罗振玉以他的博学，先后培养了容庚、商承祚、柯昌济、关百益、孙宝田及他的儿子罗福葆、罗福颐等人，使之成为中国近代史上学有建树的专家。他与王国维是相交30年的老友，后来又成姻亲。但是正在王国维丧子悲痛之际，罗振玉竟不辞而别地将女儿带回，遂致俩人以割席断交告终。

民国　蔡元培榜书

替补入围

蔡元培早年丧父，12 岁时，就寄居到姨母家读书。他刻苦好学，博览群书，17 岁考取秀才，18 岁便自己设馆教书。蔡元培从小就对书法有着浓厚兴趣，但他的思想崇尚自由，自然不喜欢工整拘谨的馆阁体，而喜欢宋代黄庭坚的书法，长撇大捺，字势宽博。据李慈铭《越缦堂日记》记载：“光绪十六年，蔡进士（元培）、沈进士（宝琛）来，两生皆年少未习楷书，故不待复试而归。”可见，当时他与沈宝琛一起参加了会试贡士，却因楷书不佳而未能晋级参加殿试。他自己也曾回忆，当年科举考试，因为“字写得不好”（即不会写应试通行的“馆阁体”），而影响了考试的名次。好在阅卷的主考官看出他的书法是学黄庭坚的，还算有谱，结果于光绪十八年“替补”入围，中了进士。授翰林院庶吉士，光绪二十年补翰林院编修。

【八公山人语】

作为科举士子应试通行书体——馆阁体，是需要专门学习才能熟练掌握的，而且卷面书迹是否写得工整漂亮，对考试结果有一定的影响。蔡元培的书法一扫清代科举制下书坛的清规戒律，而且线条粗细自然变化，用笔提按顿挫、徐疾有致，以此来体现书法的节奏感。这当然不合乎科举考官的口味，所以未能晋级参加殿试。蔡元培是中国著名革命家、教育家、政治家，中华民国首任教育总长，后又出任北京大学校长，革新北大，开“学术”与“自由”之风，成为现代中国文化名人的一面旗帜。2006 年，北京大学图书馆曾举办“百年文人墨迹展”，其中就有历代北京大学校长的书法，如蔡元培、蒋梦麟、胡适之、严复、傅斯年等。很明显，蔡元培的书法力追黄山谷，自由真率，笔意遒劲，有学人书法的风韵。

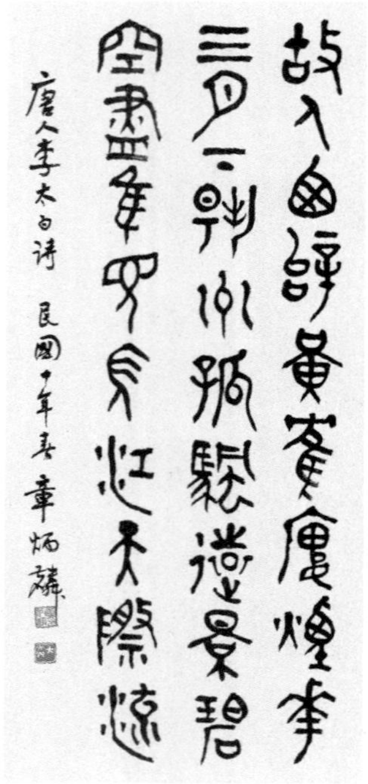

民国 章太炎篆书轴

篆书便条

章太炎长着大脑袋，里面装着的国学也是博大精深。大概自恃才高八斗，所以也就性情乖张，孤傲狂狷，素有“章疯子”之称；再加上鲁迅、钱玄同、黄侃等名家也都是他的门徒，且个个孤傲，真是满门狂人，所以就连蒋介石也要让章太炎三分。章太炎精研《说文解字》70遍，讲课时不带讲义，口诵手写，可以背诵《说文》和《尔雅》全文。所以他小学功底极深，喜欢写篆字，甚至写药方、便条也不例外。有一天，他差仆人去买肉做羹，顺手用篆书写了张便条给仆人，交代他去菜市场买。仆人并不识字，拿着字条跑遍了苏州城大小菜肆，结果还是空手而归。他回来对主人说：“您写的东西，人家都说没有。”原来章太炎把“肉”字写成了篆书字，与“月”字相差无几，难怪菜肆上都说没有。

【八公山人语】

章太炎是一个革命者，又是民国时期学界的超级“牛”人、国学泰斗、小学大师。他出了书斋，胆大包天，想骂就骂，想吼就吼，谁都不怕，人们都怕他。不知是否为恃才傲物呢？他曾对学生说：“写隶书要写《石门颂》，魏碑要写《郑文公》，篆书不可不写《天发神谶碑》。先写这放纵、有力之体，方能真正放得开，而后写一些秀气、圆转之体，便可收得住。”他的行书正是这种能收能放之体，古拙生辣，疏朗淡逸。他的篆书自然得力于他的小学功夫，笔势蕴藉，线条圆融，别有机趣。他的篆法其实与东汉许慎的《说文解字》不同，是从先秦钟鼎款识中来，正如沙孟海说的，与钱坫、邓石如不同科，是“古文字学别派”。其篆书看似行笔洒脱，信手随意，但于篆法又极为讲究，不乱规矩。

民国　梁启超书法扇面

公开演讲

1898年，梁启超年轻时就追随康有为，参加清末“戊戌变法”；到了1926年秋，他已是清华大学教授了。那一天，他兴致勃勃地应邀在清华学校教职员书法研究会上，作了书法专题演讲。一生视书法为余事，极少公开参加书法活动的梁启超，为什么如此乐意作书法演讲呢？他在演讲前的“开场白”中做出了回答。他说：“今天很高兴，能够在许多同事所发起的书法研究会上讨论这个题目。我自己写得不好，但是对于书法，很有趣味。多年以来，每天不断地，多少总要写点，尤其是病后医生教我不要用心，所以写字的时间，比从前格外多。今天这个题目，正好合我的脾胃，自己乐得来讲讲。”他在这次演讲中提出的书法美学思想，被书学界称为现代书学研究的开山之作。

【八公山人语】

梁启超13岁开始习书，兼容碑帖，书法劲健俊朗，而又透露出儒雅气息。后来，他追随康有为参与“公车上书”和“戊戌变法”而一举成名，年仅25岁。变法失败后，他逃往国外。出逃时，仍不忘带上心仪的碑帖。在逃亡的14年间，他每天读书临池，从不间断。除了政治、学术之外，书法在他的心目中占有重要地位。因为他成名很早，知道自己的书迹将来会流传后世，所以他写字向来用心谨严，一丝不苟。这也使得他的书法缺乏性情。梁启超曾大谈爱好书法的好处：可以独乐，不择时，不择地，费钱不多，费时间不多，费精神不多，成功容易而有比较，收摄身心。他一生著述近2000万字，平均每年要写60万个毛笔字，留下手迹有三万件之多。梁启超一生共收藏历代金石拓本1284件，这些拓本从商代至民国时期，每一个朝代无所不包。

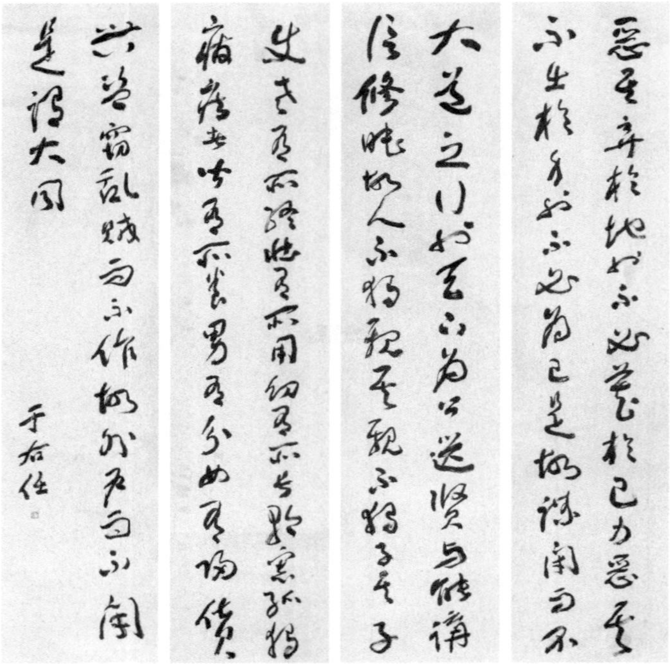

民国 于右任草书四条屏

不可随便

于右任早年加入孙中山创立的同盟会，是国民党元老、诗人、报刊活动家、书法家。民国时期，于右任书法名气很大，他一般不轻易为人写字。有一位青年，很喜欢他的书法，多方求其书法而不得，苦思冥想以后，心生一计：每天夜半，他都悄悄地走到于右任住宅大门边上小便。一连数日，于宅门边臊气熏天，路人皆掩鼻而过。于右任逮之、禁之均不可得，无可奈何之下，遂书一字条贴在墙上告示“不可随处小便”。那人见了大喜，将字条揭下来，经割裱后制作成一幅书法作品“小处不可随便”，遂高价售卖。于右任得知后，前往查看，才知道贼智如此聪敏：“小处不可随便”六个字文义极佳，可以成为一个谨言慎行的座右铭。于右任又可怜那人家贫，便不再追究了。

【八公山人语】

于右任是毛泽东最敬重的国民党大才子，晚年时毛泽东还和秘书田家英索要“已存”的于右任草书。于右任早年学书从赵孟頫入手，后来改为临习北魏碑版，在此基础上将篆、隶、草书的笔法引入行楷书体之中，也是别创一体；中年以后，他又专攻草书，在草书中参入魏碑笔意，也是自成一家。他最大的贡献是首创了“标准草书”。1932年他在上海创办标准草书社，以易识、易写、准确、美丽为原则，整理、研究与推广草书，整理成系统的草书代表符号，集字编成《标准草书千字文》，1936年由上海文正楷印书局初版，影响深远，至今仍在重印。这种新草书实是碑底帖面，既体现了碑书的造型美感，又有帖派逸宕多姿，从而使碑学在近现代书法展的转换中，达到了一个新的高度。只可惜过于拘谨，缺乏“草贵流而畅”的审美特质。

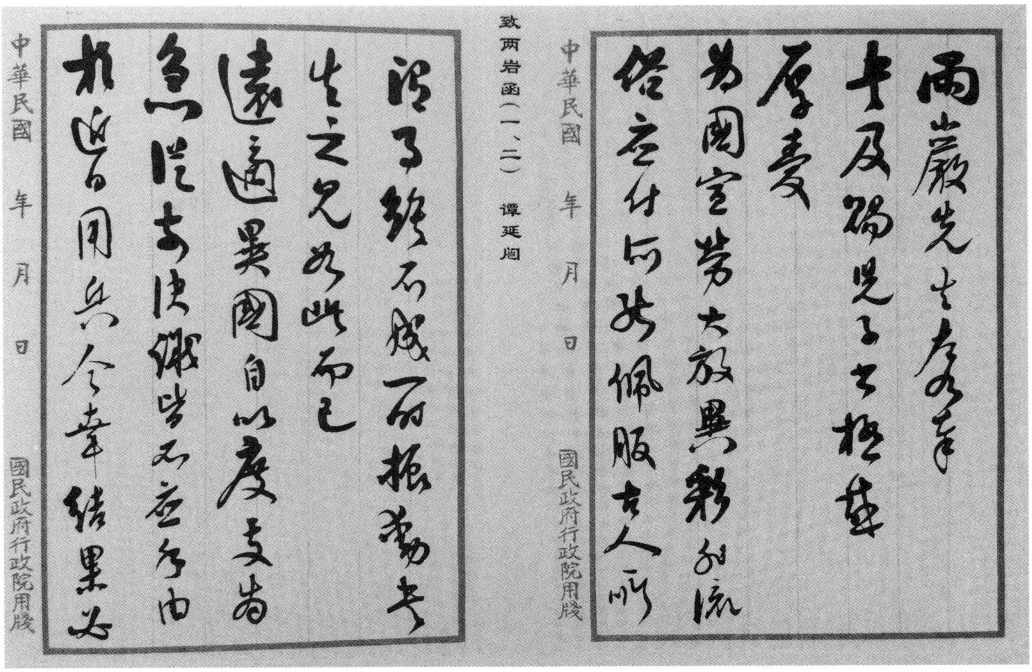

民国　谭延闿　《致两岩函》（一、二）

填补空白

谭延闿是清代曾任两广总督的谭钟麟的第三子，年轻时师从名师——晚清经学家、书法家王闿运。清代光绪年间，他在24岁时参加科考会试，中了会元（进士第一名），破了湖南200年的记录，因为在200年里，湖南出过状元、榜眼、探花，就是没出现过会元，谭延闿填补了这个空白。他不仅文章写得好，而且字也写得极为漂亮，大家认为他殿试时极有可能被点为状元。然而，那一天殿试过后，就在慈禧太后要下笔圈其名字为状元时，发现谭延闿既是湖南人，且又姓谭，这让她忽然想起那位让她最为痛恨的湖南籍“乱臣贼子”谭嗣同，于是就改点刘春霖为状元。大概因为一是刘春霖书法亦佳，字迹俊秀；二是当时天下正逢大旱，全国盼雨，所以“刘春霖”名字更为吉利。这样一来，谭延闿就与状元失之交臂，被降为二甲第三十五名进士。

【八公山人语】

谭延闿虽未中得清朝状元，可在中华民国却官至行政院长。谭延闿的书法早年学习刘墉，30岁后专门临习颜真卿书法，他以《麻姑仙坛记》为日课，平生曾临得220通。仅1929年4月，他在上海养病，其间就临了203通。所以，他是清代钱沣之后又一个写颜体的大家，被誉“民国至今，学颜者无出其右”。有论者云：“先生临池，大笔高悬，凡‘撇’必须挫而后出锋，凡‘直’必直末稍停，而后下注，故书雍容而又挺拔。”果然，字如其人，其楷书点如坠石，横如夏云，钩如屈金，戈如发弩，竖如悬针，沉着稳重，顿挫有力，使人感到貌丰骨劲，味厚神藏。如今，南京中山陵半山腰碑亭内巨幅石碑上“中国国民党葬总理孙先生于此”两行巨大金字，即为谭延闿手书。

西周 毛公鼎铭文

誓保国宝

抗日战争爆发后，叶恭绰避走香港，他收藏的西周毛公鼎因为太大太重，没有办法带走，只好将它寄藏在上海法租界里。后来由于他的姨太太潘氏提出诉讼，想占有他留在上海的财产，并且向日本人告发他收藏有毛公鼎。叶恭绰得知消息后马上派侄子叶公超去处理此事，并嘱咐无论如何也要保住毛公鼎，有朝一日将此鼎捐献给国家。日本人逮捕了叶公超，但他誓死不承认知道宝鼎的下落。日本人最后也只好放了他。叶公超出狱后，于1941年夏天秘密携带毛公鼎逃往香港。不久，香港也被日军攻占，叶家托德国友人将毛公鼎辗转又带回上海。后来因生活困顿，将毛公鼎典押给了银行。富商陈永仁得知后，出资赎出宝鼎。毛公鼎最后为南京“中央博物院”收藏，这才没有被日本人掠走。

【八公山人语】

毛公鼎是西周晚期青铜器的典范之作，它因作者毛公而得名，现收藏在台北“故宫博物院”，是镇馆之宝。毛公鼎是一件稀世瑰宝，其最重要的是，鼎内刻有32行、499字铭文，是当今出土的青铜器中铭文最多的。鼎内的铭文追述周代国君文王和武王的丰功伟绩，感叹现时的不安宁，叙述宣王对毛公的任命、授权和教导。毛公将此事篆书后铸于鼎上，以资纪念和流传后世，其铭文是大篆书体，天真烂漫，仪态万千，具有极高的书法艺术价值。铭文的笔法圆润精严，线条浑厚拙朴；用笔以中锋裹毫为主，结字瘦劲修长，不激不厉，各有姿态；章法布局，完美而有韵致，自然而无做作，纵横交错，宽松疏朗，呈现出无穷的意趣。所以，它是上古书法的经典之作，是现存青铜器铭文中较长的一篇。

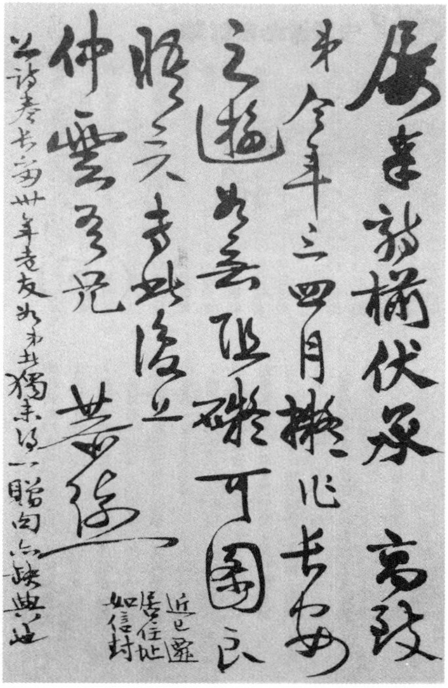

民国 叶恭绰书札

慷慨还帖

张大千母亲病重时，忽念及家中祖传的王羲之《曹娥碑》帖，该帖十分珍贵，上有历代名家题识。她问大千为什么很久没有看见该帖了，叫他必须拿来展阅，以小慰病中的枯寂心情。张大千惶恐之极，因为十年前，此帖已被他在上海赌博时输给了江紫宸，江紫宸也早就把它卖了，不知下落。大千回到网师园后，恰遇叶恭绰与王秋宸来访，问及他母亲的病情，大千即以实情相告，最后叹气说，若能找到此帖，将不惜重金赎回。哪知，叶恭绰指着自己的鼻子，用京腔道白说："这个么，在区区那里！"张大千又惊又喜，不禁泪下，立刻表示愿意重金赎回，以慰老母。叶恭绰当即慨然表示，此帖既然是大千祖传遗物，太夫人又在病中，意欲一睹为快，所以愿意将原帖返赠给大千，并且既不用以物易物，也不用付给分文。

【八公山人语】

据说，当年王羲之前去东汉孝女曹娥庙祭拜，便写下了《曹娥碑》帖，碑文为当年邯郸淳所撰。邯郸淳所书的石碑早已不见，王羲之所书此碑立于南朝宋文帝元嘉元年。全帖为 27 行小楷，结字扁平，带有隶书笔意，笔力劲健，章法自然，古雅天真，秀逸俊朗。虽然包世臣说它是王羲之的代笔人所书，但它仍然是体现王羲之书风笔意的佳作。所以，有许多名人题识的拓本自然十分珍贵。那时，叶恭绰就住在张大千的网师园里。张大千的宝帖失而复得，他称赞说："叶恭绰高风亮节，不但今人所无，求之古人，亦所未闻。"叶恭绰是鉴赏家、收藏家和书法家，主张"书法应当以篆隶为根本，以出土木简，汉、魏、南北朝石刻和晋唐人写经为基础"。他的小字写得十分谨严精劲，显示出临习魏碑的深厚功力，这与他的大字天骨开张，悠然自适的状态有明显不同。

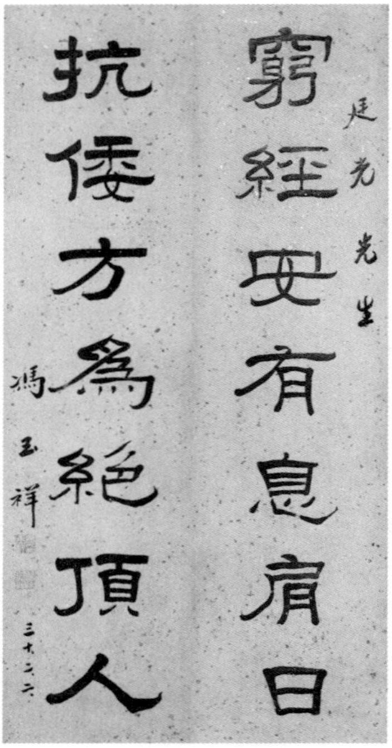

民国　冯玉祥隶书七言联

死了活了

行伍家庭出身的冯玉祥，小时候家里就十分贫穷，但他非常好学。本来冯家只打算供养长子读书，但冯玉祥七岁时因为哥哥补上一份绿营的马兵的空缺从军，他得以接替哥哥的位子进入村里的私塾读书。如此难得的上学读书机会，他自然十分珍惜。从这时起，冯玉祥就开始练习写字。家贫买不起纸笔，于是他就用一根细竹管，顶端扎上一束麻，蘸着稀薄的黄泥水，在方砖上练习写字。这种勤奋学习的精神，他一直保持着，就算是后来从军当上了旅长，也依然如故。当时，他驻军在湘南常德，每天早晨起床后他都要读书习字，还学习英语。学习时，为了避免人打扰，他关上大门，门外悬挂一块牌子，上面写着“冯玉祥死了”，拒绝外人进入。等他学习完毕，门上字牌则换成“冯玉祥活了”。

【八公山人语】

武人习字学书，有的甚至还达到书法家的水平，这古已有之。三国时代的张飞便能写隶书，有《刀斗铭》传世，他在大破张郃后，还曾立马勒铭。宋代岳飞不仅小楷精妙，草书《出师表》雄健飞动，气贯长虹。民国时期有一个怪现象，就是武人学文，文人尚武。袁世凯、曹锟、黎元洪、张凤翙、张伯英、冯玉祥等，都写得一手好字。我想，这大概是身处乱世，烽火连绵，文人自知习武可以救国保命，而武人则多从旧学私塾中来，国学的影响尚在。在当时的武人中，冯玉祥的书法还算不上是最好的，黎元洪写得比他还要好。然而，他大概可以称得上习书最勤奋的。他楷书学习颜体，而且还临习汉代隶书以及魏碑。他流传于世的这副七言对联就是隶书，很有宕逸的豪气，圆润的中锋用笔，也可见他在长期练习中积累的深厚功力。

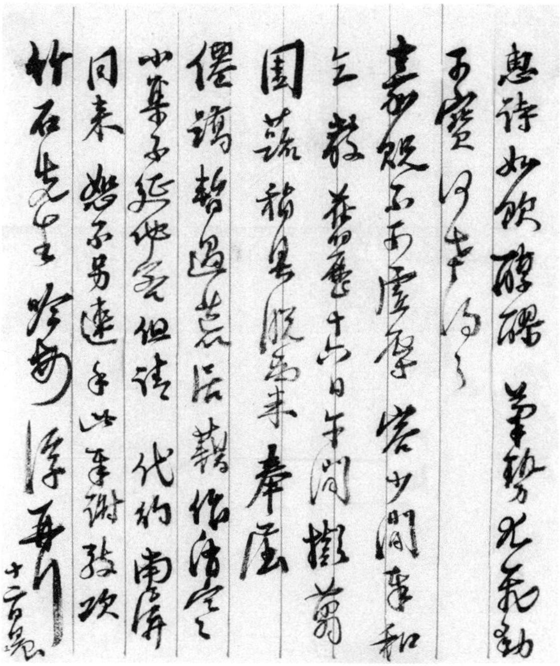
民国　马一浮书札

一再卖字

马一浮是博古通今、学贯中西的一代硕儒。1933 年，他 51 岁时为补贴家用，便开始鬻字，并作《蠲戏老人鬻书约》。61 岁时，他在四川乐山创办复性书院，主要以刻印书籍来弘扬中华传统文化。为筹集刻书所需的钱款，他又开始卖字，结果不到三个月，就获得三万元。1944 年，他生活十分困难，作《蠲戏斋鬻字改例启》，说明现在虽不用刻书，但为了糊口而要再次鬻字。1947 年 9 月，他再作《蠲戏斋鬻字后启》，说明卖字卖到明年修缮祖坟后就再也不卖字了。1948 年，其门人又发布《蠲戏老人鬻字展期并新润例》，云："因求字者太多，决定展期一年，以后就是再也买不到马一浮的字了。"哪知，1950 年，他仍要靠鬻字为生，再出《蠲戏老人鬻字代劳作润例》，再言："愿以劳力换取同情，用资涓滴。"

【八公山人语】

马一浮于古代哲学、文学、佛学，无不造诣精深，又会法、英、德、日、俄、拉西语六种外文，著述甚富，主要有《复性书字讲录》《尔雅台答问》《尔雅台答问继编》《老子道德经注》《马一浮篆刻》《蠲戏斋佛学论著》《蠲戏斋诗编年集》《朱子读书法》等。他虽然视书法为余事，但似乎一生都是以卖字为生。他是大学问家，却对书法用功精深，沙孟海甚至称赞他为"今世无第二人"。马一浮主张"学书需是无一笔无来历"，所以他植根钟王，又遍临魏晋南北朝书，还习秦汉篆隶，走的是一条碑帖融合的路子。他写得最好的还是行草书，秀逸生动，清雅高古，具有浓郁的书卷气；特别是结体坚紧，取势欹侧，笔画清健，具有鲜明的个性。马一浮 19 岁丧妻，竟终生未再娶。所以，他的书法也显得有点孤峭幽冷。

民国　沈尹默行书七言诗

其俗在骨

沈尹默是一位诗人、学者和书法家。他的祖父、父亲都爱好书法，所以他幼年起便耳濡目染，并在父亲的指点下学习书法。那时，沈尹默主要是临摹清代黄自元的《泉铭》和叶蒸田刻的《耕田馆帖》，不知不觉沾染上了甜俗习气。后来，他跟随家人从陕西长安迁回浙江。在杭州期间，他结识了陈独秀。那一天，陈独秀看了沈尹默的书法后，当面指出："你写的一首诗，诗很好，字则其俗在骨。"陈独秀这句话对还在沾沾自喜的沈尹默来说，犹如当头棒喝，将他一下打醒。他后来回忆道："我初听了，实在有些刺耳，继而细想一想，他的话很有理由，我是受过了黄自元的毒，再沾染上一点仇老（仇涞）的习气。那时，自己既不善于悬腕，又喜欢用长锋羊毫，更显得拖拖沓沓地不受看。"

【八公山人语】

黄庭坚曾说："士大夫处世可以百为，唯不可俗，俗便不可医也。"所以，历代书法家均以"俗"为大忌。对书法作品的气韵格调的品评，历来也都是以雅与俗论其高下，即所谓"雅俗之间已分伯仲"。所以，书家书作可以在技法技巧上有不足之处，但唯不能有俗气。一旦书法沾染上俗气或成为俗书，那便是不值一提了。民国时期，碑学风气仍盛，所以陈独秀哪里见得沈尹默那等俗书，故勃然怒斥。沈尹默自此幡然醒悟，为彻底洗刷俗气，他开始临习魏碑《龙门二十品》《张猛龙碑》《大代华岳庙碑》等。对碑学长达30年的研习后，他再由碑入帖，临习"二王"及唐宋诸家，他的书风为之一变。沈尹默兼容碑帖，打破了民国碑学一统天下的局面，奠定了现代书坛碑帖并峙的基本格局。

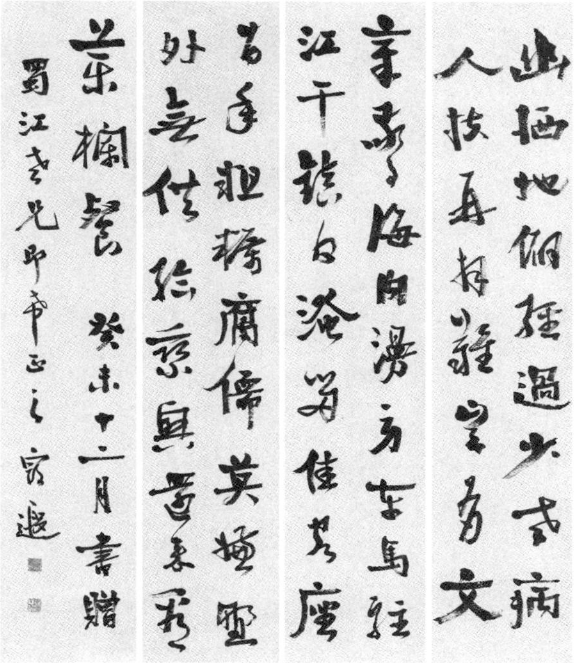

民国 寇遐四条屏

一横五千

寇遐是民国时期著名的政治家和书法家，陕西人，与民国陕军成就最高的将领杨虎城交情深厚。1931 年，杨虎城主持陕政，任陕西省主席，邀请他任省政府委员、高等顾问等职。杨虎城在西安九府街的“止园”别墅落成时，就请他题写门匾。寇遐极有“民国风”与“老陕气”。当年，他曾居住在止园，时任陕西省政府主席的祝绍周，因接待和讨好即将来陕视察的蒋介石，想请寇遐把止园的门匾上的“止”字上面加一横，变成“正园”，以示欢迎蒋中正之意。那天，祝绍周对寇遐说：“给您五千大洋，只要加一笔就行。”寇瑕听了一点也不动心，他说：“钱我见过，我也当过农商总长，但现在虽然穷，房子是主人的，主人没在，我不宜自作主张给人改名字。”知道寇遐的脾气，祝绍周也不再强求，只得罢了。

【八公山人语】

民国时期的书法家中，许多人都是像寇遐这样有气节、有风骨，而且诗文兼备。寇遐的资格很老，年轻时就参加了孙中山领导的同盟会。后来在民国时期，他曾参加“反袁逐陆”和反对陈树藩的斗争，还曾南下追随孙中山。寇遐在书法、金石艺术方面造诣颇深，尤其是长于汉隶和北碑，曾编辑出版《西京金石书画集》，“杨虎城将军墓碑”“李仪祉墓碑”“王卓亭墓碑”字，均出自其手。西安人民大厦榜书横额，被誉为他晚年的精心之作。他的隶书最负盛名，用笔方圆兼备、深沉持重；结体疏密有度、宽博纵势；行款章法别致；字体奇伟朴拙，在民国书法家中堪称上乘。他的行书也颇有特色，他融汉隶、魏碑、唐楷于一体，又参以篆书和章草笔意，结体率真，拙中藏巧，纡徐蕴藉，平中见奇。

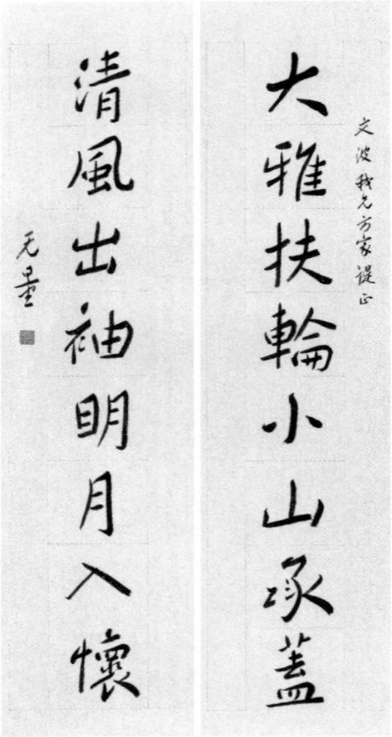

民国 谢无量行书八言联

明日再书

谢无量著作等身，著有《佛学大纲》《伦理学精义》《老子哲学》《王充哲学》《朱子学派》《诗学指南》《诗经研究》《中国古田制考》《诗经研究与注释》等，是个大学者，他的书法也与于右任齐名。起初，他并不惜书，凡有求者则无不应。直到有一天，他走在街上听到身后几个人说，某店将要开张，无以为贺，不如找谢无量写副对联吧，既不用花钱买，字又写得漂亮，大家都说好。谢无量听了这话深以为恨，回家马上挂出自己的润格，不给钱不写。此后，客有登门求书者，谢无量把纸在案上铺好，执笔濡墨，对客人说："我的惯例是先付款后写字。"有位求书者因当时身上没带钱，只好对他说等明天再付钱。谢无量已经拿笔蘸墨了，听到后便搁笔说："今日精神不佳，明天再写吧！"客人也不好勉强他。

【八公山人语】

人们往往对不劳而获的东西并不珍惜，也不懂得它的价值，谢无量无意中听到人们议论方才明白这个道理。所以书法家的确不能随便奉送自己的作品。民国时谢无量曾任孙中山的秘书长、参议长，又曾执教于黄埔军校和中央大学，地位很高，名气也很大，书名自然在沈尹默之上，甚至连于右任也说他的书法"笔挟元气，风骨苍润，韵余于笔，我自愧弗如"。只是他无意于书，而是把精力投入了文学、哲学上，是个大学问家。但是，正是深厚的学养提升了他的精神境界和人格修养，使其书法摆脱书写技艺的匠气，以心取法，心空笔脱，指与物化，天质神秀。沈伊默也是相当佩服，他说："无量书法上溯魏晋，下启一代之雄风，笔力扛鼎，奇丽清新，株守者岂能望其项背。"只是谢无量一生始终无意于书法。

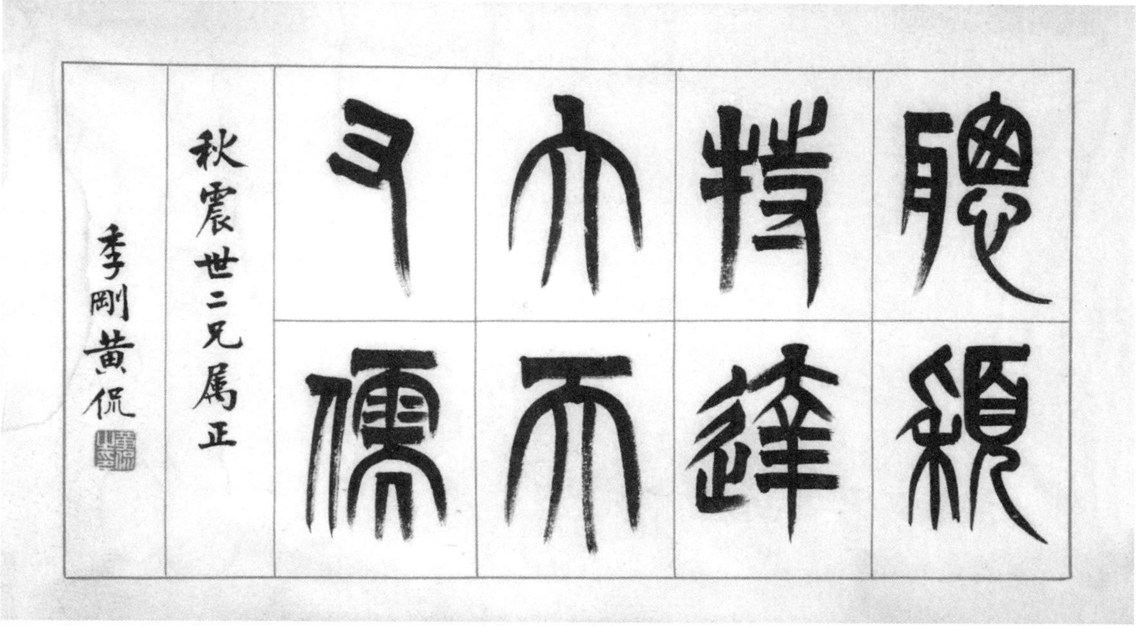

民国　黄侃篆书横披

黄侃润例

黄侃早年参加革命被通缉，在张之洞的帮助下避难日本，在那里认识了章太炎。两位狂人惺惺相惜，黄侃就成了章太炎的弟子。黄侃虽视书法为小道，不以书法名世，但他的书法在那时却润格很高。武汉大学档案馆珍藏有一份极为珍贵的《黄侃诗文书法润例》，诗文润例由其师章太炎代订，书法润例则由弟子孙世扬代拟，具体如下：凡“碑、铭、墓、志、传、状、序、跋”等文章 80 ~ 200 银圆 / 篇，“律、绝、古诗”10 ~ 20 银圆 / 首，“排律”每 10 韵 20 银圆；“书法”则 4 尺全张以内价 8 银圆，写扇 4 银圆 / 件，榜书每字 4 银圆；另声明为人书作“碑铭墓志”润笔另议，所为书作须另加磨墨费一成。在当时，齐白石画扇售价仅 2 银圆 / 件，黄侃写扇却价高一倍，如他的书作《九江荆有岩母墓表并篆额》就得润笔费 500 大洋。由此可见他当时书作身价之高。

【八公山人语】

黄侃是民国时期学问界有名的狂人，曾在北京大学、南京中央大学等任教，是举世公认的国学大师，在语言文字学、训诂学和音韵学方面的研究都有很高的成就。黄侃和他的老师章太炎被共称为“乾嘉以来小学的集大成者”“传统语言文字家的承前启后人”。他的书学和书法成就被他的学术名声所掩盖，退为寻常末技，且存世书迹也少。其实，他学书法十分勤奋，上至汉隶，下到“二王”、欧阳询、赵子昂、张瑞图等，无不临习。当年，虽然他的书作已是寸墨寸金，但是时人仍然不惜重金，以求得其书法为荣。因此，求其书法者络绎不绝，以至于他“竟日作字”。当然，从上面的润例中可见，他的书法比起他的诗文价格来，还相去甚远。他的一首绝句比他 4 尺整张的书法要价还要高。

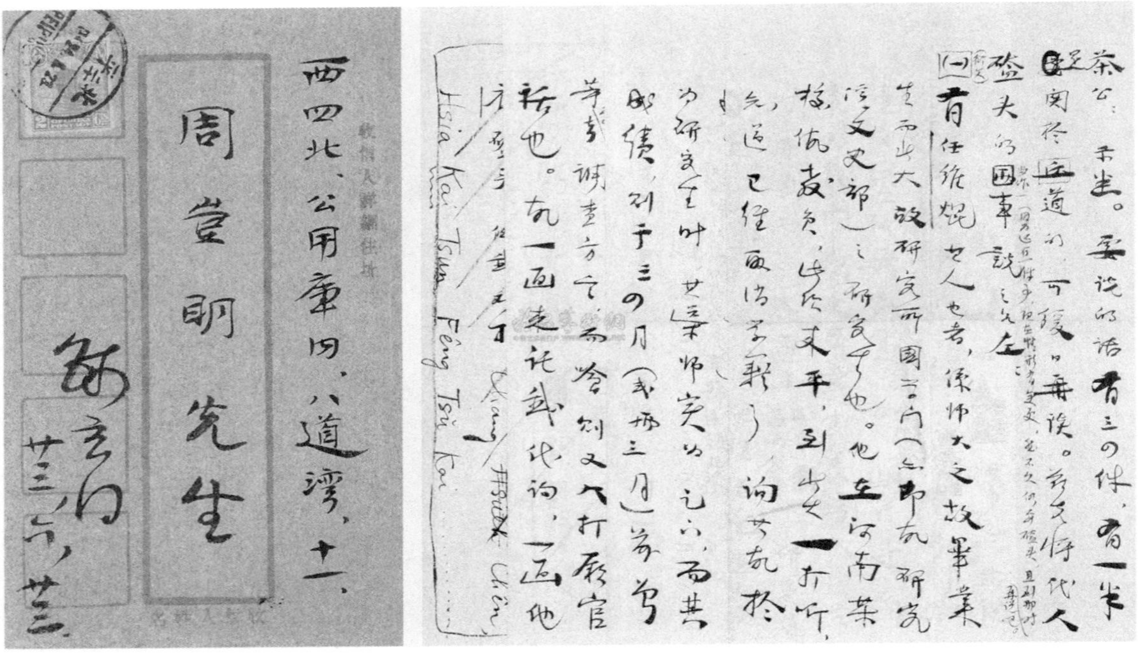

民国　钱玄同致周作人书札

疑古玄同

钱玄同是章太炎的学生，民国时期做了北大教授，别号“疑古玄同”。“五四新文化运动”时，他是旗手之一。他主张“吾手写吾口”，即“言文一致”，要废除汉字而改用罗马拼音文字。他说：“我现在想：古人造字的时候，语言和文字，必定完全一致。因为文字本来是语言的记号，嘴里说这个声音，手下写的就是表这个声音的记号，断没有手下写的记号，和嘴里说的声音不相同的。拿“六书”里的转注来一看，很可以证明这个道理。”他甚至提出“汉字应改竖排直读为横排左右读为宜”，他说：“人目是左右相并，而非上下相重。试立室中，横视左右，甚为省力，若纵视上下，则一仰一俯，颇为费力。”此说可谓非常科学而有远见，现在书籍排版不就是这样吗？

【八公山人语】

所幸钱玄同废除汉字的主张未能实现，否则汉字书法也将随之泯灭。可是这位“疑古”斗士最初却是复古的干将，主张文字要用小篆字；而且着装上，他参照古本研制出来的“深衣”：“白布斜领，看起来很有点像‘孝袍’，看去有点触目。”他自己真的酷酷地穿着去上台讲课。他要废除汉字，自己却很爱书法，而且造诣也很高，不管是小篆、汉隶，还是北魏体楷书，都具有较高水准。他能写一手漂亮的隶书和篆字，从他的遗墨可以看出，既模仿唐人写经，又临习汉代简帛和隶书，写出来的字古意十足。可见，他虽然“疑古”而骨子里还是难舍古意。“五四时期”许多文人表现出来的偏激与浮躁，都是由于他们真诚的使命感所催生的。而中华传统文化已经融化在他们的血液中，那是无论如何也消磨不掉的。

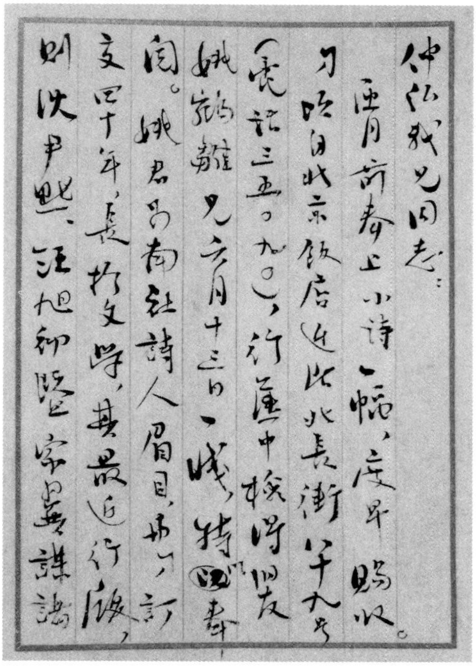

民国 柳亚子书札

自己难堪

柳亚子是民国时期一个很有才华的诗人，文章写得好，他对自己的书法也自视很高。1947年，柳亚子到香港定居，为了生计，他在报上登广告，卖诗卖文卖字，还自订鬻字润例为：不论中堂、立轴、屏条、横批、册页、扇面，每件港币百元，长卷另议。凭借着他的诗名和文名，据说求书者源源不绝。不过，柳亚子的书法极为草率，常常让人难以辨识，不易读懂。他自己对此也很有自知之明。有一天，他给著名记者、作家曹聚仁等写了一封信，信的末尾还特别加注："如你们看不懂的话，隔天见了面，我再读给你们听。"还有一位朋友很有心，专门将柳亚子书信中不识的草字一一剪下，贴在一张纸上，等见到他后，请他解释这些字。柳亚子看了后自己都不能辨认了，最后面露难色期期艾艾地说："这……也是要讲上下文理的呀！"

【八公山人语】

草书看似潦草，实则有规矩法度。为了帮助人们学习草书，南朝智永就书写了《真草千字文》，他将草书与楷书对照书写，以便让人们认识和临习。明代书法家詹景凤、韩道亨等还将民间总结流传的草书结字规范的口诀《草诀百韵歌》书写出来，供人们学习。民国时于右任倡导标准草书，也是要建立草书规范。可见，写草书必须懂得和掌握它的结字规范，否则胡乱书写，那便是无人能识的"鬼画符"了。书如其人，柳亚子性情狂傲，写的字自然也狂野。其实他于书法并没有下过多大功夫，写字全凭才气。他喜欢写行草，而且写得非常快，然而一些草字的写法却并不遵守法度规矩，自己乱写一通；再加之他高度近视，一些点画的交代难免照顾不周或写不到位。这就难怪收信人不认识了。可他明知别人不认识却偏要这样写，实有炫才意味，不过最后还是让自己难堪。

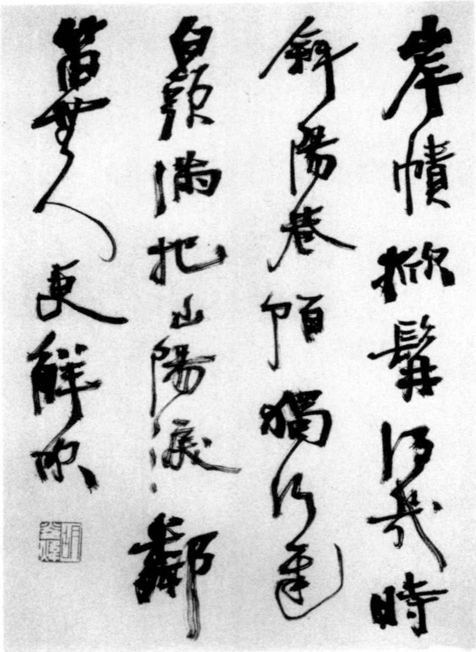

民国　胡小石行书诗册

不写寿文

1946年，国民党为蒋介石六十寿辰祝寿，朝野上下为表忠心，都积极准备。当时，有一家“民意机构”许以重金酬谢，要请胡小石为蒋介石六十寿辰书写寿文，意在一箭双雕：因为胡小石是“部聘教授”，金石书画、诗词曲赋无所不通，是“民国最高学府”中央大学最负盛名的学者之一；此外，他无党无派，与政治素无姻缘。请他写寿文，既有文气，又具“民意”。那一天，那家“民意机构”专门派人登门求字，刚刚说明来意，胡小石马上一口回绝。那人情急之下，脱口反问：“前时美军将领史迪威逝世，那次公祭典礼上的祭文，不是由先生写作的吗？”胡小石当即回答：“史迪威将军来中国帮助我们抗战，所以我才为他写祭文。再说，我只会给死人写祭文，不会替活人写寿文。”来人闻之变色，悻悻而去。

【八公山人语】

胡小石毕业于李瑞清任监督的南京两江优级师范学堂，又曾做过李瑞清家的家庭教师，他算是入得李瑞清门下了。民国时期，碑学兴盛，李瑞清在全国书坛享有盛誉，胡小石能够有此经历，为他今后书法艺术的发展奠定了基础。此外，他还曾师从陈三立、曾农髯、郑大鹤、王静安、沈曾植等人。受这些大名鼎鼎的高人亲炙，胡小石后来自然成为南京书法界的泰斗，与林散之、高二适、萧娴并称“金陵四家”。他的书法得李瑞清神髓，走的是碑学一路，同时远绍两周金文、秦权诏版。不过，他的大篆有李瑞清颤抖扭曲的不良习气。他写得最好的书体还是隶书，体势宽博，雄强开张，又兼有汉简笔意，行笔自然而又生涩老辣，很少有李瑞清颤抖扭曲的做作习气，可以说是青出于蓝而胜于蓝。

民国 蒋介石榜书斗方

教子学书

民国总统蒋介石大有清朝名臣曾国藩的遗风，非常注重对家庭教育，尤其是对儿子蒋经国，在他们父子分离时常在信中谆谆教导。1922 年 8 月 4 日，蒋介石看到蒋经国来信字迹潦草，便在回信中说：“你的楷字仍不见佳。总须间日写一二百字，以求进步。”10 月 13 日，蒋介石又在信中嘱咐：“你在上海，需要勤奋读书。你的字还没有什么进步。每日早起，需要练草字一百个，楷书五十个。既要学像，又要学快。”1924 年 5 月 26 日，已担任黄埔军校校长的蒋介石，仍不忘教儿子练习写字的方法。他写信说：“你的字已稍有进步，但用墨欠讲究，时有过浓过淡之病，笔力亦欠雄壮。须间日摹写一次，要在古帖中之横、直、钩、点、撇、捺处体会。注意：提笔须高，手腕须悬也。”1937 年 4 月 27 日，蒋介石写给儿子的信中又说：“最好学古帖，苏字或赵字均可，以其易字也。”

【八公山人语】

作为大国总统又适逢国家动乱艰难时期，还如此关注儿子的书法，实属罕见。究其原因，蒋介石把练习书法作为对儿子心性的磨炼，培养蒋经国做事认真、一丝不苟、全神贯注的精神。这种精神品质对于一个将来要担当大任的人来说，十分重要。书如其人，书品即是人品。书法往往能够真实地反映一个人的为人处世的态度和作风，以及他的性情和精神。蒋介石的书法端严工整，瘦硬刚健，中规入矩，这与他倔强的个性、严谨的作风和时时自省的生活态度一脉相承。他的书法多为楷书，书宗欧阳询，晚年又参之以赵孟頫，顿挫分明，结字有法，骨力坚强，章法严谨。从此可以看出他长期浸润传统书法而积累起来的功力。

民国　袁克文行书扇面

皇子卖字

民国袁大总统的次子袁克文是一个风流才子。他虽任性、骄奢，但十分聪明，读书过目不忘，从小就师从被誉为“津门四大书法家”之一的严修学习书法，真、草、隶、篆全都能够信手挥洒。由于他酷爱收藏古籍、古钱和集邮，每遇精品，必倾囊购得，成为当时的收藏名家。袁世凯死后，他寓居上海，很快将资财荡尽，不得不靠卖字为生。1927年夏，他自订笔单，小引云：“三月南游，羁迟海上，一楼寂处，囊橐萧然，已笑典裘，更愁易米，拙书可鬻，阿堵傥来，用自遣怀，聊将苟活。嗜痂逐臭，或有其人，廿日为期，过兹行矣，彼来求者，立等可焉。”这年冬天，他北返天津，钱又用光后，又在《北洋画报》上登出《寒云卖字》的广告：“连屏、直幅、横幅整纸每尺二元，半纸每尺一元。折扇每件六元，过大、过小别议。以上皆以行书为率，篆倍直，楷、隶加半，点品别议。先润后书，亲友减半，磨墨费加一成。”

【八公山人语】

袁克文天分很高，又收藏丰富，见多识广，因而他主张学书法应先从篆入手，然后再学其他，这样可以“免弱、俗、荒、斜之病”；又主张：“学隶当取西汉诸碑，东迁以降，多尚侧媚，古意渐疏矣。进参以古草，极纵横转折之势。探书之源，立书之本，以六朝楷书束之，而书成矣。”寻根求源，取法高古，这种关于学习书法路径的主张，的确很有见地。可惜他自己虽涉篆隶，亦书行楷，但整天与当时名流如影随形的他，哪里有时间在书法上用功，结果全凭天分。三杯酒下肚，他豪情奔放，横涂竖抹，那纵横驰骋的字竟可以卖上好价钱，全凭他“皇子”的名气罢了。据说，他能躺在床上，吞烟吐雾之暇，一手执笔，一手执纸，凭空仰书尺牍。其实，这也仅是写毛笔字，不论工拙了。不过，他的小字尚有可观处。

民国　吴湖帆行书扇面

家有四欧

吴湖帆是一代绘画大家。由于受到祖父吴大澂的影响，他也精于鉴赏，富于收藏，是近代著名收藏家之一，藏有金石书画 1400 件。他的夫人潘静淑的曾祖父潘世恩是清代道光时的宰相，伯父潘祖荫为清光绪时军机大臣、工部尚书，他家攀古楼所藏文物也富敌东南。因此潘静淑在嫁给吴湖帆时，嫁妆中就有宋拓欧阳询《化度寺塔铭》《九成宫醴泉铭》《皇甫诞碑》三帖，这些都是稀世珍品。这样一来，再加上吴大澂旧藏欧阳询《虞恭公碑》，吴湖帆便集得唐代书法家欧阳询四本名帖于一室，成为他的镇宅之宝。他当然十分珍爱，遂将家中厅堂命名为“四欧堂”；并且为他的四个子女分别取名为孟欧、述欧、思欧、惠欧，以便与他收藏的“四欧”名帖相应，当年在民国书画界传为佳话。

【八公山人语】

吴湖帆出身于世家望族，再加上他自己的天赋与勤力，成为一代书画名家那是自然的事。早年他与溥濡并称为“南吴北溥”，后在画坛上与吴子深、吴待秋、冯超然并称“三吴一冯”。他是一个画家却爱碑入迷，曾经购得隋《董美人墓志铭》碑帖，珍爱之至，特辟屋珍藏并取名“宝董室”。他平时将此碑帖随身携带，须臾不离，有时睡觉也挟册入衾，并曰“与美人同梦”。他家藏“四欧”，又拥有“董美人”，但是他只是把玩欣赏而已，一生并没在学碑临碑上下过多大功夫。他书法仍是取法米芾，以宋元帖学为基础，起点并不高。因此，他的书法自然是文人书风，有风流雅韵和书卷气，但是太过温文尔雅，少了点风骨和性情，徒有“四欧”和“董美人”，实在遗憾！

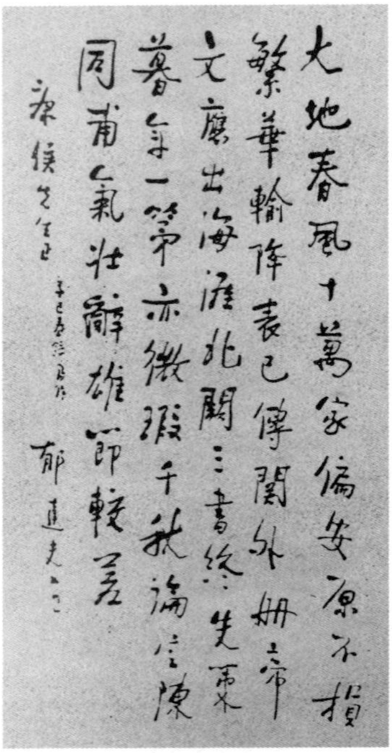

民国 郁达夫行书诗轴

古怪理由

现代著名作家郁达夫因其中国现代文学史上第一部小说集《沉沦》，而一举成名。他本来没有练习过书法，毛笔字不过是日常书写的水平，但成名以后，尽管他自己也知道字写得并不好，但他仍然好为人书。每到一地，许多他小说的“粉丝”或友人都慕名而来，向他索书，他几乎都是有求必应。这究竟为何呢？他有在一篇散文《说写字》中，说出其好为人写字的两个“古怪”原因：一是因为中国的纸业不振，消费一些纸张也未尝不是一出有益社会的恶作剧；二是求字朋友大多总是有口饭吃之人，分一点钱出来惠及纸业和裱糊业工人，也是一种间接的租税。可见郁达夫的性格非同一般，在文人书法中，郁达夫的字是颇具个性色彩者之一。

【八公山人语】

民国时期的书法家和各种写手很多，若是仅靠郁达夫这类文人，又能消费多少纸张？他不过是自我调侃罢了。郁达夫是个风流才子，小说、散文、诗歌皆精，名噪一时。他有一首很著名的七律《钓台题壁》，中有一句：“曾因酒醉鞭名马，生怕情多累美人。”对此句他最为得意，常将它写成对联送人。郁达夫的确未曾练习过书法，所以其书作无法度可言，但其用笔率意，字势欹侧，内含筋骨，倒也有别趣。他写的这副七言联，其字取势欹侧、造型瘦削，线条劲毅，如锥划沙，很有特色。今天，一些作家如莫言、贾平凹等成名后，也像当年郁达夫那样，有许多喜欢他俩小说的“粉丝”求其墨宝，名人书法大多如此，无可厚非。只是名人要像郁达夫那样头脑清醒，不要以为自己真的就是书法家了。

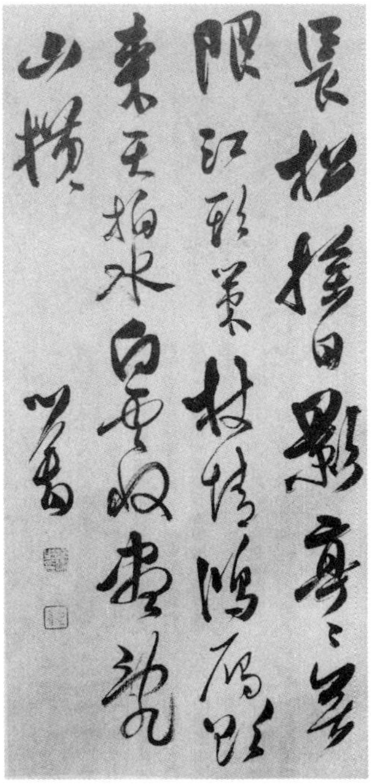

民国 溥心畬七言诗轴

三购晋帖

晋代陆机的《平复帖》真迹是我国现存最早书法墨迹的瑰宝。清末民国初年，此帖辗转流传到旧王孙溥心畬的手上。1936 年，收藏家张伯驹得知以后，通过中间人向溥心畬表达他的收购愿望，哪知溥心畬开出 20 万元的天价，让张伯驹只能望洋兴叹。第二年，张伯驹又托张大千从中说合，表示愿以 6 万元求购，但溥心畬仍坚持要价 20 万元，双方又没有谈成。1937 年，张伯驹从傅增湘处得知溥心畬母亲过世，急需用钱。他想自己不能乘人之危购帖，于是提出：“心畬急需用钱，我就先借给他一万元吧。”而傅增湘说可请溥心畬用《平复帖》抵押。傅增湘向溥心畬说明张伯驹愿意借款之事，哪知溥心畬说：“不用抵押，4 万元一次买断。”不几日，傅增湘就将《平复帖》送到了张伯驹手上。

【八公山人语】

265 年，司马氏统一中国，建立晋朝，结束了“天下三分”的分裂局面。西晋书法乘汉魏余风，也很繁盛，有记载的书法名家就有 40 人。其中最值得称道的是索靖和陆机。索靖是东汉“草圣”张芝妹妹的孙子，书法师承韦诞，而峻险过之。当时，索靖与卫瓘齐名天下，时人评论：瓘气胜靖，楷法则不能及。陆机不仅是西晋时的文学家，著有文学理论著作《文赋》，而且还是书法家。他写的《平复帖》是中国书法史上保留下来的最早的文人书法墨迹，展现了当时草书的风貌，所以弥足珍贵。《张丑管见》中说：“《平复帖》最奇古，与索幼安《出师颂》齐名，笔法圆浑，正如太羹美酒，断非中古人所能下手。”章草可以看作是隶书的草写，源于东汉，盛于西晋，但很快被今草和行草代替，趋于衰退，书写者很少。

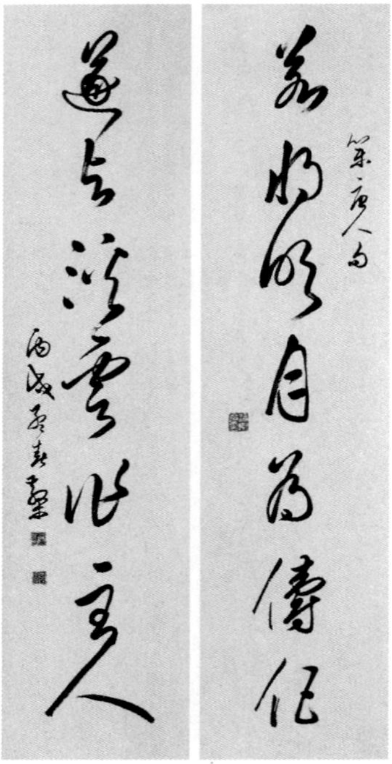

民国　邓散木草书七言联

厕简粪翁

邓散木又名钝铁，得李肃之、赵石、萧蜕庵三位先生亲授，后来从封泥、古陶文、砖文中吸取营养，遂自名家，形成雄奇朴茂的篆刻艺术风格。他原为国民党党员，因不满蒋介石政变，遂宣布脱离国民党，并取“粪除”（扫除）之意，改名“粪翁”，还将居所命为“厕简楼”，自称为“厕简子”，刻“遗臭万年”“三臭而作”“粪土之墙”“都厕守”“海畔逐臭之夫”等闲章，盖在自己得意作品之上。他开个人书法篆刻展览，请帖竟以拭臀草纸制作。一次，某富商求邓散木写字，润笔从丰，只求落款不用“粪”字，他听后当即拍桌大骂。还有一次，当时一名国民党“中委”，仰慕邓散木的书法，托人送来巨资请他为亡母写碑文，只是“心憾翁之名粪，因请更易”。邓散木愤而答曰：“公厌我名耶？美名者滔滔天下皆是，奚取于我？我宁肯饿饭，不能改名，‘我心匪石，不可转也’。”

【八公山人语】

邓散木又名钝铁，在20世纪二三十年代就已经享誉艺坛。他性情刚烈，清高孤傲，落拓不羁，嗜酒如命，故常有惊世之举。然而，他的书法却并不是“粗服乱发”一派，而是追宗“二王”，行草书写得流利秀逸，平实无奇。倒是他的篆隶，师从萧蜕庵，写得豪放苍劲，古朴雄强，个人风格强烈，还有点“粪翁”气；而他的篆刻则更如其人，雄奇朴茂，生辣痛快，迥异凡响，特别注意刀法、章法与印文文意之间的协调，做到“刻豪爽语则大书深刻，刻婉约语便巧隽绰约，刻诙谐语又时出奇兵”。邓散木《六十自讼》诗中说：“行年当三十，去姓字以粪。非敢求惊人，聊以托孤愤。”他的篆刻在发挥印章图案化、装饰化方面，独具面貌，与吴昌硕（苦铁）、王冰铁、钱瘦铁号称“江南四铁”。

民国　张大千行书七言联

大千拜师

1919年秋，张大千前往上海，经书法家朱复戡介绍，拜曾熙为师，向他学习书法，还为此专门举行了拜师仪式。举行拜师典礼的那一天，张大千在“小有天”酒楼准备了两桌酒，邀请了不少上海书画界的名人，如李瑞清、商笙伯、姚云琴、熊松泉等一起见证。他们和曾熙同属于“海上题襟馆”成员。完成三叩首拜师仪式后，曾熙为他取学名“猨”（后改为“爰”）。这是为何呢？相传张大千母亲怀他的时候，一天晚上梦见一位白发苍苍的长者送给她一只黑猿，要她照顾好这只黑猿，并叮嘱她猿猴有两忌：怕月光、怕荤腥。人们便说张大千是黑猿转世。张大千一生爱猿，画画落款喜欢签上一个变了形的“爰”字，酷似一只蜷着身体、拖着尾巴、仰着头的小黑猿。拜师以后，张大千跟随曾熙学书十多年。

【八公山人语】

因为曾熙与李瑞清感情极深，互相尊敬，辛亥革命后他俩又一同寓居上海，以鬻字为生。所以，曾熙收下张大千这个门徒后，又把他介绍给好友李瑞清，也叫他拜李瑞清为师。当年曾李二人的门生都是相通的，有着共同的老师。若干年后，张大千取得了举世公认的辉煌成就，但他始终没有忘记恩师，在书斋和画室，常年悬挂着与老师的合影及老师的书画作品。他经常对人说“先师曾农髯处受益甚多”，表示“冠侍通人，刻意丹青，穷源篆籀，临川衡阳二师所传”。临川衡阳，即指曾熙和李瑞清。曾熙在上海病逝后，张大千遵师遗嘱，专程扶师灵柩回老家安葬，并在墓旁筑一草庐，守墓一个月，以示不忘师恩。张大千的书法难以与其画相提并论，他师法曾李，取法不古，因此书法意蕴单薄，境界也不高。

民国　王蘧常章草榜书

休长骄气

王蘧常的外族叔祖父沈曾植是清末及民国初年的著名国学大师、近代杰出的书法家。19 岁那年，王蘧常带了临写的《爨龙颜碑》，去向沈曾植请教书法。那一天，正巧康有为也在沈曾植家中。当王蘧常呈上习作，说“请四公批改”时，康有为便对沈曾植说：“四兄，让我来代劳吧。”他接过来，仔细看了王蘧常的习作后，连连叫好，并且一口气批了 48 个圈。他又回头对沈曾植说：“咄咄逼人门弟子。”沈曾植听了，脸色一沉，说道：“休要长了少年人的骄气。”原来康有为是引用了宋代赵庚夫题曾几《茶山集》的诗句，将沈曾植比作曾几，而把王蘧常比作陆游；而且诗中“咄咄逼人”四字又是当年卫夫人形容王羲之的话，这是又把王蘧常比作王羲之了。因此，沈曾植觉得太过分，便发话阻止了。

【八公山人语】

王蘧常是以章草著称的书法家。他三、四岁时就开始识字学书，除自己勤奋学习、父母严格教导以外，更是得到了沈曾植、康有为、梁启超亲炙。有这些大家名师的指导，他的书法、学问自然成功。在书法上，沈曾植曾引导他说：“凡治学，务去常蹊，必须觅前人夐绝之境而攀之。既学‘二王’，亦鲜新意，不如学‘二王’之所自出……章草自明宋（克）祝（允明）以后，已成绝响。汝能兴灭继绝乎？”沈曾植是教导他无论是做学问还是学书法，都要能够追根溯源，取法乎上，与前人站在同一条起跑线上，这样才能成功。他的说法很有道理。王蘧常谨遵师嘱，立志学习章草，终于成为一代章草大师。他写的章草如游龙舞凤，线条朴茂雄厚，结字奇趣横生，章法错落变化，的确独树一帜。但其病在笔法僵硬，且有造作之嫌。

民国　萧娴榜书

粤海神童

萧娴是现代书坛上唯一一位以碑书著称的女书法家。可她并不是北方人，反倒是西南贵州人，早年更是生活在广东、香港。她12岁时就开始磨墨拂纸，充当父亲写大字的助手，时常也跟着摹写笔迹，练习书法。有一次，她的父亲萧铁珊写好一副对子，放在桌上因事走开，她很好奇，竟照样写了一副，搁在一旁。萧铁珊回来看到女儿写的对联，大为惊奇，觉得她有书法天赋，便经常指点她临习碑帖，并常携她在公开场合写字，锻炼胆量。13岁那年，广州大新百货公司落成，在落成典礼上，请萧娴当场挥毫写对联。她奋力写了“大好山河，四百兆众；新辟世界，十二重楼”，在这副一丈二尺长的大对联上，她又写了“壮观”两个大字，字字神完气足，轰动一时，被誉为“粤海神童”。

【八公山人语】

萧娴的父亲萧铁珊是西南名士，前清时当过广东三水县县令，精于书法；入民国后，参加南社，曾任孙中山之子孙科的秘书，交游多为当时名流。这为萧娴步入书坛提供了许多便利条件，并得到孙中山、宋庆龄、于右任等人的嘉许。后来她在上海拜康有为为师，康有为也对她的书法大加称赞。当然，她也谨遵师训，尊碑抑帖，致力于先秦汉魏六朝书法，临习《石鼓文》《石门颂》《石门铭》，同时也学习老师康有为的字体。从理论到实践，全面追随康有为。萧娴少年成名，因其为女性及“名师高徒”之故，一生都处在赞扬声中，这不能不令人感慨这老太太命好。而其书法多写榜书大字，以弱女子扮强汉状，重拙大厚，鼓努为力，以求惊人效果。康有为说：“榜书须笔墨雍容，以安静简穆为上。”萧娴可能忘记了老师的教导。

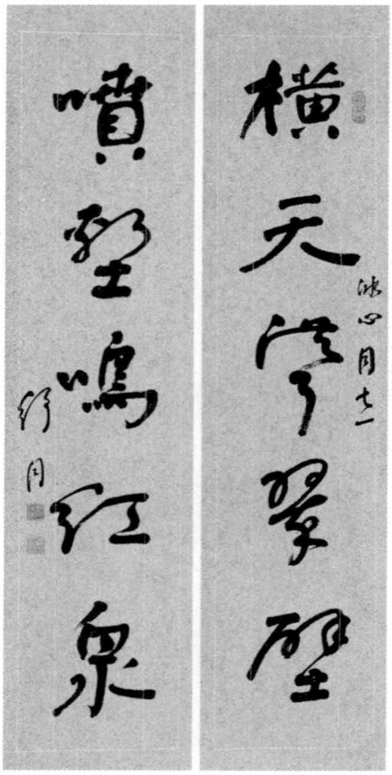

民国　舒同行草五言联

定襄招兵

1937年，八路军总部秘书长舒同，率领总部工作团到山西五台、定襄一带开辟敌后抗日根据地，并招兵买马。王宗槐与舒同商量，让舒同展示书法，以书法来吸引青年学生参军。那一天，在定襄第一中学招兵时，王宗槐先讲述了“红军以字换盐”的故事。这时，舒同举着“抗日救国，报名参军”的横幅走上讲台。王宗槐连忙向大家介绍说：“这位舒同秘书长就是那位以字换盐的红军书法家。”接着，他请舒同当场挥毫泼墨。许多青年学生从后排挤过来求字，舒同便不停地书写，不断地奉送。他那别具一格的字体，博得了大伙的一致称赞。定襄南王中学学生张际功一见到舒同的墨宝，便头一个报名参加八路军，其他青年学生也纷纷响应。不到一个月时间，就有1000多名定襄青年报名参加了八路军。

【八公山人语】

舒同自幼酷爱书法，5岁学书，14岁即有乡誉，被誉为“神童”“东乡才子”。他学书从颜体入手，又学柳公权、何绍基等古代名家碑帖，转益多师。他在书法的结体上，于楷、行、草、篆、隶五体各取一分；在风格上颜、柳各取一分，何绍基取半分，合称“七分半”书。他创造的“七分半”书，宽博雄壮、圆劲婉通，老到凝重，书法艺术风格别具一格，被世人称为“舒体”。新中国成立以后，他创办了中国书法家协会，是中国书法家协会第一任主席。毛泽东主席曾赞扬他是“红军书法家、党内一支笔”。他去世后，“舒体”字被录入电脑字库，成为可以打印的标准行书字体之一。这虽然扩大了“舒体”的流行和影响，但是一旦标准化了以后，“舒体”字则沦为俗书。

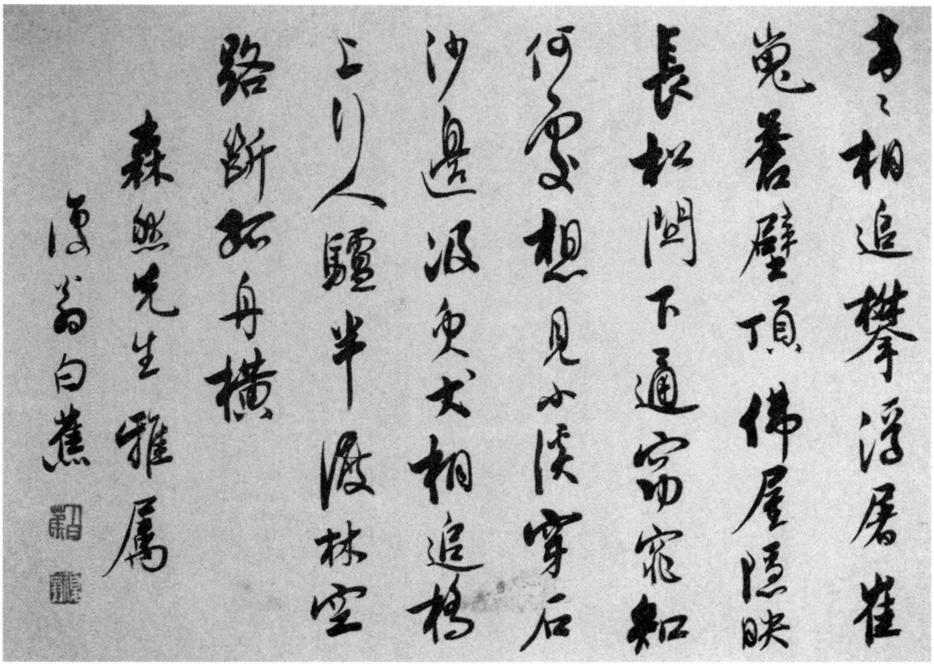

民国 白蕉行书手卷

狂士白蕉

白蕉本来姓何，有一天，他与女友约会，相见时女友送给他一朵白色美人蕉。他脑中突然灵光一闪，即以“白蕉”作为自己的名字，遂弃本姓，以白蕉自名。民国时期，他是上海文化界“十大狂士”之一。1940年他举办个人书法展览，在广告语中就自称是当代写“二王”的第一人。据白蕉夫人回忆：“悲鸿先生很赞赏白蕉的书法，为他订立了第一张润笔单，并亲笔为他书写。1932年，特请他写《屈原九歌》长卷，白蕉在《云间甲集》中云：‘悲鸿先生去年来书，委写屈原九歌长卷，余以待病家居，鹿鹿未就，今半矣，乃始成之，计有真、行、草共计十纸。仙童乐静，不见可欲，风猷非唐以后人所能仿佛……’”那年白蕉才35岁，竟然说自己的书法“风猷”非唐代以后的书法家可比。可见，他真是狂士！

【八公山人语】

沈尹默书学“二王”，兼容碑帖，还著有《‘二王’法书管窥》，是新中国成立后上海滩书法界泰斗级的人物，毛主席也接见过他并给予高度评价。白蕉与沈尹默同在上海，却不把比他大25岁的沈尹默放在眼里，自视为当代写“二王”第一人。这等于说沈尹默的书法在他之下，所以二人关系交恶。狂妄自大的白蕉，在1956年“大鸣大放”开始，写了一篇文章论书法，竟认为中国无一人懂书法、擅写字，甚至不如日本人有所得。结果，被打成“右派”。白蕉又善画兰，有《题兰杂存》传世。沙孟海对其评价极高：“白蕉先生题兰杂稿长卷，行草相间，寝馈山阴，深见功夫。造次颠沛，驰不失范。三百年来能为此者，寥寥数人。”白蕉确是位可以与沈尹默比肩的当代帖派书法的杰出代表。所以他不是狂妄，而只是真性情的自然流露而已。